A PSICOLOGIA SOCIAL
DA COMUNICAÇÃO

Dados Internacionais de Catalogação na Publicação (CIP)
(Câmara Brasileira do Livro, SP, Brasil)

A psicologia social da comunicação / Derek Hook,
    Bradley Franks, Martin W. Bauer (organizadores) ;
tradução de Fábio Creder. – Petrópolis, RJ :
Vozes, 2017. – (Coleção Psicologia Social)

    Título original : The social psychology of communication.

    Vários autores.

    Bibliografia

    ISBN 978-85-326-5317-8

    1. Comunicação – Aspectos psicológicos
2. Comunicação – Aspectos sociais I. Hook, Derek.
II. Franks, Bradley. III. Bauer, Martin W.

16-06169

CDD-302.2

Índices para catálogo sistemático:

1. Comunicação : Aspectos sociais : Psicologia
    social   302.2

DEREK HOOK
BRADLEY FRANKS
MARTIN W. BAUER
(orgs.)

A PSICOLOGIA SOCIAL
DA COMUNICAÇÃO

Tradução de Fábio Creder

EDITORA
VOZES

Petrópolis

Título original em inglês: *The Social Psychology of Communication*

Direitos de publicação em língua portuguesa – Brasil:
2017, Editora Vozes Ltda.
Rua Frei Luís, 100
25689-900 Petrópolis, RJ
www.vozes.com.br
Brasil

Editoração: Fernando Sergio Olivetti da Rocha
Diagramação: Sheilandre Desenv. Gráfico
Revisão gráfica: Nilton Braz da Rocha
Capa: Studio Graph-it
Arte-finalização: Editora Vozes

ISBN 978-85-326-5317-8 (Brasil)
ISBN 978-0-230-24736-9 (Inglaterra)

Editado conforme o novo acordo ortográfico.

Este livro foi composto e impresso pela Editora Vozes Ltda.

Para Elliott, Dominic e Ana.

SUMÁRIO

LISTA DE FIGURAS, TABELAS, BOXES E EXCERTOS

Figuras

Tabelas

Boxes

Excertos

OS COLABORADORES

Ama de-Graft Aikins é bolsista de investigação em Psicologia Social da Universidade de Cambridge (Departamento de Psicologia Social e do Desenvolvimento) e professora visitante da LSE Saúde, Reino Unido. Seu interesse primário de pesquisa concentra-se nas representações sociais e experiências de doenças crônicas físicas e mentais nas comunidades africanas.

Bradley Franks é professor-associado de Psicologia da LSE, Reino Unido. Seus interesses de pesquisa dizem respeito às relações entre cultura, mente e evolução. É o autor de, entre outros, *Cognition and Culture: Evolutionary Perspectives* [Cognição e cultura: perspectivas evolucionárias] (Palgrave Macmillan, 2010).

Caroline Howarth é professora de Psicologia Social da LSE, Reino Unido. Através de seus escritos, ensino e pesquisa visa conduzir a psicologia social, em geral, e a Teoria das Representações Sociais, em particular, na direção de uma direção mais crítica, abordando questões de racismo, poder, identidade, exclusão e resistência.

Catherine Campbell é professora de Psicologia Social da LSE, Reino Unido, e diretora do Mestrado em Saúde, Comunidade e Desenvolvimento. Tem um interesse particular por desigualdades de saúde em países em desenvolvimento.

Cathy Vaughan é profissional de saúde pública; desde 1996, já trabalhou no Sudeste Asiático e no Pacífico, nas áreas de HIV/Aids, saúde dos jovens e avaliação de programas de cuidados de saúde.

Derek Hook é professor de Psicologia (Duquesne University. Pitesburgo, EUA) e extraordinário de Psicologia na University of Pretoria (Pretória, África do Sul).

Edmund Arens é professor de Teologia Fundamental na Universidade de Lucerna, Suíça. Publicou 14 livros sobre Teoria Crítica, Teoria da Comunicação, teologia política e teologia comunicativa.

Gordon Sammut é professor-associado de Psicologia Social da Universidade de Malta. É assistente editorial de *Papers on Social Representations*. Seu trabalho tem como objetivo o desenvolvimento de uma compreensão psicológica social dos pontos de vista.

Helen Amelia Green é doutoranda no Instituto de Psicologia Social da LSE, Reino Unido. Sua investigação concentra-se na encarnação e na cognição encarnada no uso de expressões metafóricas na linguagem cotidiana.

Jane Gregory é professora de Estudos de Ciência e Tecnologia da Universidade de Manchester, Reino Unido. Sua investigação concentra-se na compreensão pública da ciência e da história da ciência.

Japinder Dhesi é doutoranda no Instituto de Psicologia Social da LSE, Reino Unido. Sua tese de doutorado reúne ideias de psicologia social, evolucionárias e antropológicas como meio de gerar novos *insights* sobre as bases cognitivas dos estereótipos de grupos sociais.

Joanne Hardman é professora titular de Psicologia da Educação da Universidade da Cidade do Cabo, África do Sul. Sua pesquisa está voltada para o desenvolvimento conceitual em crianças do ensino primário; o uso das teorias sociocultural e da atividade na compreensão do desenvolvimento como contextualmente incorporado; e para a investigação da mediação de ferramentas conceituais como fase fundadora do desenvolvimento.

Kerry Scott é especialista em saúde e desenvolvimento social, que recentemente completou o mestrado em Saúde, Comunidade e Desenvolvimento na LSE, Reino Unido. Atualmente trabalha em projetos de saúde na Índia.

Lauren Feldman é professora-assistente na Escola de Comunicação da American University, em Washington, DC. Sua pesquisa sobre os efeitos da comunicação política tem sido apoiada por bolsas da Carnegie-Knight Task Force on Journalism e publicadas em várias revistas, inclusive a *Political Communication* e a *Communication Research*.

Martin W. Bauer é professor de Psicologia Social na LSE, Reino Unido, foi editor de *Public Understanding of Science*. Sua pesquisa se preocupa com questões voltadas para a interface entre ciência, tecnologia e sociedade; publicou *Atoms, Bytes and Genes – Public resistance and technoscientific responses* (Nova York: Routledge, 2015).

Matthew C. Nisbet é professor-associado da Escola de Comunicação da American University, em Washington, DC. Como cientista social, estuda a comunicação estratégica na formulação de políticas e em assuntos públicos, com foco em controvérsias sobre ciência, meio ambiente e saúde pública. Seu trabalho atual sobre a comunicação das mudanças climáticas é financiado pela Fundação Robert Wood Johnson, onde atua como investigador de políticas de saúde.

Sharon Attia é doutorando no Instituto de Psicologia Social da LSE, Reino Unido. Sua pesquisa diz respeito à propagação e contágio das representações culturais, e concentra-se na disseminação de conceitos de "sacrifício religioso" em Israel, usando uma técnica de pesquisa on-line evolutivamente embasada.

Vlad Petre Glăveanu foi doutorando no Instituto de Psicologia Social da LSE, Reino Unido; pesquisador de Psicologia Cultural na Universidade de Aalborg, Dinamarca. Seus principais interesses são por criatividade, psicologia da arte e do artesanato, representações sociais e metodologias qualitativas. Sua pesquisa de doutorado, financiada pelo ESRC, está focada na proposição de uma compreensão psicológica cultural da criatividade.

INTRODUÇÃO

Rumo a uma abordagem "interdisciplinar"

Derek Hook
Bradley Franks
Helen Amelia Green

As perspectivas sobre a psicologia social da comunicação reunidas neste livro fornecem um vocabulário diferenciado para conceituar como e por que a comunicação ocorre, as maneiras pelas quais pode ser bem-sucedida ou fracassar, e como instâncias de intercâmbio comunicativo se relacionam com o potencial para a mudança. Os capítulos seguintes oferecem uma série de conceitos interligados ou ferramentas para se pensar a comunicação; e embora proponham cada qual um ponto específico de escrutínio sobre variados aspectos do vasto fenômeno da comunicação, todos são informados por três ênfases fundamentais na sua abordagem.

Relações psicossociais e intersubjetividade

Ressaltamos a importância do fator intersubjetivo que torna possível a comunicação eficaz e que, necessariamente, subjaz a qualquer perspectiva de intercâmbio comunicativo significativo. Muita comunicação ocorre através de uma relação social entre os comunicadores; na verdade, a comunicação pode, ela mesma, indicar e caracterizar essa relação. A comunicação pode envolver a troca de significados ou de informação, mas sempre o faz dentro de uma relação social que tem suas próprias qualidades e limitações que se entrelaçam com as da comunicação. Nosso foco neste livro difere da ortodoxia dominante das relações públicas, dos estudos culturais e das abordagens da comunicação centradas em mídia de massa em virtude da sua atenção aos fundamentos *psicossociais* da comunicação. Ao invés de priorizar as novas tecnologias e os novos formatos de comunicação de mídia de massa, nos concentramos na própria psicologia da comunicação.

A comunicação no contexto sociopsicológico

Na tentativa de compreendermos a comunicação, abstivemo-nos de uma abordagem essencialmente estratégica, que se concentrasse nas técnicas e procedimentos isolados de controle comunicativo. Ver a comunicação como entrelaçada com as relações entre os comunicadores, e como em busca de estabelecer formas de entendimento, leva a ver a comunicação como flexível e variável, e fundamentalmente relacionada com o contexto no qual as relações sociais funcionam. As mudanças que a comunicação pode promover, tanto no emissor quanto no receptor de mensagens, são moduladas por meio de suas relações anteriores e em desdobramento, que dependem, elas mesmas, do contexto cultural e prático. A comunicação é tanto meio de reciprocidade, compreensão conjunta e dialogicidade quanto é meio de influência e controle. Uma perspectiva sociopsicológica enfatiza que a comunicação serve a fins tão variados quanto as diversas relações sociais com as quais estão interligados.

A comunicação como processo sociopsicológico

Evitamos nos fixar no *conteúdo* semântico do que é comunicado, no material discursivo ou representacional apenas, e consideramos as dimensões ou processos psicológicos a respeito de como este material é *integrado*, significado, ou, na verdade, potencialmente resistido. Este trabalho está comprometido com a visão de que separar o estudo da comunicação de massa de suas dimensões sociopsicológicas nos deixará com uma compreensão instrumental, ao invés de uma compreensão adequadamente *sociopsicológica* da comunicação, que perde de vista tanto a forma como este material é processado e integrado quanto a agência que caracteriza atores sociais individuais e os grupos sociais e comunidades de que fazem parte.

Uma abordagem teórica interdisciplinar

Embora estes três princípios caminhem de mãos dadas ao longo dos capítulos deste livro, uma qualidade distintiva desta coleção é a premissa de que não há "metanarrativa" abrangente ou quadro teórico que subjaza a este compromisso. Os leitores não deixarão este livro com uma única história sobre a comunicação. Em vez disso, propusemos um número de rotas de exploração que compartilham o mesmo objeto de estudo, cada um colocando em primeiro plano diferentes pontos de análise dentro do fenômeno complexo e variado da interação comunicativa. Essa multiplicidade de pontos de vista nos permite permanecer conscientes dos benefícios e dificuldades de diferentes rotas explicativas e das potenciais contradições entre elas. Embora haja uma coalescência de temas, um conjunto de tensões recorrentes – uma "semelhança familiar" de preocupações – que une as diferentes perspectivas neste livro, nosso objetivo tem sido nos mantermos abertos a essas divergências, a fim de facilitar uma variedade eclética e original de envolvimentos com a psicologia social da comunicação.

Com este objetivo, não procuramos impor uma única estrutura explicativa entre conceitos e fenômenos, que a área de pesquisa não pode suportar. Em vez disso, gostaríamos de conceber este empreendimento como parte do início de algo como uma "teoria interdisciplinar" da psicologia social da comunicação (sobre teorias interdisciplinares nas ciências naturais e cognitivas, cf., p. ex., BECHTEL, 1986; 1988; BECHTEL & HAMILTON, 2007; DARDEN & MAULL, 1977; GRANTHAM, 2004). Darden e Maull (1977, p. 50) sugerem que, "uma teoria interdisciplinar é suscetível de ser gerada quando o conhecimento de fundo indica que já existem relações entre as disciplinas, quando as disciplinas compartilham um interesse em explicar diferentes aspectos do mesmo fenômeno, e quando surgem questões sobre esse fenômeno dentro de uma disciplina que não podem ser respondidas com as técnicas e conceitos dessa disciplina". Nesta Teoria Interdisciplinar, cada disciplina ou abordagem oferece a sua própria contribuição, mas não tem como objetivo abordar o conteúdo das contribuições de outras abordagens. As disciplinas são caracterizadas por um problema central, domínio, técnica ou método, e podem ser mais ou menos inclusivas em seu alcance. No seu sentido mais geral, uma disciplina pode ser um domínio ou especialidade; mas disciplinas mais específicas também indicam divisões dentro de domínios, e ainda outras disciplinas cruzam fronteiras disciplinares tradicionais.

Dentro de disciplinas, é provável que haja explicações e teorias concorrentes. Mas, em geral, diferentes disciplinas não competem umas com as outras, e as explicações de diferentes disciplinas não costumam competir, exceto quando as disciplinas se sobrepõem nas suas margens. Surgem perguntas em uma disciplina que não podem ser resolvidas pelas ferramentas e técnicas dessa disciplina. As lacunas deixadas por uma, idealmente, são preenchidas pelas contribuições de outra, e assim por diante. Conforme as contribuições se desenvolvem, as possíveis contradições nas margens das diferentes disciplinas podem ser debatidas de modo a formar a base para uma mudança mútua, caso a caso. Seguindo Darden e Maull, não presumimos uma única relação explicativa entre as disciplinas, nem que uma abordagem vá simplesmente "embasar" uma outra. Neste sentido, não consideramos óbvio que, ao surgirem contradições, uma abordagem deva ceder a outra.

As disciplinas abrangidas pelos capítulos deste livro refletem a natureza interdisciplinar da própria psicologia social, envolvendo fenômenos evolucionários, fenômenos relacionados ao desenvolvimento, intrapsicológicos, interacionais, intragrupais, intergrupais, sociais e culturais, entre outros. Pode estar cedo demais para listar os elementos essenciais de uma teoria interdisciplinar da psicologia social da comunicação, já que isso exigiria uma explicação da cobertura explicativa e das lacunas de cada campo e das suas relações. A prática atual pode ser comparada ao conceito de "zona de troca", localista, antropologicamente inspirado, de relações interteóricas proposto por Galison (1998). Galison observa que dois grupos podem estabelecer regras de troca ou comercialização de um objeto, mesmo se não concordarem quanto ao significado desse objeto ou da troca. Essas trocas são vistas como culturas em interação, que podem gerar "linguagens de contato, sistemas de discurso que podem variar dos jargões mais específicos de determinadas funções, passando por semiespecíficos, aos crioulos de pleno direito, ricos o suficiente para apoiar atividades tão complexas quanto a poesia e a reflexão metalinguística" (GALISON, 1998, p. 783). Galison cita o desenvolvimento do radar para exemplificar a emergência de um vocabulário teórico especializado durante as interações entre físicos e engenheiros. Este vocabulário expressava um entendimento compartilhado do radar que dependia fundamentalmente de diferentes representações, com físicos aproximando-se da Teoria de Campo, e engenheiros vendo o radar como variantes especiais da tecnologia de rádio.

Essas coordenações locais de atividades práticas e simbólicas na compreensão da psicologia social da comunicação espelham as sobreposições e as relações entre as contribuições em nossos capítulos, o que sugere uma variedade de zona de troca em jogo. Os candidatos a conceitos utilizados nas linguagens de contato para a zona de troca da psicologia social da comunicação estão compilados no *Glossário de palavras-chave e definições* fornecido no final do livro. Nós explicitamente não tentamos chegar a uma definição única, abrangente dos conceitos compartilhados entre as disciplinas, com diferentes graus de importância para essas disciplinas. Desta maneira, o seu *status* como conceitos de zona de troca coordenados, parcialmente compartilhados – mas não definições acordadas, estritas – é preservado.

Se ainda for cedo demais para buscar uma única Teoria Interdisciplinar abrangente para a psicologia social da comunicação, podemos, no entanto, dar o passo importante de propor um conjunto de conceitos-chave da zona de troca e um conjunto inicial de tensões teóricas que surgem através dos 15 capítulos deste livro. As contribuições para o volume estão organizadas em três partes. A Parte I apresenta algumas das teorias-chave fundacionais no estudo da comunicação a partir de perspectivas sociopsicológicas. A Parte II explora uma série de tópicos especiais de particular relevância contemporânea na psicologia social da comunicação. A Parte III apresenta uma série de áreas de prática aplicadas, na qual as teorias e tópicos especiais discutidos nas partes I e II são exemplificados e desenvolvidos no contexto de preocupações prementes do mundo real, provenientes da religião, da saúde, da política e da ciência.

As contribuições para este volume

A primeira parte começa com uma discussão sobre a psicologia do desenvolvimento e se dedica à abordagem da cognição de Lev Vygotsky, que enfatiza uma trajetória na aprendizagem que vai do interpsicológico ao intrapsicológico. O intercâmbio comunicativo é proposto como "base para o pensamento", uma vez que as funções cognitivas superiores – memória, raciocínio, uso simbólico de ferramentas – começam como relações comunicativas entre as pessoas antes de serem efetivamente internalizadas. A interação dialógica é, portanto, colocada como um meio crucial de mudança cognitiva e educacional. A troca comunicativa dialógica, como desenvolvida pelo pedagogo brasileiro Paulo Freire, é o foco do capítulo 2. A extensão, imposição de cima para baixo de conhecimento técnico, é contrastada com o cultivo de formas iguais de diálogo, onde todos os participantes da comunicação, independentemente de conhecimento técnico aparente ou de conhecimento cultural contextual, podem constituir em conjunto um diálogo que transforma todos os participantes. Freire deixa-nos, assim, com um desafio às concepções cotidianas de comunicação e aprendizagem, levando-nos a pensar sobre como o processo de comunicação envolve mais do que a transmissão de conhecimentos de um sujeito para outro, mas, em vez disso, a sua coparticipação no ato de compreender um objeto mútuo.

A reciprocidade entre os atores comunicativos é considerada sob uma luz diferente ao nos aproximarmos das noções de gerenciamento de impressão, destacadas no capítulo 3. A distinção entre o envio de mensagens conscientemente controlado (expressões tipicamente simbólicas ou linguísticas) e o reino da expressividade (sinais corporais "soltados" por nós, que são menos controlados e menos controláveis) configura uma visão da comunicação como luta constante entre os comunicadores por projetarem imagens favoráveis, influentes de si mesmos e "ver por detrás" das imagens projetadas pelos outros. Uma área que oferece grande espaço para se explorar isso é a comunicação não verbal. Mecanismos corporais de sinalização são vastos, estendendo-se desde as expressões faciais ao contato com os olhos e a observação atenta, da tonalidade de voz a gestos e comportamento, do uso do espaço e do toque, aos costumes não verbais de respeito e reverência.

A amplitude das possíveis interpretações dos múltiplos sinais de uma pessoa – tanto verbais quanto não verbais – sempre excede o que a pessoa tinha conscientemente intenção de dizer.

Questões de intenção, contexto e como significados além daqueles transmitidos através de palavras convencionais são interpretados, são abordadas pelas teorias pragmáticas, o foco do capítulo 5. Muitas teorias pragmáticas acreditam que a interpretação seja um processo guiado pelo orador ao oferecer provas de suas intenções comunicativas, as quais o ouvinte então infere, com base na "Teoria da Mente" – a consciência dos estados mentais de outrem e a capacidade de inferi-los. No entanto, este processo pode ser complicado por sentimentos, emoções ou egocentrismo. Evidências sugerem que as atuais teorias da pragmática podem não refletir completamente o papel do afeto e da emoção na interação, e podem superestimar o quanto as pessoas tentam considerar os estados mentais e as intenções dos outros na comunicação, e superestimar o seu sucesso em fazê-lo mesmo quando tentam. Estes argumentos sugerem alguns desafios significativos para as teorias pragmáticas à luz de compreensões mais amplas das relações e da interação sociais.

A comunicação, as relações sociais e a interação, enquanto servindo aos processos de construção de consenso e à negociação de entendimento comum, são o foco dos capítulos 4 e 6. A influência social – os processos pelos quais as atitudes e as crenças de um indivíduo ou grupo podem ser afetadas ou alteradas – é inerente a toda a interação comunicativa, e é particularmente importante no contexto do conflito entre as perspectivas divergentes sobre as questões sociais. O capítulo 4 descreve os processos e modalidades pelos quais os interlocutores buscam influenciar uns aos outros e resolver o conflito emergente convencendo o outro a adotar a própria perspectiva. Em última análise, a manifestação da influência social ocorre na negociação de entendimentos comuns na esfera pública; aqui inovações são propostas e disputam por domínio em sua luta por legitimação e normalização.

Noções de comunicação dialógica (cap. 2) e a dimensão performativa dos atos de fala (cap. 5) são desenvolvidas mais profundamente no capítulo 6, no âmbito da discussão da influente Teoria

23

da Ação Comunicativa, de Habermas, que distingue a ação comunicativa – pela qual entendimentos comuns são obtidos e através da qual o consenso pode ser alcançado – do reino do ganho estratégico. Esta teoria se opõe aos objetivos instrumentais de qualquer forma de ação estratégica que vise influenciar os outros a agir em conformidade com os desejos de um indivíduo ou grupo, e é introduzida através de uma explicação dos importantes conceitos filosóficos de mundo da vida, jogos de linguagem, situação ideal de fala e esfera pública. De importância considerável na teoria de Habermas é a especificação das condições de validade – veracidade, correção e sinceridade – através das quais podemos avaliar atos de fala, processo necessário se quisermos que o poder de argumentos racionais e não estratégicos prevaleça na esfera pública.

A segunda parte do livro, "Tópicos especiais em comunicação", começa com uma abordagem da identidade e da representação. Não obstante as propriedades progressistas da comunicação como meio de diálogo, cimentando laços sociais e avançando formas mútuas de entendimento, não devemos perder de vista o fato de a comunicação também poder funcionar como meio de violência. No capítulo 7, a discussão sobre identidade e resistência em comunicação chama a atenção para a violência simbólica das trocas comunicativas que marginalizam e estigmatizam os outros – como no caso dos estereótipos culturais e do racismo. Utilizando-se conceitos tanto da Teoria das Representações Sociais quanto do influente modelo de codificação-decodificação de Stuart Hall, a comunicação é considerada nos termos da "batalha ideológica das representações". Representações aqui são vistas tanto como potencialmente violentas, como instrumentos de racismo, quanto como meio de resistência, recurso igualmente valioso para identidades e comunidades ameaçadas. Assim, embora a comunicação seja sempre ideológica e potencialmente prejudicial, ela também é colaborativa, agente e potencialmente transformadora.

O boato e a fofoca, fenômenos-chave na comunicação informal e na transmissão cultural, são apresentados no capítulo 8. A fofoca é entendida como gênero específico de comunicação informal, governado por suas próprias convenções implícitas sobre a besteira – a falta de preocupação direta com a verdade dos enunciados –, o julgamento afetivo ou moral de um terceiro e a resultante cimentação da identidade social. A fofoca pode formar um elo de uma cadeia de boatos, que envolvem um grupo de comunicação em cadeias de transmissão, a fim de conferir sentido a alguma situação, evento ou questão, de modo a ajudar a lidar com a ansiedade. Os boatos têm sido investigados tanto "em estado selvagem" (com enfoque na sua capacidade de reduzir a ansiedade, dentre outras qualidades afetivas) quanto no laboratório (utilizando-se, p. ex., técnicas de reprodução em série, onde mudança ou retenção de importantes conteúdos de crenças são estudadas) para se entender os fatores de conteúdo, afeto e cultura que fazem com que alguns boatos sejam mais propensos a serem espalhados do que outros.

A troca comunicativa cotidiana pode levar a impasses e conflitos nos quais as demandas por reconhecimento superam a perspectiva de se ouvir ou dizer algo novo. O capítulo 9 aborda uma tendência sempre presente no âmbito da comunicação intersubjetiva – um egocentrismo defensivo que compromete a possibilidade de se alcançar a verdade ou atingir uma mudança subjetiva. O capítulo recorre à psicanálise como modo de conceituar dois registros de comunicação interligados. O primeiro é o registro imaginário; o domínio da intersubjetividade e do comportamento de um-para-um que serve ao ego e funciona para consolidar as imagens que os sujeitos usam para se justificarem. O segundo registro, simbólico, liga o sujeito a uma ordem de verdade *transubjetiva*, fornece um conjunto de coordenadas sociossimbólicas, e vincula o sujeito a uma variedade de papéis e contratos sociais. Esta distinção é útil em apontar a diferença entre a fala "vazia" – conversa fiada predominantemente preocupada em amparar um ego, afirmando as imagens que um sujeito tenha de si mesmo – e a fala "plena" – o potencial de verdade de uma forma de discurso que pode desafiar determinadas formas de conhecimento, contrariar ilusões subjetivas e induzir a uma mudança no interior do sujeito.

A retórica, para alguns, é uma arte do engano usada para manipular o público. Para outros, representa uma forma de raciocínio público, uma heurística para se encontrar os melhores meios de persuasão em uma determinada situação; para outros ainda, trata-se simplesmente a arte de falar bem, uma disciplina da eloquência, uma preocupação literária em cultivar a expressão. O capítulo 10 fornece uma nova perspectiva sobre a retórica, a negociação da diferença entre os indivíduos acerca de uma determinada questão. É claro que o debate centenário gira em torno de saber se a retórica representa um meio válido de persuasão ou meramente um meio estratégico de propagação de afirmações infundadas sob o manto da verdade. No entanto, o vocabulário da retórica nos fornece um valioso conjunto de ferramentas para se analisar e criticar os meios persuasivos de comunicação, nomeadamente nos termos dos "três mosqueteiros": *logos* (a solidez do argumento apresentado), *ethos* (a credibilidade do falante) e *pathos* (a dimensão emotiva do argumento).

O capítulo 11 discute aspectos evolucionários da comunicação e como contribuem para a compreensão do papel da comunicação na transmissão cultural. Uma abordagem evolucionária sugere que muito da comunicação de todos os dias seja estratégica na medida em que visa a persuadir outros a agirem de maneiras específicas e a realizarem um objetivo adaptativo, mesmo quando as partes dessa comunicação não o percebem dessa maneira. Uma estreita ligação entre afeto, emoção e mente é defendida pela Teoria da Cognição Evoluída, "encarnada". Segundo essa teoria, a cognição é simultaneamente "estendida" além da pele para o ambiente, e "fundamentada" por conexões intrínsecas à ação, à emoção e à experiência corporal. O argumento é que muita interação e comunicação envolve intenções e crenças coordenadas, ao invés de intenções e crenças compartilhadas. A aparência de que compartilhamos intenções e crenças é, em parte, uma função da cultura e, em particular, aquilo a que se refere como uma teoria externalista da mente.

Os capítulos da parte III procuram aplicar as teorias da comunicação e tópicos apresentados nas partes I e II, na verdade "os colocando para trabalhar" no contexto do mundo real dos prementes desafios sociais, políticos e comunitários. Estendendo os *insights* da discussão sobre a ação comunicativa, no capítulo 6, para o domínio da religião, o capítulo 12 lembra-nos que o sucesso da comunicação não diz sempre respeito às formas de ganho cognitivo ou consenso estabelecido através de deliberação. A importância da comunicação religiosa não deve, portanto, ser medida em termos de novas aprendizagens ou ganhos por meio de argumentos racionais; mas da sua capacidade de descerrar e nomear uma realidade compartilhada, consolidando assim uma comunidade. Essas comunidades existem fora do sistema hierarquicamente arranjado de posições fixas aparente em uma dada estrutura social; elas proveem uma comunhão entre iguais – uma comunidade igualitária. O discurso e a ação comunicativos religiosos têm potencial criativo, inovador e anamnésico para fundamentar e estender potencialmente a comunidade através de formas coletivas de memória; da capacidade de provocar mudança; ou do trabalho conjunto em curso de interpretar, compreender e envolver a realidade cotidiana.

O capítulo 13, sobre campanhas midiáticas de saúde, enfrenta um antigo dilema na psicologia social da comunicação, o fato de a informação ser uma condição necessária, mas insuficiente para a mudança de comportamento. Por exemplo, a consciência dos efeitos prejudiciais à saúde de se fumar não garante que uma pessoa deixará de fumar ou que nunca começará a fazê-lo. Este capítulo vê além da simples disseminação de informações para explorar e explicar a importância das abordagens da saúde centradas no fortalecimento da comunidade e na participação social. A comunicação é vista não apenas como um meio de estender a informação, mas como um meio de estabelecer um conjunto mais amplo de vínculos e associações (família, vizinhança e redes comunitárias) que incentivam a participação dessas pessoas e lhes permitem resistir a influências insalubres. "Espaços sociais transformadores" são aqueles domínios nos quais as pessoas são capazes de se envolverem justamente nesse diálogo, na reflexão crítica e na construção de capital social. A comunicação nestas formas de diálogo e trabalho em rede permite que as pessoas transformem *insights* acionáveis nas ligações entre desigualdades sociais e problemas de saúde, desenvolvam um maior senso de agência e construam redes fortes para facilitar a ação nos níveis individual, comunitário e até mesmo macrossocial.

A comunicação política pode ser definida como a troca de informações, mensagens e símbolos entre instituições, funcionários eleitos, grupos sociais, meios de comunicação e cidadãos, com implicações para o equilíbrio de poder na sociedade. Como discutido no capítulo 14, a psicologia social da comunicação política é informada por contribuições de uma variedade de tradições intelectuais. Uma importante tradição sociológica se interessa pelo modo como conversas interpessoais e contextos comunitários moldam novas escolhas, opiniões, decisões políticas e a participação de cada indivíduo. Uma tradição mais filosófica questiona como tais processos de influência podem ser avaliados no contexto de uma visão idealizada da deliberação e da participação públicas, ao mesmo tempo em que chama a atenção para importantes desequilíbrios de poder. Uma terceira tradição influente se concentra em como a linguagem e os símbolos políticos levam à definição e à interpretação seletiva de questões de políticas públicas e problemas sociais. No entanto, outra importante vertente de pesquisa é oriunda da revolução cognitiva na psicologia social, com teorias gerais de processamento de informação e persuasão aplicadas ao estudo da comunicação política. Esse capítulo examina e integra vertentes de cada uma dessas tradições acadêmicas para apresentar um conjunto experimental de diretrizes para comunicar problemas e questões complexos; estruturar apresentações de mídia; conceber mensagens estrategicamente; e atingir e empoderar os cidadãos efetivamente.

O último capítulo do livro apresenta uma visão geral da comunicação de ciência. Por muitos anos a noção predominante de comunicação de ciência foi um esquema vertical e linear que via os cientistas como "deuses das alturas" enviando informações para o público, seja diretamente ou através de mediadores, tais como os jornalistas. Embora este modelo permaneça profundamente entranhado na cultura científica, a última década viu o surgimento de formas mais laterais e dialógicas. Os cientistas começaram a entrar em discussão com o público, especialmente em questões políticas de importância econômica, muitas vezes utilizando estratégias de comunicação de estilo corporativo. A comunicação de ciência, portanto, tem se diversificado: não se trata apenas da transferência de fatos científicos de cientistas para leigos; mas também de abordagens diretas das relações sociais da ciência através do conteúdo afetivo de mensagens sobre o valor, promessas e usos da ciência. A comunicação de ciência serve não apenas aos interesses tradicionais da ciência, mas agora atravessa fronteiras outrora definidas para incorporar os interesses de governos, empresas e instituições de mídia. É importante notar que agora também serve ao interesse de um público que, como sujeitos, clientes e cidadãos de uma sociedade científica, continua a desafiar, explorar e desfrutar da hegemonia epistemológica e ideológica dos cientistas sobre o mundo natural.

Tensões fundamentais na psicologia social da comunicação

Ao ver a possibilidade de uma explicação interdisciplinar da comunicação, as três principais preocupações sociopsicológicas sinalizadas anteriormente – *a intersubjetividade das relações sociopsicológicas, a comunicação em um contexto sociopsicológico e a comunicação como processo sociopsicológico* – sustentam uma série de *tensões fundamentais* na forma como aspectos da comunicação são conceituados. Essas tensões (cf. Figura I.1) são refletidas nos capítulos, em diferentes disciplinas. Assim revelam a possibilidade de diferentes zonas de troca conceitual entre essas disciplinas, em relação ao aspecto da comunicação no qual a tensão surge.

Aventa-se a hipótese de que a comunicação crie mudança – contingente ou necessariamente no conteúdo comunicado, no falante, no ouvinte, em suas ações e no contexto cultural mais amplo. As tensões fundamentais que emergem neste trabalho giram em torno dessa questão da mudança. Algumas, mas nem todas, dessas tensões estão entre um tipo ou modelo normativo ideal, por um lado, e as instâncias reais da prática, por outro. O quanto as contribuições para este livro priorizam, presumem ou desenvolvem uma posição que reflete cada um dos lados de determinada tensão diferencia as maneiras pelas quais essas tensões podem ser interpretadas e exploradas no desenvolvimento de zona de troca.

Inevitabilidade-improbabilidade

Talvez o mais próximo de uma tensão abrangente que seja compartilhada por todas as contribuições é uma tensão da *perfectibilidade da comunicação*. Todas as contribuições direta ou indiretamente subscrevem a visão de que a comunicação é, em alguma medida, inevitável como necessidade prática e social. Em certo sentido, é impossível para seres sociais *não* se comunicarem, intencionalmente ou não. Mas essa inevitabilidade da comunicação é objetada pela aparente improbabilidade da comunicação bem-sucedida; a comunicação "perfeita" – a feliz transmissão incorrupta de informações do emissor para o receptor – é, na melhor das hipóteses, um tipo ideal que regula aspectos da interação, mas que em todos os casos de aplicação é sempre marcado, em alguma medida, por fracasso, erro e compromisso.

Ao explorar a perfectibilidade da comunicação nestes termos, podemos considerar o ambicioso conceito de ação comunicativa discutido nos capítulos 6 e 12, as concepções de Vygotsky acerca das noções de mediação e da zona de desenvolvimento proximal (cap. 1), e as esperanças de Freire na interação verdadeiramente dialógica (cap. 2). Os objetivos participativos do diálogo, da reflexão crítica e da construção de capital social discutidos no capítulo 13 giram claramente em torno de ideais do que modelos aperfeiçoados de comunicabilidade são capazes de alcançar. Aqui, o refinamento progressivo da eficácia comunicativa e esperanças de mudança social andam de mãos dadas. As discussões sobre essa tensão da perfectibilidade levam diretamente à questão sobre como exatamente enquadrar e avaliar a comunicação *bem-sucedida*.

Controlado-inintencional

Uma tensão correlacionada – na verdade, talvez um caso específico da primeira tensão – diz respeito à *controlabilidade*. Esta começa com um ideal de criação ou controle comunicativo deliberado, intencional, onde a comunicação não só é bem-sucedida, mas também é controlada e intencionalmente circunscrita em seu conteúdo e efeitos. Isso contrasta diretamente com o senso prático de que casos de comunicação estão repletos de sentidos não intencionais e incontroláveis. Estes últimos envolvem tanto os aspectos da comunicação que parecem intrínsecos aos canais linguísticos de comunicação (tais como ambiguidade, imprecisão, compreensão equivocada de algo que se ouviu, entropia, ruído) quanto os aspectos que se relacionam de forma mais geral com interação social e relações (tais como as tentativas de influência social e política, cap. 4 e 14; o engano, cap. 11, ou a geração de boatos e fofocas, cap. 8).

A controlabilidade potencial da comunicação pode ser explorada no gerenciamento de impressão de Goffman (cap. 3), na ênfase de teorias pragmáticas na dimensão perlocucionária dos atos de fala (cap. 5) e no interesse psicanalítico pelos significados não intencionais (cap. 9). Estas perspectivas compartilham a visão de que a amplitude de interpretações possíveis para um determinado enunciado necessariamente excede o alcance mais delimitado da sua intenção subjacente. A comunicação é necessariamente ambígua e sujeita a erros; e, para alguns, com efeito, o quanto a comunicação não pode ser completamente controlada, e o fato de ser inevitável dizer mais do que se quer dizer, é simplesmente o que faz com que a comunicação simplesmente funcione. As discussões acerca dessa tensão de controlabilidade levam à questão de como enquadrar e explicar a comunicação intencional e como diferenciá-la da inintencional.

Figura I.1 Tensões fundamentais na psicologia social da comunicação

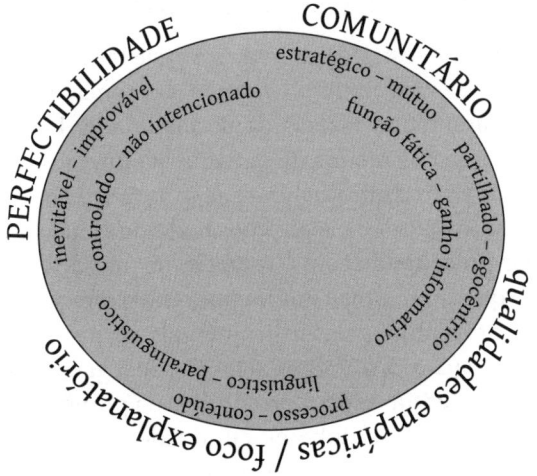

Mútuo-estratégico

A tensão *comunitária* também é muitas vezes expressa como outra polarização ideal-*versus*-real. Esta começa a partir do ideal de um verdadeiro diálogo entre os comunicadores, no qual a meta

31

e o resultado estão preocupados em avançar a compreensão conjunta, a transformação mútua e o consenso através da argumentação racional. Segundo esse ponto de vista, a comunicação é um veículo para permitir a construção de comunidades e a provisão de formas democráticas de acordo. Seu antípoda é a comunicação que envolve necessariamente estratégia ou ação instrumental, na qual uma das partes procura ganhar alguma vantagem sobre a outra através da comunicação, talvez por engano ou persuasão. A comunicação aqui é tomada como veículo para a afirmação e a manutenção de relações de poder entre os comunicadores. Uma variação na tensão mútuo-estratégica é, portanto, a distinção entre as formas de comunicação compartilhada, participativa, ou "de baixo para cima", e as estruturas mais hierárquicas, "de cima para baixo", verticais. Este será um tema frequentemente revisitado no que se segue, uma tensão crucial não só na compreensão do desenvolvimento comunitário (cap. 2) e da influência social (cap. 4), mas também no lidar com os desafios práticos que subscrevem a comunicação religiosa, de saúde, política e de ciência (p. ex., o jornalismo cívico no cap. 13, a capacitação dos cidadãos no cap. 14).

A tensão mútuo-estratégica pode ser vista também em termos de uma oposição entre conflito e as medidas tomadas para se estabelecerem parâmetros viáveis de sociabilidade. Por um lado, temos uma ênfase nos modos de parceria, na interação dialógica, na formação de tipos de mutualidade (cap. 2, 6, 9, 12 e 13). Por outro lado, a comunicação é vista como modo de contestação e luta muito menos preocupado com o estabelecimento de formas colaborativas do que como uma "guerra por outros meios", um veículo para avançar múltiplos fins instrumentais, inclusive aqueles de ganho agressivo (cap. 3, 4, 7, 8, 10, 11 e 14). Se o ganho estratégico agressivo parece ser um aspecto irredutível da prática comunicativa, também temos que reconhecer a utilidade de certas formas de argumentação e de resistência que a comunicação torna possível. A racionalidade *argumentativa*, para um teórico como Habermas (cap. 6 e 11), não consiste simplesmente em render-se a um consenso social; ao contrário, implica uma consciência de que o debate e a contestação dialógica são necessários na obtenção de um consenso deliberado. Assim, apesar da oposição aparentemente clara da tensão mútuo-estratégica, surge uma importante questão:

Até que ponto cada um dos extremos dessa tensão é alcançável sem envolver, pelo menos, algum aspecto do outro?

Partilhado-egocêntrico

Uma quarta tensão, o *egocentrismo*, está relacionada à tensão comunitária, embora se preocupe menos em estabelecer um contraste ideal-*versus*-real do que com a questão empírica da gama de qualidades de comunicação. Por um lado, uma abordagem egocêntrica sugere que a comunicação seja regida por princípios e processos que tornam rara, difícil ou mesmo impossível a partilha de significado entre os comunicadores; isso pode acontecer seja como resultado do "projeto" básico das aptidões dos comunicadores (cf. o cap. 11 sobre a Teoria da Evolução), ou da sua intenção (cap. 5, sobre pragmática). Estes princípios sugeririam que a ideia de compartilhar informação de nossos estados mentais, por exemplo, informa ou regula nosso comportamento, mas não o determina. Por outro lado, uma abordagem não egocêntrica consideraria a comunicação como regida por princípios e processos derivados da intenção de compartilhar estados mentais, e do sucesso em fazê-lo. Essa abordagem – resumida na Teoria da Ação Comunicativa (cap. 6) de Habermas – sugeriria que a ideia de compartilhamento de significados move o processo de comunicação.

Se for o caso, então, que muita comunicação seja continuamente condicionada pela tendência (tanto por parte do falante quanto do ouvinte) a afirmar imagens que tenham de si mesmos, a proteger e isolar dadas "apresentações de si mesmos" (cap. 3) – e, de fato, mobilizar defesas contra ouvir qualquer coisa demasiado prejudicial (cap. 9) –, então tais defesas pareceriam necessariamente envolver uma dimensão epistemológica. Com base nisso, poderíamos considerar a tensão compartilhado-egocêntrico em termos do potencial para a comunicação permitir aprender algo novo. Esta oposição – tema evocado na discussão dos processos cognitivos de desenvolvimento no capítulo 1 – leva-nos a uma distinção crucial na avaliação da mudança comunicativa, ou seja, a distinção entre assimilação e acomodação. Estes conceitos de longa data – tipicamente usados para distinguir entre as operações cognitivas de adequação de novas experiências a esquemas existentes (assimilação) e a construção de estruturas completamente novas de entendimento (acomodação) – pode ser reformulado como meio de separar as instâncias de comunicação que não resultam em nenhuma mudança efetiva, daquelas que o fazem. A este respeito, a assimilação remeteria a um modo de recepção no qual novas informações seriam simplesmente cooptadas em estruturas e estratégias de compreensão existentes. Nenhum avanço significativo é feito desta maneira; o receptor da comunicação não é modificado por aquilo que foi assumido. Na acomodação, ao contrário, o sujeito *é* necessariamente modificado: a incapacidade de compreender adequadamente o que recebe em suas estruturas de compreensão existentes significa que o desenvolvimento de novos esquemas cognitivos é necessário para uma compreensão adequada (cap. 13, sobre comunicação em saúde, e cap. 11, sobre influência social).

Fático-informativo

Uma quinta tensão de *ganho*, portanto, gira em torno da questão do que, se alguma coisa, é ganho por meio de uma troca comunicativa. Esta é outra tensão relativa ao grau em que toda ou a maior parte da comunicação diária possui determinada gama de qualidades. Um extremo considera que, para uma troca poder ser qualificada como comunicativa, ela deve envolver alguma forma de mudança ou ganho – talvez sob a forma da aquisição de nova informação ou conhecimento, ou de maior compreensão de um tópico. Um pressuposto aqui é o de que o *conteúdo* trocado é essencial para essa troca. No extremo oposto, a comunicação pode ser amplamente vista como "fática", não envolvendo propriamente nenhum ganho ostensivo de informações, além da aparente indicação de que um vínculo social está sendo preservado, que os canais de comunicação estão sendo mantidos abertos, ou que a comunidade está sendo consolidada. Aqui, qualquer conteúdo específico trocado é em grande medida redundante.

Importante então como a distinção assimilação/acomodação acima mencionada pode ser na avaliação da mudança comunicativa, seria um erro considerar que comunicações bem-sucedidas necessariamente impliquem ganho cognitivo. Embora sejam cruciais a aprendizagem e a mudança de comportamento como indicações do impacto das estratégias de comunicações públicas, não deixa de ser verdade que algumas das mais importantes formas de comunicação não levam à absorção de nenhuma nova informação, nada de novo sendo aprendido. Além, portanto, de qualquer questão de ganho estratégico ou de informação, pode-se optar por analisar trocas comunicativas simplesmente com base no fato de apoiarem e fortalecerem relacionamentos, laços comunitários, reiterando-se – mesmo em momentos de troca aparentemente não essenciais – que é possível mais apoio comunicativo. O papel da comunicação como consolidador de relações pode, em alguns casos, superar o objetivo de estabelecer a verdade ou a precisão, como é evidenciado no funcionamento de boatos e fofocas (cap. 8). A dimensão fática da comunicação diz respeito ao reforço de papéis, identidades (cap. 7), pertença comunitária e entendimento (cap. 2, 6, 12), e a uma nova exemplificação de sociedade (cap. 9). Mesmo gestos vazios (fazer uma oferta que se espera claramente que seja negada), como cumprimentos diários desprovidos de sentido, desempenham um papel na instalação de um vínculo social rudimentar, uma "afinidade comunicativa" que una ambos os participantes em seu mundo sociossimbólico compartilhado. A comunicação está, portanto, envolvida na constante renovação – a nova exemplificação – do próprio contrato social.

Processo-conteúdo

A tensão *processo-conteúdo* diz respeito ao enfoque explanatório das explicações teóricas em sua tentativa de identificar a dimensão funcional basilar do comportamento comunicativo. Alguns modelos estão preocupados principalmente com a explicação da natureza e dos padrões de significado do conteúdo do material comunicado. Seus defensores acreditam que o processo de comunicação em si mesmo tenha pouco a acrescentar à compreensão do que é comunicado. Um exemplo disso seriam os modelos de código discutidos nos capítulos 3 e 7, uma abordagem das representações acima e além do que é *feito com* representações, e, historicamente, a tradição da semiótica que enfatiza consideravelmente a leitura culturalmente localizada das várias significações e associações (denotação e conotação) de textos e imagens.

Em contraste, outros modelos colocam maior ênfase nos processos de comunicação, em termos tanto das atividades e componentes que sustentam a troca de significados quanto, em segundo lugar, através da dimensão performativa dos atos comunicativos. Em termos da atividade e dos componentes do processo comunicativo, a atenção tem sido focada na sequência de mecanismos comunicativos e tem gerado uma linguagem analítica que compartimenta a trajetória do envio de mensagem (fonte de informação, transmissor, sinal, canal, receptor) e seus impedimentos potenciais (probabilidade de erro, ruído, destino da informação, capacidade do canal) (WEAVER & SHANNON, 1963). Em outro sentido, uma consciência de processos comunicativos também pode priorizar a comunicação como ato, "forma de fazer", como ação comparável a outras ações. Nesta linha de pensamento – discutida nos capítulos 5 e 6 – a comunicação é melhor entendida não simplesmente em termos de suas capacidades de representação ou descritivas, mas sim por meio de como efetua mudanças no mundo (p. ex., o ato declarativo de um agente policial lendo para alguém os seus direitos altera o *status* legal da pessoa detida). Ambas priorizações de processo assumem que o conteúdo de uma troca seja altamente dependente e entremeado desses tipos de processo.

Linguístico-paralinguístico

Uma última tensão, *de formato*, diz respeito aos formatos ou canais que comandam a atenção no tratamento teórico. Algumas contribuições se concentram tão somente em canais verbais ou linguísticos exclusivamente humanos – este é especialmente o caso nas abordagens devedoras de modelos de comunicação baseados na linguagem, no discurso ou na representação (p. ex., os cap. 5, 6, 7 e 9) – e o fazem em detrimento de outros canais de comunicação (não verbais, paralinguísticos e assim por diante). Estas visões contrastam com aquelas que localizam a comunicação linguística no contexto de um conjunto mais amplo de aspectos da comunicação humana e não humana, tais como adaptações evolucionárias (cap. 11), engano e expressões e sinais corporais (cap. 3). Novamente, há teorias que ligam ambos os lados desta tensão: a tentativa de Vygotsky de conectar funções cognitivas elementares e superiores através de formas distintas de mediação é uma maneira de conectar operações paralinguísticas e linguísticas. Igualmente importante aqui é a dimensão afetiva das comunicações – fator identificado por modelos de retórica, pela Teoria Evolucionária e pela análise da comunicação de ciência (cap. 10, 11 e 15) – que, embora curiosamente combinada com o desempenho linguístico, nem sempre é redutível a ele.

Percursos através do texto

Nosso objetivo é fornecer uma série de ferramentas conceituais e práticas para a compreensão da psicologia social da comunicação. A fim de alcançar esta compreensão, os leitores podem fazer vários percursos através do texto. A via mais direta através do texto é uma abordagem *da teoria à prática*, lendo-se as teorias fundamentais da Parte I, passando pelos tópicos especiais na Parte II, e culminando nas aplicações práticas da Parte III. No entanto, há também outras maneiras de se explorar o texto que os leitores podem preferir.

Aplicações da teoria

Este percurso através do texto começa enfocando uma área específica de aplicação (ou seja, comunicação da religião, da saúde, da política ou da ciência). Cada capítulo de aplicação prática movimenta uma série de ideias teóricas, e essas ideias podem ser articuladas e desenvolvidas mais a fundo traçando-se sua introdução e descrição de diferentes maneiras nas partes I e II. Eis um exemplo desse percurso: o capítulo 12, sobre ação comunicativa religiosa, compartilha com o capítulo 7 o tópico sobre identidades. Na verdade, também envolve a importância de se consolidarem as formas comuns de identidade através da comunicação, teoria fundamental apresentada na introdução do capítulo 5 à Teoria da Ação Comunicativa, e sua teoria precursora, a discussão do capítulo 2 sobre o desenvolvimento da comunidade e o ideal de comunicação dialógica. Da mesma forma, o capítulo 14, sobre comunicação política, pode ser relacionado à Teoria Fundamental da Influência Social (cap. 4), através de um envolvimento com os capítulos de tópicos especiais sobre fofoca e boato (cap. 8) e noções de argumentação e retórica (cap. 10), uma vez que todos versam sobre o tema da influência.

Conceitos-chave e zona de troca

Este percurso começa abordando um conjunto de palavras-chave introduzidas no começo de cada capítulo (para uma lista de todas as palavras-chave listadas por cap., cf. a Tabela I.1), e explora uma série de temas interconectados, traçando as diferentes articulações dessas palavras-chave em outras seções do livro. Esta pode ser uma maneira interessante de se destacarem ressonâncias entre os capítulos, cujas preocupações teóricas e empíricas, de outro modo, podem parecer mutuamente excludentes. Por exemplo, o primeiro e o último capítulos do livro priorizam ambos, talvez inesperadamente, a questão de como conceitos científicos podem ser comunicados. De modo semelhante, os capítulos 5, 9 e 11, sobre pragmática, psicanálise e Teoria Evolucionária, respectivamente – tradições intelectuais que não costumam estar reunidas – abordam todos a questão do egocentrismo na comunicação, tema também abordado pelo capítulo 1, ainda que de maneiras diferentes. Dois outros exemplos: os tópicos do afeto (cf. cap. 8, 11 e 15) e da transmissão cultural (cap. 3, 8 e 11) estão presentes em capítulos com preocupações conceituais e práticas divergentes.

Estes meios de explorar conexões podem ser desenvolvidos fazendo-se uso do extenso glossário do livro. Não apenas os conceitos nodais claramente representam pontos de coincidência entre tradições distintas; também acontece que as definições oferecidas aqui decompõem ideias, que também podem ser comparadas, contrastadas, traçadas através dos vários capítulos do livro. Esses conceitos e ideias basilares também podem ser cruzados, comparados em diferentes contextos aplicados, através do índice do livro. A leitura do glossário – tratando-o mesmo como capítulo autônomo – oferece uma maneira de se realçarem potenciais sinergias e conjunções inovadoras entre as teorias, e entre as preocupações teóricas e aplicadas. Temos então uma série de estratégias através da qual a zona de troca entre as diferentes disciplinas exemplificadas pelos capítulos podem ser melhor definidas.

Tensões fundamentais

Este percurso começa abordando uma das principais tensões delineadas acima, e traça o caminho no qual se desenvolveu, foi debatida e revisitada em diferentes disciplinas, conforme descrito nos diferentes capítulos. A Tabela I.2 fornece uma indicação de quais capítulos evocam tensões específicas, e pode, portanto, ser usada como guia através do texto orientado em torno deste tema.

Tabela I.1 Palavras-chave para cada capítulo

Cap. 1: O impacto da interação comunicativa sobre o desenvolvimento	Egocentrismo; funções cognitivas superiores/ elementares; mediação; metacognição; aprendizado ideal; conceitos científicos (acadêmicos); zona de desenvolvimento proximal.
Cap. 2: Diálogo, consciência crítica e práxis	Conscientização; diálogo; *doxa*; educação; extensão; práxis; problematização; resolução de problemas.
Cap. 3: Comunicação não verbal e cultura	Cultura; decodificação; regras de exposição; codificação, gestão de impressão; comportamento não verbal; comunicação não verbal; autoapresentação.
Cap. 4: Influência social: Modos e modalidades	Acomodação; assimilação; atitude; crença; cumprimento; conformidade; conversão; desvio; imitação; influência informativa; liderança; maioria; minoria; normalização; influência normativa; normas; obediência; persuasão; influência social; esfera pública; poder suave.
Cap. 5: Teoria Pragmática e relações sociais	Interpretação carregada de afeto; modelo de código; intenção coletiva; Teoria da Implicatura Conversacional; comunicação egocêntrica; ilocução; modelo inferencial; locução; perlocução; pragmática; Teoria da Relevância; esquema; Teoria dos Atos de Fala; Teoria da Mente.
Cap. 6: Ação comunicativa e imaginação dialógica	Ação comunicativa; intersubjetividade; jogos de linguagem; mundo da vida; tomada de perspectiva; esfera pública; atos de fala; ação estratégica; pretensões de validade.
Cap. 7: Identidade e resistência na comunicação	Diferença cultural; cultura; codificação- -decodificação; identidade; ideologia; resistência; representação social.
Cap. 8: Boatos e fofocas como gêneros de comunicação	Besteira; epidemiologia cultural; fofoca; gênero; contraintuitividade mínima; boato; método de reprodução social.
Cap. 9: Fala vazia e fala plena	Fala vazia; fala fundadora; fala plena; imaginário; *méconnaissance*; comunicação fática; o Outro; atos de fala; o simbólico.

→

Cap. 10: Argumento e retórica	Argumento; audiência; discurso laudatório; composição; argumentação deliberativa; pronunciamento (eloquência); *ethos*; invenção; argumentação jurídica; *logos*; metáfora; metonímia; orador; *pathos*; questão; situação retórica; estilo; os "três mosqueteiros da retórica"; *tropos*.
Cap. 11: Evolução e comunicação	Adaptação; deixas, sinais e signos; cultura; engano; egocentrismo; Teoria da Mente; construção de nicho cultural.
Cap. 12: A religião como comunicação	Ação comunicativa; comunidade; memória; narrativa; prática religioso-comunicativa; ritual; ação estratégica; realidade transcendente.
Cap. 13: Campanhas midiáticas de saúde: da informação à mudança social	Jornalismo cívico; ação coletiva; entretenimento educativo; pensamento crítico dialógico; comunicação em saúde; estratégias de comunicação em saúde; jornalismo de conversação; jornalismo de informação; abordagem CAC (Conhecimento + Atitudes = Comportamento); campanhas de saúde mediadas; jornalismo em rede; capital social; espaços sociais transformadores; identidade social; jornalismo em rede.
Cap. 14: A psicologia social da comunicação política	Definição de agenda; deliberação; enquadramento; efeito midiático hostil; efeito de lacuna de conhecimento; público mesquinho; polarização; confiança política; preparação; opinião pública; confiança social.
Cap. 15: Comunicação científica	Trabalho limítrofe; modelo de déficit; modelo dominante; divulgação científica; engajamento público; compreensão pública da ciência.

Tabela I.2 Tensões fundamentais

Tensão-chave	Dimensão-chave	Capítulos correspondentes
Inevitabilidade-improbabilidade	Perfectibilidade	Cap. 1, 2, 3, 6, 12, 13
Controlado-inintencional	Controlabilidade	Cap. 3, 4, 5, 8, 9, 10, 11, 14
Mútuo-estratégico	Comunitária	Cap. 2, 3, 4, 6, 7, 8, 10, 12-15
Compartilhado-egocêntrico	Egocentrismo	Cap. 1, 2, 3, 5, 6, 9, 11, 13
Fático-informativo	Ganho	Cap. 2, 6, 7, 8, 9, 12, 13, 14
Processo-conteúdo	Funcionalidade	Cap. 1, 3, 5, 6, 7, 10
Linguístico-paralinguístico	Formato	Cap. 1, 3, 5, 6, 7, 9, 10, 11, 15

Mudança comunicativa

Um dos argumentos basilares subjacentes à nossa abordagem neste livro diz respeito à necessidade de apreendermos a dimensão psicológica da comunicação, de apreciarmos como as comunicações são processadas, integradas, respondidas por sujeitos e comunidades agentes. É, portanto, apropriado que terminemos esta introdução designando um percurso que explore modalidades de mudança comunicativa. Nosso objetivo não é oferecer um catálogo exaustivo de todos os aspectos da mudança comunicativa, mas sim apresentar uma amostra de perspectivas, e, assim, suscitar uma exploração mais aprofundada a este respeito. É evidente que a maneira como essa mudança é entendida e explicada varia muito de acordo com o campo em questão. A Tabela I.3 fornece uma indicação de quais capítulos abordam as diversas modalidades de mudança comunicativa, e pode, portanto, ser usada como um guia através do texto orientado em torno deste tema.

Enfim, enfatizamos a intersubjetividade da comunicação, a natureza dos processos comunicativos em diferentes contextos sociopsicológicos e o objetivo prospectivo de permitir formas de reciprocidade e diálogo. Além disso, enfatizamos o importante e, talvez, necessariamente diversificado tema das modalidades de mudança comunicativa. Movendo-nos através de uma gama de perspectivas teóricas, áreas aplicadas e contextos, tentamos evitar o enclausuramento de um único quadro teórico.

Como dissemos no início, o objetivo dos autores é enriquecer e informar uma exploração da psicologia social da comunicação, e não compor o que seria necessariamente uma restritiva e limitada explicação "unificada" da comunicação. Nós teríamos falhado se o tema da comunicação fosse muito facilmente assimilado em uma entidade homogênea ou muito facilmente conciliado em um conjunto reconhecível de suposições. A falta de convergência *prima facie*, facilmente reconhecível, é parte do nosso objetivo: este livro terá sido bem-sucedido se o conjunto de perspectivas avançadas aqui inspirar o leitor a pensar de maneira diferente sobre a natureza, os objetivos e os mecanismos da comunicação, se produzir mesmo uma perda parcial de familiaridade com o fenômeno cotidiano da

Tabela I.3 Modalidades de mudança comunicativa

	Objetivo da mudança	Alcançada por meio de	Impedimentos
Cap. 1: O impacto desenvolvimental da interação comunicativa	Aprendizagem, aquisição de novas ferramentas, habilidades e "funções cognitivas superiores" simbólicas; acomodação de estruturas cognitivas.	Mediação; internalização de ferramentas simbólicas; a introdução pedagógica ocorre dentro da zona de desenvolvimento proximal; colocação de andaimes.	As formas de instrução ocorrem fora da zona de desenvolvimento proximal; pedagogias que não prestam atenção a formas efetivas de mediação.
Cap. 2: Diálogo, consciência crítica e práxis	Conscientização (i.e., consciência crítica); práxis.	Problematização; formas de diálogo igualitário, recíproco; relações horizontais que ocasionam empatia e reconhecimento mútuo.	Extensão; comunicados verticalmente impostos; relações verticais de poder; "antidiálogo", doxa.
Cap. 3: Comunicação não verbal e cultura	Compreensão transcultural; mediação sociocultural melhorada.	Consciência da importância comunicativa de vários sinais corporais e expressões não verbais (muitos dos quais são inconscientes e/ou culturalmente específicos).	Diferentes códigos culturais; ambiguidade de expressões e sinais corporais emocionais; uso enganador de tais sinais.
Cap. 4: Influência social: modos e modalidades	Inovação; acomodação e legitimação de uma perspectiva minoritária.	Modalidades de influência social (liderança, imitação, normalização, pressão por conformidade, obediência e submissão a autoridade, persuasão, replicação viral de crenças, conversão).	Conformidade; influência social que preserva o consenso e a estabilidade eliminando o dissenso.
Cap. 5: Teoria Pragmática e relações sociais	Partilhar com os outros seu estado mental e intenções de ação de modo a coordenar a ação.	Princípios pragmáticos relacionados à expressão linguística e interpretação de estados mentais (p. ex.: relevância ou princípios inferenciais griceanos, relações entre os atos componentes de um ato de fala).	Fatores egocêntricos e afetivos que limitam o quanto alguém pretende e consegue comunicar estados mentais.
Cap. 6: Ação comunicativa e a imaginação dialógica	Alcançar compreensão mútua; permitir ação conjunta; estabelecer e renovar representações sociais e pressupostos de fundo; construir e desafiar	Diálogo, adoção de perspectiva, argumentação através da troca de pretensões de validade acerca do eu (sinceridade/autenticidade), das relações eu/outro (correção normativa), e do mundo (verdade das proposições).	Exclusão e/ou negação do Outro; individualismo; rompimento de coesão social e solidariedade.

Cap. 7: Identidade e resistência na comunicação	Desenvolvimento de agência de identidades e representações; mudança social.	Representação social, decodificação de discurso dominante e troca imaginativa/comunicativa.	Representações hegemônicas, ideologias e culturas institucionalizadas de preconceito e exclusão.
Cap. 8: Boatos e fofoca como gêneros de comunicação	Gerenciamento de ansiedade (boato); melhoramento de identidade e vínculo social (fofoca).	Interpretação inferencial partilhada baseada em conservação cultural e construtividade (boato); interpretação inferencial/boateiras e comunicação emocional usando-se julgamentos normativos de outros ou de questões (fofoca).	Contágio "descontrolado" de ideias evocadoras de ansiedade baseadas em tipos específicos de conteúdo, contexto e afeto (boato); falha em notar o convite implícito à fofoca, falta de reconhecimento do direito do outro de julgar o alvo (fofoca).
Cap. 9: Fala vazia e fala plena	Mudança subjetiva; alcance de verdade subjetiva.	Meios simbólicos, particularmente a fala plena, isto é, a fala que mantém um elemento do Outro em sua capacidade de surpreender o sujeito, de dizer mais do que quer dizer, em suas funções declarativas e fundadoras (ou nomeadoras) capazes de acarretar mudança.	Fala vazia, fala egocêntrica que opera para afirmar, proteger e insular o ego contra o que considera impalatável, e mobilizar defesas contra ouvir qualquer coisa excessivamente perturbadora.
Cap. 10: Retórica e argumentação	Negociação de diferença entre indivíduos sobre um dado problema.	Discurso persuasivo tipicamente auxiliado pelos fatores do logos, do pathos e do ethos, permitido através de envolvimentos deliberativos, laudatórios e judiciais e assistido pelos meios formais da invenção, do estilo, da composição, da exposição e da memória.	Colapso entre o ethos projetado e o efetivo, entre o pathos efetivo e o projetado, e o logos efetivo e o projetado.
Cap. 11: Evolução e comunicação	Superar mal-entendidos entre interlocutores.	A Teoria Externa da Mente agindo como fonte off-line da cognição capaz de melhorar o egocentrismo na comunicação.	O egocentrismo é padrão cognitivo e como tal provê um uso econômico de recursos cognitivos.
Cap. 12: A religião como comunicação	Compreensão e concordância; comunidade e solidariedade.	Ação comunicativa; prática religioso-comunicativa.	Ação estratégica; doutrinação.

↑

	Objetivo da mudança	Alcançada por meio de	Impedimentos
Cap. 13: Campanhas midiáticas de saúde: da informação à mudança social	Aumentos em: comportamentos saudáveis; habilidade de acessar serviços e apoio, capital social de promoção da saúde, ação coletiva para lidar com obstáculos à saúde, política social relacionada à saúde (nos níveis de influência local, nacional e/ou global).	A promoção de "espaços sociais transformativos" que fornecem oportunidades de empoderamento subjetivo e objetivo através do diálogo, do pensamento crítico e do trabalho em rede – através de estratégias de comunicação que facilitam a participação comunitária, parcerias e a vincular/conciliar capital social.	Desigualdades de poder; falta de vontade política de apoiar o empoderamento de comunidades com saúde vulnerável.
Cap. 14: A psicologia social da mudança política	Percepção da importância ou de causas e soluções para problemas; promover o conhecimento e a participação; promover o diálogo e evitar a polarização, construir confiança nos outros, no governo e na mídia.	Mudar normas jornalísticas e de mídias de notícias; educar e formar publicitários e advogados na aplicação de teoria e pesquisa; aplicar pesquisas à concepção de mídias; oferecer currículos especiais e treino de habilidades para alunos e cidadãos.	Vieses cognitivos do público e disparidades no *status* de SES; pressões econômicas sobre a mídia; dependência dos jornalistas dos recursos da elite; vantagens para a elite e grupos de interesse ricos em recursos influenciarem na cobertura de notícias e no patrocínio de iniciativas de campanha caras.
Cap. 15: Comunicação de ciência	Desenvolver um mandato social para a ciência como profissão; validar a autoridade científica; licenciar processos e produtos científicos; estruturar uma sociedade preparada para a inovação.	Comunicação dos fatos e ideologias da ciência; negociação dos valores, políticas e usos da ciência.	Construções conjuntas dos sábios cientistas e dos leigos ignorantes ou estúpidos; tensões entre hierarquias e redes; diferentes capacidades de mídia de massa difundirem conteúdo cognitivo e afetivo; busca de interesses competitivos (p. ex., entre política, negócios e sociedade civil).

interação comunicativa humana. Esperamos ter fornecido os rudi-
mentos de uma abordagem interdisciplinar e suprido um conjunto
heterogêneo de ferramentas conceituais e práticas, que os leitores
podem combinar e entrelaçar em uma variedade de maneiras diferentes como meio de compreender a natureza híbrida e em rápida
mutação da comunicação no mundo de hoje.

Parte I

INTRODUÇÃO À PSICOLOGIA SOCIAL DA COMUNICAÇÃO

1
O IMPACTO DESENVOLVIMENTAL DA INTERAÇÃO COMUNICATIVA

Joanne Hardman

Palavras-chave: Egocêntrico/egocentrismo; funções cognitivas superiores/elementares; mediação; metacognição; aprendizado ótimo; conceitos científicos (acadêmicos); zona de desenvolvimento proximal.

Introdução

> A característica distintiva da aprendizagem humana é tratar-se de um processo de construção de significado – um processo semiótico: e a forma prototípica da semiótica humana é a linguagem. Disto decorre o fato de a ontogênese da linguagem ser ao mesmo tempo a ontogênese da aprendizagem (HALLIDAY, 1993, p. 93).

Esta afirmação ousada feita pelo sociolinguista Michael Halliday aponta para a importância da linguagem para o desenvolvimento. Esta citação ressoou com um trabalho de pesquisa que eu estava fazendo em um jardim de infância extremamente desfavorecido na região do Cabo Ocidental, na África do Sul. A pesquisa abordava a interação verbal de Sipho e Nandi enquanto tentavam construir um trem a partir de uma variedade de blocos. De particular interesse era como essas duas crianças de 3 anos de idade usavam a linguagem (neste caso, a sua língua materna é a isiXhosa, a primeira língua da maioria das pessoas na Província do Cabo Ocidental, África do Sul) para resolver um problema com o qual se depararam durante a construção deste trem. Este uso da linguagem como ferramenta de resolução de problemas logo tornou-se de grande interesse na pesquisa porque repercutiu tão bem com a Teoria Psicológica da Aprendizagem postulada pelo psicólogo soviético Lev Vygotsky (1978). De particular interesse neste contexto é tentar entender como os seres humanos aprendem juntos através da interação comunicativa. A Figura 1.1 abaixo ilustra estas crianças enquanto resolviam juntas o problema.

Na Figura 1.1 Sipho e Nandi estão construindo um trem usando blocos de vários formatos. Ambas as crianças têm 3 anos de idade e estão falando enquanto trabalham sobre o problema a ser resolvido. O problema com o qual estão pelejando é o de como construir o trem que está escondido na frente de Nandi sem mais nenhuma roda redonda amarela. Tudo o que as crianças têm para usar são blocos verdes quadrados e retangulares.

Figura 1.1 Sipho e Nandi aprendendo a construir um trem através da sinteração comunicativa

Neste nível de desenvolvimento em que o pensamento infantil é caracterizado como **"egocêntrico"**, o que se vê é uma forma de discurso que serve como ferramenta para auxiliar na resolução de problemas. O discurso aqui é um tipo de instrumento que ajuda as crianças a resolverem o problema com o qual estão envolvidas. Nós ainda não vemos o nível de colaboração, totalmente desenvolvida, que esperamos ver na interação comunicativa, mas temos os brotos desse desenvolvimento. Aqui a linguagem é uma ferramenta *externalizada* para ajudar estas duas crianças a construírem um trem (cf. Excerto 1.1). Observar essas crianças resolverem um problema com o uso da linguagem para guiar suas ações destaca o fato de a linguagem ser uma ferramenta essencial para a aprendizagem na escola.

Outros capítulos desta parte do livro discutem teorias sobre *como* nos comunicamos (às vezes de forma não verbal, p. ex., cf. o cap. 3, ou pragmaticamente, cf. o cap. 5), e enfatizam a importância dos *contextos* nos quais a comunicação ocorre. Enquanto o capítulo 2 fornece um envolvimento crítico com as teorias da comunicação que se concentram exclusivamente no impacto da transmissão cultural sobre o desenvolvimento do pensamento humano, o presente capítulo introduz uma abordagem *sociocultural* da mente que vê o pensamento humano como socialmente mediado e, ao mesmo tempo, reconhece a base biológica e a etiologia evolucionária deste pensamento. Com esta finalidade, este capítulo recorrerá ao trabalho do professor e psicólogo russo Lev Vygotsky para entender como a linguagem serve como ferramenta cognitiva e, por conseguinte, como a interação comunicativa desenvolve a nossa capacidade cognitiva exclusivamente humana. Ao longo do capítulo, exemplos empíricos de interação comunicativa serão explorados a fim de ilustrar os conceitos abordados. O trabalho empírico foi extraído da minha pesquisa sobre escolas urbanas, rurais e agrícolas desfavorecidas na Província do Cabo Ocidental da África do Sul, e utiliza o conjunto de obras proveniente da tradição vygotskyana (HARDMAN, 2004, 2005b, 2007, 2008).

Excerto 1.1 Falando em resolução de problemas – os primeiros passos na direção da interação comunicativa

O que se segue foi traduzido do original isiXhosa.

Nandi: Você pega este bloco. Bloco verde. Uh. Bloco verde por aqui e rodas. *[Nandi tenta deslocar um bloco verde que ela então tenta usar como roda para o trem escondido a sua frente.]*

Sipho: [*Conversando com Nandi, mas também consigo mesmo.*] As rodas são redondas, bobinho! [*Ele ri, e tenta deslocar as rodas redondas amarelas do caminhão que tem a sua frente.*] Não verde. [*Ele parece estar se referindo ao formato quadrado em vez da cor verde.*] Você já viu rodas como estas? [*Ele aponta para os blocos verdes.*] Eu [*inaudível*] rodas. Redondas. Eu tiro ela fora e então coloco. Eu coloco ela aqui. Rodas redondas. [*Sipho está falando em voz alta enquanto tira as rodas redondas do caminhão e as coloca no trem. Nandi continua por um tempo encaixando os blocos quadrados verdes no chassi do trem, mas, em seguida, imita Sipho e tira rodas redondas do seu caminhão e as encaixa no trem.*]

No cerne de uma perspectiva vygotskyana do desenvolvimento está o entendimento de que a aprendizagem (e, portanto, o ensino) é um empreendimento social culturalmente embasado (LEKTORSKY, 1990). Essa abordagem ressalta os aspectos comunicativos do ensino e da aprendizagem, nos quais o conhecimento é compartilhado e construído em conjunto, principalmente através da **mediação** (especialmente da linguagem) semiótica (sinais significativos) (MERCER & FISHER, 1997a; PALINCSAR, 1986; WERTSCH, 1991; MERCER, 2005). Para Vygotsky, a mediação, entendida como a orientação de um colega ou professor mais experiente, é a chave para a compreensão de como as crianças aprendem através da interação comunicativa. Trata-se de um conceito vygotskyano central e é explorado com alguma profundidade neste capítulo.

A mente na sociedade

> Não é a consciência dos homens que determina o seu ser, mas, ao contrário, o seu ser social que determina a sua consciência (MARX, 1859, p. 328-329).

Desde a exposição de Descartes do cogito como princípio racional, psicólogos e filósofos têm debatido a natureza do conhecimento: Como se vem a conhecer alguma coisa e o que se pode conhecer com certeza? Uma resposta a esta pergunta está contida na citação de Marx acima: vem-se a conhecer através dos determinantes do ser social, que estão necessariamente ligados à interação com os outros. O próprio ato da consciência, tão frequentemente pensado como parte da constituição biológica do indivíduo, segundo esta linha de pensamento é socialmente derivado. Embora esta orientação possa não soar tão notável no século XXI, é útil contextualizar esse pensamento. No momento em que Vygotsky escrevia, o behaviorismo e, em menor grau, a psicanálise, eram os paradigmas psicológicos dominantes. O behaviorismo, à época, considerava ser impossível estudar algo que não se possa ver realmente; daí o foco no comportamento externo como objeto de estudo e a utilização da observação como método para se estudar questões psicológicas. Os psicanalistas, no entanto, postulavam que a maior parte da nossa vida psíquica é impulsionada por dinâmicas forças inconscientes, das quais geralmente não nos damos conta. A noção, portanto, de que a mente humana seja derivada socialmente contrasta com os dois paradigmas dominantes.

Numa tentativa de abordar a questão de como o conhecimento se desenvolve por uma psicologia marxista, Vygotsky (1978) postulou que a mente é socialmente construída durante a interação comunicativa entre adultos e crianças culturalmente conhecedores. Enquanto Marx analisava uma "célula" da sociedade capitalista, para Vygotsky a "célula" da psicologia é a interação entre a criança e a mãe (a guia culturalmente mais competente). Para Vygotsky *o caminho do objeto à criança e da criança ao objeto passa por outra pessoa*. Desde o surgimento das funções cognitivas superiores nunca nos aproximamos do mundo diretamente, de forma "não mediada"; o que antes acontece é que nossa interação com o mundo, a partir deste ponto, é sempre *mediada* por alguém ou alguma outra coisa. O significado não é algo que resida em objetos, mas sim que advém da interação com os outros. Isso leva à valorização pedagógica da *assistência guiada* em um espaço onde esse aprendizado possa ocorrer de maneira mais frutífera. Vygotsky chamou este espaço de **zona de desenvolvimento proximal**, e este conceito é desenvolvido mais detalhadamente abaixo. A imagem do desenvolvimento da mente levou à teorização de Vygotsky da aprendizagem como *exigindo mediação através da interação comunicativa* dentro da zona de desenvolvimento proximal.

Mediação

Uma premissa fundamental da teoria de Vygotsky é a de que processos biológicos básicos (ou **"elementares"**) são transformados em **funções cognitivas superiores** através da utilização de ferramentas culturalmente significativas (como a linguagem) durante a interação social (VYGOTSKY, 1978). Ou seja, as crianças nascem com determinados processos biológicos básicos, como, por exemplo, a percepção (DIAZ; NEAL & AMAYA-WILLIAMS, 1993). À medida que a criança se desenvolve no mundo social, estes processos elementares são transformados pela interação da criança com o mundo social. As funções cognitivas superiores se desenvolvem primeiro como funções interpsicológicas, com a mãe/outro inicialmente orientando a atividade da criança, e, mais tarde, "voltam-se para dentro", tornando-se as funções intrapsicológicas. As funções cognitivas superiores, portanto, têm origens *sociais*. Esta conceituação de desenvolvimento alega superar a posição dualista anterior, que defende que a mente ou é "dada" naturalmente ou é socialmente derivada. Nos termos da lei genética geral de Vygotsky:

> Cada função no desenvolvimento cultural da criança aparece duas vezes: primeiro, no nível social, e, mais tarde, no nível individual; primeiro, entre pessoas (interpsicológica), e depois no interior da criança (intrapsicológica). Isto aplica-se igualmente à atenção voluntária, à memória lógica e à formulação de conceitos. Todas as funções superiores se originam como relações reais entre indivíduos humanos (VYGOTSKY, 1978, p. 57).

O que emerge dessa lei é uma clara compreensão de que a natureza e a qualidade da *mediação* são cruciais para o desenvolvimento do funcionamento e da autorregulação cognitivos superiores. Portanto, é a mãe/outro que originalmente *media* a atividade da criança e regula externamente a sua interação com o meio ambiente (MOLL & GREENBERG, 1993). A mediação ocorre, portanto, quando uma pessoa "culturalmente mais competente" instrui um aluno acerca de um conceito (digamos, um número) de maneira muito bem estruturada. Se a mediação for bem-sucedida, o conceito será *internalizado* pelo uso e pela prática, e começará a servir como ferramenta psicológica com a qual novas experiências serão ordenadas. Assim, um número, por exemplo, torna-se uma categoria que pode ser utilizada para classificar objetos no mundo. Da mesma forma, a linguagem se torna uma ferramenta que o ajuda a ir além do aqui e agora – a desenvolver o pensamento intencional. Este aspecto da Teoria do Desenvolvimento de Vygotsky é representado graficamente na Figura 1.2.

Figura 1.2 O funcionamento cognitivo superior mediado

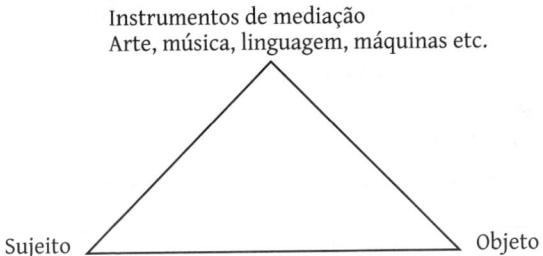

Instrumentos de mediação
Arte, música, linguagem, máquinas etc.

Sujeito

Objeto

A Figura 1.2 representa como um ser humano interage com o mundo através de artefatos ou ferramentas culturais; o mundo nunca é abordado diretamente no decurso do desenvolvimento das funções cognitivas superiores, mas é sempre mediado (BATESON, 1972; WERTSCH, 1991, 1998). Isso significa que as relações naturais representadas na base do triângulo são subsumidas às relações culturais representadas no vértice do triângulo (DAVIDOV, 1975, 1982). As funções cognitivas elementares representadas na base do triângulo são inatas e compartilhadas com os animais. A percepção é um exemplo de função cognitiva elementar. No entanto, o uso avançado de ferramentas simbólicas – implicando funções cognitivas superiores –, tais como os sistemas numéricos e a matemática, ou a gramática e a sintaxe da linguagem, precisa ser aprendido pela criança em crescimento, e, portanto, precisa ser-lhe ensinado. A memória lógica, por exemplo, não é inata – é algo que as crianças aprendem em seu ambiente cultural. A citação a seguir ilustra a diferença entre funções cognitivas elementares congênitas, inatas e funções cognitivas superiores aprendidas:

Na forma elementar algo é lembrado: na forma superior os seres humanos se lembram de alguma coisa. No primeiro caso, um vínculo temporário é formado devido à ocorrência simultânea de dois estímulos que afetam o organismo; no segundo caso, os seres humanos criam pessoalmente um vínculo temporário através de uma combinação artificial de estímulos [...] a própria essência da memória humana consiste no fato de os seres humanos se lembrarem ativamente com a ajuda de sinais (VYGOTSKY, 1978, p. 51).

Alguma vez você deu um nó em um lenço a fim de se lembrar de alguma coisa? Talvez tenha desenhado um símbolo na mão, indicando que precisa se lembrar de comprar o jantar? Bem, é a isso que Vygotsky está se referindo aqui, quando diz que os seres humanos se lembram ativamente; usamos coisas que nos ajudem a fazê-lo. Se olharmos para a Figura 1.2, o nó que amarramos no nosso lenço seria visto como símbolo de algo mais, da nossa necessidade de comprar o jantar no caminho de casa, por exemplo. Esta ferramenta nos ajuda, portanto, a lembrarmos de uma maneira que um animal é incapaz de fazê-lo. O nó no lenço se tornou um meio de mediação para nos ajudar a lembrar de alguma coisa. As funções cognitivas superiores, portanto, têm origem social e são de natureza social. A linguagem é a ferramenta mais importante no desenvolvimento das funções cognitivas superiores. Neste capítulo a interação comunicativa é representativa do processo através do qual o funcionamento cognitivo superior acontece. Assim, na Figura 1.2, o sujeito, um indivíduo ou um grupo, utiliza meios ou ferramentas de mediação para agir sobre o objeto da atividade (NEWMAN & HOLZMAN, 1993). Para Vygotsky (1978) a atividade humana é mediada por ferramentas. As ferramentas são criadas e transformadas durante o desenvolvimento da própria atividade e carregam consigo vestígios histórico-culturais próprios do seu desenvolvimento. O uso de ferramentas, portanto, representa um acúmulo e uma transmissão de conhecimento social. A utilização de ferramentas influencia a natureza do comportamento externo e também o funcionamento mental do indivíduo. Pense de novo no nó no lenço. A ferramenta (o lenço) alterou o seu comportamento externo (agora tem um nó), mas, ao mesmo tempo, também alterou o seu comportamento interno: você agora tem mais espaço na memória de trabalho para outras coisas mais urgentes.

Para Vygotsky (1978) nossa psicologia, nossa "humanidade" e consciência, é mediada por ferramentas *assim como* por sinais/símbolos (como a linguagem ou outros sistemas simbólicos, como as notações matemáticas). Tanto as ferramentas quanto os sinais mediam a atividade. No entanto, são diferentes, porque as ferramentas alteram o comportamento externo, enquanto os sinais alteram o comportamento interno. É problemático, entretanto, pensar nesses meios de mediação como se fossem separados, porque eles estão intimamente ligados através de uma coordenação de ação e transformação mútua. A internalização se refere à reconstrução psicológica de uma ação ou operação externa. Uma vez que esta operação cognitiva tenha ocorrido, processos internos podem ser externalizados na ação e, portanto, objetificados para estudo. Considere a linguagem – a ferramenta simbólica primária, para Vygotsky. Desde quando uma criança seja capaz de usar a linguagem, ela tem um meio de representar seu ambiente e, sobretudo, de *refletir* sobre seus aspectos. Neste sentido, a criança está livre da contingência e do imediatismo do seu ambiente. Ela também está provida de um dispositivo rudimentar de resolução de problemas; ser capaz de expressar-se através de uma tarefa é muitas vezes uma ajuda importante na exploração de diferentes opções, na orientação de suas ações. O discurso inicialmente acompanha a ação; se poderia dizer que durante o desenvolvimento um aspecto do discurso se "volta para dentro", começando assim a funcionar de maneira intrapsicológica como uma função de planejamento.

Podemos, portanto, seguindo Vygotsky, identificar uma série de transformações que compõem o processo de internalização. Como ele o coloca:

1) Uma operação que representa inicialmente uma atividade externa é reconstruída e começa a ocorrer internamente.

2) Um processo interpessoal é transformado em intrapessoal.

3) A transformação de um processo interpessoal em intrapessoal é o resultado de uma longa série de eventos de desenvolvimento (VYGOTSKY, 1978, p. 57).

Na Figura 1.3 abaixo, alunos da terceira série estão aprendendo a escrever usando os dedos para criar sinais na areia. Seu dedo é uma ferramenta que altera tanto o mundo externo quanto, ao mesmo tempo, altera o funcionamento cognitivo dos alunos.

Figura 1.3 Aprendendo a escrever usando os dedos como ferramenta

Como a Figura 1.3 indica, o objeto é *o que sofre a ação* através da utilização de meios de mediação. O objeto pode ser material (p. ex., a areia) ou uma ideia (um conceito), mas fundamentalmente sofre a ação de modo a realizar uma função cognitiva (lembrar, aprender como usar símbolos etc.). O triângulo na Figura 1.2, então, é uma representação gráfica do princípio central de Vygotsky, qual seja o da mediação; no curso do desenvolvimento das funções cognitivas superiores uma pessoa nunca aborda o objeto da sua ação diretamente, mas é sempre levada a entender esse objeto significativamente através da orientação de outra pessoa ou de artefato mediador. Como Vygotsky sugere:

> Assim como um molde dá forma à substância, as palavras podem moldar uma atividade em uma estrutura. No entanto, essa estrutura pode ser alterada ou reformulada quando as crianças aprendem a usar a linguagem de maneiras que lhes permitem ir além de experiências anteriores no planejamento de ações futuras

[...] tendo as crianças aprendido como usar a função de planejamento de sua linguagem de forma eficaz, o seu campo psicológico muda radicalmente. Uma visão do futuro é agora parte integrante de suas abordagens do que está a sua volta (VYGOTSKY, 1978, p. 28).

Como funciona a mediação?

Uma premissa central da mediação é que um aluno pode realizar mais com assistência do que por conta própria. Esta noção de assistência guiada é articulada na obra de Vygotsky como mediação dentro da zona de desenvolvimento proximal (ZDP) (HEDEGAARD, 1998; DANIELS, 2001).

> Implantar [algo] na criança [...] é impossível [...] só é possível treiná-la para alguma atividade externa, como, por exemplo, escrever em uma máquina de escrever. Para criar a zona de desenvolvimento proximal, que é engendrar uma série de processos de desenvolvimento interno, precisamos dos processos de ensino escolar corretamente construídos (VYGOTSKY, 1987, p. 134).

Para Vygotsky (1978; 1986), a ZDP representa o hiato entre o que um aluno pode realizar com assistência e o que esse aluno pode realizar por conta própria:

> [...] é a distância entre o nível real de desenvolvimento determinado pela resolução independente de problemas e o nível de desenvolvimento potencial determinado através da resolução de problemas sob a orientação de adultos ou em colaboração com colegas mais capazes [...] o nível de desenvolvimento real caracteriza o desenvolvimento mental retrospectivamente, enquanto a zona de desenvolvimento proximal caracteriza o desenvolvimento mental prospectivamente (VYGOTSKY, 1978, p. 86-87).

A mediação na ZDP, então, é simplesmente uma questão do quanto um aluno pode se beneficiar da assistência. Onde um aluno se beneficia muito da assistência, podemos dizer que ele/ela tenha uma ZDP expansiva; onde um aluno não se beneficia muito com a assistência, podemos dizer que ele/ela tenha uma ZDP mais restrita. A ZDP está aberta em diálogo entre o colega mais experiente ou o professor e o aluno. Fazer uma pergunta em uma palestra, por exemplo, potencialmente abre a ZDP do aluno, porque mostra ao palestrante o que o aluno sabe e o que ele/ela precisa saber. Quando o palestrante começa a responder ao aluno e fornece a assistência necessária, essa interação abre a ZDP do aluno, efetuando uma mudança cognitiva através da interação comunicativa. Portanto, a ZDP ajuda o palestrante na concepção de futuras estratégias de comunicação, indicando as habilidades existentes de uma determinada audiência e focando a atenção no nível específico em que futuras tentativas de comunicação devem ser dirigidas e evitando a redundância decorrente da repetição de um trabalho já conhecido. A noção de mediação na ZDP, então, se torna uma poderosa ferramenta para a compreensão da importância da interação dialógica no desenvolvimento cognitivo da pessoa. Note-se que a ZDP é necessariamente um conceito social. Refere-se muito especificamente à interação social como princípio de desenvolvimento, e, como tal, não pode ser determinada individualmente. Para que a ZDP se "abra", um aluno deve interagir com alguém (ou, em alguns casos, alguma coisa, como um livro) que represente uma ordem superior de conhecimento que o aluno não tenha ainda alcançado.

No Excerto 1.2 abaixo temos uma noção de como a mediação, na forma da interação comunicativa, acontece em uma sala de aula de uma escola primária na área do Cabo Ocidental da África do Sul. Esta é uma escola desfavorecida e a classe é composta por 44 alunos (idade média de 11 anos e meio) e um professor. Eles estão começando a aprender sobre frações.

Excerto 1.2 A mediação na zona de desenvolvimento proximal

1 **Professor:** Alguma pergunta? *[Começa a distribuir folhas de trabalho.]*

2 **Wayne:** O senhor poderia, por favor, explicar o denominador novamente? *[Levanta a mão.]*

3 **Professor:** Certo, explicar o denominador novamente.

4 Vamos mais adiante. *[Pega uma maçã.]*

5 Ora, o que é isso? *[Mostra a maçã.]*

6 **Estudantes:** Um todo.

7 **Professor:** Um todo.

8 E eu a corto exatamente, exatamente, em quantas partes?

9 Quantas partes existem?

10 **Estudantes:** Duas.

11 **Professor:** Ora, meu denominador me diz em quantas partes dividi o meu todo. *[Segura as partes.]*

12 Neste caso, são duas. *[Mostra as partes.]*

13 Então, o meu denominador neste caso será?

14 **Estudantes:** Dois.

15 **Professor:** Dois.

16 E agora vou cortá-la ainda mais. *[Junta a maçã de volta e começa a cortá-la novamente.]*

17 Mais uma vez, exatamente, exatamente. *[Cortando a maçã.]*

18 Vamos fingir que é exatamente. *[Sorrindo.]*

19 **Walter:** Em um quarto.

20 **Professor:** *[Acena com a cabeça.]* Devo [cortá-la] exatamente, exatamente. *[Corta a maçã.]*

21 E eu a corto. *[Corta a maçã.]*

22 Em quantas partes? *[Corta a maçã – mostra os pedaços.]*

23 **Estudantes:** Quatro.

24 **Professor:** E se você olhar com cuidado, quantos pedaços *[Mostra os pedaços.]*

25 **Estudantes:** Quatro.

26 **Professor:** Quatro pedaços.

27 Este pedaço, ele é meu? *[Mostrando um pedaço.]*

28 **Estudantes:** Quatro.

29 Quatro.

30 **Professor:** Vocês são inteligentes.

31 Vocês são inteligentes! *[sorriso.]*

32 Mas estes quatro pedaços me mostram, se eu os colocar juntos, que são meu todo. *[Coloca os pedaços juntos novamente.]*

33 Mas eu quero saber, qual é o meu denominador?

34 E o meu denominador vai me dizer em quantas partes?

35 **Estudantes:** Partes.

36 **Professor:** Partes em que eu a cortei, e são?

37 **Estudantes:** Quatro.

38 **Professor:** Quatro.

39 E Bokaas nos disse muito bem que o denominador fica?

40 **Estudantes:** Embaixo.

41 **Professor:** Embaixo.

42 O denominador nos diz quantos pedaços temos. *[Vai ao menino – Wayne – que fez a pergunta e mostra-lhe os quatro pedaços de maçã.]*

43 OK, e agora, Wayne? *[Wayne acena com a cabeça.]*

44 Eu poderia cortá-la ainda mais, mas seria difícil.

45 Eu dou a Wayne. *[Dá-lhe um quarto.]*

46 **Estudantes:** Uma parte.

47 **Professor:** Uma parte de quê?

48 **Estudantes:** Do todo.

49 **Professor:** Eu lhe dou uma das quatro partes.

50 Assim, ele fica com uma das quatro partes. *[Escreve no quadro um 4 e, em seguida, 1 sobre ele – ¼.]*

51 E eu fico com? *[Mostra seus pedaços.]*

52 **Estudantes:** Três.

53 **Professor:** Três dos pedaços. *[Escreve ¾ no quadro.]*

54 E se eu pegar os meus três e colocar o outro pedaço com ele... *[Coloca os pedaços juntos.]*

55 Então eu tenho?

56 **Harvey:** O seu todo.

57 **Professor:** O meu todo. *[No quadro: ¼ ¾ =]*

58 Deixe-me acrescentar um mais. *[¼+¾]*

59 Então eu tenho 4/4.

60 Então o meu numerador e o meu denominador são o...

61 **Estudantes:** O mesmo.

62 **Professor:** Bom.

Antes de analisar este texto para mediação e evidência da ZDP, precisamos saber algo sobre como as classes tendem a funcionar em áreas rurais da África do Sul. Geralmente os professores ocupam completamente o tempo de fala. Muitas vezes estive em aulas onde as crianças nunca falam, nem mesmo quando são feitas perguntas, porque as questões colocadas são retóricas, e são respondidas pelos próprios professores. Onde os professores oferecem aos alunos a oportunidade de se expressarem, isso tende a acontecer em um formato específico, identificado como estrutura discursiva Iniciar, Responder e Avaliar (IRA) (NYSTRAND; WU;

GAMORAN; ZEISER & LONG, 2003; WELLS, 1999). Esta é uma estrutura discursiva na qual um professor iniciará uma interação (geralmente através de uma pergunta) e os alunos responderão; o professor, então, avaliará a resposta antes de prosseguir. Essa estrutura IRA é comum em classes de todo o mundo. Muito se tem debatido (cf. DILLON, 1986, 1988; HARDMAN, 2000) acerca desta estrutura discursiva disseminada e o consenso geral é o de que é potencialmente limitante em termos do desenvolvimento de uma autêntica interação comunicativa, porque o professor faz perguntas fechadas que fecham em vez de abrir a discussão. Quando usadas para encerrar uma discussão, perguntas fechadas não desenvolvem funções cognitivas superiores porque lidam apenas com o que a criança já sabe, ou seja, o que está dentro do nível de desenvolvimento real da criança, em vez de ampliar o conhecimento da criança e abrir a zona de desenvolvimento proximal (VYGOTSKY, 1978; HARDMAN, 2000). No entanto, essa conclusão é um tanto quanto problemática em muitas classes sul-africanas, que se caracterizam por relações de poder extremamente assimétricas entre professores e alunos, que tornam extremamente difícil para os alunos obterem tempo de fala em um período. (O efeito de tais assimetrias na comunicação é uma das principais preocupações do cap. 2.) Para um aluno fazer uma pergunta, ele deve negociar um tempo de fala; ele deve, na verdade, aproveitar a oportunidade para dominar o tempo de fala (CAZDEN, 1986; CORNO & SNOW, 1986; CARLSON, 1991). Isso demanda muita iniciativa, exigindo atividade, energia, autoestima e independência (DILLON, 1988). A maioria dos alunos não está disposta, ou é mesmo incapaz, de fazer este movimento. É preciso mais do que simplesmente querer conhecer uma resposta para se fazer uma pergunta, requer verdadeira coragem, exigindo que o aluno se "coloque em questão" (SHOTTER & GERGEN, 1992; MILLER, 1994). Essa é a razão pela qual, em escolas carentes da África do Sul (e eu diria, na maioria dos contextos de escolarização) questões fechadas, que exigem apenas respostas individuais, podem servir como ferramentas para, pelo menos, oferecer aos alunos acesso a um tempo de fala (HARDMAN, 2000, 2008). Se uma questão é usada como ferramenta para mediar a aprendizagem ou como um exercício rasteiro e ferramenta prática depende muito do contexto em que é colocada (HARDMAN, 2000). Se olharmos para a maneira como o professor utiliza questões fechadas no Excerto 1.2 obteremos uma imagem do questionamento como ferramenta desenvolvimental, e não como uma ferramenta de treinamento e prática.

Na linha 14, o professor chama a atenção dos alunos para a maçã real, usando uma pergunta para concentrar sua atenção naquilo que vai explicar a eles, ou seja, a relação entre as partes e um todo. Ao cortar a maçã, o professor envolve os alunos em uma sessão de perguntas e respostas (linhas 17-25). Observe como ele incorpora definições (linha 20) com o ato físico de cortar a maçã. Ele repete o mesmo processo de cortar a maçã e fazer perguntas condutoras, fechadas (linhas 25-51) até ficar satisfeito com o fato de Wayne (o aluno que lhe pediu para repetir a explicação) entender o trabalho (linha 52). Cinco coisas acontecem, portanto, quando o professor faz uma pergunta fechada: ele usa perguntas para concentrar a atenção dos alunos; as perguntas servem para levar os alunos à resposta que ele está buscando; a simplicidade das questões torna relativamente fácil para todos os alunos se envolverem na interação, fornecendo uma forma de envolvimento estruturado, ou em forma de andaime (cf. Box 1.2 para saber mais sobre isso), com a tarefa; as perguntas simples conduzem de uma representação concreta de frações a sua representação abstrata; e, finalmente, as questões proporcionam aos alunos a oportunidade de participarem de uma interação comunicativa. O uso de perguntas como andaimes, juntamente com o *feedback* e as definições matemáticas, serve para *mediar* ou guiar o envolvimento dos alunos com as frações abstratas que o professor, por último, desenha no quadro. É importante notar aqui que a mediação leva à aquisição de funções cognitivas superiores; portanto, não se pode dizer que todas as ações de instrução medeiem o envolvimento dos alunos com um problema (cf. Box 1.1). E embora seja claro que o professor domine o tempo de fala (das 62 unidades de fala codificadas no episódio, as crianças usam apenas 16 unidades, ou 25% de fala), o fato de as crianças ocuparem tanto quanto 25% do tempo total de fala é extraordinário neste tipo de escola primária. Das 24 horas de dados que transcrevi de aulas em quatro escolas rurais desfavorecidas, em apenas três horas das aulas gravadas o tempo de fala dos alunos excede 25%, e essas aulas foram excepcionais. Isso é extremamente problemático se levarmos a sério a noção de Vygotsky de que as funções cognitivas superiores se desenvolvem através da interação comunicativa, onde entendemos interação comunicativa como a mediação do acesso dos alunos ao mundo do significado. No entanto, o Excurso 1.2 ilustra como mesmo quando apenas 25% do tempo de fala é ocupado por alunos, a ZDP dos alunos pode ser aberta e um nível de interação comunicativa pode começar. A pergunta de Wayne, de fato, abre a sua ZDP ao mostrar ao professor o que sabe e que precisa saber. O professor então fornece uma ponte, através da interação comunicativa (o uso de perguntas e respostas), entre o conhecido e o desconhecido. Isto é, fornece assistência na ZDP de Wayne.

Uma última pergunta que podemos querer fazer acerca do Excerto 1.2: O que a mediação realmente alcança aqui? Qual informação é transmitida, e, por outro lado, quais habilidades de resolução de problemas são efetivamente integradas pelos alunos? O que interessa aqui é o fato de a mediação na ZDP acontecer neste extrato não só por causa da forma como o professor orienta o envolvimento dos alunos com o problema, mas, mais importante, porque o professor está preocupado *com o desenvolvimento do conhecimento conceitual*. Isto é crucial porque, para Vygotsky, o *objeto* da ação mediada na ZDP é, em última análise, conceitual, e não técnico, uma questão de mera decoreba. A citação seguinte ilustra isso:

> A instrução só é útil quando segue à frente do desenvolvimento. Quando isso acontece, ela impele ou desperta toda uma série de funções que estão em estágio de maturação repousando na zona de desenvolvimento proximal. Este é o principal papel da instrução no desenvolvimento. Isto é o que distingue a instrução da criança do adestramento de animais. *Isso é também o que distingue a instrução da criança, que é direcionada para o seu pleno desenvolvimento, da instrução em habilidades técnicas especializadas, tais como digitar ou andar de bicicleta.* O aspecto formal de cada disciplina escolar é aquele no qual a influência da instrução sobre o desenvolvimento é realizada. A instrução seria completamente desnecessária se apenas utilizasse o que já estivesse amadurecido no processo de desenvolvimento, se não fosse ela própria uma fonte de desenvolvimento (VYGOTSKY, 1987, p. 212 – grifo do autor).

Box 1.1 Como analisar a interação comunicativa

Mediação pós-Vygotsky: o andaime como estratégia pedagógica

No texto acima compreendemos a mediação como um conceito que nos pode permitir investigar como as pessoas aprendem através da interação comunicativa. No entanto, "mediação" é um conceito de altíssimo nível. Como podemos realmente usar esse conceito para analisar a interação comunicativa? Como funciona "a mediação na ZDP" em salas de aula reais? Desde o artigo seminal publicado por Wood, Bruner e Ross (1976) sobre o "andaime" como forma de mediar o acesso dos alunos ao conhecimento, muito trabalho tem sido realizado utilizando-se a metáfora do andaime para operacionalizar a mediação na ZDP. Em seu estudo com pré-escolares, Wood et al. mostraram como um professor pode oferecer assistência estruturada em pontos apropriados numa atividade de resolução de problemas, orientando as ações da criança para cumprir com assistência o que não conseguia realizar sozinha. Eles descrevem os seguintes processos envolvidos nos andaimes:

* *Recrutamento*: ganhar a atenção do aluno.
* *Redução em graus de liberdade*: simplificar tarefas complexas em tarefas menores.
* *Manutenção de direção*: estímulo verbal para manter o foco do aluno no objetivo.
* *Marcação de aspectos críticos*: escolha de questões críticas, interpretação de discrepâncias.
* *Controle de frustração*: responder ao estado emocional do aluno.
* *Demonstração*: mostrar/modelar uma solução.

Em sua discussão sobre a forma como estes andaimes funcionam em uma situação de ensino/aprendizagem, Wood et al. apontam para a natureza complexa dos andaimes como interação entre professor e aluno.

Embora não utilizando a metáfora dos andaimes explicitamente, Tharp e Gallimore (1993) elaboraram a noção de mediação de Vygotsky na ZDP como *assistência guiada*. Eles sugerem seis meios de ensino por progresso assistido através da ZDP. Estes destacam como a instrução pode ser útil para provocar a aprendizagem na ZDP.

* *Modelagem*: O professor deve modelar ações de aprendizagem apropriadas para os alunos as imitarem.
* *Gestão de contingência*: Uma recompensa (p. ex., elogios, ou para um aluno primário, uma estrela dourada) ou uma punição (p. ex., repreender os alunos por não fazerem seu trabalho) deve se seguir imediatamente ao comportamento.
* *Comentários*: comentários verbais e por escrito às tarefas fornecem um modelo para os alunos, tanto no sentido de demonstrarem que tipo de respostas seriam consideradas "boas" quanto de modelarem os movimentos cognitivos necessários para se obter a resposta. Devem servir de andaime para os estudantes abordarem as tarefas.
* *Instrução*: Uma instrução efetiva está inserida em um contexto com outros meios de assistência efetiva, como o encorajamento e os comentários.

• *Estruturação cognitiva*: Especialmente quando o aluno não estiver familiarizado com a tarefa, o mediador deve fornecer a estrutura para pensar e agir, fornecendo andaimes/organizando sua experiência. Essa assistência pode sustentar grandes teorias para o aluno abordar o seu trabalho, ou simplesmente nomear e definir conceitos. Essencialmente, auxilia o aluno a processar dados "brutos", todos os fatos, o ajudando a peneirá-los, fornecendo uma estrutura para interagir com o texto.

• *Questionamento*: Aqui o professor usa perguntas para desenvolver uma compreensão do que a criança conhece e do que ela precisa conhecer. Neste sentido, uma pergunta fornece ao professor acesso ao desenvolvimento real da pessoa, apontando também para a ZDP.

O leitor vai reconhecer semelhanças entre o trabalho de Wood et al. e a classificação de Tharp e Gallimore (1988) das interações entre adultos e crianças em um contexto de ensino. A modelagem, por exemplo, ressoa com a "demonstração"; o questionamento é uma técnica que se pode usar para "recrutar atenção"; a estruturação cognitiva envolve tanto a "marcação de aspectos críticos" quanto uma "redução em graus de liberdade"; os comentários servem potencialmente para "manter a direção", e, por fim, a gestão de contingência (sob a forma do elogio) ajuda a gerenciar a "frustração". Estes dois estudos importantes e amplamente citados apontam, portanto, para determinadas estratégias-chave que os professores podem usar para guiar as ações dos alunos na ZDP. Esses indicadores devem permitir-lhe: (a) criar um quadro analítico que você possa usar para analisar a interação dialógica como ferramenta desenvolvimental; e (b) até mesmo criar a sua própria tarefa desenvolvimental. O Excerto 1.3 abaixo demonstra como você pode usar estes princípios para abordar a análise das interações comunicativas.

Excerto 1.3 Será que Kim está fazendo a coisa certa?

1 **Sra. De Wet:** Então Kim diz que o seu grupo acabou.

2 Aproxime-se, Kim.

3 Cole-o aqui. *[Dá a Kim um pouco de cola e indica que ela deve colar sua folha de papel no quadro para que todos possam ver.]*

4 **Kim:** (4/9 x 5/3) OK, então eu dividi nove por três... *[Kim tem uma grande folha de trabalho em sua mão na qual a resposta é trabalhada. Ela a cola no quadro e começa a explicar a solução do seu grupo.]*

5 E três por três.

6 **Sra. De Wet:** OK, devemos interromper Kim aí?

7 Humm? Devemos interromper Kim aí?

8 Será que Kim está fazendo a coisa certa?

9 **Estudantes:** Uhuhhmm.

10 **Sra. De Wet:** Por que não?

11 O que ela fez? [*Há sete mãos levantadas disputando por uma chance de responder – Ismael está muito ansioso.*]

12 O que o seu grupo fez?

13 Alguém?

14 Ismael? [*A professora chama Ismael.*]

15 **Ismael:** Senhorita, senhorita, hum, a razão pela qual ela está errada, senhorita, é porque [*Ismael levanta-se da carteira e começa a dar uma resposta sobre por que a resposta de Kim está incorreta.*]

16 Você não pode ter o, o denominador deve dividir o numerador.

17 Mas ela fez o denominador e o denominador.

18 **Sra. De Wet:** OK, deve haver um numerador com um denominador.

19 OK, vamos virar. [*A professora vira o cartão e escreve nele a soma: passa o resto do episódio ilustrando como chegar a uma resposta apropriada.*]

No Excerto 1.3 a Sra. De Wet usa *perguntas* (6-8; 10) para *encorajar* os alunos a fornecerem *razões* pelas quais a resposta de Kim está incorreta, bem como para *recrutar a atenção dos alunos*. Note-se que a professora não oferece aos alunos a resposta correta imediatamente, mas, em vez disso, obtém a resposta dos alunos. Sua pergunta mostra aos alunos que a resposta de Kim está errada, mas, sondando mais, ela obtém uma noção do que os outros alunos sabem e do que precisam saber: isto é, obtém uma noção das ZDPs individuais dos alunos. A professora passa, nas linhas 18-19, a modelar uma resposta adequada, criando estruturas cognitivas, na forma de passos na tarefa de resolução de problemas, para ajudar os alunos. De particular interesse neste excerto é o fato de *os alunos* estarem em condições de refletir sobre por que seus colegas estão errados e fornecer os critérios de avaliação necessários para desenvolver uma resposta correta. Nas linhas 16-18 Ismael fornece uma razão elaborada pela qual a resposta de Kim está errada: o denominador deve dividir o numerador. Esta é uma evidência que mostra que alguns alunos desta classe conseguiram adquirir os critérios para a produção de um texto matemático legítimo e têm a possibilidade de recorrer a um repertório de ferramentas matemáticas para auxiliá-los na resolução de problemas. Este excerto exemplifica vários aspectos do papel de mediador:

• O professor usa perguntas que encorajam os alunos a refletirem sobre suas ações de resolução de problemas, desenvolvendo a compreensão **metacognitiva** do conhecimento matemático dos alunos. O objeto, então, é o desenvolvimento da compreensão metacognitiva do conteúdo dos alunos.

• Ferramentas linguísticas servem para explicar o conteúdo matemático.

• Ferramentas materiais (tais como folhas de papelão) são usadas para servir a um propósito generativo, encorajando os alunos a desenvolverem novas maneiras de pensar.

Esta citação é importante porque indica claramente que a mediação na ZDP é direcionada para o desenvolvimento de conceitos abstratos (que Vygotsky chama de **"científicos"**), e não "habilidades técnicas". Conceitos científicos são resultado da instrução, da escolaridade. É claro que as pessoas, com base na experiência cotidiana, possuem conceitos básicos, o que Vygotsky chama de conceitos espontâneos ou cotidianos. No entanto, quando se entra em um contexto educacional formal, esses conceitos espontâneos revelam-se incapazes de ultrapassar um nível rudimentar de entendimento. Por exemplo: sabe-se, com base na observação empírica, que entrar em uma banheira faz com que o nível da água suba. Este "conhecimento prático" geral fica aquém, no entanto, das noções precisas de deslocamento e flutuação, como explicadas na Lei de Arquimedes, um conceito científico adequado.

A relação conceitual central trabalhada no Excerto 1.2 é aquela entre as partes e um todo. O professor elabora essa relação com referência à experiência cotidiana dos alunos e aos conceitos escolares mais abstratos. O professor faz uso de objetos do cotidiano (neste caso uma maçã) para desenvolver a compreensão das frações pelos alunos, especificamente da relação entre as partes e o todo. Ele começa sua explicação, de fato, usando este objeto antes de passar a representações mais abstratas de frações (linha 59). As crianças nesta sala de aula estão familiarizadas com maçãs, uma vez que a escola está localizada em um distrito produtor de maçã do Cabo Ocidental e a maioria dos pais dos alunos está empregada nestas fazendas. Ao conectar o conhecimento do conteúdo da disciplina (conceitos "científicos" ou acadêmicos) à experiência vivida das crianças (conceitos cotidianos) o professor torna esses conceitos mais significativos e pessoais, e cria a motivação para a aprendizagem do conteúdo temático (HEDEGAARD, 1998). Que as crianças estejam realmente motivadas a aprender neste caso se deve à pergunta de Wayne, assim como às respostas em coro dos alunos às perguntas do professor. Há uma clara ligação entre a compreensão cotidiana que os alunos têm da partilha de pedaços de uma maçã e a compreensão mais sofisticada do que uma fração realmente é e como pode ser representada. Ao trabalhar do empírico para o teórico e vice-versa, existe aqui, para o professor, o potencial de tornar o conceito científico significativo, e ainda manter a distinção entre os diferentes tipos de conhecimento.

Para Vygotsky, a escola é o "espaço" no qual as crianças aprendem a manipular conceitos científicos. Para ele, esses conceitos são introduzidos pelo professor como distintos dos conceitos cotidianos que podem ser aprendidos através da experiência pessoal cotidiana, na ausência de instrução sistemática (VYGOTSKY, 1986; DANIELS, 2001; KARPOV, 2003). Os conceitos científicos formam um sistema coerente, lógico, hierárquico e são caracterizados por um elevado grau de generalidade e abstração (VYGOTSKY, 1986; HEDEGAARD, 1998; DANIELS, 2001; KARPOV, 2003). Os conceitos científicos são aqueles dos quais as crianças estão conscientes e acerca dos quais podem refletir.

> O desenvolvimento do conceito [...] científico, fenômeno que ocorre como parte do processo educativo, constitui uma forma única de cooperação sistemática entre o professor e a criança. [...] Em um problema que envolva conceitos científicos, ela deve ser capaz de fazer, em colaboração com o professor, algo que nunca fez espontaneamente [...] sabemos que a criança pode fazer mais em colaboração do que de modo independente (VYGOTSKY, 1987, p. 168-169).

Na citação está claro que o desenvolvimento da compreensão de um conceito científico surge na relação entre professor e aluno na zona de desenvolvimento proximal *através da interação comunicativa*. Uma instrução guiada explícita é, portanto, fundamental para o desenvolvimento de conceitos científicos. A diferenciação de Vygotsky entre conceitos científicos e cotidianos nos fornece um mecanismo para descrever o objeto de ensino da escola, ou seja, os conceitos científicos. Esta compreensão de conceitos científicos e cotidianos nos permite ver o ensino na ZDP como um movimento duplo entre os conceitos cotidianos dos alunos e sua exposição a conceitos científicos, e facilita uma compreensão dos conceitos científicos (ou conceitos do conteúdo temático) como o objeto da escolaridade (HEDEGAARD, 1998). Este duplo movimento se desenrola como um movimento afinado entre os conceitos de modelo de conteúdo (científico) do professor e os conceitos cotidianos do aluno. Ao vincular o conhecimento abstrato a sua própria vivência, os alunos são capazes de aprender o conceito de um modo significativo. A Figura 1.4 fornece uma representação gráfica da relação dialética entre conceitos científicos e cotidianos.

Em resumo, a Teoria da Aprendizagem de Vygotsky nos fornece uma visão da pedagogia como envolvendo a mediação de conceitos científicos/conteúdo temático na ZDP por um outro culturalmente mais competente. Esta é uma visão da pedagogia profundamente diferente da noção mais tradicional, que vê os alunos como vasos vazios à espera de serem preenchidos pelo pedagogo especialista. Na teoria de Vygotsky o pedagogo especialista é absolutamente essencial para a aprendizagem, mas isso acontece em um espaço dialógico em que o aluno ativo participa de sua trajetória de desenvolvimento. O principal veículo através do qual o desenvolvimento acontece nesta teoria pedagógica é a linguagem. Esta teoria, no entanto, leva a uma questão potencialmente problemática: variação na mediação semiótica leva a um desenvolvimento cognitivo diferencial (HASAN, 1992).

Figura 1.4 Uma descrição gráfica dos conceitos cotidianos e científicos

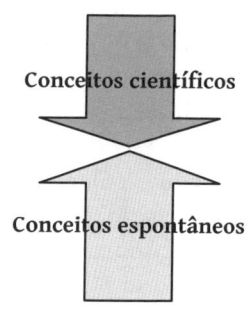

Conceitos científicos
- Impostos
- Os conceitos científicos se movem do abstrato para o concreto
- Desenvolvidos no ambiente estruturado da sala de aula

Conceitos espontâneos
- Estes conceitos surgem da experiência cotidiana
- Movem-se do concreto para o abstrato
- Desenvolvem-se a partir da experiência cotidiana, empírica

Fonte: Daniels, 2001, p. 7.

Variação na interação comunicativa e suas consequências cognitivas

A importância da mediação semiótica no desenvolvimento das funções cognitivas superiores deve nos levar a perguntar acerca dos resultados cognitivos de variações na mediação semiótica. O que acontece quando não é oferecido uniformemente às crianças acesso à mediação semiótica necessária para ajudar a desenvolver, por exemplo, o raciocínio silogístico ou o pensamento categórico? Em seus famosos estudos no Uzbequistão, Luria (1976) constatou que

> A classificação categórica envolve pensamento verbal e lógico complexo que explora a capacidade da linguagem de formular abstrações e generalizações para escolher atributos e subsumir objetos dentro de uma determinada categoria [...] o pensamento "categórico" geralmente é bastante flexível. [...] A capacidade de movimentar-se livremente, de passar de uma categoria a outra, é uma das principais características do pensamento "abstrato" ou do "comportamento categórico" que lhe é essencial (LURIA, 1976, p. 77).

De um modo um tanto quanto controverso, Luria descobriu que modos categóricos, abstratos de pensamento estavam intrinsecamente ligados à educação formal, em particular à escolaridade. Os participantes em seu estudo que tiveram pouco ou nenhum acesso à escolarização formal eram simplesmente incapazes de pensar nas formas categóricas descritas por Luria. Por exemplo, agricultores que nunca frequentaram a escola foram incapazes de categorizar objetos de acordo com categorias hierarquicamente superiores. Ao invés de classificarem objetos em tais categorias abstratas, como "ferramenta" (no caso de enxada e pá), os agricultores categorizaram objetos em termos de utilização: portanto, uma enxada e uma batata estariam em uma categoria, porque se usa uma enxada para plantar uma batata. O capítulo 11 faz uma observação semelhante a respeito da interseção de cultura e tendências evolucionárias no desenvolvimento da cognição "essencialista" e "fria".

Muito se tem escrito sobre a obra de Luria e há uma má compreensão generalizada da sua descoberta. Alguns ataques a seu trabalho indicam que as descobertas de Luria sugerem que as pessoas educadas são de alguma maneira melhores, ou mais conscientes de sua humanidade, do que as pessoas não educadas. Isso não é, de fato, absolutamente o que a sua obra aponta. Quer alguém pense categoricamente ou use pensamento situacional concreto, ainda está desenvolvendo as funções cognitivas superiores, características únicas dos seres humanos. No entanto, o seu trabalho sugere que o acesso a diferentes mediações semióticas durante o desenvolvimento o levará a pensar de maneiras muito diferentes. Note, no entanto, que "diferente" não significa "melhor". O ponto em questão é que a variação na mediação semiótica tem um impacto sobre o desenvolvimento da cognição. Talvez um exemplo ilustre esse ponto. Campanhas em curso em muitos países para educar as pessoas acerca dos riscos do HIV fornecem, no melhor dos casos, um exemplo de como a mediação semiótica pode oferecer não apenas uma mensagem sobre mudança de comportamento, mas também um novo modo de compreensão em relação a estilos de vida saudáveis. É claro que o sucesso dessas campanhas depende muito de como o anúncio medeia a sua mensagem e de como o destinatário desta mensagem está posicionado em relação ao anúncio. (Para outro exemplo de como a mediação semiótica é formativa quanto ao desenvolvimento, consulte a discussão do capítulo 2 sobre como o uso de fotografias como instrumentos de mediação pode mudar as identidades dos jovens em relação aos mais velhos e, de fato, em relação aos seus corpos.)

Vygotsky, Freire e a pedagogia crítica: Abrindo o debate

O capítulo 2 desenvolve uma explicação da obra de Freire. Por conseguinte, não me aprofundarei em seus pequenos detalhes aqui, embora queira rapidamente questionar o frequente pressuposto de que as teorias de Vygotsky e Freire sejam absolutamente congruentes. Como Vygotsky, Freire estava interessado na pedagogia transformadora, e ambos desenvolvem suas ideias fundamentais a partir de leituras de Marx. No entanto, o modo como suas respectivas ideias se relacionam com a pedagogia difere consideravelmente. Tanto Vygotsky quanto Freire se opõem à noção behaviorista tradicional que vê as crianças em fase escolar como vasos vazios que precisam ser preenchidos com o conhecimento especializado do professor. No entanto, em sua teorização do **aprendizado ótimo** na escola, os teóricos divergem. Freire se opõe à instrução de cima para baixo, característica das escolas tradicionais, e defende uma visão da aprendizagem que se baseia em um verdadeiro diálogo, onde os parceiros constroem o conhecimento juntos e aprendem uns com os outros. Vygotsky, ao contrário, é muito especificamente um teórico da escola que vê o professor como central para mediar conceitos científicos ou escolares na zona de desenvolvimento proximal. Neste cenário, há muito definidamente um conhecedor (o professor ou o colega mais culturalmente avançado) e um novato (o aluno). Vygotsky é bastante claro aqui que a instrução guiada explícita na ZDP leva ao desenvolvimento de conceitos científicos. Não se trata, portanto, simplesmente de um diálogo aberto, onde ambas as partes constroem o conhecimento em conjunto de forma horizontal. Ao invés da construção conjunta do conhecimento em diálogos horizontais (o ideal de Freire), a visão de Vygotsky da aprendizagem enfatiza um modelo de mediação onde os noviços se apropriam de ferramentas simbólicas por meio de processos de mediação facilitados por aqueles com habilidades simbólicas diferentes. É importante ter em mente estes pontos ao abordar o capítulo 2 e, de fato, ao se pensar em como a interação comunicativa é teorizada neste livro por diferentes teóricos. A diferença das respectivas abordagens de Freire e Vygotsky nos alerta para a importância das condições e contextos pedagógicos específicos nos quais a aprendizagem e a transmissão de conhecimentos acontecem. É evidente que a situação de aprendizagem das crianças em sala de aula é muito diferente daquela da comunicação de informação científica/tecnológica em contextos comunitários transculturais; nós, obviamente, precisamos prestar atenção nessas diferenças ao considerarmos qual arcabouço teórico poderia ser melhor aplicado.

Conclusão

Este capítulo ofereceu uma introdução a uma abordagem sociocultural da interação comunicativa. Embora enfocando predominantemente como o mundo social (e mais crucialmente nossas interações dialógicas dentro deste mundo) desenvolve nossas funções mentais humanas únicas, os argumentos aqui apresentados ressoam tanto com a abordagem dialógica apresentada no capítulo 2 quanto com várias das ideias evolucionárias (como no caso da base biológica e da etiologia evolucionária da ZDP) apresentada no capítulo 12. A obra de Vygotsky é importante para a compreensão da interação comunicativa porque ele ilustrou como tipos específicos de interação dialógica – que chamou de mediação semiótica – levaram ao desenvolvimento das funções cognitivas superiores do ser humano, como a linguagem, o pensamento categórico e até mesmo a arte e a música. No entanto, aquilo para que o trabalho de Vygotsky aponta é como estabelecer espaços dialógicos eficazes (no sentido do desenvolvimento) na interação social, que possam levar à aprendizagem e, consequentemente, à mudança cognitiva. O capítulo seguinte analisa mais detidamente os desafios para o estabelecimento desse diálogo a partir de uma base teórica freireana. Seu foco nas relações de poder assimétricas e seu consequente impacto na interação comunicativa fornecem uma lente muito útil através da qual reavaliar alguns dos conceitos abordados neste capítulo.

2
DIÁLOGO, CONSCIÊNCIA CRÍTICA E PRÁXIS

Cathy Vaughan

Palavras-chave: Conscientização; diálogo; *doxa*; educação; extensão; práxis; problematização; resolução de problemas.

Introdução

As análises psicossociais da comunicação inevitavelmente encontram o debate entre os teóricos sociais convencidos da possibilidade de intercâmbio comunicativo genuíno e os que duvidam que as formas de intercâmbio comunicativo efetivas e devidamente igualitárias sejam absolutamente realizáveis na prática. No entanto, o que é muitas vezes esquecido neste debate é o papel primordial da *interação* entre o eu e o outro no desenvolvimento das pessoas:

> A psicologia das relações eu-outro mostra que, embora a comunicação entre o eu e o outro seja na verdade um processo difícil, cheio de energias contraditórias e destrutivas, também contém uma positividade sem a qual simplesmente não haveria pessoa (JOVCHELOVITCH, 2007, p. 131).

Conforme destacado no capítulo anterior, Vygotsky postula que as interações entre o eu e o outro sejam a base para o desenvolvimento de funções cognitivas superiores nos humanos. Este capítulo irá explorar o papel da interação eu-outro na construção de mundos sociais e delinear o papel fundamental da comunicação entre o eu e o outro em esforços no sentido de transformar esses mundos sociais (mudança social).

Para psicólogos sociais baseados na obra do educador brasileiro Paulo Freire, a natureza ontogenética da comunicação move o foco da análise de se a comunicação ocorre ou não entre o eu e o outro, para *como* o eu e o outro se relacionam e se suas relações atingem o ideal da comunicação genuína. Este capítulo vai se basear na Teoria Pedagógica, particularmente no trabalho influente de Freire, para explorar a noção segundo a qual a comunicação genuína muda tanto como uma pessoa compreende quanto como *age sobre* o mundo. Conceitos que estão no cerne da pedagogia de Freire – **diálogo**, consciência crítica e **práxis** – serão introduzidos e explorados através das lentes da Teoria Crítica e de exemplos empíricos extraídos da pesquisa do autor na área da saúde comunitária. Desafios ao estabelecimento de relações dialógicas e à realização de uma comunicação genuína serão discutidos em relação aos esforços de mudança social.

Comunicação e mundos sociais: O exemplo da educação

> O mundo humano, social não existiria se não fosse um mundo capaz de se comunicar. Sem comunicação o conhecimento humano não pode ser propagado (FREIRE, 1974/2005, p. 123).

Freire observa que "o Sujeito pensante não pode pensar sozinho" (FREIRE, 1974/2005, p. 124), alegando que *a comunicação é central* para o mundo humano. Para Freire a realização de uma comunicação genuína é tornada visível na mudança – mudanças na maneira como "Sujeitos pensantes" compreendem o seu mundo e agem em relação a ele. Freire observa que todos os seres humanos estão sujeitos à doxa (que rege estereótipos ou crenças) que molda suas relações com o mundo, mas essa *doxa* pode ser contestada, testada e deslocada através de formas genuínas de comunicação, resultando em novos entendimentos baseados na reflexão crítica. Como Freire o coloca: "O conhecimento é construído nas relações entre os seres humanos e o mundo, relações de transformação, e se aperfeiçoa na **problematização** crítica dessas relações" (1974/2005, p. 99). Freire destaca, assim, o potencial transformador de uma comunicação, descrevendo o processo como "humanizador" e sublinhando que "o saber é a tarefa de Sujeitos, não objetos" (1974/2005, p. 93). O poder transformador da comunicação genuína é um tema-chave na teorização de comunicações eficazes, e é uma preocupação tanto das noções habermasianas de ação comunicativa (cf.

77

cap. 6) quanto das abordagens psicanalíticas da "fala cheia" (cf. cap. 9); ele também é debatido por teorias da pragmática (cap. 5) e por abordagens evolucionárias da comunicação (cap. 11).

A análise da comunicação de Freire se baseia no rico campo da **educação** – ele foi fortemente influenciado por Vygotsky (cf. cap. 1) – e enfatiza que educação *é* comunicação (FREIRE, 1974/2005). Não existe nenhuma definição de educação que seja universalmente acordada, nem mesmo por educadores profissionais. O Dicionário de Inglês Oxford define educação como sendo "a instrução sistemática, a escolarização ou a formação dada aos jovens em preparação para o trabalho da vida", e os entendimentos de senso comum da educação descrevem um processo pelo qual a pessoa desenvolve conhecimento e habilidades. Inerente a estes entendimentos é a ideia de que, para a educação ocorrer, a informação precisa ser transmitida de uma pessoa para outra – que, para serem "preparados para o trabalho da vida", o menos educado necessita de acesso ao conhecimento e às habilidades do bem-educado. Esses entendimentos têm influenciado abordagens da educação dentro e fora da sala de aula.

Freire foi extremamente crítico da noção de que a educação deve ser *estendida*, "dada" ou graciosamente concedida de uma pessoa (*expert*) para outra pessoa (ignorante) e de como essa ideia havia influenciado o sistema de educação formal no seu Brasil natal, em toda a América Latina e em outros lugares (cf. tb. o cap. 1 para uma descrição das interações unidirecionais entre professor e alunos típicas das salas de aula da África do Sul).

> A educação torna-se assim um ato de depositar, no qual os alunos são os depositários e o professor é o depositante. Em vez de comunicar, o professor emite comunicados e "faz depósitos", que os alunos recebem pacientemente, memorizam e repetem (FREIRE, 1970, p. 45-46).

Freire observou que este "conceito bancário" de educação serve para encorajar a passividade e a aceitação do *status quo* entre os alunos. Alunos preocupados com "depósitos de armazenamento", com a tentativa de reconhecer o conteúdo que foi escolhido para eles, e de memorizar as informações apresentadas, são menos propensos a pensar criticamente sobre a relevância desta informação para as suas vidas, sendo consumidos pela tarefa de absorver a visão de mundo do seu professor. Na verdade, passividade, maleabilidade e receptividade são qualidades frequentemente encorajadas e recompensadas em sala de aula. Na conceituação marxista de Freire, o funcionário bancário/professor (ainda que bem-intencionado) que prepara o jovem para o "trabalho da vida" é parte de um sistema que serve para manter a desigualdade social e a opressão da maioria.

Ao invés de consistir na tarefa monológica de estender informação ou conteúdo de um especialista para outra pessoa, Freire propõe que a educação deveria ser antes um *ato dialógico de comunicação*, onde o conhecimento seja construído conjuntamente por ambas as partes, e através do qual tanto os professores quanto os alunos cheguem a um novo entendimento (como professor-alunos e aluno-professores). Para Freire, só se poderia dizer que a comunicação *genuína* ocorreu quando ambos os interlocutores fossem capazes de aprender uns com os outros – e aprender de modo a serem capazes de transformar o mundo. A visão sociopsicológica de Freire do conhecimento informa esta abordagem, uma vez que ele observa que o conhecimento não é um objeto que possa ser estendido de uma pessoa para outra, mas é antes construído em inter-relações humanas e entre seres humanos e o mundo (FREIRE, 1974/2005).

A fim de promover a comunicação, em vez da **extensão**, a obra de Freire delineia uma abordagem problematizadora da educação como alternativa ao modelo bancário (cf. Box 2.1 para saber mais sobre a crítica de Freire da extensão). Dois dos principais ensaios de Freire – "Educação como prática de liberdade" e "Extensão ou comunicação" – foram publicados juntos em tradução inglesa como *Educação para a consciência crítica* (1974/2005). *Educação para a consciência crítica* delineia o processo do método de problematização de Freire como inicialmente utilizado na alfabetização de adultos no Nordeste pobre do Brasil. Ao invés de o conteúdo do programa ser preordenado por especialistas em alfabetização externos e depois "estendido" aos alunos, o método de problematização gera conteúdo para a exploração a partir de questões relacionadas com o "universo temático" local. (Para mais informações

79

sobre os usos retóricos do questionamento e da **problematização** consulte o cap. 10.) Ao fazê-lo, a abordagem tenta reconhecer a natureza histórica e estruturalmente fundamentada de todos os participantes de um processo de comunicação (reconhecendo que tanto os professores-alunos quanto os alunos-professores estão sujeitos à *doxa*). Esse reconhecimento é necessário para fomentar o processo de *diálogo*, central à pedagogia de Freire.

Box 2.1 Raízes de uma teoria – Desafiando a extensão rural

A pedagogia de Freire foi substancialmente moldada pela sua exposição aos programas de reforma agrária realizados no Brasil nas décadas de 1950 e 1960. Esses programas tinham como objetivo o desenvolvimento rural através da educação dos agricultores em tecnologia agrícola e eram conhecidos como "extensão" rural. A educação dos agricultores nos conhecimentos científicos mais recentes era responsabilidade dos agentes de extensão (geralmente agrônomos).

Freire criticou a noção de que a *extensão* de informações ou habilidades do agrônomo *expert* para o agricultor "ignorante" levaria a um aumento da produção agrícola, insistindo que, ao invés disso, era necessária *comunicação* – diálogo entre o agrônomo e o agricultor, com base em um reconhecimento mútuo do conhecimento de ambos. Isso permitiria a construção de novos conhecimentos relevantes para o ambiente local específico e a situação que os interlocutores estavam procurando mudar. No entanto, Freire (1974/2005, p. 106) frequentemente enfrentava a crítica de que o diálogo com os agricultores não era possível ("Como podemos dialogar com camponeses sobre um método técnico com o qual não estão familiarizados?") ou viável dentro dos curtos prazos dos programas de extensão ("Como podemos perder tanto tempo dialogando com eles?"). Em resposta, Freire diria que um foco em resultados programáticos de curto prazo (número de membros da comunidade que participam de formações de extensão; número de vilarejos atingidos por especialistas; diretrizes técnicas produzidas etc.) não leva à produção de conhecimento relevante para um contexto local, nem economiza tempo na obtenção de mudança comportamental ou cultural. Isso ressoa com a minha experiência em programas de prevenção do HIV, e tem sido repetidamente descrito em programas de desenvolvimento comunitário de vários setores por todo o mundo. Ao invés de o diálogo ser uma perda de tempo, o tempo é claramente perdido quando o "ativismo" superficial dos projetos de desenvolvimento (os lançamentos, as oficinas, as atividades de demonstração – que Freire descreveria como blá-blá-blá) é ineficaz no apoio a uma mudança social de longo termo. A extensão é contraproducente quando cria a resistência comumente vista se o conhecimento e as prioridades locais são desconsiderados, e pode corroer a confiança da comunidade ou a crença em que qualquer tipo de mudança seja de fato possível.

Características do diálogo e do antidiálogo: Exemplos da educação em saúde

> Uma vez que o diálogo é o encontro no qual a reflexão e a ação unidas dos interlocutores são dirigidas para o mundo que deve ser transformado e humanizado, este diálogo não pode ser reduzido ao ato de uma pessoa "depositar" ideias em outra, nem pode tornar-se uma simples troca de ideias a serem "consumidas" pelos participantes da discussão (FREIRE, 1970, p. 61).

Freire baseia sua pedagogia na possibilidade e na necessidade do diálogo (cf. Box 2.2 sobre a discussão acerca de noções contrastantes de diálogo). Freire concebe o diálogo como um relacionamento *horizontal* entre as pessoas A e B, baseado em uma verdadeira comunicação bidirecional, empatia e reconhecimento mútuo (FREIRE, 1974/2005). Em contraste, o antidiálogo é apresentado como uma relação vertical de uma pessoa A sobre uma pessoa B, baseado na "emissão de comunicados" da pessoa A para a pessoa B, sem empatia ou reconhecimento. A disseminação de informação monológica associada à educação didática tradicional poderia ser caracterizada como antidiálogo. Embora amplamente criticada por Freire e outros, uma abordagem antidialógica unidirecional tem influenciado significativamente os esforços de mudança social por meio da educação em diversos campos.

A educação em saúde, por exemplo, tem sido uma ferramenta importante em iniciativas destinadas a promover a saúde, pelo menos desde a década de 1960. A maioria dessas iniciativas tem se baseado em estruturas de cognição social apoiadas pela noção de que as pessoas tomarão decisões racionais acerca de seu comportamento relacionado à saúde se tiverem acesso a informações suficientes acerca de determinada questão de saúde (NUTBEAM & HARRIS, 1998; FISHBEIN et al., 1994; cf. cap. 13). Portanto, a educação tem se concentrado em fornecer às pessoas informações precisas, acessíveis e adequadas.

Os profissionais de saúde têm sido historicamente posicionados, e têm visto a si mesmos, como "os que mais sabem" – como os atores que detêm o conhecimento mais preciso e adequado sobre saúde (CAMPBELL & JOVCHELOVITCH, 2000). Os profissionais de saúde também têm acesso a um enorme poder simbólico, e seu conhecimento é reconhecido como "especialidade" (FRANK, 2005; FOUCAULT, 1973; FARMER, 2003). Em discursos públicos dominantes o conhecimento detido por profissionais de saúde bem-formados é descrito de todas as maneiras positivas possíveis: "baseado em evidências", "melhor prática", "melhor disponível", "de ponta". Em contraste, o conhecimento do público (que se presume ser) desprovido de educação tende a ser descrito de maneiras que indicam o seu valor menor: "teorias laicas", "crenças populares", "contos da carochinha", "remédios caseiros". A educação em saúde tem se baseado, portanto, em estratégias para *estender* a especialidade valorizada de profissionais de saúde bem-formados – o conhecimento e as habilidades necessárias para se estar "preparado para o trabalho" de viver uma vida saudável – para o público iletrado (ou paciente) através de meios de comunicação de massa, campanhas de sensibilização, currículos escolares e interações clínicas. Ou seja, a educação em saúde tem sido baseada em um *monólogo*. A evidência da eficácia dessa abordagem da educação em saúde é irregular, com pesquisas demonstrando que a informação sobre riscos de saúde muitas vezes é um determinante muito fraco de comportamentos relevantes para a saúde (CAMPBELL, 2004). No entanto, abordagens de promoção da saúde baseadas em "campanhas" de disponibilização unidirecional de informações permanece dominante no campo.

Box 2.2 Noções contrastantes de diálogo

Alguns teóricos entendem o diálogo como *"eu-intenções"* conjuntas, em que ambas as intenções existem antes do intercâmbio comunicativo, e enfatizam o *logos* dos interlocutores, a racionalidade e a eficácia na interação comunicativa com o outro. Aqui a eficácia comunicativa é evidente quando, através de uma ação estratégica, um interlocutor é capaz de exercer autoridade e subordinar a intenção do outro. A ação estratégica, como discutida mais detalhadamente no capítulo 6, pode envolver parecer acomodar a perspectiva do outro, mas isso, de modo relevante, não se dá com a finalidade de desenvolver novo conhecimento e um objetivo comunicativo mutuamente derivado. Ao invés disso, o objetivo é a realização efetiva da "eu-intenção" do falante.

Em contraste, o conceito de diálogo de Freire enfatiza o processo de desenvolvimento de *"nós-intenções"*, em que ambos os atores em uma troca comunicativa determinam mutuamente o objetivo comunicativo. Ou seja, Freire e outros "dialogistas" (como Vygotsky, Gadamer e Bakhtin) sugerem que a comunicação genuína é evidente quando a intenção da interação comunicativa é modificada através do próprio processo de comunicação. O processo de desenvolver metas comunicativas conjuntas e "nós-intenções" é visto como a verdadeira dialogicidade – um tipo ideal de comunicação – e é entendido como sendo a base da ação coletiva.

A relação comunicativa horizontal entre as pessoas, que Freire sugere ser necessária para o diálogo, depende de os interlocutores serem capazes de reconhecer o conhecimento um do outro como legítimo, e terem a capacidade de adotar a perspectiva do outro (JOVCHELOVITCH, 2007). Estas características do diálogo moldam o seu potencial radical. A troca de perspectivas e o reconhecimento do outro estão na base de muitas teorias psicossociais do eu (MEAD, 1962), mas na prática dialogal são processos carregados, facilmente descarrilhados em contextos de relações de poder desiguais, inexperiência democrática, identidades e estilos de comunicação diferentes (e diferentemente avaliados) (cf. o cap. 5 sobre pragmática, o cap. 9, sobre a psicanálise, e o cap. 11, sobre a Teoria da Evolução para outros motivos pelos quais tentativas de diálogo podem falhar). As circunstâncias nas quais ocorrem esforços de diálogo podem levar interlocutores a dispensarem o conhecimento do outro, ou a não o reconhecerem como tal. As condições nas quais o diálogo, a troca de perspectivas e o reconhecimento do outro são suportados demandam maior exploração.

Em contrapartida, *o diálogo* – conversa recíproca entre dois ou mais atores – implica uma comunicação bidirecional e contínua. O diálogo pode auxiliar na compreensão de múltiplas perspectivas, bem como no desenvolvimento de novos conhecimentos construídos por atores a partir desses entendimentos. No entanto, a realização de relações dialógicas não é uma tarefa fácil, e não se pode presumir que ocorra sempre que dois atores se encontrem (FREIRE, 1970). Por exemplo, quando um profissional de saúde, por mais bem-intencionado que seja, encontra um jovem considerado "em risco" de infecção pelo HIV, e, em seguida, oferece a esse jovem panfletos sobre a transmissão do HIV, o encoraja fortemente a procurar o teste de HIV e enaltece os benefícios de os jovens "saberem do seu estado", não há diálogo. O profissional de saúde presumiu que o que ele sabe (que, p. ex., estar ciente quanto a ter ou não o HIV permite que uma pessoa tenha acesso precoce ao tratamento) é um conhecimento mais valioso do que aquele que o jovem sabe (que, p. ex., estar ciente quanto a ter ou não o HIV vem com custos consideráveis e não significa necessariamente que o tratamento estará disponível em sua comunidade mal-assistida). Neste caso, o reconhecimento pelo profissional de saúde e pelo jovem de que ambos sabem sobre este problema, mas o que sabem é diferente, seria um primeiro passo em direção a iniciarem um diálogo. O diálogo pode permitir a construção conjunta de novos conhecimentos sobre jovens e testes de HIV fundamentados na experiência do contexto histórico e político dos interlocutores. Novos conhecimentos – alcançados através do ato da comunicação – podem contribuir de maneira mais eficaz para a mudança. Esses novos conhecimentos sobre os jovens e a testagem do HIV podem ser tornados visíveis através de uma mudança de comportamento por parte dos jovens, mas também por parte dos profissionais de saúde (geralmente) mais ativos. O novo conhecimento dialogicamente alcançado também pode potencialmente apoiar a ação conjunta dos interlocutores para mudar o ambiente de modo a torná-lo mais favorável para os jovens que procuram testes de HIV.

O diálogo em contexto

> Para se comunicarem de maneira eficaz, o educador e o político devem compreender as condições estruturais nas quais o pensamento e a linguagem das pessoas estão dialeticamente emoldurados (FREIRE, 1970, p. 69).

Jovchelovitch (2007, p. 133) enfatiza que as teorias psicossociais de como o eu é capaz de assumir a perspectiva do outro dá "primazia ao espaço do 'entre', que é precisamente onde o reconhecimento e a intersubjetividade repousam". Embora muitas vezes inexplorado, o *contexto* (as condições históricas, sociológicas, culturais e estruturais) deste espaço é crucial. Os atores trazem para o "espaço entre" crenças, suposições, experiências, medos e esperanças moldadas pelas suas histórias e situações sociais. Os interlocutores podem ter diferentes poderes comunicativos e trazer diferentes habilidades (dentre outras coisas) ao escutarem, sondarem, apresentarem ideias e articularem ou contestarem argumentos. Eles podem reconhecer e interpretar atos comunicativos verbais e não verbais de modo bastante diferente. Os interlocutores também podem ser desigualmente motivados a se engajarem no trabalho árduo do diálogo. Dados os contextos de violência estrutural e desigualdade em que os programas que lutam por mudança social operam, não é surpreendente que a realização do diálogo seja rara. Isso não quer dizer que o diálogo entre pessoas com diferentes habilidades, experiências e acesso ao poder não possa ocorrer – de fato, para a pedagogia de Paulo Freire, é em encontros com diferença que o potencial de interromper e refletir sobre as mentiras tidas como certas, e o encontro entre agentes de mudança (forasteiros-ativistas) e comunidades é crucial. No entanto, é importante reconhecer que a realização de um diálogo nunca deve ser presumida, tampouco as barreiras a ele subestimadas.

O diálogo pode ocorrer, e de fato ocorre, em contextos difíceis. Estratégias para apoiar este acontecimento podem ser identificadas examinando-se projetos de diferentes configurações que enfoquem a comunicação. Os atores podem ser ajudados a desenvolverem uma série de habilidades comunicativas, por exemplo, a escuta deliberada ou a articulação de ideias (FAUBERT et al., 1996). Participantes com acesso à "rica linguagem" das tecnologias visuais e multimídia (HUMPHREYS & BREZILLON, 2002) podem ter um "vocabulário" mais extenso, com o qual iniciar e manter um diálogo. A novidade e o impacto da rica linguagem produzida pela combinação de imagens e texto também podem influenciar a motivação dos atores para o diálogo. Exemplos específicos de projetos de comunicação em saúde nos quais o diálogo tenha sido apoiado também são descritos no capítulo 13.

A possibilidade de se envolver no diálogo é influenciada pela liberdade que os indivíduos e os grupos têm para moldar aquilo acerca do que esse diálogo versará – pela sua liberdade de trazerem questões "para a mesa", de expressarem seus valores e prioridades, e partilharem suas vivências. Essa liberdade é mediada pela identidade. A maneira diferencial como as pessoas são vistas, e veem-se a si próprias, estrutura o conteúdo das representações que mantêm, assim como o seu poder comunicativo. A capacidade de falar e ser ouvido, e o reconhecimento e a legitimidade que são conferidos ao conhecimento assim expresso, são moldados pela posição e pelo *status* dos interlocutores em um campo social – ou seja, em um contexto particular. No campo descrito no Box 2.3 a seguir, as identidades sociais de jovens da Papua Nova Guiné que vivem em áreas rurais, de líderes comunitários e de um pesquisador externo, significam que estes atores podem acessar e construir conhecimentos muito diferentes, e que trazem poderes comunicativos diferentes e contextualmente dependentes para o "espaço entre" intersubjetivo. Freire observa que pessoas com identidades sociais marginalizadas "sem qualquer experiência de diálogo, sem experiência de participação [...] são influenciadas pelo mito de sua própria ignorância" (1974/2005, p. 108-109). A construção e reconstrução de identidades sociais pode tanto fechar quanto abrir espaços para que as pessoas sejam capazes de representar seu conhecimento, prioridades e aspirações no diálogo.

Box 2.3 Pesquisando dialogicamente – Espaço para histórias como precondição para o diálogo

Em recente pesquisa com jovens da Papua Nova Guiné fui muito influenciado pelo desafio proposto pelo sociólogo Arthur Frank (2005) de realizar uma investigação dialógica. A intenção dessa pesquisa foi verificar se, através do diálogo, poderíamos construir conjuntamente novos conhecimentos sobre a saúde dos jovens das regiões montanhosas e desenvolver o pensamento crítico necessário para identificar estratégias de ação para melhorar a saúde e especificamente prevenir a transmissão do HIV.

Em um campo social moldado por desigualdades estruturais e uma difícil história recente do "desenvolvimento", ficou claro que todos os participantes deste projeto de pesquisa – jovens aldeões, trabalhadores de saúde urbana, líderes comunitários e um pesquisador australiano – tiveram acesso a muito conhecimento diferente. Reconheci a existência de barreiras significativas para os jovens montanheses e eu sermos minimamente capazes de nos comunicarmos sobre saúde. Além da língua e de barreiras logísticas, nossos relacionamentos estavam baseados em meu trabalho anterior no setor de ajuda e desenvolvimento, e, portanto, sustentados por relações de poder desiguais. Nossas diferentes experiências de vida moldaram nosso respectivo poder comunicativo, e, apesar do meu "compromisso" e "empatia", percebi que seria muito difícil para eu assumir a perspectiva dos jovens participantes da pesquisa.

A abordagem da pesquisa precisava criar um *espaço social*, onde o diálogo (entre os jovens e eu, entre os próprios jovens e entre os jovens e seus líderes comunitários) pudesse ser potencialmente fomentado. A fotovoz provou ser uma excelente ferramenta para suscitar o envolvimento dos jovens, construir confiança e criar um espaço seguro onde seja possível estabelecer relações dialógicas. Tal como desenvolvido por Caroline Wang, Mary Ann Burris e colegas, a fotovoz baseia-se na abordagem de Freire da educação para a consciência crítica, consistindo em um "método pelo qual as pessoas podem identificar, representar e aumentar sua comunidade" (WANG & BURRIS, 1997, p. 369). Os jovens receberam câmeras e formação básica em fotografia, e, trabalhando em conjunto durante um período de 10 meses, compartilharam suas histórias sobre saúde uns com os outros e comigo através de fotografias e texto, e em discussões em grupo sobre estas foto-histórias. Os temas das nossas discussões foram conduzidos pelo que os jovens escolheram fotografar e quais imagens escolheram discutir – eles determinavam quais questões eram "trazidas para a mesa" e selecionavam quais eram os problemas de saúde prioritários a partir de sua perspectiva da situação local (ou, em termos freireanos, seu universo temático).

Os artefatos do projeto (as foto-histórias impressas) não eram o "resultado final" deste processo dialógico, mas atuavam como outro *mediador da comunicação* (FREIRE, 1974/2005, p. 124; cf. tb. cap. 1), com as exposições das fotografias locais promovendo um espaço social seguro no qual os jovens e seus líderes comunitários podiam se reunir para se comunicarem sobre saúde (exemplos dessas fotografias são apresentados nas figuras 2.1-2.3). A "linguagem rica" das foto-histórias motivaram efetivamente os líderes da comunidade a se envolverem em um processo comunicativo com os jovens. Isso aumentou tangivelmente a confiança dos jovens, com suas fotografias servindo como "prova" de seus conhecimentos sobre como era ser um jovem crescendo em Papua Nova Guiné hoje. O processo fotovoz serviu para criar um espaço onde a confiança foi desenvolvida e perspectivas podiam ser apresentadas, exploradas, encorajadas e apoiadas, assim como discordadas, disputadas, resistidas e ressentidas. O espaço dialógico permitiu que alguns jovens, mas não todos, refizessem suas identidades, com observações e entrevistas confirmando que alguns participantes deixaram de ver-se como jovens aldeões ingênuos para identificarem-se como membros da comunidade com conhecimento valioso para compartilhar. O espaço dialógico ajudou os jovens a negociarem novas perspectivas críticas sobre algumas questões, mas não outras – por exemplo, havia pouca evidência de que os jovens desenvolveram novos entendimentos sobre gênero e violência baseada no gênero, com posições preexistentes aparentemente irredutíveis.

O trabalho de diálogo não é fácil – especialmente em um ambiente de inexperiência democrática e desigualdade estruturada. No entanto, neste caso, os dados da pesquisa revelaram que se tratava de uma luta valorizada – ao longo do tempo, fomos capazes de construir conjuntamente novos conhecimentos sobre a saúde dos jovens no contexto dos papua-nova-guineenses, e no processo muitos dos participantes se sentiram verdadeiramente ouvidos, frequentemente pela primeira vez. Embora isso não tenha levado a uma epidemia de estratégias de promoção da saúde acionáveis sendo implementadas de maneira bem-sucedida pelas montanhas, um número considerável dos jovens envolvidos relatou posteriormente "pequenas vitórias" ao trabalharem juntos para mudar alguns dos problemas comprometedores da saúde que identificaram.

Houve diferenças consideráveis na forma como o processo fotovoz se desenrolou nos três diferentes ambientes comunitários nos quais este projeto de pesquisa aconteceu. A capacidade dos jovens se envolverem no diálogo uns com os outros, comigo e com seus líderes locais (e vice-versa) foi significativamente afetada por *precondições contextuais específicas* que apoiam ou dificultam as relações dialógicas em cada comunidade. Fatores tais como a força da liderança local, a coesão comunitária preexistente e a identidade de grupo influenciaram em que grau o diálogo foi possível, e se contribuiu para a ação coletiva pela mudança social. Por vezes os escritos de Freire, sobretudo os seus primeiros ensaios, como *Extensão ou comunicação* (escrito em 1968), sugerem um caminho linear do diálogo à consciência crítica à ação crítica, discutindo inadequadamente o impacto do contexto e da emoção sobre a *prática* do diálogo e qualquer *processo* subsequente de ação coletiva. A experiência deste projeto de pesquisa destacou a natureza complexa, não linear da participação no diálogo e sua relação com a mudança social subsequente.

Figura 2.1 Julie tirando fotografias em sua comunidade na Vila Bunum-Wo, em Western Highlands Province

Figura 2.2 Juventude de Banz, Província de Western Highlands, discutindo como vão usar uma "árvore de problemas" para apresentar suas perspectivas acerca da falta de serviços governamentais em sua comunidade aos líderes convidados para a sua exposição de fotografia. Esse foi um tema que estes jovens haviam identificado como prioridade em suas fotografias

Figura 2.3 Regina discutindo suas foto-histórias com líderes femininas na exposição em Kainantu, Eastern Highlands Province

Onde o diálogo acontece: Espaços seguros para o diálogo

O valor dos ambientes de comunicação seguros é cada vez mais reconhecido, mas as *qualidades* desses espaços que poderiam apoiar o diálogo e o desenvolvimento do pensamento crítico são menos frequentemente descritas. A obra de Freire reconhece a natureza contextual da comunicação em um nível teórico, mas não fornece uma orientação clara quanto às características dos espaços sociais seguros que possam apoiá-la. Ao teorizarem condições capazes de possibilitar o diálogo, os investigadores, na maioria das vezes, se baseiam na noção de esfera pública, de Habermas (1987), como recurso conceitual para analisar as qualidades de um espaço comunicativo seguro (WESTHUES et al., 2008; CAMPBELL et al., 2007; PARFITT, 2004; RAMELLA & DE LA CRUZ, 2000; GREENHALGH et al., 2006). Habermas descreve a esfera pública como um espaço inclusivo no qual os participantes se reúnem livremente para discutir questões de interesse comum, em condições de igualdade, e onde as ideias são avaliadas através de argumentação racional (cf. cap. 6). Pesquisadores e ativistas têm sido capazes de recorrer a estas qualidades da esfera pública idealizada para orientar a reflexão sobre esses contextos que podem potencialmente apoiar o diálogo e o pensamento crítico.

No entanto, em sua crítica do conceito habermasiano de esfera pública, a exortação da escritora feminista Nancy Fraser a que se reconheça as limitações à participação genuína na esfera pública "como se" os interlocutores fossem iguais, quando na verdade não são, coloca problemas para se pensar em um espaço onde o diálogo possa ser favorecido em um cenário mais amplo de desigualdade estruturada. (Note-se que, ao afirmar que os interlocutores na esfera pública não são iguais, Fraser não está se referindo à dignidade e ao valor das pessoas individuais, mas sim enfatizando que o conhecimento, a identidade e as habilidades comunicativas que os interlocutores trazem para um espaço público terão sido moldadas por experiências de vida desiguais.) Fraser (1990) questiona a possibilidade de igualdade de participação na esfera pública, uma vez que "as arenas discursivas das comunidades estão situadas em um contexto social maior, permeado por relações estruturais de dominação e subordinação" (p. 65).

Fraser destaca que, em resposta à restrição da sua expressão, grupos marginalizados têm frequentemente considerado vantajoso constituir públicos alternativos. Ao discutir os "contrapúblicos subalternos" estabelecidos por mulheres, trabalhadores, pessoas de cor, *gays* e lésbicas, ela enfatiza que esses espaços desempenham o duplo papel de permitirem retirada e reagrupamento seguros, e ao mesmo tempo proporcionarem um "campo de treinamento" para superar a inexperiência democrática e desenvolver projetos de "agitação" destinados a transformar a esfera pública mais ampla (1990, p. 68). Fraser destaca que é "precisamente na dialética entre estas duas funções que o seu potencial emancipatório reside" (1990, p. 68). Poucas intervenções de desenvolvimento que pretendam efetuar uma mudança cultural ou comportamental se baseiam conscientemente na noção de se apoiarem públicos alternativos para grupos marginalizados – espaços seguros onde as pessoas podem se reagrupar, refletir e construir coletivamente habilidades para articular seus pontos de vista e se engajar em esferas públicas mais amplas a fim de mudá-las. No entanto, a construção de espaços sociais seguros é um importante ponto de partida para a promoção do diálogo no qual o pensamento crítico e a ação necessária para a mudança são baseados. Uma avaliação realista das precondições contextuais pode apontar em quais caminhos o ambiente social apoia ou impede o diálogo, e ajudar agentes de mudança que trabalhem com comunidades a identificar onde possa haver oportunidades ou pontos de entrada para projetos coletivos potencialmente viáveis (SCHUGURENSKY, 2002).

O que faz o diálogo: conscientização e pensamento crítico

Onde interlocutores são capazes de reunirem-se em interação comunicativa, reconhecer o conhecimento uns dos outros como legítimo e adotar a perspectiva do outro, um processo de diálogo pode começar. Ao apoiar a compreensão de múltiplas perspectivas, o diálogo pode levar a uma reflexão crítica do próprio conhecimento e ao desenvolvimento de novos conhecimentos construídos conjuntamente com os outros. O processo de diálogo cria espaço para o pensamento crítico e a consideração de uma perspectiva nova e ampliada. O reconhecimento do valor deste novo conhecimento construído conjuntamente – o que esta perspectiva crítica alcançada em conjunto é capaz de *fazer* – fornece a justificativa para abordagens dialógicas da comunicação para a mudança social, inclusive em trabalhos nas áreas da saúde e do desenvolvimento.

Alguns psicólogos sociais sugerem que a participação no diálogo pode ter um impacto positivo sobre a vida do indivíduo e da comunidade, aumentando a consciência crítica das pessoas acerca da sua própria situação, levando a uma ação coletiva que vise a mudança social (CAMPBELL & JOVCHELOVITCH, 2000). A comunicação entre o eu e o outro é vista como sendo a base para a ação destinada a transformar mundos sociais. A teorização de Freire acerca da consciência crítica é fundamental para a compreensão do potencial do diálogo para facilitar a participação das pessoas na mudança social necessária para se criarem ambientes que permitam o engajamento político, o desenvolvimento econômico, a promoção da saúde e a proteção ambiental, para dar apenas alguns exemplos.

A teoria de Freire sobre como comunidades marginalizadas podem agir coletivamente para produzir mudança social, detalhada como a *Pedagogia do oprimido*, baseia-se na noção de *conscientização* (FREIRE, 1970). A "conscientização" ou o desenvolvimento da consciência crítica, é um processo que emerge nas relações dialógicas. A conscientização é fomentada através de um diálogo sobre os contextos nos quais as pessoas vivem, onde interlocutores constroem conjuntamente uma compreensão reflexiva e crítica da ampla gama de fatores (psicológicos, sociais, econômicos e culturais) que moldam a circunstância local. A abordagem da problematização, de Freire, estimula o diálogo fundamental para a conscientização, incentivando a reflexão e a crítica da relação intrínseca entre a construção do conhecimento e o poder (FREIRE, 1974/2005, 1998). Isso está em forte contraste com as técnicas de resolução de problemas frequentemente "ensinadas" a membros da comunidade em intervenções educativas tradicionais. A problematização, ao contrário, tem o potencial de interromper pressuposições (tanto dos profissionais quanto dos membros da comunidade) e redefinir a natureza dos "problemas". O método da problematização tem sido usado em uma grande variedade de situações por educadores, psicólogos, agentes de desenvolvimento, profissionais de saúde, dentre outros, para promover a conscientização no trabalho com comunidades marginalizadas (CAMPBELL, 2003; RAMELLA & DE LA CRUZ, 2000; GUARESCHI & JOVCHELOVITCH, 2004; McCAFFERY, 2005; WALLERSTEIN & SANCHEZ-MERKI, 1994; WANG & BURRIS, 1997; CORNISH, 2004b). (Dado que a problematização é baseada no método socrático clássico de fazer perguntas e promover o diálogo, não causa surpresa que esta tradição tenha muito em comum com as diferentes abordagens da retórica discutidas no cap. 10.)

O processo de desenvolvimento da consciência crítica

A pedagogia de Freire, baseada em colocar em diálogo o conhecimento de diferentes atores, argumenta que o conhecimento é uma expressão de vivência histórica, social e psicologicamente situada. Quando o conhecimento de um ator é posto em diálogo com o de outro, o processo ilumina a "diversidade, a expressividade e as limitações" inerentes a todo o conhecimento (JOVCHELO-VITCH, 2007). Quando os atores reconhecem a natureza parcial do conhecimento, a ordem social pode ser vista como arbitrária e possíveis alternativas podem surgir. Enquanto tal "o mundo torna-se aberto à mudança" (CORNISH, 2004a). Ou, voltando a Freire:

> Uma consciência mais aprofundada da sua situação leva os homens a apreenderem essa situação como uma realidade histórica suscetível de transformação. A resignação dá lugar ao desejo de transformação e indagação, sobre o qual os homens se sentem no controle. [...] O mundo se torna o objeto dessa ação transformadora (1970, p. 58).

O reconhecimento da natureza contextual do conhecimento permite que interlocutores reflitam criticamente sobre a sua vivência – como e por que cada um sabe o que sabe – e construam conjuntamente uma nova compreensão do mundo a partir da qual consigam *agir* sobre este contexto. Nas palavras de Freire: "A integração resulta da capacidade de adaptar-se à realidade, *mais* a capacidade crítica de fazer escolhas e transformar essa realidade" (FREIRE, 1974/2005, p. 4). Para Freire, o desenvolvimento da consciência crítica através da *reflexão* está indissoluvelmente ligado à *ação* crítica. Esta ação-reflexão dinâmica, que tanto emerge da conscientização quanto lhe apoia, Freire chama de *práxis*.

A teorização psicológica de Freire do processo de conscientização descreve o diálogo como o ato de ajudar as pessoas a moverem-se através de diferentes estágios de consciência (FREIRE, 1974/2005, p. 13-15), da consciência "semi-intransitiva", na qual os atores estão focados na sobrevivência; para uma consciência "ingênua", caracterizada por uma simplificação excessiva dos problemas e uma incapacidade de identificar estratégias realistas para a mudança; e para o estágio final da "transitividade crítica", onde os atores podem refletir criticamente sobre os problemas, analisar as explicações e serem receptivos a novas ideias. O pensador criticamente transitivo pode trabalhar com outros para desenvolver uma compreensão reflexiva das suas condições vividas e agir para mudá-las. Para Freire, a transição através destes estágios requer "um programa educativo dialógico, ativo, preocupado com a responsabilidade social e política" (1974/2005, 15 p.), do qual tanto os forasteiros-ativistas quanto as pessoas locais participem.

Problematizando a conscientização

A teorização psicológica de Freire do processo de conscientização, com sua divisão da consciência em "estágios" lineares, é propensa ao excesso de ênfase e à simplificação (ROBERTS, 1996; CORNISH, 2004a). Ela também revela uma contradição potencial na obra de Freire: para o diálogo ocorrer os interlocutores devem reconhecer o conhecimento um do outro como legítimo, e, no entanto, estágios de consciência são apresentados em uma hierarquia ao longo da qual uma pessoa pode "progredir" (i. é, avançar), sugerindo que alguns estágios de conhecimento poderiam ser considerados "mais legítimos" do que outros. A individualização da consciência e sua ordenação hierárquica têm sido criticadas por razões filosóficas (BERGER, 1974; CORNISH, 2004a) e pelos pressupostos racionalistas nos quais o modelo se baseia (ELLSWORTH, 1989; BLACKBURN, 2000). Ao delinear um modelo da consciência crítica tão psicológico e individualista, Freire parece se afastar da preocupação com o poder e o campo social mais amplo, tão explícita em sua obra (cf. Box 2.3 para mais informações sobre as críticas à obra de Freire).

No entanto, em sua crítica da ênfase psicológica inerente a um modelo de "estágios" do processo de conscientização, Cornish (2004a) encontra um "ângulo pragmático a partir do qual a 'consciência crítica' pode ser um conceito produtivo" (p. 65). Ela observa que os diferentes interlocutores podem trazer para uma interação conhecimento que seja mais ou menos útil para resolver um problema específico em um dado contexto. Ao invés de ver esses diferentes saberes como estando posicionados em uma hierarquia absoluta, ela observa a *natureza dependente do contexto* do seu uso produtivo na obtenção de uma mudança social. É a construção reflexiva conjunta do conhecimento inerente ao processo de conscientização que apoia os atores para identificarem, testarem e implementarem estratégias para a ação transformadora no mundo social.

94

Lidando com poder e empoderamento

A natureza complexa e dual de uma agenda de mudança social dá origem a um importante desafio na obra de Freire. A pedagogia de Freire surgiu de uma vida de ativismo político comprometido e foi, ao mesmo tempo, sustentada por ela. Sua teorização da mudança social se funde com a prática da política engajada no trabalho em favor de metas libertadoras: "Rejeito categoricamente o realismo político, que simplesmente anestesia os oprimidos e adia indefinidamente as transformações necessárias na sociedade" (FREIRE, 1998, p. 75). Freire afirma que toda educação é ideológica, e é transparente quanto aos pressupostos ideológicos da sua própria posição. ("Antes mesmo de ter lido Marx eu fizera minhas as suas palavras", Freire [1998, p. 115]). Isso desafia todos aqueles que trabalham dentro de uma estrutura freireana a serem igualmente transparentes na nomeação da sua própria agenda pela mudança social.

No entanto, Ellsworth (1989) observa que nos escritos daqueles inspirados por Freire há um "uso disseminado de um código de palavras, como 'crítica', que escondem as verdadeiras agendas políticas" (p. 300) pelas quais os autores estão trabalhando. Embora isso possa em parte decorrer do pragmatismo (ou realismo político?) exigido daqueles que trabalham dentro de estruturas sociais repressivas, também pode decorrer do (mal) uso não reflexivo dos métodos de Freire por parte do agente-de-mudança-forasteiro. Onde agentes-de-mudança-forasteiros obscurecem sua agenda política, impedem que essa posição seja problematizada, interrogada e avaliada pelo outro, e, ao contrário, presumem a superioridade da sua visão de mundo, consciência para a qual outros precisam ser "alçados". Nesta situação, ao invés de diálogo, há o risco de manipulação, dominação e "da imposição inadequada de uma certa visão do poder sobre pessoas que podem não querer ser empoderadas da maneira que está sendo prescrita" (BLACKBURN, 2000, p. 11). Embora os agentes-de-mudança-forasteiros possam escrever sobre as relações desiguais de poder presentes nos contextos nos quais trabalham (salas de aula, comunidades, cooperativas etc.), os desafios que essas desigualdades apresentam ao diálogo são muitas vezes encobertos ao se lidar com eles através de "compromisso", "empatia", "criatividade" e "amor" por parte do ativista. A necessidade de *todos* os participantes no diálogo lidarem com o poder, inclusive o seu próprio, é geralmente minimizada através da presunção da justeza de uma agenda de empoderamento.

Mesmo observando que seu uso de terminologia é baseado em tempo e lugar, a descrição de Freire de comunidades como "os oprimidos" pode dar a impressão de se tratar de um grupo de pessoas sem poder. Antropólogos sugerem, no entanto, que a noção de "população impotente" é altamente questionável (BLACKBURN, 2000), havendo grupos que foram marginalizados por outros grupos poderosos e, no entanto, exibem resistência através de várias demonstrações de poder, inclusive sabotagem e incitamento, estratégias sutis de não cooperação e não participação (inclusive não participação do diálogo), e por meio de diversas formas de contestação e silêncio.

Como Foucault (1981) afirma, o poder não é uma estrutura estática, mas uma força relacional, produtiva (a este respeito, cf. tb. HOOK, 2007). É no âmbito das relações entre agentes-de-mudança-forasteiros e os grupos com os quais trabalham, e entre esses grupos e outros privilegiados no campo social, que o poder é produtivo. Compreensões do poder devem reconhecer a construção de restrições, mas também admitir a possibilidade de empoderamento (CAMPBELL, 2003).

A exposição das relações de poder entre grupos marginais e outros privilegiados está no cerne do método freireano de problematização, e a possibilidade de romper estas relações surge através do diálogo. No entanto, o poder desigual e contingente *dentro* de grupos marginais é menos explorado na obra de Freire. As posições múltiplas e contraditórias dentro de grupos, na verdade dentro dos participantes individuais, desafiam noções idealistas de "comunidade" operando de maneira unificada para perturbar relações de poder com outros privilegiados. Além disso, as relações de poder entre os próprios agentes-de-mudança-forasteiros e as comunidades raramente são examinadas. Concordando com a afirmação de Blackburn mencionada acima, Rappaport enfatiza a necessidade de os agentes de mudança resistirem ao uso do seu poder para determinar a agenda de mudança social, e, ao invés disso, ouvirem as comunidades para "lhes permitir nos dizerem o que significa ser empoderado em seu contexto particular" (RAPPAPORT, 1995).

O imperativo de ouvir as comunidades, no entanto, suscita a difícil questão acerca da sua natureza muitas vezes dividida e conflituosa (CAMPBELL, 2003). Em locais onde a harmonia é priorizada (ou mesmo necessária para a sobrevivência), o conflito é muitas vezes "silencioso", e pode passar despercebido por forasteiros em seus esforços participativos e dialógicos (TAM, 2006). Quando o conflito não é reconhecido há o risco de os forasteiros reforçarem as desigualdades locais na aceitação incondicional da posição de representantes participativos (privilegiados) como a autêntica "voz do povo".

Os contextos no mundo real de intervenções visando a efetuar mudanças sociais são complexos e não se prestam facilmente a uma abordagem dialógica. Como Ellsworth observa, "agir como se a nossa sala de aula fosse um espaço seguro no qual o diálogo democrático fosse possível e acontecesse não a tornou assim" (1989, p. 315). O trabalho dentro de um quadro freireano impõe desafios inerentes e envolve pôr a "práxis" em "prática" – ou seja, a reflexão crítica e intencional sobre, e a implementação de estratégias para fomentar um espaço comunicativo no qual o diálogo e o pensamento crítico sejam possíveis e onde a dominação possa ser reconhecida e resistida. Que a realização do diálogo seja um processo carregado e complexo não significa que a noção de diálogo de Freire não seja útil na prática em situações do mundo real, mas sugere que a noção freireana de dialogicidade genuína é um tipo de comunicação ideal weberiano a ser buscado e contra o qual os encontros podem ser avaliados.

Box 2.4 Criticando Freire

As críticas da obra de Paulo Freire – e da maneira como ele foi idolatrado, romantizado e, às vezes, malcompreendido – são abundantes. Autores têm criticado o seu estilo de escrita, que muitas vezes é abstrato e complicado. Seus escritos podem parecer muito distantes da realidade da sua experiência em programas de alfabetização com homens e mulheres pobres, vivendo em circunstâncias concretamente difíceis e com barreiras – presumivelmente – muito reais para a práxis e a transformação. Os críticos argumentam que sua escrita é, por vezes, tão ambígua, que atividades com um leque polarizado de agendas alegaram ter "raízes freireanas". Em resposta, Freire afirma que "A minha linguagem *tem* que ser contraditória a fim de apreender uma realidade contraditória" (FREIRE 1981, apud FACUNDO, 1984).

A pedagogia de Freire também tem sido criticada como sendo irremediavelmente idealista: "O utopismo é um problema no pensamento de Freire. É evidente em uma tendência acrítica a considerar a sua noção de alfabetização como a chave para a libertação" (STANLEY, 1972, p. 392-393). Stanley continua notando que Freire não reconhece o bastante as complexidades, e o lado obscuro, do que a libertação pode realmente acarretar. A obra de Freire dá a impressão de que as pessoas ou são oprimidas ou opressoras, com pouco reconhecimento da natureza intrinsecamente contraditória e contextual das relações humanas em todas as sociedades. Elias e Merriam (1980) colocam desta forma: "Sua Teoria da Conscientização depende de algum tipo de visão transcendente da realidade por meio da qual os indivíduos vêm a ver o que é real e autêntico. Parece haver pouco espaço em sua visão para a dolorosa luta com visões diferentes e pontos de vista opostos" (ELIAS & MERRIAM, 1980).

Freire argumenta que "o homem dialógico" tem fé em outros homens, mas que "sua fé, no entanto, não é ingênua. O 'homem dialógico' é crítico e sabe que, embora esteja na esfera de poder dos homens criar e transformar, em uma situação concreta de alienação os homens podem ser deficientes no uso desse poder" (1970, p. 63). Freire prossegue reconhecendo que esta deficiência no uso do poder atinge o homem dialógico como um "desafio ao qual deve responder". No entanto, além da sua ênfase no diálogo, na alfabetização e na conscientização, Freire raramente se envolve com as complexidades de *como* os atores podem realmente responder a este desafio em contextos reais de opressão.

Embora a obra de Freire se envolva fortemente com as condições estruturais dos oprimidos em *teoria*, tem sido criticada por reconhecer insuficientemente o impacto do contexto na maneira como sua pedagogia pode desdobrar-se na *prática*. Isto inclui sua negligência da natureza de gênero da opressão (HOOKS, 1993; WEILER, 1994) e da natureza agudamente histórica e situada de qualquer mudança social revolucionária bem-sucedida (OLIVEIRA & DOMINICÉ, 1974; WOOCK, 1972). Ao analisar o trabalho de alfabetização de Paulo Freire na Guiné-Bissau, Blanca Facundo (1984) enfatiza as complexidades sociais, estruturais e políticas da sociedade guineense, observando que estas não parecem ter sido consideradas por Freire em seu trabalho com o governo para implementar programas de alfabetização em todo o país. Facundo sugere que, em sua conceituação dos problemas como fundamentalmente uma luta política entre oprimidos e opressores, Freire não aborda as condições materiais práticas do trabalho com comunidades marginalizadas ou fornece orientações sobre estratégias viáveis para realizá-lo. Ao enfatizar a luta dos oprimidos e exortar as classes média e alta a cometerem "suicídio de classe" a fim de tomarem partido das massas, a obra de Freire também tem sido criticada por deixar o papel da direção hierárquica e da mudança política inexplorados.

No entanto, em sua obra tardia, em particular, Freire reconhece o papel de catalisadores trabalhando dentro de instituições na prestação de apoio aos movimentos sociais em defesa da mudança social a partir da base: "Eu tenho tentado pensar e ensinar, mantendo um pé dentro do sistema e o outro fora [...] para ter algum efeito, não posso viver à margem do sistema. Tenho que estar nele" (FREIRE, 1985, p. 178). Críticas de que Freire é "muito teórico" e não fornece "orientações concretas" suficientes são, talvez, baseadas na visão limitada de que a obra de Freire simplesmente descreve uma série de técnicas ou um método – em vez de uma *abordagem* para a promoção da transformação social (MAYO, 1999). Ao advertir contra a "invasão cultural", Freire enfatiza que as técnicas que tem usado em diferentes contextos não pode e não deve ser "transplantada" de um contexto para outro, mas que sua abordagem do desenvolvimento da alfabetização (política), do diálogo e da práxis deve sim ser "reinventada" para se encaixar no contexto local (FREIRE, 1978). A ênfase de Freire da aprendizagem de mão dupla e do questionamento sugere que ele gostaria de acolher praticantes envolvidos no diálogo com e sobre a sua obra – e que, através da interrogação crítica e problematizadora da sua abordagem, e de como ela pode se desdobrar em diferentes contextos, novos conhecimentos poderiam surgir.

É interessante observar que muitos dos problemas notados aqui no que diz respeito ao suposto idealismo das comunicações dialógicas igualitárias não são enfrentados por Freire apenas. A maioria desses dilemas vai de fato ser revisitada por Habermas, cuja Teoria da Ação Comunicativa – como discutida em detalhes no capítulo 6 – responde a esses problemas com um conjunto muito diferente de ferramentas teóricas. O capítulo atual é, portanto, melhor lido em conjunto com o capítulo 6, que estende o debate a propósito da possibilidade de formas igualitárias não estratégicas de envolvimento comunicativo.

Conclusão: Pesquisa e prática para a mudança social

Este capítulo baseou-se na Teoria Pedagógica de Paulo Freire para explorar a noção de que uma comunicação genuína entre dois atores mudará a forma como *ambos* os participantes compreendem e agem sobre o mundo. Se a comunicação de fato ocorreu, o *objetivo comunicativo terá mudado* e se tornado mutuamente determinado por meio do diálogo. Isto tem implicações diretas para a pesquisa e a prática com uma agenda de mudança social.

Pesquisadores e profissionais muitas vezes reconhecem o papel fundamental da comunicação entre o eu e o outro em esforços no sentido de transformar mundos sociais. A comunicação é reconhecida como estando na base de iniciativas destinadas a mudar o comportamento – como as pessoas agem sobre o mundo – em uma série de setores. No entanto, o fato de *todos* os participantes de uma interação comunicativa (sejam eles especialistas ou leigos, professores ou estudantes, agentes ou marginalizados) estarem sujeitos à *doxa*, e de, para que a comunicação realmente ocorra, haver a necessidade de todos os participantes no processo comunicativo mudarem e chegarem a novos entendimentos, é muito menos frequentemente reconhecido por aqueles que trabalham pela mudança social. Envolver-se na pesquisa e na prática dialógica exige que os profissionais estejam abertos a *eles mesmos* mudarem e chegarem a novas compreensões, alcançadas através da comunicação em espaços sociais seguros, e à "reinvenção" de abordagens adequadas a esse contexto particular. Embora não seja ingênua quanto às barreiras estruturais e lutas envolvidas, essa postura aberta está inevitavelmente ligada a profissionais que trabalham a partir de uma posição de esperança e possibilidade, percebendo a "realidade da opressão não como um mundo fechado do qual não haja saída, mas como uma situação limitante que eles podem transformar" (FREIRE, 1970, 26 p.). É nesta possibilidade que o potencial radical da comunicação repousa.

3
A COMUNICAÇÃO NÃO VERBAL NA VIDA MULTICULTURAL COTIDIANA

Ama de-Graft Aikins

Palavras-chave: Cultura; decodificação; regras de demonstração; codificação; gerenciamento de impressão; comportamento não verbal; comunicação não verbal; autoapresentação.

Em fevereiro de 1995, o Juiz Lance Ito repreendeu publicamente todas as pessoas que frequentaram o julgamento de O.J. Simpson por manifestarem suas emoções e reações nos eventos do tribunal. O Juiz Ito disse: "Deixe-me lembrá-los de que quaisquer reações, gestos [...] expressões faciais [...] feitos durante estas sessões do tribunal, especialmente quando o júri está presente, tais atividades são inadequadas e resultarão em expulsão" (ARONSON; WILSON & AKERT, 1999, p. 106).

Um dos nossos principais artistas havia acabado de fazer uma enorme imagem de madeira de um deus para uma praça pública de Bori. Eu não a tinha visto ainda, mas lera muito sobre ela. Na verdade, ela atraíra tanta atenção que logo se tornou moda dizer que era ruim ou não africana. O inglês estava agora dizendo que lhe faltava uma coisa ou outra.

"Fiquei satisfeito no outro dia", disse ele, "ao passar por ela, em ver uma mulher muito velha em uma fúria incontrolável brandindo os punhos para a escultura [...]".

"Ora, isso é muito interessante", disse alguém.

"Bem, é mais do que isso", disse o outro. "Você vê essa mulher de idade, uma pagã analfabeta, que, ela própria, muito provavelmente adorava esse mesmo deus; ao contrário do nosso amigo formado em escolas de arte europeias; esta velha senhora está em posição de saber [...]".

"Exatamente."

Foi então que tive meu lampejo de *insight*.

"Você disse que ela estava brandindo o punho?", perguntei. "Nesse caso, você interpretou errado o seu gesto. Brandir o punho em nossa sociedade é um sinal de grande honra e respeito; significa que você atribui poder à pessoa ou ao objeto" (ACHEBE, 1966, p. 49-50).

Se estiver interpretando um personagem real, assistirei intermináveis filmagens e tentarei alcançar uma compreensão de como essa pessoa se parecia – e como se comportava – em um estado neutro de ser. E isso envolve mergulhar em sua fisicalidade. A voz de Capote, por exemplo, foi a voz mais estranha que jamais terei que fazer, por isso observamos a base anatômica da voz, vimos como a mandíbula era formada, procuramos saber se tinha a língua presa, e, então, ficamos sabendo que, na verdade, ele tinha uma língua muito comprida. Também pudemos ver que tinha vergonha dos seus dentes. E então você passa da observação das especificidades do seu comportamento para a exploração de como podem ter surgido. Assim, em relação ao fato de ter sempre falado muito alto, sabíamos, por exemplo, que ele havia sido criado por quatro mulheres velhas, de modo que provavelmente tinha que levantar a voz para ser ouvido. Mas também é possível que formassem para ele uma audiência solícita desde uma idade muito precoce, e por isso estava acostumado a que as pessoas o ouvissem. E quando tiver começado a ter uma ideia disso, poderei então trabalhar (JONES, 2009).

A comunicação não verbal foi descrita como "a linguagem silenciosa, mas eloquente" (BARON & BYRNE, 1994, p. 42). Trata-se de uma descrição adequada, uma vez que a comunicação não verbal constitui uma "comunicação corporal" (ARGYLE, 1975) que expressa nossos sentimentos interiores, reações e personalidades, e facilita a nossa compreensão dos sentimentos interiores, reações e personalidades de outras pessoas de várias poderosas maneiras que não apenas apoiam a linguagem falada como também, frequentemente, a transcendem. A comunicação não verbal é fundamental para a comunicação cotidiana em muitas sociedades humanas. Constitui uma "linguagem corporal" que se expressa através de uma série de canais corpóreos (biológicos) básicos, que englobam a expressão facial, o uso dos olhos, da voz, do corpo inteiro e do espaço (corporal) (cf. Tabela 3.1). A comunicação não verbal serve a uma série de funções importantes, inclusive a expressão emocional, **a autoapresentação**, atitudes comunicativas e intenções comportamentais, regulando as interações interpessoais (inclusive as relações íntimas), e – como a epígrafe sugere – facilitando ou prejudicando a comunicação verbal (ARGYLE, 1975; PATTERSON, 2001; RICHMOND et al., 2008). Aronson, Wilson e Akert (1999) argumentam que o Juiz Ito foi obrigado a proibir **a comunicação não verbal** em seu tribunal americano devido a sua natureza poderosa e potencialmente perturbadora, especialmente para um caso tão polêmico, e "racialmente" carregado, quanto o suposto duplo assassinato, pelo afro-americano O.J. Simpson, de sua ex-mulher americana branca, Nicole Brown Simpson, e de seu amigo, Ronald Goldman.

Há um vasto corpo multidisciplinar de obras sobre comunicação não verbal e comportamento com antecedentes na obra de Darwin (1872) *A expressão da emoção no homem e nos animais*. Tradições de pesquisa abrangem a antropologia, a arquitetura, a comunicação e a psicologia. Na psicologia, Patterson (2001) identifica dois grupos principais que trabalharam nesta área. O primeiro grupo é composto por psicólogos sociais e estudiosos da comunicação que se concentraram em como a comunicação não verbal é produzida, expressa, enviada ou, para usar o termo técnico, "codificada". O segundo grupo é composto por pesquisadores da cognição social que se concentraram em como a comunicação não verbal é percebida, recebida, interpretada ou "decodificada". Tradicionalmente, esses grupos têm trabalhado de maneira isolada um do outro (PATTERSON, 2001). No entanto, tem havido uma recente mudança colaborativa de foco para o modo como tanto a expressão quanto a interpretação da comunicação não verbal ocorrem simultaneamente. Isto acontece porque, em encontros comunicativos quotidianos, nos envolvemos em ambos os processos. Quando nos expressamos de forma verbal e não verbal para amigos ou estranhos, nós ouvimos, observamos e até mesmo antecipamos as respostas verbais e não verbais que nos oferecem

Tabela 3.1 Seis tipos de comportamentos não verbais em diferentes níveis de análise

	Cultural	Gênero	Personalidade e diferenças individuais
Aparência física	Culturas diferentes têm diferentes códigos de vestuário (p. ex., o vestuário islâmico e o vestuário ocidental). Diferentes culturas estabelecem diferentes códigos em torno de formas corporais, peso e cor ou tom da pele. P. ex., em algumas sociedades não ocidentais (como a africana), corpulência ou gordura, especialmente entre as mulheres, é equivalente a saúde, riqueza e beleza (PRENTICE, 2006). Em países europeus, a magreza é preferida (PRENTICE, 2006).	As mulheres são relatadas como tipicamente preocupadas com o peso nas sociedades ocidentais, p. ex., Estados Unidos e Reino Unido. Mas a lacuna de gênero está se fechando, com mais homens adotando dietas nestas sociedades. Argumentos similares são feitos para diferenças de gênero no gerenciamento da atratividade física.	Há um consenso de que a forma e o formato corporal de alguém podem comunicar mensagens não verbais. Sheldon (1940; 1942; 1954, apud RICHMOND et al., 2008) foi o pioneiro da ideia de três diferentes tipos corporais: endomorfo (arredondado, ovalado e pesado), mesomorfo (formato corporal triangular, firme e muscular), ectomorfo (ossudo, magro, alto e de aparência frágil). Cada formato corporal supostamente determina um conjunto específico de características psicológicas que moldam a comunicação não verbal. A altura, o peso e a cor de pele de uma pessoa ("raça") ou tom de pele ("casta" nas culturas indianas; "tonalidade" nas culturas africanas) também determinam seus comportamentos não verbais e outras interpretações desses comportamentos.
Cinética *O estudo dos gestos e dos movimentos do corpo e suas respectivas funções comunicativas; p. ex., emblemas, demonstrações de afeto (que incluem postura e andar).*	Emblemas são culturalmente especificados. Mesmo quando um gesto físico corporificado por um emblema é idêntico em duas ou mais culturas, o significado que evoca difere nesses países (p. ex., o sinal de "OK" é partilhado por muitos países, mas o emblema significa "OK" nos Estados Unidos, dinheiro no Japão, "zero" na França e sexo no México). Diferentes culturas frequentemente impõem regras à demonstração de afeto tais como	Estudos sugerem que as mulheres tendem a usar gestos de concordância e aquiescência (p. ex., retrair o corpo, mexer no cabelo, baixar os olhos, cruzar as pernas e manter as pernas e os pés juntos). Os homens tendem a usar gestos dominantes ou de comando (p. ex., ocupar mais espaço, fitar mais, ficar de pé com as pernas separadas, sentar com as pernas abertas).	A aparência física individual (cf. acima) frequentemente moldará gestos e movimentos. A altura, p. ex., pode moldar o movimento dos membros, ou o caminhar. A idade e a pertença a subculturas também podem moldar gestos e movimentos. P. ex., pessoas mais velhas podem caminhar com um andar embaralhado.

104

Comportamento do rosto e dos olhos	Em algumas culturas, tais como a americana e a japonesa, regras de demonstração proíbem os homens de expressarem tristeza ou alegria extrema. Isso está em contraste direto com as regras de demonstração para os homens em algumas culturas árabes. Algumas culturas (sul-americana, sul-europeia, árabe) enfocam seu olhar nos olhos ou no rosto quando falam e ouvem. Outras (norte-europeia, indiano--paquistanesa, asiática, de alguns países africanos) evitam o olhar.	As mulheres expressam suas emoções mais precisamente do que os homens. As mulheres também tendem a olhar mais em todas as medidas do olhar, em comparação aos homens. Essas diferenças de gênero são frequentemente atribuídas a regras culturais de demonstração e normas sociais em torno de comportamento de gênero.	Características de personalidade afetam o comportamento dos olhos. Indivíduos dominantes e extrovertidos olham mais diretamente. Indivíduos tímidos estabelecem menos contato ocular.
Paralinguística *O estudo de aspectos da comunicação que não são puramente linguísticos, isto é, não morfofonêmicos, sintáticos ou semânticos; p. ex., o sentido transmitido pelo tom da voz, andamento, pausa, ênfase, hesitações, resfôlegos etc.*	As linguagens através das culturas diferem em qualidade tonal, p. ex., suave, áspera ou nasal. Dentro de uma mesma cultura, diferentes regiões frequentemente produzem diferentes dialetos e sotaques que moldam a qualidade da voz. Outras práticas paralinguísticas são específicas de certas culturas regionais. P. ex., "beijo de dente" (Figueiroa e Patrick) é uma prática comum no Caribe e em algumas sociedades africanas. O silêncio pode ser usado para aumentar ou diminuir a distância psicológica. Algumas culturas, como a japonesa, têm dominado o uso do silêncio na conversação (BRAITHWAITE, 1999).	Addington (1986) identifica nove qualidades da voz: soprosidade, finura, planicidade, nasalidade, tensão, guturalidade, orotundidade, pomposidade, ritmo acelerado, variedade de afinação aumentada. Essas qualidades da voz são frequentemente atribuídas a caracteres masculinos e femininos. P. ex., as pessoas preferem uma voz soprosa e fina nas mulheres do que nos homens; elas também preferem a guturalidade na voz masculina do que na feminina.	As nove qualidades de voz de Addington (1986) também são aplicáveis em termos de diferenças individuais. Cada qualidade molda a impressão que as pessoas têm dos falantes; cf., p. ex., Jones (2009) sobre a qualidade da voz de Truman Capote.

	Cultural	Gênero	Personalidade e diferenças individuais
Proxêmica *O estudo do espaço e seu uso em diferentes situações sociais e culturais.*	Culturas de alto contato (p. ex., latino-americanos, europeus do Sul, árabes) interagem a distâncias mais próximas. Culturas de baixo contato (p. ex., norte-americanos, europeus do Norte, asiáticos, paquistaneses, indianos) interagem a maiores distâncias.	Estudos sugerem que as mulheres interagem a distâncias mais próximas do que os homens. No entanto, há algumas ressalvas. P. ex., díades homem-mulher interagem mais proximamente do que homem-homem e mulher-mulher; as mulheres se aproximam de suas melhores amigas muito proximamente enquanto os homens não discriminam entre amigos próximos e "simplesmente" amigos.	Pessoas extrovertidas, pouco autoritárias e com uma alta autoestima demandam e usam menos espaço quando estão interagindo, em comparação com pessoas introvertidas e com disposições ansiosas em geral (RICHMOND & McCROSKEY, 1998; HICKSON; STACK & MOORE, 2004). As pessoas sustentam distâncias sociais maiores com indivíduos com estigmas físicos e sociais (HICKSON; STACKS & MOORE, 2004).
Háptica (Tato) Toque	Culturas de baixo contato (norte-americanos, europeus, japoneses) exibem contato corporal menos frequente em comparação com culturas de alto contato (p. ex., latino-americanos). Estudos demonstram complexidades nessa área. P. ex., na América Latina foram identificadas diferenças subculturais no toque (SHUTER, 1976).	As mulheres parecem tocar mais do que os homens. No entanto, estudos americanos demonstram que as mulheres discriminam mais acerca de partes do corpo aceitáveis de se tocar em relação aos homens. As mulheres associam o tipo de toque e a parte do corpo sendo tocada em termos de amizade ou desejo sexual (RICHMOND et al., 2008).	O conceito de apreensão de toque divide as pessoas em duas categorias: *altamente tocadoras* (que constantemente tocam amigos e conhecidos) e *evitadoras de toque* (que raramente tocam). Extrovertidos são mais inclinados a serem tocadores, introvertidos são mais inclinados a serem evitadores de toque.

(cf. tb. VAUGHAN, cap. 2; FRANKS & DHESI, cap. 12, sobre representações encarnadas).

Este capítulo oferece uma leitura sociopsicológica da comunicação não verbal na vida multicultural cotidiana. É apresentado em três partes. Na primeira parte examino em que medida a **cultura** influencia a expressão e a interpretação da comunicação não verbal. Pesquisas sugerem que haja dimensões panculturais (grupo, indivíduo) e intraculturais (biológico, universal) para a comunicação não verbal (cf. Tabela 3.1). Revisei evidências de pesquisas sobre comunicação não verbal nestes níveis de análise. Isso fornece o contexto pertinente para desconstruir o papel complexo da cultura, da sociedade e do eu na comunicação não verbal em contextos multiculturais.

A segunda parte explora a natureza da comunicação não verbal em contextos multiculturais. Enquanto a biologia, a cultura e a personalidade combinadas determinam a maneira como nos comportamos e comunicamos verbalmente, a comunicação ocorre em contextos específicos, entre pessoas específicas. Barker (1968, apud PATTERSON, 2001) refere-se aos "ajustes comportamentais" que acolhem encontros (comunicativos) entre pessoas que frequentemente têm algum tipo de relação umas com as outras. Pesquisadores identificam três mediadores de ajustes comportamentais: o ambiente social, o estado cognitivo-afetivo dos comunicadores e a cognição social e os processos comportamentais. Os "ajustes comportamentais" e os mediadores da comunicação não verbal oferecem permutações complexas de metas de comunicação bem e malsucedidas (cf. quadros 3.1 e 3.2). A comunicação multicultural não verbal é examinada através desses três mediadores.

Recorri a fontes ecléticas de interação multicultural cotidiana no Reino Unido e nos Estados Unidos para apresentar as ideias-chave: pesquisas disponíveis (dentro e fora do campo da comunicação não verbal), autobiografias, televisão, cinema e meios de comunicação de massa. A literatura sobre comunicação não verbal multicultural ou intercultural lida com encontros comunicativos entre grupos sociais ou indivíduos marcados pela diferença de cultura, etnia ou "raça". Portanto, diferença, falta de familiaridade, incompreensões e tensões emocionais estão no cerne desses processos comunicativos.

Tabela 3.2 Tipos de contato intercultural

Variáveis de contato	Entre membros da mesma sociedade (geralmente inter-racial, interétnica e subcultural)		Entre membros de diferentes sociedades (geralmente intercultural/transcultural ou internacional)	
	Tipo	Exemplo	Tipo	Exemplo
No território de quem.	Geralmente conjunto.	Brancos americanos ou britânicos e segunda e terceira geração de grupos minoritários (p. ex., afro-americanos/britânicos negros; americano-asiáticos/ britânico-asiáticos).	Território doméstico ou estrangeiro.	Turistas; estudantes estrangeiros; imigrantes e seus respectivos anfitriões.
Lapso de tempo.	Longo prazo.	Americanos ou britânicos brancos e segunda e terceira geração de grupos minoritários.	Curto prazo; médio prazo; longo prazo.	Turistas; estudantes estrangeiros; imigrantes.
Propósito.	Ganhar a vida.	Americanos ou britânicos brancos e segunda e terceira gerações de grupos minoritários.	Ganhar a vida; estudar; lucrar; recrear.	Imigrantes; estudantes estrangeiros; trabalhadores (p. ex., transnacionais); turistas.
Tipo de envolvimento.	Participar da sociedade.	Americanos ou britânicos brancos e segunda e terceira gerações de grupos minoritários.	Participar; explorar; contribuir; observar.	Imigrantes; trabalhadores; especialistas (p. ex., em desenvolvimento); turistas.
Frequência de alto contato.	Alta a baixa (variável).	Americanos ou britânicos brancos e segunda e terceira gerações de grupos minoritários.	Alta; média; baixa.	Imigrantes (variável); estudantes estrangeiros; turistas.

Grau de intimidade entre participantes.	Alta a baixa distância social (variável).	Americanos ou britânicos brancos e segunda e terceira gerações de grupos minoritários.	Alta a baixa distância social (variável).	Imigrantes; estudantes estrangeiros; turistas.
Status relativo de poder.	Igual a desigual (variável).	Americanos ou britânicos brancos e segunda e terceira gerações de grupos minoritários.	Igual a desigual (variável).	Imigrantes; estudantes estrangeiros; turistas.
Equilíbrio numérico.	Maioria-minoria.	Brancos americanos ou britânicos e segunda e terceira gerações de grupos minoritários.	Maioria-minoria.	Anfitriões e estudantes; imigrantes; turistas.
Características distintivas visíveis.	Raça.	Americanos e britânicos brancos vs. afro-americanos/britânico-asiáticos negros (p. ex., hindus, sikhs).	Raça. Religião.	Imigrantes (negros vs. brancos; cristãos vs. muçulmanos; línguas nacionais).
	Religião.	Muçulmanos.		
	Língua.	Línguas originais das segunda e terceira gerações de grupos minoritários.	Língua.	Estudantes estrangeiros (como acima)
				Turistas (como acima)

Fonte: Adaptado de Bochner (1982) e Richmond et al. (2008).

Conceitualmente, minha leitura da literatura é informada por conceitos e teorias em psicologia social e, em particular, pela tradição teórica das representações sociais (TRS) (MOSCOVICI & DUVEEN, 2001), que se aglutinam em torno de três temas. O primeiro tema enfoca a importância de se compreender os diferentes níveis de

109

organização social na produção de conhecimento social prático (BOCHNER, 1982; DOISE, 1986; MOSCOVICI & DUVEEN, 2001). Doise (1986), por exemplo, identifica quatro níveis inter-relacionados de análise: o intrapessoal ou intrassubjetivo, o interpessoal ou intersubjetivo, o grupo social e o ideológico[1]. Na tradição TRS é feito um argumento semelhante. Moscovici (1998) enfatiza a natureza fluida das representações sociais em diferentes níveis de organização social:

> Há um mundo de diferença entre as representações previstas no nível de pessoa a pessoa e no nível das relações entre os indivíduos e o grupo, ou no nível da consciência comum de uma sociedade. Em cada nível, as representações têm um significado completamente diferente. Os fenômenos são relacionados, mas diferentes (p. 228).

O segundo tema enfoca a importância da experiência cotidiana e as atitudes para com o familiar e o não familiar na construção do conhecimento social prático (BARTLETT, 1932; FLICK, 1998; MOSCOVICI & DUVEEN, 2001). A TRS (FLICK, 1998; MOSCOVICI & DUVEEN, 2001) toma a "vida cotidiana" como sua unidade de análise e enfoca a produção de conhecimento social prático neste contexto. Um aspecto central da TRS é a ênfase colocada na produção do conhecimento social através de encontros com o não familiar. Estudos antropológicos identificam diferentes tipos de culturas com base em sua "tendência persistente preferida" em relação ao não familiar: culturas podem ser "fechadas", "conflituosas", "acomodadiças" ou "abertas". Como Bartlett observa, é importante estudar como "tendências persistentes preferidas" de

---

1. O nível "intrapessoal" ou intrassubjetivo (molda "os mecanismos pelos quais o indivíduo organiza sua experiência" (p. 11)); o nível "interpessoal" ou intersubjetivo ("a dinâmica das relações estabelecidas em um dado momento por certos indivíduos em uma dada situação" (p. 12)); o nível social (grupal) ("as experiências sociais e posições sociais dos sujeitos (p. 14)); o nível "ideológico" ou estrutural (constitui "ideologias, sistemas de crenças e representações, valores e normas sociais que validam e mantêm a ordem social estabelecida" (p. 15)).

diferentes culturas são "organizadas e arranjadas" a fim de se entender tanto o modo como o grupo restringe diretamente o indivíduo quanto como o próprio grupo pode ser mais bem controlado se rearranjos das tendências básicas forem desejados em resposta a um ambiente em mudança (BARTLETT, 1932, p. 255, 258). Isto torna necessária uma atenção matizada ao grupo social e às diferenças individuais em relação ao novo e ao estranho, e, especialmente, o estrangeiro familiar (p. ex., no contexto multicultural, o grupo minoritário ou majoritário/membro étnico publicamente conhecido, mas privadamente incompreendido). Finalmente, considero o papel da dialogicidade na produção de uma comunicação eficaz em diferentes níveis de organização social (MARKOVÁ, 2003). A dialogicidade tem sido definida como conhecimento (inclusive autoconhecimento) construído através do Ego (eu), do *Alter* (outro) e do objeto, ou da "capacidade da mente humana de conceber, criar e se comunicar acerca das realidades sociais em termos de, ou em oposição à alteridade (MARKOVÁ, 2003, p. 231). Exploro a possibilidade de grupos sociais ou indivíduos que possuem a capacidade de assumirem a perspectiva do outro (MEAD, 1962) serem comunicadores não verbais interculturais mais eficazes. Na parte final do capítulo recorro a estes conceitos para examinar as implicações da discutida pesquisa acerca da comunicação não verbal positiva em conjunturas multiculturais.

Comunicação não verbal: dimensões de múltiplos níveis

Três determinantes básicos ou primários da comunicação não verbal são reconhecidos: a biologia, a cultura e a personalidade.

Dimensões universais (biológicas) da comunicação não verbal

Têm sido postuladas teorias evolucionárias acerca do papel da biologia na formação de padrões adaptativos de comunicação, especialmente na área da expressão facial (EIBL-EIBESFELDT, 1970; FRIDLUND, 1994; Box 4.1. Cf. tb. FRANKS & DHESI, cap. 12, sobre uma discussão abrangente da base evolucionária da comunicação). Por exemplo, a pesquisa sobre *codificação* e *decodificação* de expressão facial demonstra que seis emoções são universais: raiva, medo, felicidade, surpresa, tristeza e nojo (EKMAN & FRIESEN, 1986; RUSSELL, 1991). Esta prova foi produzida pela primeira vez por uma série de experimentos de campo transculturais conduzidos por Ekman e seus colegas nos anos de 1970, nos quais participantes nova-guineenses e americanos da pesquisa foram capazes de decodificar seis emoções expressas em fotografias por indivíduos americanos e nova-guineenses, respectivamente. Embora tais estudos e estudos complementares tenham sido criticados por razões conceituais e metodológicas, sua ideia fundamental, de um conjunto restrito de emoções universais, permanece verdadeiro (EKMAN, 2003; MARKUS & KITAYAMA, 1991; SWEDER & HAIDT, 2003).

Por exemplo, em uma análise cultural das emoções no sânscrito do século III, Shweder e Haidt (2003) observam que os filósofos hindus da poética e do drama postularam a existência de oito ou nove emoções básicas: (a) paixão sexual, amor ou prazer; (b) diversão, riso, humor ou alegria; (c) tristeza; (d) raiva; (e) medo ou terror; (f) perseverança, energia, energia dinâmica ou heroísmo; (g) desgosto ou desilusão; (h) entretenimento, admiração, espanto ou perplexidade; (i) serenidade ou calma (p. 139-140). Os autores comparam as emoções do sânscrito com a lista de emoções básicas de Ekman e observam que as "duas listas não são estreitamente coordenadas, embora tampouco sejam totalmente desconexas" (p. 144).

A evidência de um conjunto universal de emoções básicas sugere que na área de decodificação, pelo menos, uma "capacidade perceptual de emoção inata" (ALTARRIBA et al., 2003) é o fator mediador primário.

Dimensões culturais da comunicação não verbal

Embora alguns aspectos da comunicação não verbal – como as emoções básicas – sejam mediados por processos universais, biologicamente enraizados, a cultura desempenha um papel fundamental na expressão, interpretação e funções (GUDYKUNST; TING-TOOMEY & NISHIDA, 1996; HALL, 1966; SHWEDER & HAIDT, 2003). Na segunda citação de abertura, o relato ficcional do romancista Chinua Achebe da má compreensão pelos europeus do comportamento não verbal dos igbos (nigerianos) descreve a maneira como um gesto – o brandir do punho – encarna raiva na cultura dos primeiros e respeito na dos últimos.

Pesquisas sobre a expressão de emoções fornecem *insights* sobre o papel da cultura na comunicação não verbal. O sociólogo Arlie Russell Hochschild (2003) discute o conceito de "dicionário emocional compartilhado coletivamente". Este conceito essencialmente descreve o léxico de emoções predominantes e sancionadas em uma sociedade. Hochschild observa que, "assim como outros dicionários, o dicionário emocional reflete um acordo entre as autoridades de um determinado tempo e lugar. Expressa a ideia de que dentro de um "grupo linguístico" emocional há dadas experiências emocionais, cada qual com a sua própria ontologia". A literatura sugere que dentro de cada dicionário emocional coletivamente compartilhado haverá pelo menos três categorias de emoções. A primeira categoria constitui emoções primárias: "respostas emotivas naturais" que são biologicamente dadas e existem independentemente de influências socioculturais e aprendizagem. Estas abrangem as seis emoções mencionadas acima, que são compartilhadas pelas culturas. A segunda categoria constitui emoções "secundárias", que são adquiridas através de agentes socializadores: incluem culpa, vergonha, orgulho, gratidão, amor e nostalgia (KEMPER, 1987). A culpa, por exemplo, tem sido descrita como medo socializado (da punição por comportamento inadequado); a vergonha como raiva socializada (de si); e o orgulho como satisfação socializada. Fenômenos emocionais socioculturalmente mediados, que se dividem entre o universal e o particular, como "livrar a cara", podem ser colocados nesta categoria. Emoções claramente identificadas em uma cultura, mas não em outras, mas que podem ser expressas nessas culturas estrangeiras, também podem ser situadas nesta categoria. Dois exemplos são a palavra de emoção alemã muito discutida *schadenfreude*, definida como "o gozo malicioso com a desgraça alheia" e a palavra de

113

emoção inglesa "depressão"[2]. Altarriba e colegas (2003) observam: "Embora possa não haver uma palavra equivalente em todas as culturas, é possível que as línguas possam expressar emoções e ideias que não sejam aquelas codificadas em apenas uma palavra". A última categoria é constituída por emoções culturalmente vinculadas. Pesquisadores muitas vezes destacam emoções altamente específicas culturalmente, que não têm equivalentes lexicais em outras culturas. Por exemplo, a concepção hindu contemporânea de *lajja* (SHWEDER & HAIDT, 2003) é uma emoção, um estado moral que se aplica tanto a homens quanto a mulheres, mas é "uma virtude, [mais] associada a certo ideal feminino". As mulheres exibem *lajja* da maneira como as culturas ocidentais "podem demonstrar gratidão, lealdade e respeito" – por exemplo, agindo timidamente, modestamente, cobrindo o rosto, mantendo-se em silêncio, baixando os olhos. Por isso tem sido descrita em termos linguísticos ocidentais como "vergonha", "constrangimento", "timidez" ou "modéstia". No entanto, as raízes e funções da *lajja* são mais complexas do que as de seus equivalentes ocidentais; a *lajja* ajuda as "mulheres a engolirem sua raiva" do modo como os sistemas patriarcais exploram o poder, a força e a perseverança femininos, e assim fazendo mantém a ordem social de modos menos emocionalmente destrutivos (SHWEDER & HAIDT, 2003, p. 160).

Além de léxicos emocionais, as culturas têm regras de demonstração em relação a expressão emocional. Muitas vezes essas regras são de gênero. Por exemplo, as normas culturais americanas desencorajam demonstrações emocionais nos homens – "meninos grandes não choram" –, mas incentivam demonstrações

---

2. Embora outras culturas possam não ter equivalente lexical para *schadenfreude*, muitas têm a propensão a sentir e a elaborar sobre essa emoção (SPEARS & LEACH, 2004). Da mesma forma, embora haja a afirmação de que não existe uma palavra para "depressão" entre muitos grupos culturais não ocidentais, um estudo realizado por Brandt e Boucher (1986) sugere que palavras análogas a depressão eram parte tanto de culturas ocidentais quanto de não ocidentais. Grande parte da investigação preocupada com semelhanças e diferenças transculturais em léxicos de emoções enfoca palavras simples, tais como "amor" e "tristeza", quando é mais útil analisar estados afetivos mais abrangentes (ALTARRIBA et al., 2003; cf. tb. SHWEDER & HAIDT, 2003).

emocionais em mulheres (RAMSEY, 1981). Normas culturais japonesas desencorajam a demonstração excessiva de expressão facial em comparação com o Ocidente e incentivam o mascaramento de emoções negativas com sorrisos e gargalhadas. Além disso, embora as mulheres sejam desencorajadas a exibirem sorrisos largos e desinibidos, elas podem ser mais facialmente expressivas em comparação aos homens (RAMSAY, 1981). Algumas culturas do sul da Ásia proíbem as mulheres de expressarem a raiva através do uso da *lajja* (SHWEDER & HAIDT, 2003).

Fundamentalmente, a cultura é importante, mas tem limites. A cultura é importante porque circunscreve os **comportamentos não verbais** (expressão emocional, demonstração de afeto, qualidade de linguagem e de voz) e influencia a capacidade de expressar e interpretar comunicação e comportamentos não verbais através de regras de demonstração. Mas a cultura tem limites, porque os comportamentos não verbais no nível individual e de gênero muitas vezes evitam ou transcendem códigos culturais durante a comunicação.

Dimensões individuais da comunicação não verbal

Embora a cultura exerça influência significativa sobre a maneira como os indivíduos se expressam não verbalmente, características individuais únicas, tais como a aparência física, a qualidade da voz, o humor, o nível de comprometimento ou descompromisso com uma situação também moldam a expressão individual (cf. Tabela 3.1). Na terceira citação de abertura, um estudo técnico, feito pelo ator britânico Toby Jones, sobre a fisicalidade de Truman Capote, em preparação para o filme *Infamous*, de 2006, demonstra como uma complexa interação de fisiologia (a anatomia e qualidade de voz), personalidade (fixação de imagem e alto monitoramento de si) e história pessoal (dinâmica de formação) mediam o sistema de expressão não verbal de um indivíduo. Se voltarmos a atenção para os tipos de personalidade, distinções têm sido feitas entre extrovertidos e introvertidos, indivíduos altamente ansiosos e indivíduos com baixa ansiedade, indivíduos com elevada autoestima e aqueles com baixa autoestima, entre os que se monitoram muito e os que se monitoram pouco, e uma vasta gama de outros tipos antagônicos de personalidade. Estes tipos de personalidade têm sido identificados em diversas culturas e, especialmente, através do trabalho clínico de psiquiatras, psicólogos e outros terapeutas, bem como através de testes de personalidade orientados para o emprego. Por exemplo, os extrovertidos exibem uma coleção de traços que incluem serem "falantes, alegres, sociais e menos restringidos por normas sociais" (RICHMOND et al., 2008, p. 149); os introvertidos são caracterizados por serem "menos falantes, mais tímidos, frágeis emocional e socialmente retraídos" (p. 149). Estudos mostram consistentemente que os extrovertidos tendem a projetar confiança em um encontro interpessoal ou de grupo e mantêm distâncias menores, olham mais e por períodos mais longos, tocam mais e usam expressões faciais encorajadoras, tais como um sorriso. O oposto é verdadeiro para os introvertidos. Os que se monitoram muito são "camaleões sociais" – capazes de adaptarem seu comportamento às diferentes situações sociais. Os que se monitoram pouco demonstram alto grau de coerência comportamental através de situações sociais. Os que se monitoram muito são mais bem-sucedidos na apresentação de si mesmos e no **gerenciamento de impressão**, como ao mascararem emoções impróprias em público, projetando a demonstração correta de afeto, e sendo lisonjeiros quando a situação o exige. Os que se monitoram pouco têm dificuldades com essas tarefas sociais. Como a comunicação ocorre em contextos específicos entre pessoas específicas, os indivíduos capazes de gerir as diferentes demandas de diferentes "configurações de comportamento" terão maior sucesso com a comunicação e a interação social.

Determinantes secundários da comunicação não verbal: gênero e "raça"

Estes determinantes básicos da comunicação não verbal muitas vezes se combinam para produzir determinantes secundários. Gênero e "raça", por exemplo, são determinantes secundários. São vistos como uma combinação de "biologia (os padrões inatos) e cultura (normas sociais)" (PATTERSON, 2001, p. 163) ou como categorias "primitivas" (feminilidade, masculinidade, cor da pele) que são imediatamente processadas perceptualmente e, assim, priorizadas em relação a todas as outras categorias possíveis (BREWER, 1988).

Pesquisas sobre as diferenças de gênero têm se concentrado principalmente na expressão facial, no uso do espaço e do toque, e na qualidade da voz. Os principais resultados sugerem que as mulheres tendem a olhar mais durante as interações interpessoais, usam menos distância e tocam mais em comparação com os homens (GAMBLE & GAMBLE, 2003). Juntas, essas habilidades sociais tornam as mulheres mais bem-sucedidas na apresentação de si mesmas e na decodificação de apresentações de si. As diferenças têm sido atribuídas à biologia: homens e mulheres herdam estruturas ósseas diferentes e tipos corporais que determinam comportamentos não verbais, como a postura, os gestos e o andar (RICHMOND et al., 2008; cf. Tabela 3.1). Papéis sociais e estereótipos de gênero também estão implicados em muitas culturas. Por exemplo, as mulheres são socializadas para serem sensíveis e carinhosas, enquanto os homens têm que ser assertivos e emocionalmente distantes. No entanto, há contraprovas que preenchem a lacuna de gênero. Por exemplo, embora as mulheres sejam excelentes na decodificação de comportamentos não verbais, elas perdem esta habilidade superior quando confrontadas com indivíduos enganadores. Um recente estudo global sobre o engano, que se concentrou em 2.230 indivíduos de 58 países, demonstrou que tanto os homens quanto as mulheres tiveram, em geral, dificuldade em detectar mentiras a partir do comportamento expresso enquanto a mentira é contada; a maioria tendeu a fazer uma decodificação retrospectiva (GDT, 2006).

Estudos laboratoriais têm examinado a decodificação da comunicação não verbal em encontros interculturais e inter-raciais. A pesquisa tem enfocado o reconhecimento facial (p. ex., TEITELBAUM & GEISELMAN, 1997), a capacidade de decodificar a intensidade da expressão facial (p. ex., MATSUMOTO et al., 2002), a capacidade de decodificar demonstrações de afeto (p. ex., BAILEY et al., 1998; WEATHERS et al., 2002) e as associações implícitas ("automaticidade pré-consciente") que os indivíduos fazem de diferentes grupos (p. ex., PAYNE, 2001). Este conjunto de obras fornece *insights* psicológicos e sociológicos importantes, dentre os quais os seguintes: (a) alguns grupos "raciais" (afro-americanos,

americanos brancos) estão melhor adaptados para reconhecerem rostos do mesmo grupo do que rostos de outros grupos; (b) alguns grupos culturais/étnicos (latinos, asiáticos) podem reconhecer rostos de outras raças (americanos brancos) com precisão relativamente alta; (c) há maior precisão no reconhecimento de rostos de outras raças quando se está de mau humor; (d) algumas "raças" (americanos brancos) são melhores em identificar emoções no tom de voz e na postura dos membros de seu grupo e dos de diferentes raças e grupos étnicos; e (e) há a tendência de diversos grupos raciais (inclusive os negros) a associar automaticamente a cor da pele negra com atributos negativos. A maioria dos estudos concluem que existem diferenças raciais na capacidade de decodificar comunicação não verbal. Alguns sugerem que as diferenças desaparecem quando os efeitos da aculturação são removidos (BAILEY et al., 1998) ou quando a experiência e a familiaridade inter-racial são consignadas em experimentos.

Como observado anteriormente, enquanto a biologia, a cultura e a personalidade em conjunto formam comportamentos e comunicação não verbais, o contexto específico em que se desenrola a comunicação é um fator determinante da qualidade e dos resultados da comunicação não verbal. O contexto ressalta a importância de se examinarem a comunicação não verbal em diferentes níveis de organização social, de se enfocarem os fenômenos de representação "relacionados, mas diferentes" (MOSCOVICI, 1998). Na próxima seção do capítulo enfoco como configurações de comportamento e mediadores dessas configurações moldam a comunicação não verbal multicultural.

Comunicação não verbal em contextos multiculturais cotidianos: definições comportamentais e mediadores

O ambiente social e a comunicação não verbal multicultural

O ambiente social e os determinantes primários fornecem o contexto para a interação comunicativa: por exemplo, será que o encontro comunicativo está ocorrendo em um local familiar ou não familiar com um desconhecido, um conhecido, um amigo ou um parceiro romântico?

Duas áreas de pesquisa sobre comunicação intercultural fornecem *insights* úteis. A primeira abordou os encontros interculturais: (falha de) comunicação quando os ocidentais viajam (p. ex., empresários norte-americanos no Japão ou professores americanos na Nigéria ou na China) ou quando os ocidentais são confrontados por imigrantes em seus próprios países (p. ex., professores norte-americanos e alunos imigrantes, estudantes norte-americanos e professores ou colegas de trabalho imigrantes) (RICHMOND et al., 2008). Estes são muitas vezes encontros curtos entre estranhos ou conhecidos (cf. Tabela 3.2). A falha de comunicação está centrada nas diferenças em formas não verbais de saudação (a inclinação japonesa *vs.* o aperto de mão americano), de demonstrar atenção ou respeito (a recusa do aluno nigeriano a fazer contato visual como sinal de respeito *vs.* o desejo do professor americano de contato visual como sinal de respeito), de decodificar o comportamento vocal (o professor americano e a criança imigrante com poucos conhecimentos de inglês e um sotaque estrangeiro). Há um conjunto emergente de relatos reflexivos de "ocidentais" com "identidades hifenizadas" (MODOOD, 2004) – japonês-americano, britânico-jamaicano, britânico-ganense etc. – que retornam a seus países de origem e experimentam falha de comunicação intercultural verbal e não verbal (ESHUN, 2005; KONDO, 1990). Este grupo de indivíduos foi aculturado na cultura americana ou britânica e descobre que já não compartilha os atributos culturais de seus países de origem. Suas demonstrações de afeto e comportamento vocal (p. ex., o sotaque) os separa mesmo que possam compartilhar aspectos fundamentais da aparência física.

A segunda área tem abordado a comunicação não verbal dentro de subculturas em cidades ocidentais urbanas e predominantemente em encontros "inter-raciais". Como os estudos laboratoriais discutidos anteriormente, estudos naturalísticos destacam vários casos de má comunicação não verbal nestes encontros. Em espaços públicos, tais como ruas e lojas, as demonstrações de afeto (postura, andar) de homens negros (geralmente jovens) são reputadas agressivas e criminosas por pessoas brancas e, às vezes, negras (SEWELL, 1997). Nas escolas, a aparência física (cor da pele), o comportamento vocal (dialeto, sotaque) e a demonstração de afeto (uso de contato visual) estão implicados na comunicação preconceituosa consciente e inconsciente entre professores e alunos (CONNOLLY, 1998; cf. tb. HOWARTH, cap. 7). No âmbito da aplicação da lei, frequentes casos de preconceito racial levaram ao termo "discriminação racial", o processo pelo qual alguns policiais imputam criminalidade à pele negra ou parda. Isto fez com que negros, asiáticos e latinos fossem parados, revistados e presos desproporcionalmente mais frequentemente do que jovens brancos. No Reino Unido, homens negros têm seis vezes mais probabilidade do que homens brancos de serem parados e revistados pela polícia. A discriminação racial aumentou consideravelmente para os homens muçulmanos americanos desde o 11 de setembro (AIUSA, 2004). Um processo semelhante está implicado no preconceito em tribunais, onde a dificuldade de leituras de comportamentos não verbais interculturais leva a duras condenações de jovens de minorias étnicas, especialmente latinos e negros (MUSTARD, 2001). Por fim, a literatura psiquiátrica transcultural destaca o modo como os peritos imputam significado à "cultura nacional" e às diferenças raciais em comportamentos não verbais, tais como a demonstração de afeto ("o negro agressivo fisicamente imponente") e a qualidade de voz ("o nigeriano que fala alto"). Estas atribuições incorretas podem levar a erros de diagnóstico e ao uso de tratamento farmacológico e restrição física mais severos (AHMAD, 1993).

O resultado desses mal-entendidos e dessa falha de comunicação inter-racial é geralmente negativo, como quando causam estresse psicossocial em grupos étnicos minoritários (AHMAD, 1993; NAZROO, 1997). Às vezes o resultado pode ser fatal, como quando a falha de comunicação em contextos clínico, jurídico e de aplicação da lei leva a lesões graves ou à morte (os exemplos mais famosos são o espancamento brutal do afro-americano Rodney King, em Los Angeles, em 1991, e o tiro dado pela polícia em Jean Charles de Menezes, em Londres, em 2005).

O papel da familiaridade: As evidências disponíveis sugerem que a automaticidade pré-consciente pode moldar a comunicação (normalmente negativa) em alguns contextos. Isso acontece tanto quando os encontros se dão entre estranhos (p. ex., a discriminação racial na rua e no tribunal) quanto entre indivíduos com algum grau de familiaridade (p. ex., escola, situação de terapia). No entanto, a comunicação intercultural não é sempre negativa. A familiaridade desempenha um papel importante, tanto em termos literais quanto representacionais. O trabalho etnográfico sobre grupos de amizade multiculturais sugere que a familiaridade cotidiana entre diferentes grupos culturais e "raciais" promove mais comportamentos comunicativos positivos (ALEXANDER, 1996, 2000; BAUMANN, 1996; HARRIS, 2006). Pesquisas mostram que "cosmopolitas" não ocidentais e ocidentais ativamente adotam os comportamentos não verbais e verbais uns dos outros, e assim se tornam a ponte para a comunicação intercultural bem-sucedida (APPIAH, 2006). Esse aprendizado e processo de representação ativo, que envolve assumir a perspectiva do outro (MEAD, 1962), é evidente em grupos de amizade multiculturais e oferece uma ponte para a comunicação não verbal bem-sucedida dentro do ambiente multicultural contemporâneo.

Estados cognitivo-afetivos e comunicação não verbal multicultural

Mediadores cognitivo-afetivos combinam os recursos cognitivos que traçamos para gerir as nossas vidas cotidianas e os estados afetivos que derivam de nossas disposições momentâneas (ou humor), objetivos, relacionamento com aquele ou aqueles com quem estamos nos comunicando, e as restrições do contexto comunicativo (PATTERSON, 2001). Estudos e trabalho clínico sobre estados afetivos demonstram como estados emocionais positivos, como felicidade, interesse e relaxamento determinam os movimentos corporais abertos fluidos, os quais, por sua vez, determinam o sucesso da comunicação. Em contraste, os estados emocionais negativos, como tristeza, raiva e desgosto determinam posturas e movimentos corporais tensos e fechados que podem comprometer a qualidade da comunicação. Estudos laboratoriais sobre comunicação não verbal inter-racial demonstram que algumas "raças" (americanos brancos) são melhores na identificação de emoção no tom de voz e na postura dos membros do seu grupo e de diferentes raças e grupos étnicos, e há maior precisão no reconhecimento de rostos de outras raças quando se está de mau humor (cf. seção anterior).

Isto sugere que a natureza do encontro não verbal será moldada pelos estados cognitivo-afetivo dos comunicadores (pares positivos de emoções, pares negativos de emoções ou um par de emoções que não combinam) e a capacidade de ambos os comunicadores decodificarem o estado afetivo-cognitivo do outro. Estes processos serão moldados em certa medida pelo ambiente social (familiar ou não familiar), pelas regras culturais de demonstração (como expressar estados cognitivo-afetivos) e pelas identidades sociais dos comunicadores (em particular, a capacidade ou incapacidade de adotar a perspectiva do outro).

Cognição social e fatores comportamentais na comunicação não verbal multicultural

A cognição social e os processos comportamentais facilitam a regulação e o monitoramento de um objetivo comunicativo. Patterson (2001) observa que, embora o julgamento social possa, por vezes, exigir reflexão e o comportamento possa exigir monitoramento e gerenciamento, ambos os processos, na maioria das vezes, opera automaticamente. Com relação ao julgamento social, por exemplo, a "automaticidade pré-consciente" (BARGH, 1989, apud PATTERSON, 2001) frequentemente funciona. A automaticidade pré-consciente ocorre quando o mero registro de um evento estimulante (como perceber uma pessoa de fora do grupo) no sistema sensorial de uma pessoa desencadeia um processo de julgamento executado sem percepção consciente (um julgamento estereotípico). Este processo foi demonstrado nos estudos de casos de encontros inter-raciais nas escolas, com a polícia e nos tribunais. Com relação aos processos comportamentais, uma representação cognitiva de um objetivo (p. ex., gerenciamento de impressão) é suficiente para desencadear uma sequência comportamental automática (lisonja, um sorriso insinuante).

No Reino Unido, "coco" e "banana" são termos depreciativos usados por comunidades negras e asiáticas, respectivamente, para descrever os membros de seu grupo que "agem como brancos". Coco denota "preto por fora, branco por dentro", banana denota "amarelo por fora, branco por dentro". Estes termos revelam regras e processos internos ao grupo, e às vezes externos, em torno do gerenciamento de impressão específico de uma raça.

O agir como branco – um estereótipo simplista que ignora uma ampla gama de comportamentos não verbais interétnicos em grupos de maioria branca – denota conjuntos específicos de comportamentos verbais e não verbais de brancos de classe média, incluindo vocabulário (extenso, desprovido de gírias), comportamentos vocais (sotaque "nobre" ou "rico", tom medido, articulado), a aparência física (estilo "formal" de vestimenta), e movimentos corporais (contidos, menos exuberantes). Negros ou asiáticos que se expressem através desses canais de comunicação de múltiplos níveis dos "brancos de classe média" são considerados (pelos membros de seu grupo) bem-sucedidos na apresentação de si mesmos e no gerenciamento de impressão durante encontros inter-raciais e, portanto – consciente ou inconscientemente –, escapam da má comunicação e de seus efeitos negativos[3]. O exemplo mais recente e famoso seria a acusação feita pelo senador americano Harry Reid em seu livro *Game Change* (sobre a campanha presidencial de 2008 nos Estados Unidos) de que o presidente dos Estados Unidos, Barack Obama, teve uma boa chance de ser eleito o primeiro presidente negro dos Estados Unidos porque era "de pele clara" e não falava com um "dialeto negro, a menos que quisesse". Embora a opinião de Harry Reid tenha causado controvérsia nacional, alguns comentaristas sociais, inclusive jornalistas e acadêmicos afro-americanos, admitiram que a opinião foi má política, mas boa sociologia (*The Week*, 2010): Barack Obama foi um comunicador inter-racial bem-sucedido porque possuía a capacidade de ligar e desligar o seu *blaccent* (sotaque negro), dependendo das circunstâncias sociais.

Direções de pesquisas futuras

A natureza e a velocidade da globalização no final do século XX transformou a natureza da migração e das relações transculturais.

---

3. O quanto esta estratégia funciona realmente é discutível. Cf. o recente caso "racial" do professor afro-americano de Harvard, Henry Louis Gates, e sucessivas discussões sobre a forma como "negros arrogantes" recebem tanta censura quanto negros da classe baixa na América do Obama (hufingtonpost.com; www.nytimes.com).

123

A globalização pode ser vista estar exercendo sua força em muitas esferas, inclusive a econômica, a política, a tecnológica, a cultural e a ecológica. Seu impacto cultural é mais relevante para nossa discussão. Teóricos notam que a globalização encolhe o espaço territorial e cria novas formas de consciência e identidades para muitas culturas (COWEN, 2002).

Londres acomoda pelo menos 50 comunidades não indígenas, cada uma com populações de 10.000 ou mais, e mais de 300 línguas faladas (BENEDICTUS, 2005)[4]. Outras grandes cidades ocidentais, como Nova York e Toronto, ostentam *status* similar de cidade globalizada e multicultural. Se expressões faciais, gestos, postura e outros comportamentos não verbais significam coisas muito diferentes para diferentes grupos culturais, então, muitos pesquisadores argumentam, o potencial para problemas de comunicação intercultural nessas cidades multiculturais é grande. Fundamentalmente, o potencial para a falha de comunicação é ainda mais aprofundado por choques culturais e religiosos em um "mundo pós-terror". Em muitas cidades ocidentais cosmopolitas globalizadas, onde diferentes culturas e religiões se misturam, as aparências se tornaram enganosas. Grupos étnicos minoritários que compartilham a identidade "cultural nacional" da cultura da maioria e, simultaneamente, expressam identidades muçulmanas são escrutinados e estigmatizados com base na aparência física, na postura, no comportamento vocal e outros marcadores corporais. O multiculturalismo, com os seus pilares fundamentais de raça, cultura e religião, se tornou uma questão altamente contestada (GILROY, 2004). O consenso atual, no Reino Unido, pelo menos, é que o multiculturalismo fracassou (CRE/ETHNOS, 2005; GILROY, 2004). Em vez de criar uma britanicidade "assimilacionista" convivial, o multiculturalismo tem produzido comunidades

---

4. Isso inclui americanos, australianos, brasileiros, canadenses, chineses, franceses, ganenses, indianos, jamaicanos, nigerianos, paquistaneses, poloneses, portugueses, somalis e turcos. Cada comunidade congrega em partes específicas da cidade. "De acordo com o último censo, em 2001, 30% dos moradores de Londres tinha nascido fora da Inglaterra – o equivalente a 2,2 milhões de pessoas, ao que podemos acrescentar as dezenas de milhares de pessoas desconhecidas que não completaram um formulário do censo" (BENEDICTUS, 2005).

124

separatistas atomizadas de grupos étnicos majoritários e minoritários que não conhecem, ou tampouco se interessam em conhecer, um ao outro. Dentro desse contexto, como observam Smith e Bond (1996), pesquisas sobre cultura e comunicação não verbal vão além "do acadêmico" ao reino da vida prática cotidiana: pesquisas fornecem uma maneira de compreender as "preocupações práticas quando pessoas de diferentes culturas se encontram", mesmo quando estas culturas coexistem dentro das nações que compartilham de uma cultura única mais ampla (163 p.).

Desafios da pesquisa

Os pesquisadores reconhecem limitações nas abordagens atuais sobre comunicação intercultural. Alguns observam o problema da ética imposta com o exame da decodificação em experimentos de laboratório. Outros criticam o uso de questões tendenciosas no exame de rótulos emocionais. A falta de trabalhos sobre expressão não verbal e decodificação em contextos da vida real, especialmente de comunicação multicanal, é uma terceira área de limitação (ALTARRIBA et al., 2003; SMITH & BOND, 1994). É nesta terceira área que uma psicologia social da mudança sociocultural pode contribuir de maneira significativa.

Há pelo menos quatro pontos dignos de nota acerca do conjunto dos trabalhos sobre comunicação não verbal intercultural que abrem caminhos para a pesquisa transformacional. Em primeiro lugar, as interações e a comunicação inter-raciais negativas descritas geralmente ocorrem entre estranhos. Encontros entre estranhos (o não familiar) – mesmo aqueles do mesmo grupo cultural, racial e étnico – são psicologicamente diferentes de encontros entre amigos (o familiar) (SIMMEL, 1950; GUDYKUNST & HAMMER, 1988; MOSCOVICI & DUVEEN, 2001). A pesquisa sugere que o viés de base racial ocorre tanto com grupos internos quanto com grupos externos. Isso acrescenta uma camada de complexidade aos determinantes psicológicos da codificação e da decodificação, que, ao mesmo tempo, abre novas maneiras de conceituar experimentos experimentais e naturalistas. Em segundo lugar, uma análise mais detida da dinâmica dos encontros inter-raciais sugere que gênero, classe e personalidade mediam os efeitos negativos da falta de comunicação. Por exemplo, jovens negros de baixas condições socioeconômicas têm maior probabilidade de estarem na extremidade receptora do impacto negativo da falta de comunicação não verbal, até mesmo dentro da comunidade negra[5]. Em terceiro lugar, é provável que um enfoque dos encontros inter-raciais entre amigos e parceiros possa produzir *insights* mais sutis para intervenções eficazes. Como os estudos de laboratório e o conceito de contextos comportamentais sugerem, o contexto, o parceiro comunicativo, e os mediadores sociocognitivos são importantes em qualquer encontro não verbal. Em estudos de laboratório a familiaridade enfraquece o achado dominante da automaticidade pré-consciente racialmente tendenciosa. Pesquisas etnográficas em grupos de amizade multiculturais mostra empréstimo intercultural ativo de comportamentos verbais e não verbais (ALEXANDER, 1996, 2000; BAUMANN, 1996; HARRIS, 2006). Estes empréstimos são produtos de fortes identidades sociais forjadas através da pertença a um grupo: a cultura *hip hop*, por exemplo. Por fim, os subgrupos específicos – grupos cosmopolitas, grupos com identidades hifenizadas (cf. tb. HOWARTH, cap. 7, sobre identidades multiculturais) – que são capazes de adotar as perspectivas dos outros podem ser melhores na comunicação intercultural. Fundamentalmente, a comunicação intercultural bem-sucedida, seja verbal ou não verbal, está enraizada na dialogicidade (MARKOVÁ, 2003), ela requer reconhecimento e compreensão (étnica, cultural, racial) do outro.

Será que uma comunicação não verbal multicultural positiva é possível? No sentido prático do dia a dia, a pesquisa atual sugere que "depende". Depende de o foco estar nos encontros entre estranhos, conhecidos, amigos ou parceiros. Depende de estes estranhos, conhecidos, amigos ou parceiros pertencerem à mesma cultura ou etnia. Depende de onde esses encontros acontecem. Depende das personalidades e do *status* social dos

---

5. Em termos de estereótipos intrarraciais, a pesquisa mostra como as crianças em diferentes culturas do Reino Unido aprendem, aos 5 anos, a estigmatizar a cor da pele negra e os atributos sociais do povo negro. Os experimentos clássicos da boneca Bobo nos Estados Unidos produziram resultados semelhantes.

indivíduos envolvidos no encontro, dos seus estados afetivos, do conhecimento e dos estereótipos ou representações sociais (positivos ou negativos) que tenham acerca tanto de membros do próprio grupo quanto de membros de outros grupos e da sua habilidade de expressarem e interpretarem apresentações de si e gerenciamento de impressão. Se todos esses fatores estiverem positiva e naturalmente alinhados, então o prognóstico para a comunicação intercultural e inter-racial, tanto entre estranhos quanto entre amigos, será bom. Se não, como frequentemente acontece na desordem da vida do dia a dia, o prognóstico pode variar de satisfatório a catastrófico.

4
INFLUÊNCIA SOCIAL: MODOS E MODALIDADES

Gordon Sammut
Martin W. Bauer

Palavras-chave: Acomodação; assimilação; atitude; crença; cumprimento; conformidade; conversão; desvio; imitação; influência informacional; liderança; maioria; minoria; normalização; influência normativa; normas; obediência; persuasão; esfera pública; influência social; poder suave.

Introdução

O aumento de viagens e migração dentro e entre regiões do mundo, bem como a multiplicação de meios de comunicação de massa de circulação em versão impressa e o espaço digital, têm trazido mudanças radicais e reformulado a natureza da moderna **esfera pública**. As esferas públicas contemporâneas caracterizam-se por uma pluralidade de pontos de vista que buscam expressão e legitimidade na aprovação pública. Os indivíduos nas sociedades modernas, protegidos pela liberdade de expressão, têm o direito de manter pontos de vista e opiniões fora do ponto de vista dominante, e de expressá-las livremente no domínio público. A esfera pública moderna é, portanto, caracterizada por tensões de pontos de vista conflitantes e desacordos. Poucos lugares no mundo, se algum, permanecem durkheimianos, no sentido de uma visão de mundo dominante governar soberana como "representação coletiva". Os indivíduos modernos são rotineiramente confrontados por outros cujas visões diferem radicalmente da sua própria (BENHABIB, 2002; JOVCHELOVITCH, 2007). Pontos de vista conflitantes expressos em público criam tensão ao minarem o consenso e implicarem que algumas ideias, possivelmente as próprias, podem estar incorretas. A comunicação está no cerne desta tensão, que surge sempre que as pessoas projetam e expõem suas ideias e opiniões e outras discordam, e quanto maior o seu distanciamento, maior o potencial de conflito.

Existem várias formas universais de resolução de conflitos: pela força bruta ou pela ameaça; pelo recurso a uma autoridade externa; e pela **influência social**. As pessoas podem coagir outras a adotarem uma perspectiva ou comportamento pela força bruta e pela violência. Esse "poder duro" (NYE, 1990, 2004) visa a eliminar desviantes, física ou psicologicamente, e proteger um consenso pela força ou pelo medo. No âmbito do estado de direito, os estados modernos "civilizados" garantem um monopólio da força investido na polícia e nos militares, de modo que a violência já não seja a forma padrão de resolução de conflitos. Dentro de tais arranjos, o método padrão de resolução de conflitos surge do recurso ao direito através da autoridade dos tribunais. Os conflitos acerca dessas regras apelam à discussão pública, onde as diferenças entre os interlocutores são demonstradas em uma conversação, em um esforço de reunir as pessoas em uma comunicação, sem recorrer à autoridade da lei, nem à violência ou à ameaça. Recorre-se ao reconhecimento da autoridade de **normas** informais e à relevância da informação fornecida. Pretensões de verdade podem ser testadas quanto a sua veracidade objetiva, autenticidade expressiva e correção moral, que, portanto, têm o poder de convencer e reconciliar a oposição (cf. o cap. 6 sobre ação comunicativa). Desta maneira, a resolução de conflitos é negociada através do exercício da influência social na esfera pública. Táticas de **poder suave** visam a resolver conflitos através da comunicação, pelo convencimento do interlocutor de que a sua própria perspectiva é a correta. A influência social é a estratégia comunicativa que subjaz ao poder suave. O resultado pretendido é a mudança de posição do destinatário da comunicação de acordo com a fonte do ato comunicativo. Ao lado da coerção e do recurso à autoridade, a influência social consiste em uma estratégia de resolução de conflitos que resulta em um consenso. O consenso é obtido através da eliminação de pontos de vista discrepantes, sem a necessidade de coerção. A influência social é um gênero comunicativo que está "enraizado no conflito e se esforça por consenso" (MOSCOVICI, 1985a, p. 352).

De um ponto de vista funcionalista, a influência social é um meio de comunicação generalizado que constrange os interlocutores a tornarem o improvável mais provável, ou seja, tornarem a comunicação bem-sucedida. Assim como o poder e o dinheiro, ela substitui a imprecisão da linguagem. Na política tudo é resolvido pelo poder, na economia pelo dinheiro, na esfera pública por influência e prestígio (cf. PARSONS, 1963; LUHMANN, 1990). No entanto, esta analogia funcional de substituir uma linguagem complexa por um meio mais simples não se estende completamente à influência social. Ao contrário do dinheiro e do poder, a influência social permanece ligada à pragmática das conversações do mundo da vida e não pode, portanto, substituir, mas apenas complementar, os atos de fala (HABERMAS, 1981, p. 408ss.). A influência social não pode ser reduzida a uma dimensão, por exemplo, o *ethos*, a confiança ou o prestígio, mas permanece vinculada à tríade do que é verdadeiro (*logos*), direito (*ethos*) e sincero (*pathos*; para mais informações sobre esta tríade, cf. o cap. 5, sobre pragmática, o cap. 6, sobre ação comunicativa, e o cap. 10, sobre retórica).

Influência social lícita e ilícita: uma área cinzenta da moralidade

A distância entre os interlocutores define a situação retórica (como discutida no cap. 10, sobre retórica). Nesta situação, as pessoas reservam-se o direito de influenciarem-se umas às outras, mas sem recorrer ao poder. Consequentemente, uma das questões que se colocam é acerca da fronteira difusa entre influência social lícita e ilícita. A Figura 4.1 esquematiza um contínuo moral intuitivo entre tipos extremos. Qualquer contexto da vida real parece uma mistura de deliberação (para a esquerda) e poder suave (para a direita), representado no gráfico como um corte vertical através do retângulo. A influência social abrange o espaço híbrido no meio desse contínuo, não sendo nem deliberação sem poder nem poder violento sem deliberação, portanto, sempre duvidosa. A deliberação estabelece um entendimento comum entre os interlocutores; o poder suave influencia a compreensão em uma ou outra direção. Na prática, os interlocutores frequentemente participam de uma discussão com **crenças** preestabelecidas quanto ao que pode ser verdadeiro e direito, ou seja, a sua própria posição, e procurarão maneiras de persuadir os outros dos "fatos" através de diversos meios. A comunicação persuasiva parece ser a "bala mágica" que produz nos outros um ajuste desejado. Assim, a comunicação é frequentemente estratégica, enquanto as táticas para obtê-la são flexíveis. No entanto, aqui reside uma atração produtiva no sentido da "verdadeira deliberação" (cf. o cap. 2, sobre comunicação dialógica, e o cap. 6, sobre ação comunicativa) que, através da compreensão da perspectiva do outro, produz uma mudança em seus próprios pontos de vista e estabelece uma nova base a partir da qual ambos os interlocutores prosseguem. O diálogo e a deliberação são característicos da esfera pública ideal, onde não somente as armas são silenciadas, mas todas as intervenções sociais estratégicas são dúbias: onde estavam o poder e a influência social, deverá haver deliberação.

Figura 4.1 A continuidade intuitiva da influência social

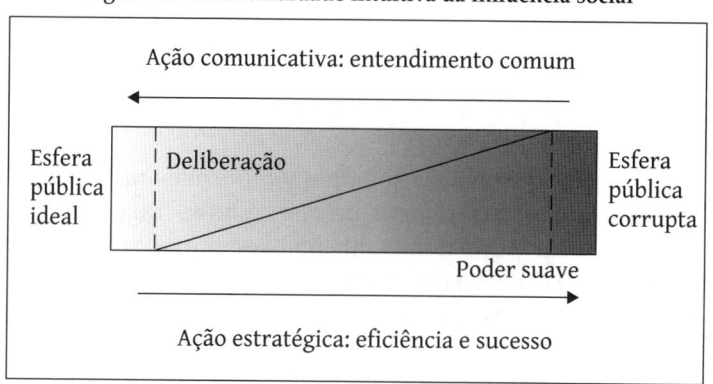

Tabela 4.1 Modos e modalidades de influência social

	Ordem social	Mudança social
Sub-racional	Obediência	Liderança
		Imitação
		Persuasão (periférica)
Racional	Definição de normas	Conversão
	Conformidade	Persuasão (central)
		Resistência a mudança

A busca pelas leis da influência social tem preocupado psicólogos sociais e culturais desde o século XIX. Duas questões orientaram essa busca: (a) a maneira como os indivíduos mudam de opinião na presença de outras pessoas; e (b) como esta mudança de opinião determina seu comportamento. Neste capítulo revisamos os principais paradigmas que ofereceram respostas diferentes para essas questões. Começamos por distinguir dois modos (ou seja, formas) de influência social: racionalidade/sub-racionalidade e ordem/mudança. Nós, então, revisamos diversas modalidades (ou seja, estratégias) de influência social: **liderança**, **imitação**, definição de normas, **conformidade**, **obediência**, **persuasão**, **conversão** e **resistência**. Concluímos explorando um ciclo de influência que envolve uma interação dinâmica de modos e modalidades na formação da ação coletiva. Estas modalidades de influência são classificadas na Tabela 4.1.

Modos de influência

Dois modos de influência operam sempre que um grupo tente mudar a perspectiva de outro grupo para alinhá-la à sua própria. No primeiro, um grupo dominante pode estar preocupado com a manutenção da ordem e uma boa coordenação da vida social, tanto quanto um grupo **minoritário** busca reconhecimento e espera voltar a ordem social circundante para a sua própria perspectiva. No segundo, tanto a influência social racional quanto a influência sub-racional podem servir para alcançar coordenação social e mudança social.

Criar e manter ou mudar a ordem social

O comportamento individual na sociedade é regulado por normas sociais que permitem certos atos e proíbem outros; assim coordenamos a atividade coletiva. As normas sociais estabelecem o que é normal em um grupo e na sociedade, e o que é desviante em termos de comportamentos, **atitudes**, percepções e crenças. O **desvio** é taxado de anormal e antissocial por um grupo dominante, geralmente a **maioria**, que busca a preservação de uma ordem normativa que lhe confere legitimidade e retidão (PAICHELER,

1988). Quando irrompe um conflito devido ao desafio de uma minoria suscitado por perspectivas divergentes, o grupo dominante busca preservar o *status quo*. O conflito social é, portanto, caracterizado por tentativas mútuas de mobilizar influência social, com a busca pela ordem, por um lado, e uma busca por mudança dessa ordem, pelo outro (MOSCOVICI, 1985a).

Um conflito entre um grupo dominante e um grupo desviante subordinado é uma situação de relações assimétricas. É importante notar, no entanto, que embora o poder de A sobre B possa ser mais forte do que o de B sobre A, o poder, nada obstante, reside em ambos os lados e este desequilíbrio pode mudar em certas circunstâncias. Grupos dominantes usam influência social para exercer pressão sobre os membros dissidentes, em um esforço para preservar o consenso existente e alcançar conformidade. A conformidade resulta em uma estabilidade geral, uma vez que a mudança local trazida por ela alinha a perspectiva do desviante com a perspectiva do grupo dominante. Desta maneira, o grupo dominante perpetua a ordem, garantindo a sua própria versão da realidade como a versão legítima. Os grupos dominantes procuram impor os seus pontos de vista sobre os desviantes unilateralmente, alcançando uniformidade através da conformidade (DEUTSCH & GERRARD, 1955). A conformidade a regras e expectativas é necessária para a coordenação de ação coletiva; não há jogo a ser jogado sem respeito às regras.

O poder de uma minoria, no entanto, surge da capacidade de violar a uniformidade, de desafiar o consenso estabelecido e de resistir à pressão a conformidade. As minorias não são apenas um alvo, mas também uma fonte de influência (MOSCOVICI, 1985a). Asch (1948) observou que "um pouco de rebeldia, de vez em quando, é uma coisa boa, e tão necessária no mundo político quanto tempestades no físico". Desviantes são uma fonte de influência social através de persistência e conversão que leva à *inovação*. Desviantes desestabilizam as normas existentes, perturbam a uniformidade social, transformam o certo em incerto e fazem o anteriormente familiar parecer não familiar. Quando, em face da pressão a conformidade, um grupo subordinado persiste em projeções, ele tem uma chance de conseguir tornar o seu próprio ponto de vista familiar. Esta dinâmica favorece o menor grupo subordinado (MOSCOVICI, 1985a). A resolução do conflito é resolvida na direção de uma inovação completa, e a posição minoritária também pode atingir seu objetivo de ser reconhecida. Sua perspectiva é acomodada em um campo social que mudou em virtude do conflito decorrente. Uma minoria inovadora põe em movimento um processo que não pode se basear nas normas estabelecidas – sua perspectiva é, de fato, rotulada desviante pelo grupo dominante. No entanto, a negociação de inovação gira em torno de um conflito provocado e necessário. Consequentemente, indivíduos ou grupos inovadores são capazes de provocar mudanças completas na área social, em contraste com a busca por ordem e uniformidade do grupo dominante. Esta dualidade de manter a ordem e mudar a ordem, vinculada a posições majoritárias e minoritárias na sociedade, define o primeiro modo de influência social.

Racionalidade e sub-racionalidade: A doutrina da sugestão

Para qualquer visão geral de ideias de influência social é importante lembrar o que Asch (1952) criticou como a "doutrina da sugestão", que cedeu a um paradoxo mítico: os seres humanos individuais são capazes de pensamento racional, mas em coletividades se tornam irracionais. Esta ideia de sugestionabilidade aumentada, sonambulismo, faculdades reduzidas em consequência de sociabilidade, ou, em outras palavras, o social como uma influência deterioradora no indivíduo, tem dominado muita especulação em psicologia social e cultural. Sob esta presunção, a vida social nos torna humanos irracionais. Esta visão unilateral da influência social persiste na Teoria Social e passou por um renascimento nos últimos anos com um foco renovado nos processos de influência subliminar (cf. abaixo). É útil a este respeito fazer uma distinção qualificada entre modos racionais e sub-racionais de influência social.

Sempre que indivíduos sejam expostos a símbolos, ou seja, aos meios básicos de comunicação, eles, necessariamente, se envolverão em um processo individual de avaliação para decidir se ou como agir sobre eles. Há uma ideia antiga de que essa avaliação e promulgação assume uma forma racional ou irracional. Esta distinção tem estado muitas vezes alinhada a outras distinções, como entre cognitivo e emocional, consciente e inconsciente, processamento explícito e implícito, e a uma expectativa normativa de que um lado seja geralmente superior ao outro, também conhecido como "civilizado". À luz da pesquisa psicológica recente, já não é tão claro que emocional, inconsciente e processos implícitos sejam irracionais; de modo análogo, não é necessariamente o caso que operações cognitivas conscientes, explícitas [...] sejam mais racionais e mais civilizadas. Cada vez mais é evidente que as emoções tenham um núcleo racional; do mesmo modo o têm processos de significação automáticos, inconscientes e implícitos. Todas eles têm funcionalidade no apoio a formas eficientes e eficazes de atividade. A racionalidade da ação está incorporada tanto no raciocínio explícito quanto na "intuição" (cf. GIGERENZER, 2007).

Apesar desta nova incerteza quanto ao que constitui a "irracionalidade", queremos manter um contraste com a racionalidade ao falarmos sobre influência social. De todos os opostos semânticos de "racionalidade", optamos por "sub-racional". Isso evita o termo "irracionalidade", cujas conotações negativas não são analiticamente úteis.

Modalidades de influência social

Estudos de influência social demonstraram que o exercício da influência ocorre de diversas maneiras. As origens do estudo deste fenômeno se encontram na análise do comportamento humano em multidões. Na prossecução destas linhas de investigação, estudiosos têm demonstrado várias modalidades pelas quais a influência social é exercida. Distinguimos oito dessas modalidades, a saber: liderança, imitação, normatização, conformidade, obediência, persuasão, conversão e resistência. Modalidades de influência podem servir para o estabelecimento de conformidade, como no caso da inovação. O exercício da influência social através destas modalidades pode ser tanto racional quanto não racional, e pode servir a uma inovação tanto quanto pode servir à perpetuação das normas sociais.

Liderança de massas

A obra amplamente lida de Le Bon (1896) sobre psicologia de massas definiu uma agenda fundamental para o estudo da influência social. O estudo de Le Bon descreve como em coletividades os indivíduos estão sujeitos à *"lei da unidade mental das multidões"*, pela qual a mente coletiva é forjada em características menores, claramente definidas, nomeadamente o desaparecimento da personalidade consciente e o predomínio de sentimentos e pensamentos com direção fixa. Instintos, paixões e sentimentos são o denominador comum que une os indivíduos. Consequentemente, em uma multidão, os indivíduos, juntamente com suas aptidões intelectuais, são enfraquecidos. De acordo com Le Bon, pelo simples fato de estar em uma multidão, "o homem desce vários degraus na escada da civilização. Isolado, ele pode ser um indivíduo culto; em uma multidão, ele é um bárbaro" (p. 10).

Multidões são desqualificadas por Le Bon e nunca podem realizar atos inteligentes, porque são as emoções primitivas que vinculam os seres humanos em uma multidão. O educado e o ignorante são equalizados em uma multidão. As especulações de Le Bon e outros dão expressão a uma ansiedade arcaica (cf. VAN GINNEKEN, 1992), qual seja a noção de multidões como "massa social". A massa é uma metáfora raiz oriunda da cerâmica; as massas são inertes e precisam de um agente externo para lhes atribuir forma, para lhes conferir um traçado, e este traçado é fornecido pelo líder. Le Bon atribui esta "materialidade" das multidões a três características da influência social: o sentimento de *invencibilidade* que surge da *numerosidade*; o *contágio*, pelo qual os sentimentos se espalham entre os membros da multidão; e a *sugestionabilidade*, pela qual os indivíduos privados de pessoalidade seguem as sugestões dos operadores de um modo hipnótico.

A Teoria da Liderança de Le Bon é o complemento natural da noção de multidão. As multidões precisam e demandam liderança. Esta corrente de investigação tem sido estendida ao estudo de líderes e estilos de liderança para identificar quais características possuídas pela liderança eficaz seduzem as massas. Moscovici (1985b) distingue entre líderes totêmicos e líderes mosaicos. O carisma dos primeiros reside em sua personalidade, o dos últimos, nas doutrinas que advogam. O interesse pelo estudo da liderança

(CHEMERS, 2001; LORD; BROWN & HARVEY, 2001; LORD & HALL, 2003; HOGG, 2007) é sustentado pelo fato de algumas funções diretivas serem fundamentais para todos os grupos, mesmo naqueles supostamente desprovidos de liderança (CRANACH, 1986; COUNSELMAN, 1991), e pelo fato de a liderança ter sido identificada como um fator significativo de desempenho coletivo (BARRICK et al., 1991; JOYCE; NOHRIA & ROBERSON, 2003). Além disso, a má liderança, como Le Bon argumentou, permanece ainda hoje uma preocupação importante (KELLERMAN, 2004). Esta preocupação com a liderança como uma forma de influência não racional a serviço da transformação social e da inovação compete com a preocupação com o projeto racional no pensamento gerencial.

Imitação e contágio

De acordo com Gabriel Tarde (1890/1962), em qualquer multidão há uma classe de indivíduos que atraem outros através de seu poder de sugestão. O que estes poucos fazem, os outros vão imitar. Os poucos, cujas ações e crenças são imitadas por outros, governam os muitos. Este processo cria semelhança e diferença, assim como progresso na sociedade. A semelhança surge tanto da herança genética quanto da influência social, e esta última da imitação mediante contato. Os muitos imitam os poucos porque são suscetíveis a contágio, e isso decorre de um nível diminuído de consciência. A imitação torna as pessoas semelhantes umas às outras, mas também propaga inovação e tradições diferentes.

A imitação é um fator de progresso. Novidades, inventadas pelos poucos, se difundem entre os muitos pelo contágio no ponto de contato. Embora a invenção de novidade seja imprevisível, sua imitação é legítima e suscetível de uma busca pelas "leis da imitação".

Tarde especulou sobre as razões pelas quais nem todo comportamento se difunde igualmente através da sociedade e apenas um número limitado de ideais, atitudes ou inovações comportamentais é adotado pelos outros. Por exemplo, inovações que sejam "logicamente paralelas" a uma cultura se espalham mais facilmente do que as que não sejam. Invenções que sejam demasiadamente ousadas ou demasiadamente tradicionais não se espalham bem. A *lei do contato estreito* explica como as pessoas têm uma maior tendência a copiarem aquelas imediatamente ao seu redor. A *lei da imitação dos superiores* descreve como a imitação segue a hierarquia do prestígio social, os pobres e os jovens imitam os ricos e os experientes. A *lei da inserção* observa como comportamentos recentemente adotados são sobrepostos e que reforçam ou deslocam comportamentos existentes. Tarde também observou que a mudança do "homem interior" precede a mudança da "pessoa exterior", em outras palavras, a mudança de atitude privada antecipa a mudança de comportamento em público.

Box 4.1 Relatos evolucionários de transmissão cultural

O raciocínio evolucionário gerou três relatos da transmissão cultural nos últimos anos: a memética, a epidemiologia e a coevolução gene-cultura. Os dois primeiros se contradizem, e o terceiro é uma combinação de ambos. A **memética** constrói uma forte analogia entre "genes" e "memes", as unidades culturais de ideias, modas, arte etc. (DAWKINS, 1976). A evolução memética se compara com a evolução genética com base na replicação, na variabilidade, na seleção de uma ideia em detrimento de outras (AUNGER, 2000). No entanto, na evolução memética se trata menos de copiar do que de fazer inferências (WILSON & SPERBER, 1981). Assim, embora o modelo replicador concorra com modelos de contágio, a "Teoria da Herança Dual" é um modelo híbrido (FELDMAN & CAVALLI-SFORZA, 1976). Ela busca explicar a mudança cultural através de processos de evolução interdependente de genes e cultura.

A perspectiva epidemiológica

A epidemiologia é o estudo da distribuição de agentes, tais como vírus de doenças, como uma função da virulência, da suscetibilidade do hospedeiro e do meio ecológico. Da mesma forma, a epidemiologia cultural estuda padrões de itens da cultura dentro de uma população humana. As culturas são distribuições de representações mentais (p. ex., crenças, atitudes) e públicas (p. ex., vasos, ferramentas) associadas que são estabilizadas por meio de cadeias de comunicação. Este processo de estabilização depende de fatores psicológicos e não de seleção cega: modularidade mental (p. ex. ATRAN, 1990, 2002; BOYER, 1994a, 2001; SPERBER, 1990, 1996) e vieses sociopsicológicos, tais como favorecimento de membros de um grupo, prestígio e conformidade, tornam alguns itens "mais fáceis de se pensar" (NISBETT & NORENZAYAN, 2002). Para mais informações sobre explicações evolucionárias de transmissão cultural e coevolução gene-cultura em particular, cf. o capítulo 11.

(Para uma avaliação crítica da hipótese do modelo epidemiológico de contágio de pensamento, cf. KITCHER, 2003).

Para Tarde, e aqui concordando com Le Bon, "sociedade é imitação e imitação é uma espécie de sonambulismo" (1962, p. 87). Mas Tarde fez uma observação de longo alcance sobre a diferença entre multidão e opinião pública. Multidões estão face a face com a sua liderança em um local definido, em um lugar público ou em uma rua. A opinião pública surge de conversas e da distribuição de mídias de massa (nessa época, jornais), que criam um foco de atenção comum sem qualquer copresença entre as pessoas. As pessoas leem as notícias em diferentes lugares e prestam atenção aos mesmos temas, e isso constitui uma nova forma de pressão sobre as autoridades, que não pode ser ignorada, mas pode ser temida (TARDE, 1901/2006). A influência de uma fonte de notícias sobre um leitor também é um processo de imitação, um contato mental de interespiritualidade. É importante ressaltar que a doutrina da sugestão se aplica tanto à formação de opinião quanto ao comportamento das multidões. O que distingue a opinião pública das multidões é a sua psicologia. A opinião pública, com base na atenção às notícias, é caracterizada pela conversação e pela opinião distribuída. Como a numerosidade das multidões, o que importa não é o mérito da opinião, mas seus números, ou seja, a quantidade antes da qualidade. É daqui que o entusiasmo moderno pelo estudo da opinião pública, da comunicação de massa e da pesquisa sobre difusão extrai sua inspiração, quer reconhecida por protagonistas ou não (cf. VALENTE & ROGERS, 1995).

A opinião pública é normativa não por mérito do conteúdo, mas através de uma massa crítica. Esta noção básica foi recentemente repopularizada pelo que Gladwell (2000) chama de "ponto crítico". Essa explicação está enraizada em analogias biológicas de difusão cultural (cf. Box 4.1). Tal como na noção de contágio social, obtém-se aqui um sentido de como ideias, crenças, atitudes e comportamentos parecem se espalhar como microrganismos, através de infecção. Em analogia com uma "guerra biológica", algumas opiniões poderiam ser difundidas rapidamente e com grande efeito dependendo de fatores como virulência, suscetibilidade do hospedeiro e meio. O bacteriologista lembra-nos que o meio é crucial. O ponto crítico marca o momento em que um entusiasmo minoritário se torna majoritário e, portanto, normativo, com poucas perspectivas de contenção. Consideramos o contágio e a imitação como uma modalidade sub-racional de influência social a serviço da mudança social.

Normalizar e emoldurar para referência futura

Uma das características definidoras dos grupos é que eles desenvolvem normas que os seus membros observam e pelas quais recém-chegados são julgados. De sua parte, os indivíduos obtêm orientação de um quadro de referência que estabelece confiança e certeza na conduta. Como, em primeiro lugar, as normas do grupo são estabelecidas e vêm a orientar o comportamento futuro dos indivíduos tem sido demonstrado em estudos experimentais. Sherif (1935) demonstrou como os indivíduos vêm a basear seus julgamentos em normas estabelecidas na presença de outros. O efeito dessas normas, mesmo se contrafatual, guiou o julgamento futuro dos entrevistados, estes julgamentos tipicamente mantiveram-se estáveis, mesmo quando outros não estavam presentes, desde que, em primeiro lugar, as normas estivessem devidamente reconhecidas e estabelecidas. A **normalização** resulta de influência recíproca entre parceiros sociais que estão à procura de uma solução razoável para as suas divergências como base para ação futura (MOSCOVICI, 1985a). As experiências de Sherif (cf. Box 4.2) demonstraram que as normas persistem através da internalização: os indivíduos continuam a julgar as coisas de acordo com um padrão, já estabelecido, mesmo na ausência de outros. O que Deutsch e Gerard (1955) denominaram **influência normativa** foi demonstrado ser uma influência social mais poderosa do que novas informações apenas. A importância da normalização é destacada por teorias da formação de grupo. Tuckman (1965) argumenta que grupos guiados por objetivos passam por etapas de formação: (a) formação – quando as pessoas se reúnem; (b) tempestuosidade – quando o povo entra em conflito, luta e debate para resolver diferenças; (c) normatização – que estabelece os parâmetros do grupo para o comportamento futuro, e (d) *performance* – onde o grupo começa a funcionar como uma unidade para alcançar seus objetivos. Em ambientes organizacionais, normas de grupo que orientam os membros na direção da *performance* levam ao aumento da produtividade e à satisfação no trabalho

(WELDON & WEINGART, 1993). Um ponto-chave dos estudos de normalização é a demonstração de que a formação e a sociabilidade de um grupo não são um processo de decadência, conforme exposto na psicologia da multidão e sua doutrina da sugestão, mas uma precondição da ação coletiva. O estabelecimento de normas é, portanto, uma modalidade racional de influência social que constitui a ordem.

Conformidade

A necessidade de pertencer a um grupo social é parte de uma psicologia encarnada da dependência. Ser deixado de fora é experimentado como doloroso (EISENBERGER et al., 2003) e faz as pessoas sentirem frio e ansiarem por uma comida quente (ZHONG & LEONARDELLI, 2008). Esta lógica da dependência social é também a dimensão cultural básica ao longo da qual uma sociedade pode ser organizada, oferecendo toda uma linguagem do *self*, das virtudes, ansiedades e patologias (cf. DOI, 1971 para uma discussão sobre estas questões a respeito da cultura japonesa).

A pressão a conformidade foi o tema dos estudos de referência conduzidos por Solomon Asch (1952/1987). Ele se propôs a estudar o comportamento dos indivíduos em grupos quando confrontados com um dilema entre verdade objetiva e retidão normativa e pertença. A intenção de Asch era refutar o dogma prevalecente de uma "doutrina da sugestão", que pressupõe a suprema irracionalidade dos indivíduos em grupos. Seu experimento pretendia demonstrar que, quando apresentadas a uma situação inequívoca, as pessoas resistirão à pressão a conformidade. Asch esperava explicar a conformidade através da ambiguidade da percepção, e não como uma forma de irracionalidade. Mas a significância de Asch reside em seu fracasso em alcançar seus objetivos declarados (MOSCOVICI, 1985a). Asch explicou suas descobertas com uma "atração para o grupo". Ele observou como os erros de estimativa tenderam à opinião da maioria, e isso o levou a concluir: "tão logo uma pessoa esteja no meio de um grupo ela já não é indiferente a ele" e "se as condições permitirem, os indivíduos se movem para o grupo" (1987, p. 483). A conformidade é a adaptação dos indivíduos a normas de grupo, pela qual mantêm uma autoestima positiva e um senso de orientação. A conformidade demonstra a prioridade da racionalidade social e auto-orientada sobre a racionalidade objetiva.

Os riscos da conformidade, no entanto, também têm sido documentados. Ações coletivas organizadas sob pressão a conformidade podem acabar em fracasso. O trabalho de Janis sobre "pensamento de grupo" descreve restrições em processos de pensamento em grupos altamente coesos, usando o exemplo de decisões de política externa na invasão americana de Cuba em 1961 e na defesa de Pearl Harbor em 1941 (JANIS, 1972; JANIS & MANN, 1977). A pressão a conformidade leva os membros individuais a adotarem metas e quadros de referência do grupo sem questionamento e sem crítica. Preocupações legítimas e opções alternativas muitas vezes não são consideradas em favor da manutenção de uma ilusão de consenso. Talvez o antigo papel de "advogado do diabo" considere esta necessidade funcional de contradição. Com relação à opinião pública, um risco semelhante de conformidade é descrito no fenômeno da "Espiral de silêncio" (NOELLE-NEUMANN, 1990). As pessoas expressam sua opinião em público considerando o que as outras estão dizendo. Se os meios de comunicação de massa derem pistas, o que coloca um indivíduo em uma posição minoritária, estes indivíduos deixarão de se expressarem; se conformarão em público, embora em privado continuarão a dissentir. Em tais condições, as modernas pesquisas de opinião irão relatar uma opinião tendenciosa que leva a falhas em prever resultados eleitorais corretamente, e ao erro de julgamento dos humores públicos com base em indicadores facilmente disponíveis. Consideramos a conformidade uma modalidade racional de influência social a serviço da ordem social, racional desde que o indivíduo faça uma escolha entre fatos objetivos e obrigação social a favor da última.

A obediência à autoridade

A questão que indaga se, e em que medida, indivíduos se rendem a demandas sociais moralmente dúbias foi objeto de um estudo psicológico famoso. Stanley Milgram (1974), influenciado pelas experiências de Asch e pelos eventos ocorridos nos campos de concentração da Segunda Guerra Mundial, procurou estudar a influência social sob a forma da *obediência*. Quando e como as pessoas obedecerão ou desafiarão a autoridade? Seus estudos tornaram-se talvez a mais conhecida modalidade de influência social. Milgram testou como as pessoas comuns se comportam quando instruídas por uma autoridade legítima a fazerem mal umas às outras. Ele concluiu que a "banalidade do mal" chega mais perto da verdade do que se poderia ousar imaginar. Arendt (1963) notoriamente declarou que os grandes males do regime nazista não foram executados por sociopatas excepcionais, mas por pessoas comuns, que acreditavam que suas ações eram simplesmente normais nas circunstâncias. Milgram (cf. Box 4.2) demonstrou que, com um apelo à obediência a autoridade (científica), pessoas comuns passaram a dar choques elétricos potencialmente fatais em concidadãos depois de abdicarem da responsabilidade e alegarem, assim como criminosos de guerra, que estavam simplesmente cumprindo o dever que se esperava delas. Afinal de contas, o instrutor vestindo um jaleco branco (um símbolo de autoridade) os havia instruído a continuarem o experimento e, assim, contribuírem para o progresso da ciência.

Box 4.2 Experimentos clássicos de influência social

Sherif (1935) estudou os juízos perceptivos de participantes na estimativa do movimento de um ponto de luz projetado. Para os espectadores no escuro, uma luz estacionária parece mover-se de forma irregular, o que é conhecido como efeito autocinético. Sherif demonstrou como, em discussão uns com os outros, os juízos previamente estabelecidos dos sujeitos acerca do movimento da luz regrediram a uma tendência central estabelecendo uma norma do grupo, o quadro de referência para efeitos futuros.

Lewin (1947) estudou como o envolvimento de grupo tinha impacto sobre a decisão das pessoas de comprarem e cozinharem sobras de carne. Em um esforço para promover o consumo de carnes subutilizadas durante a Segunda Guerra Mundial, nos Estados Unidos, Lewin estudou a influência social em condições variáveis. Os participantes participavam de uma palestra ou de uma discussão em grupo. O discurso idêntico, destacando o valor nutricional e as receitas para se cozinhar miúdos, foi ministrado em ambas as condições. O estudo demonstrou a vantagem da *influência normativa* em relação à **influência informacional** (DEUTSCH & GERARD, 1955). Os indivíduos que só eram informados estavam muito menos propensos a seguirem o conselho culinário do que aqueles que elaboraram a informação em discussões em grupo. Mobilizar a comunidade e grupos de referência é parte de uma tradição americana de engenharia social (GRAEBNER, 1986; cf. tb. os cap. 13 e 15, sobre campanhas midiáticas de saúde e comunicação científica).

Asch (1952) desenvolveu um engenhoso experimento no qual foram mostradas linhas de comprimentos diferentes a grupos de sete a nove pessoas. A tarefa era relacionar uma única linha a uma das três apresentadas juntas. Todos os sujeitos participantes eram "confederados" do experimentador, exceto um, o sujeito crítico. Nas duas primeiras tentativas, cada sujeito dizia em voz alta quais linhas eram correspondentes. Na terceira e nas tentativas seguintes, os confederados declararam "correspondente" uma linha que estava visivelmente incorreta. Em 33% dos casos, os sujeitos críticos seguiram a maioria instruída a um falso julgamento. Menos da metade permaneceu independente e deu as respostas corretas contra a maioria. Durante a entrevista conclusiva, os sujeitos relataram quão perplexos e confusos ficaram quando a maioria cometeu os erros. Eles lutaram com o dilema do seu próprio julgamento e quiseram concordar com os outros. Alguns, mas não todos, cederam à pressão a conformidade e sucumbiram à *influência da maioria*.

Milgram (1974) convidou participantes para uma experiência de aprendizagem que envolvia um "professor" que pune os erros de um "aluno" com choques elétricos cada vez mais fortes. Os sujeitos sempre atuavam como o professor que aplicava choques de entre 15 e 450 Volts. Na realidade, sem que os sujeitos o soubessem, nenhum choque era dado. Os interruptores variavam de "Choque Leve" a "Perigo-Choque Severo" e "XXX". Os sujeitos também podiam ouvir o aluno simulando a dor dos choques cada vez maiores e suplicando por misericórdia. Sempre que os "professores" demonstravam apreensão em prosseguir com o experimento, o pesquisador os lembrava a continuarem pelo bem da ciência da aprendizagem. Milgram queria saber se a obediência tinha algum limite nesta situação. Todos os participantes neste estudo passaram a "administrar" choques "Muito Fortes" (195-240 Volts), e cerca de dois terços continuaram até o fim. Estes resultados de taxas de obediência de mais de 60% foram surpreendentes e chocantes. Milgram observou que "muitos sujeitos obedecerão ao experimentador, a despeito de quão veemente seja a súplica da pessoa que esteja recebendo o choque, a despeito de quão dolorosos os choques pareçam ser, e a despeito do quanto a vítima peça para ser solta" (p. 5).

Facheaux e Moscovici (1967) demonstraram a lógica da influência da minoria. Em seus experimentos foram mostrados aos sujeitos desenhos geométricos de várias dimensões. Eles tinham que decidir qual dimensão prefeririam para descrever o objeto. Os participantes tendiam a concordar com os indivíduos que foram instruídos pelos pesquisadores a fornecerem, de maneira consistente, uma determinada resposta. Outro experimento (MOSCOVICI; LAGE & NAFFRECHOUX, 1969) demonstrou ainda mais este efeito da minoria. Os autores mostravam *slides* e os sujeitos tinham que identificar as cores destes *slides*. Invertendo Asch, apenas um ou alguns dos sujeitos foram instruídos a identificar de forma consistente *slides* azuis como verdes (verde é a cor da imagem que vem logo a seguir à azul, o que torna azul-verde perceptivamente ambíguo). O experimento mostrou que os sujeitos balançaram as respostas da maioria. Quanto mais consistentes em sua resposta "verde" eram os poucos, mais forte era a mudança da maioria. Além disso,

144

em um teste de distinção azul-verde após o experimento, os participantes identificaram o verde mais rápido do que sujeitos do grupo-controle; eles foram condicionados ao verde, apesar de terem visto os *slides* azuis. De modo ainda mais impressionante, os sujeitos testavam pelo verde ainda mais rápido quando não sucumbiam à influência durante o experimento. Isto sugere que a influência da minoria pode ter uma *latência de resposta*. As pessoas podem discordar em público mesmo quando privadamente já mudaram de ideia. Esta dinâmica se manifesta em público como uma resposta atrasada.

As impressionantes demonstrações de Milgram foram replicadas muitas vezes (p. ex., MANTELL, 1971; KILHAM & MANN, 1974; MEEUS & RAAIJMAKERS, 1986), e relataram taxas de obediência de entre 28 e 91%, em média, cerca de 60% (BLASS, 2004, p. 301ss.). Recentemente, explicações situacionais, e não dispositivas, da **conformidade** têm sido avançadas (BENJAMIN JR. & SIMPSON, 2009; BLASS, 2009). Os sujeitos obedecem à autoridade, mesmo quando solicitados a fazerem coisas que violem os seus próprios padrões morais. Burger (2009) relata como essa tendência a se submeter à autoridade persiste, e que os fatores situacionais de Milgram continuam operando, apesar de uma tendência social no sentido da não conformidade (TWENGE, 2009). A obediência e a conformidade devem ser consideradas uma modalidade sub-racional de influência social que serve para manter a ordem social e coordenar a ação social.

Persuasão: convencer por elaboração ou simples pistas

Os experimentos de Sherif, Lewin, Asch e Milgram serviram de apoio aos de Tarde e Le Bon na demonstração de que era difícil para as pessoas evitarem a influência social. No entanto, eles discordam em demonstrar que a conformidade, a condescendência e a normalização não sejam processos inteiramente irracionais. Esta concepção de comportamento racional também orientou a pesquisa que buscou descobrir o que ocorre quando as pessoas são alvo de comunicação persuasiva.

O grupo de Yale (HOVLAND; JANIS & KELLEY, 1953) buscou descobrir as características do comunicador, os atributos da mensagem e os tipos de audiência que aumentam a probabilidade da mudança de atitude. Estes estudos foram parte de um interesse renovado, à época, pela propaganda e pela retórica (cf. o cap. 10 para obter mais informações sobre retórica). Seus achados têm provido uma extensa lista de variáveis que podem melhorar o sucesso da influência alvejada e que são amplamente aplicados em comunicações de publicidade, promoção e *marketing* (cf. BELCH & BELCH, 2004). Como retórica experimental e busca da "solução mágica" produziu resultados decepcionantes. Mais recentemente, pesquisadores voltaram sua atenção para processos psicológicos a fim de explicarem por que a comunicação muda atitudes.

As teorias de processo dual postulam duas vias pelas quais os destinatários de uma mensagem podem ser influenciados. Petty e Cacioppo (1981; 1986a; 1986b) sugeriram que a elaboração cognitiva modera a persuasão, para a qual propuseram uma via central e uma via periférica. Seu Modelo de Probabilidade de Elaboração (MPE) postula que o esforço mental investido define qual via é tomada. Quando a profundidade de processamento e elaboração é alta, está envolvida a *via central* mais lenta para a persuasão. Neste caso, a persuasão é alcançada como uma função do teor e da qualidade do argumento. Inversamente, quando a elaboração é baixa – isto é, o esforço cognitivo investido no processamento da informação é baixo – a persuasão é alcançada através da *via periférica* rápida, e como uma função de outros fatores que não o argumento. Processos periféricos selecionam apenas pistas e mobilizam heurísticas, vieses de atribuição, reações afetivas, respostas condicionadas e identidades sociais, levando a partidos dentro do grupo. O MPE espera que a persuasão pela via central, uma vez alcançada, resista a outras alterações, enquanto a persuasão através da via periférica seja mais aberta a outras mudanças. As duas vias apoiam uma compreensão tanto das mudanças de atitudes lentas e duradouras quanto das rápidas e volúveis. É importante notar que, para qualquer mensagem especial, o tipo de persuasão proporcionada é determinado pela probabilidade de elaboração do indivíduo, uma disposição pessoal. O MPE presume que as mensagens sejam processadas ou central ou perifericamente. Se estará envolvida a via central ou a periférica depende de motivações e habilidades do indivíduo. A elaboração de mensagem pode, portanto, ser um esforço desperdiçado. Por conseguinte, muitos usos do MPE presumem que os seres humanos sejam "avarentos cognitivos", adotando principalmente a via periférica na maior parte do tempo.

Eagly e Chaiken (1984; 1993) propõem o Modelo Heurístico-Sistemático (MHS) para superar algumas limitações do MPE. A via *sistemática*, como a via central do MPE, é baseada em um profundo processamento de informações. A via *heurística*, assim como a via periférica do MPE, envolve apenas um processamento superficial, que usa atalhos para um processamento rápido. Exemplos de heurísticas mentais incluem "consentimento implica correção", ou "pode-se confiar em especialistas". A primeira heurística parece reconhecer a pressão a conformidade, como nos experimentos de Asch, enquanto a segunda parece se referir ao prestígio ou à obediência à autoridade, como no estudo de Milgram. Novamente, o MHS sugere que a persuasão resultante de um processamento profundo seja mais resistente a novas mudanças. No entanto, em contraste com o MPE, o MHS permite processamento paralelo, isto é, ambas as vias são adotadas simultaneamente. A persuasão se dá por meio das vias racional e sub-racional ao mesmo tempo. Isto parece alinhar-se aos *insights* da retórica tradicional, que defendiam um equilíbrio entre *logos*, *ethos* e *pathos* para convencer uma audiência (como no cap. 10, sobre retórica).

O MPE e o MHS concebem a persuasão como respostas individuais a algumas mensagens fixas; pouca atenção é dada à conversação real e à interação social envolvidas na persuasão. O interlocutor figura como um parâmetro externo que define o prestígio ou a conformidade heurística. A maior parte dos modelos de persuasão estão mais preocupados com mudança de atitude e envolvem processos racionais e sub-racionais.

Conversão

Moscovici (2001) lembra-nos que a questão-chave na influência social é a psicologia das minorias, uma vez que as minorias têm capacidade mental e emocional para produzir inovação através do poder das ideias. A Teoria da *Influência Minoritária* (MOSCOVICI, 1976) inspirou-se em uma crítica à preocupação dominante dos estudos de influência social com a conformidade e o desvio. À luz do paradigma da minoria (MUGNY, 1982), o desvio perde suas conotações negativas e é considerado inovador e funcional para o desenvolvimento coletivo (PAICHELER, 1988).

Quando uma minoria desafia a maioria, o *estilo de comportamento* da minoria é o fator-chave do sucesso (FAUCHEUX & MOSCOVICI, 1967). Uma minoria consistente parece credível e independente e, portanto, é mais suscetível de influenciar os outros em termos de uma nova definição da situação social, tendo a si mesma como ator social. As minorias buscam tanto reconhecimento quanto influência. Sendo consistente, uma minoria pode estabelecer uma perspectiva diferente, criando instabilidade e desafiando normas estabelecidas. Minorias consistentes quebram o contrato social para negociar um novo. O modelo de influência minoritária presume que o impacto seja informativo; destaca o poder das ideias. As pessoas se alinham com as minorias porque estão convencidas pelas ideias e informações fornecidas, não por causa de alguma pressão normativa. O processo individual é de *conversão*, uma reorientação profunda, pública e privada, e duradoura. Isto está em contraste com a pressão a conformidade, que leva a mudanças superficiais, públicas, mas não necessariamente privadas, e apenas temporárias.

Há uma série de fatores que restringem o sucesso das minorias. Não é provável que toda minoria seja igualmente bem-sucedida com as suas ideias e atitudes simplesmente com base na sua condição de minoria. A consistência do comportamento exibido implica que a minoria esteja organizada, o que impede qualquer desvio anômico ou qualquer não conformidade de exercer influência social imediata. Isto também significa que as minorias bem-sucedidas precisam de conformidade e disciplina para si mesmas. Ao invés de estar em contradição, a conformidade é condição necessária para o sucesso da minoria. Além disso, as minorias que permanecem parte da comunidade moral, isto é, se vinculam à maioria em parte e desafiam somente algumas normas sociais, são mais propensas a exercerem influência do que atores que sejam totalmente forasteiros e desafiem todo o sistema de normas (MOSCOVICI, 1985a).

Outra ironia da influência minoritária surge da latência de impacto e do *"efeito dorminhoco"* (HOVLAND & WEISS, 1951). A mudança de atitude pode estabelecer-se com atraso. As informações podem ser inicialmente desconsideradas por serem invocadas por uma fonte sem prestígio e, portanto, não confiável, ou seja, a minoria social. Mais tarde, as pessoas se lembram da informação e mudam de ideia, mas não se lembram facilmente da fonte. Ironicamente, as minorias podem ser o agente da mudança, mas podem não obter o crédito por isso. Uma vez que uma nova ideia tenha se tornado senso comum, ela se torna óbvia e ninguém em particular merecerá qualquer crédito por ela.

A resistência à mudança

Um dos paradoxos da influência social consiste no fato de a resistência ser uma reação a uma mudança do passado e também um fator de mudança futura. A resistência se apresenta, em grande medida, como uma preocupação de agentes de mudança que tentam alterar atitudes sociais e estruturas sociais com um plano estratégico para fazê-lo.

A pesquisa sobre mudança de atitude define a resistência como uma força de atitude que opera contra novas mudanças. E isso é conseguido por meio de inoculação prévia, isto é, através de advertência (McGUIRE & PAPAGEORGIS, 1962), por atenção seletiva a novas informações, por conhecimento existente sobre o tema e elaboração cognitiva, e por "reatância", isto é, a excitação decorrente de qualquer "sentimento de ser empurrado" (EAGLY & CHAIKEN, 1993; STRUCK et al., 2001; SAGARIN & WOOD, 2007). A resistência torna as atitudes permanentes e nos permite estabilizar o comportamento em situações variáveis. A resistência de disposições é necessária para a influência social, uma vez alcançada, persistir.

A resistência à mudança aparece predominantemente na gestão de projetos organizacionais ou de mudança social. Em projetos de mudança, a resistência é muitas vezes tratada como um estorvo, um obstáculo a superar, um acusado que permite culpar os outros por falhas, tratá-los como o principal problema na estrada para o sucesso. Nesta análise a resistência é a variável dependente, e o propósito da intervenção é reduzir a resistência a fim de tornar a mudança menos onerosa (COCH & FRENCH, 1947; LEWIN, 1947; KNOWLES & RINER, 2007).

Uma abordagem alternativa do problema sugere que a resistência funcione de maneira análoga à dor em relação a uma atividade direcionada a um objetivo, ou seja, é um sinal de alarme (BAUER, 1991). Consideradas um sinal, as consequências da ação entram em foco exortando a uma mudança de rumo. Esta análise funcional sugere que a resistência seja o "princípio de realidade" de qualquer intervenção estratégica. A primeira vítima da ação estratégica é o plano, porque "tudo pode acontecer" e as coisas saem de modo diferente do esperado. A resistência dirige a atenção para onde estão os problemas; estimula uma reavaliação do curso de ação e demanda alterações no sentido de um projeto sustentável (cf. BAUER, 1997). A analogia da dor sugere que respostas inadequadas à resistência podem piorar as coisas. Mas também podem se estabilizar como aprendizagem de recusa ("nunca mais desta maneira!") ou levar a novos *insights* sobre como fazer as coisas melhor (cf. LEAVITT & MARCH, 1988). A resistência agrega valor a projetos de mudança, corrigindo pressupostos irrealistas. A resistência à mudança aumenta a diferença entre imaginação, planejamento e realidade; trata-se de uma modalidade racional de influência social, que, paradoxalmente, leva à mudança.

O ciclo do senso comum: rumo a um modelo integrativo

Até agora introduzimos brevemente oito modalidades diferentes de influência social. Estas estão focadas em manter a ordem social ou provocar mudança social. Elas o conseguem de uma maneira que poderia ser caracterizada como racional ou sub-racional. Nós agora perguntamos se podemos dizer mais sobre como essas modalidades podem trabalhar em conjunto, e, portanto, ir além de uma mera classificação.

Um dos principais pontos de partida da pesquisa sobre influência social é o *status* de maioria ou minoria da fonte de influência. O que parece ser uma escolha de paradigmas são na realidade dois processos interligados. Os dois modos de influência social estão encerrados em uma dinâmica regida pelo princípio do impacto social (LATANÉ & WOLFE, 1981). Por exemplo, na tradição da pesquisa de difusão, o pressuposto é que os primeiros estágios são regidos pela lógica minoritária da conversão e da persuasão e pela lógica da obediência à autoridade, ao passo que, além do "ponto crítico", a influência normativa da conformidade se inicia. Da mesma forma, as minorias ambiciosas precisam da conformidade de membros para exibirem a consistência comportamental que faz toda a diferença. Influência precisa de disciplina. A influência social é caracterizada por uma interação dinâmica entre o estabelecimento de normas, a manutenção de normas em face do desafio e sua modificação através do conflito.

A Figura 4.2 é uma tentativa de visualizar o ciclo de desenvolvimento da atividade coletiva orientada no senso comum, onde pode-se dizer que muitas modalidades de influência social interajam. A constituição da ação coletiva e do senso comum começa com a **normalização** do que pode ser esperado de cada membro. O ponto de entrada é o endosso de um quadro para futuras referências que mais tarde será pressuposto. O que está normalizado ou não é problemático para os membros fundadores terá que ser aceito pelos novos membros do grupo, inclusive aqueles de uma geração mais jovem; surge, portanto, o problema da conformidade. Em um primeiro ciclo, a pressão a conformidade é exercida para se manter o senso comum. No entanto, a resistência também se manifesta na modalidade de alarme: não podemos continuar assim. Podemos chamar este primeiro ciclo de **assimilação**, porque a influência é dominada pela maioria que tenta assimilar a minoria aos termos da maioria. Este ciclo também pode envolver a mobilização da autoridade para garantir a obediência e o cumprimento das normas existentes, assim como a persuasão e a imitação, ou seja, o processamento rápido de pistas simbólicas e o contágio com ideias "pegajosas" sobre vias sub-racionais e deliberação restrita.

Desde o início, ou com o tempo, é provável que alguns membros ampliarão seu horizonte e já não concordarão com os termos de referência. Uma vez posto o desafio da minoria inconformada, um conflito se constrói e o consenso é duvidoso e se torna instável. Lenta, mas firmemente, a minoria subordinada consegue atrair suficiente atenção e exercer seu potencial de influência. Os meios

Figura 4.2 O ciclo de normalização, assimilação e acomodação

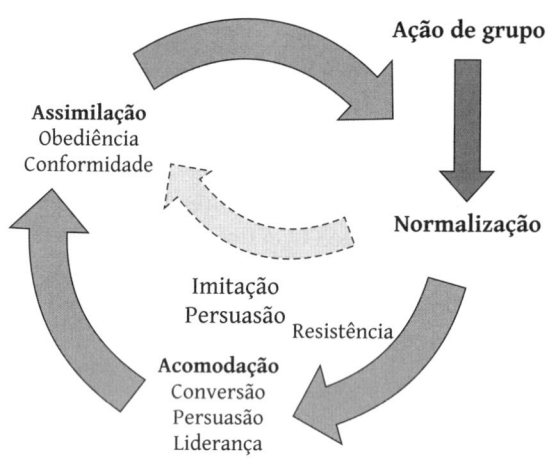

para se conseguir isso incluem liderança e comunicação para persuadir os outros de que a nova posição é sincera, correta e adequada. Sob condições favoráveis o processo de conversão pode seguir seu curso e a **acomodação** ocorrerá. A maioria acomoda a minoria fazendo concessões e redefinindo o consenso sobre uma nova posição. Os termos de referência mudaram e podem entrar em um novo ciclo de assimilação de recém-chegados e desviantes. O ideal orientador de uma "esfera pública" exige que nenhuma perspectiva seja privilegiada e excluída da deliberação.

Esta tentativa de integração de modalidades de influência social postula um ciclo recorrente de três processos: a normalização de termos de referências, a assimilação de recém-chegados e desviantes, e a acomodação de minorias disciplinadas. Ao que parece, projetos coletivos para o futuro desenvolvem uma identidade através de vários desses ciclos e, assim, aumentam a capacidade de desempenho e a sustentabilidade (cf. CRANACH, 1996). Esta busca de integração abre ainda mais o trabalho teórico sobre influência social. Nós ainda nem começamos a falar sobre como os seres humanos influenciam uns aos outros através de objetos e tecnologia, projetados para permitir autorizações, interdições e conexões de comportamentos. Artefatos técnicos estruturam o que faremos e o que não faremos; por exemplo, costumamos sair de casa pela porta e não pela parede. A influência social tem avenidas subjetivas e objetivas, e aqui temos considerado apenas o lado subjetivo. Precisamos reconhecer novamente que a normalização produz tanto normas subjetivas quanto resultados materiais, e ambos os lados podem constituir oportunidade e escândalo (cf. ASCH, 1952; BAUER, 2008).

Conclusão

Este capítulo considera a influência social como um processo de resolução de conflitos que ocorre através de meios não violentos e não coercivos. Noções normativas de influência social estudam como os muitos aceitam a direção de líderes, e como se conformam à pressão de grupo. Estudos da influência da minoria fornecem *insights* sobre o poder das ideias, os processos de resistência, contrainfluência e inovação, como os poucos podem converter os muitos contra toda probabilidade. A influência social estuda a imitação de comportamento e o contágio de ideias poderosas. Analogias biológicas informam grande parte da construção de modelos: as ideias se espalham como vírus; mais ou menos virulentas, elas precisam de um hospedeiro e resistem mais em certos ambientes do que em outros.

Porque os modelos de influência social exploram meios não violentos de conflito, eles presumem um contexto histórico de modernidade, a diferenciação de esferas pública e privada da vida, e uma esfera pública onde conversações podem acontecer antes de se proferirem juízos e tomarem decisões sobre questões de interesse comum na ausência de violência (cf. TAYLOR, 2007, p. 185ss.). No entanto, essa esfera pública e seus eventos escarrancham as tensões entre a comunicação orientada para o entendimento comum e os esforços estratégicos de partes interessadas em mover os outros na direção de determinada posição. O poder suave reúne os meios de influência unilateral – apesar de ser instrumentalmente racional do ponto de vista de um ator poderoso, ainda assim viola os pressupostos que inspiram o diálogo real. A noção de influência social permanece, portanto, em uma tensão produtiva com uma racionalidade comunicativa (cf. o cap. 2, sobre diálogo e consciência crítica, e o cap. 6, sobre ação comunicativa).

5
TEORIA PRAGMÁTICA E RELAÇÕES SOCIAIS

Bradley Franks
Helen Amelia Green

Palavras-chave: Interpretação carregada de afeto; modelo de código; intenção coletiva; Teoria da Conotação Conversacional; comunicação egocêntrica; ilocução; modelo inferencial; locução; perlocução; pragmática; Teoria da Relevância; esquema; Teoria dos Atos de Fala; Teoria da Mente.

Introdução

Os policiais estão aqui! (1)

Imagine uma situação na qual duas pessoas estejam envolvidas na tentativa de explodir o cofre de um banco. Uma diz (1) à outra. O significado literal de (1) é algo como: *Existem membros da força policial nas imediações.* Mas o significado que o falante pretende comunicar, e que o ouvinte, de fato, provavelmente vai entender, é algo como *larga tudo e corre!*

Este simples caso exemplifica uma qualidade essencial da comunicação humana – ela envolve **a pragmática**. A mensagem comunicada pode, em algum sentido, "ir além" do significado literal do enunciado, uma vez que o ouvinte gera inferências sobre o significado implícito ou intencionado, do falante. Além disso, o uso da linguagem faz mais do que simplesmente descrever o modo como o mundo é; ele suscita ou constitui ações por parte do falante e do ouvinte. Estes dois aspectos são retomados neste capítulo ao discutirmos as teorias **inferenciais** da pragmática, por um lado, e a Teoria dos Atos de Fala, por outro; ideias da primeira são importantes no boato e na fofoca (cap. 8), e na teoria de Habermas da ação comunicativa (cap. 6 e 12).

As questões abordadas pelas teorias pragmáticas dizem respeito à natureza da interação entre falantes e ouvintes e como o significado é transmitido entre eles. Como os falantes fazem enunciados significativos e como o significado é recuperado pelos ouvintes? Até que ponto isso depende de o falante considerar a perspectiva do ouvinte e vice-versa? Respostas diferentes para esta pergunta são oferecidos pelo capítulo 2, que considera que o diálogo envolve perspectivas partilhadas, e pelos capítulos 9 e 11, que argumentam que tais perspectivas partilhadas não são uma característica recorrente da comunicação. Como convenções de relações linguagem-significado interceptam as intenções dos falantes ao usarem a linguagem? Esses problemas tocam em questões fundamentais sobre a natureza da interação social e, nomeadamente, como processos cognitivos, emocionais e motivacionais interagem com nossas tentativas de entender os outros através da linguagem; algumas dessas questões são abordadas em relação à comunicação não verbal no capítulo 3, e em relação a fatores evolucionários no capítulo 11.

Começamos revisando alguns conhecimentos prévios ao estudo da pragmática, e em seguida esboçando algumas das principais teorias pragmáticas. Então examinamos maneiras pelas quais essas teorias possam relacionar os papéis da cognição, do afeto e o papel da compreensão das intenções de outras pessoas na interação social e na comunicação.

Códigos, significado literal e pragmática

A força das considerações pragmáticas é melhor compreendida ao ser contrastada com uma metáfora amplamente aceita de como a comunicação funciona, a metáfora do "conduto" (REDDY, 1993). Se a linguagem fosse um conduto ao longo do qual enviamos significados, ela operaria amplamente da seguinte maneira: um falante formaria uma mensagem clara, intencional na mente, que seria então codificada em palavras que capturariam todo o significado pretendido; as palavras, então, seriam proferidas; e o ouvinte, ao ouvi-las, decodificaria seus significados de modo a chegar a uma representação com significado idêntico ao pretendido pelo falante. A comunicação seria, então, uma questão de tanto o falante quanto o ouvinte conhecerem o código, e o conduto da linguagem dizer ao ouvinte quais códigos acessar e quando.

Os princípios básicos de um **modelo de código** são evidentes no que talvez seja a Teoria do Sentido mais amplamente empregada nas ciências sociais – a Teoria Semiótica (p. ex., SAUSSURE, 1959; BARTHES, 1968; ECO, 1976). A semiótica presume que os significados envolvam associações entre "significantes" e "significados". Uma palavra é um significante, que está associado a dois aspectos de um significado – sua denotação (o referente ou coisa do mundo a que se refere) e sua conotação (os pensamentos característicos que a palavra suscita). Tais associações podem elas próprias ser significantes associados a significantes de um nível mais alto e assim por diante. A ampla afirmação da semiótica é que compreender uma linguagem ou se envolver com outras formas de cultura simbólica opera traçando as associações complexas destes significantes e significados. Exemplos tais como (1) envolveriam traçar cadeias mais longas de associações (de códigos associados a outros códigos) para se chegar a uma decodificação com mais nuanças do que uma leitura literal. Este processo de fazer conexões significativas seria mais ou menos automático; e essas conexões são conhecidos antecipadamente pelo falante e pelo ouvinte.

Há razões para se discordar dos modelos de código. Uma delas diz respeito à implausibilidade desse código afigurar-se um relato completo do conhecimento compartilhado de associações entre palavras e significados. Nenhuma evidência da psicologia apoia o entendimento da linguagem como uso extensivo de um código – por exemplo, para acessar automaticamente um código a partir de sua palavra associada. Um modelo de código poderia ver o conhecimento como um léxico mental, semelhante a um grande dicionário, em que cada palavra está associada a um "arquivo" de informações que constitui todo o seu significado. Acessar esse significado envolveria simplesmente recuperar o "arquivo" de significado apropriado usando-se a palavra como "chave" de acesso. Mas evidências da psicologia cognitiva (p. ex. BARSALOU, 1982; CLARK, 1996; FRANKS & BRAISBY, 1990; MURPHY, 2002) sugerem que o acessar o significado de uma palavra é construtivo, de modo que aquilo que é recuperado da memória já está alterado para se adequar ao contexto e aos interlocutores.

No entanto, mesmo casos de significado que não sejam altamente idiossincráticos – por exemplo, *ele, ela, aqui, agora* – não obstante dependem do contexto para determinar o seu significado literal.

> A executiva demitiu a secretária porque *ela* havia descoberto *sua* culpa secreta. (2)

Este caso é ambíguo entre duas leituras, uma na qual a *culpa secreta* é mantida pela secretária, e outra na qual é mantida pela executiva. O significado de (2) – a quem as expressões indiciais se referem – parece depender do contexto. Mas é difícil ver como um processo que acessa significados para palavras de modo automático e obrigatório poderia ser adequadamente sensível ao contexto. Um código automático não requer uma entrada adicional para acessar o significado; a palavra é a única "chave" de acesso necessária.

Se é difícil explicar significados literais sensíveis ao contexto, como aqueles em (2) com o uso de códigos, parece ainda mais difícil explicar os tipos de significados implícitos relacionados a (1) com um modelo de código. Parece altamente improvável que tais significados pudessem ser expressados por associações adicionais entre palavras mais ou menos convencionais mais significados, uma vez que são muito frequentemente gerados *ad hoc* para um contexto específico – eles não seriam nem poderiam ser codificados antes do ato da comunicação. Finalmente, se significados implícitos não puderem ser refletidos por códigos, tampouco, ao que parece, o uso da linguagem pode executar ações.

Uma visão alternativa dos processos psicológicos na pragmática os tomaria como principalmente *inferenciais*. Um processo inferencial envolve chegar a uma conclusão que seja apoiada, garantida ou justificada por um conjunto de premissas ou suposições. Na interpretação pragmática, algumas das premissas seriam os significados das palavras que a constituem e outras surgiriam de informação contextual; a interpretação resultante seria uma inferência que não é completamente determinada por essas premissas, mas é a "melhor aposta" baseada no uso de premissas como evidência para essa interpretação. Mesmo que os interlocutores compartilhem um conhecimento comum dos significados das palavras constitutivas de um enunciado, eles podem chegar a diferentes interpretações pragmáticas do enunciado geral baseando-se em diferentes premissas adicionais em suas inferências.

O resultado é que a comunicação, em uma visão inferencial, é um negócio arriscado – pode falhar ou obter um sucesso apenas parcial, mesmo se todos os componentes estiverem presentes. Em contrapartida, se a comunicação envolver apenas o uso de códigos e associações pertinentes, e se os interlocutores conhecerem os códigos, a comunicação bem-sucedida estará garantida. Parece provável que a comunicação cotidiana concorde mais estreitamente com um modelo inferencial do que com um modelo de código.

Uma última – e importante – limitação do modelo de código diz respeito à sua presunção quanto à natureza da comunicação. Um conduto é um canal para um falante dizer a um ouvinte precisamente o que está em sua mente; um código é a maneira como se consegue isso. Mas a seguinte questão é então suscitada: Será que toda ou mesmo a maior parte da comunicação é assim tão colaborativa, ou será que é altamente estratégica? Será que eu realmente quero lhe dizer o que está na minha mente (mesmo se eu fosse capaz de fazê-lo)? Ou será que quero apenas manipular o que está na sua?

Teorias pragmáticas

Teoria dos Atos de Fala

Em contraste com um conceito de comunicação como instâncias de codificação e decodificação, a Teoria dos Atos de Fala concebe a comunicação como atos performativos. O uso da linguagem vai além de fazer descrições ou afirmações: "Dizer algo é fazer algo [...] pelo dizer ou no dizer alguma coisa, nós estamos fazendo alguma coisa" (AUSTIN, 1962).

• Tipos de atos de fala

Atos praticados no falar – atos de fala – foram inicialmente divididos em duas categorias: constativos – enunciados que descrevem um estado de coisas no mundo; e performativos – enunciados que, pelo simples fato de serem enunciados, "fazem" algo ou efetuam alguma mudança no mundo (p. ex., "Objeto" ou "Acompanho a moção") (AUSTIN, 1962). Indo além dessa dicotomia, Austin propôs que praticamente todos os enunciados são simultaneamente constativos e performativos. Uma análise mais aprofundada distinguiu três aspectos dos atos praticados no uso da linguagem. **Locução** é o ato de dizer algo (ou seja, fazer um enunciado); **ilocução** é o ato realizado no dizer algo (p. ex., ao fazer uma declaração, uma observação, uma aposta, uma promessa etc.); e **perlocução** é o que é feito ao se dizer alguma coisa – o resultado ou consequência do enunciado sobre crenças, emoções e ações dos ouvintes ou do falante (p. ex., surpreendendo, convencendo, entediando, divertindo alguém) (AUSTIN, 1962). A ilocução e a perlocução são os atos de fala de particular interesse no estudo da comunicação a partir de uma perspectiva da psicologia social.

Muitos atos ilocucionários são "convencionais" – podem ser explicitados por uma declaração performativa convencional quando as convenções determinam a natureza do ato praticado. Por exemplo, existem convenções semânticas acerca daquilo a que se refere a palavra "comando", e convenções sociais acerca de como o comandar é feito – por quem, para quem, quando e onde. Atos perlocucionários são menos convencionais neste sentido, e são fortemente (se não totalmente) dependentes do contexto. Perlocuções são "baseadas na totalidade do contexto no qual ocorre o enunciado" (AUSTIN, 1962). As consequências perlocucionárias de alguém enunciar um comando, os efeitos sobre as crenças, os sentimentos e as ações dos ouvintes, são muito menos convencionais ou previsíveis do que os seus aspectos ilocucionários. A determinação de perlocuções requer a consideração de quem são os interlocutores, das estruturas sociais ou premissas de poder ou influência que existem entre eles e em torno deles, e seu conhecimento compartilhado, acerca um do outro e do assunto da troca comunicativa.

• Atos de fala diretos e indiretos

Outra distinção importante entre os atos de fala concerne a se um ato ilocucionário é realizado diretamente, através da enunciação do falante, ou é realizado através de outro ato ilocucionário. Em um ato de fala indireto, um falante realiza um ato ilocucionário indiretamente, através da realização de outro. Em um exemplo clássico: "Você consegue alcançar o sal?" não é apenas uma pergunta de sim ou não, mas também um pedido para passar o sal. Da mesma forma, na troca:

> A: Vamos ao cinema hoje à noite.
> B: Tenho que estudar para um exame. (3)

Em (3), B realiza a ilocução "primária", rejeitando a proposta de A, ao realizar a ilocução "secundária" consistente em afirmar que deve se preparar para um exame (SEARLE, 1979). Como um ouvinte interpreta a ilocução primária depende fundamentalmente do contexto em que o enunciado está sendo feito e da consciência mútua de A e B deste contexto. Porque é provável que A entenda o comprometimento de tempo envolvido tanto em estudar para um exame quanto em uma noite no cinema (e porque A propôs algo e pode razoavelmente esperar uma resposta para a proposta, cf. abaixo), A pode inferir que B está declinando sua proposta. Assim, um enunciado pode ser um ato de fala direto ou indireto, dependendo unicamente do contexto. Para atos de fala indiretos, a compreensão do enunciado vai necessariamente além dos significados literais e usos convencionais de palavras, e se baseia no contexto – social, psicológico, físico – no qual as trocas comunicativas acontecem.

• Atos felizes

A Teoria dos Atos de Fala também caracteriza as condições sob as quais os atos de fala devem ser realizados (condições de felicidade) e as maneiras pelas quais os atos podem falhar se estas condições não forem satisfeitas (infelicidades). Há quatro dessas condições de felicidade: condições preparatórias, condições executórias, condições de sinceridade e condições de satisfação (AUSTIN, 1962). As condições preparatórias determinam se as circunstâncias e os participantes são apropriados para o ato de fala; as condições executórias concernem a se o ato foi devidamente executado; as condições de sinceridade exigem a sinceridade do falante que realiza o ato; e as condições de satisfação são satisfeitas se a perlocução pretendida for alcançada. Se estas condições não forem satisfeitas, surgem infelicidades. Invocações equivocadas envolvem violações de condições preparatórias (p. ex., um atendente de bar oficiando uma cerimônia de casamento). Execuções equivocadas surgem quando as condições de execução não são satisfeitas (p. ex., palavras de um juramento solene de posse enunciadas na ordem errada, um oficial de casamento usando nomes que não pertencem realmente às duas pessoas que se casam). Abusos ocorrem quando os participantes não possuem os pensamentos ou os sentimentos normalmente associados aos enunciados que geram, rompendo condições de sinceridade (p. ex., pedidos de desculpas ou condolências insinceras).

As teorias dos atos de fala formalizam um entendimento de que usar a linguagem vai além de simplesmente dizer coisas, e envolve *fazer* coisas. Como tal, abre uma perspectiva interessante sobre outras tensões fundamentais. Em primeiro lugar, como os atos de fala são tipicamente realizados? Ou, de um modo mais geral, qual é a natureza da interação entre falantes e ouvintes? Em segundo lugar, se o significado é criado e transmitido não pelo simples fato de se dizerem determinadas palavras, mas no processo de execução de atos de fala, como o significado é transmitido entre os interlocutores? Como os falantes fazem enunciados significativos e como o significado é recuperado pelos ouvintes? A próxima seção descreve a teoria de Grice da implicatura, que oferece um importante ponto de entrada para a discussão destas questões.

Implicatura

A Teoria da Implicatura, de Grice, é baseada em "pressupostos racionais básicos" de como as pessoas se comunicam (LEVINSON, 1983). As conversas não são tipicamente séries de observações desconexas, independentes: elas não seriam racionais se o fossem (GRICE, 1975). Em vez disso, na comunicação "cada participante reconhece em [suas enunciações], em certa medida, um propósito comum ou um conjunto de propósitos, ou pelo menos uma direção mutuamente aceita" (GRICE, 1989). Esta "direção mutuamente aceita" é a base do Princípio Cooperativo, através do qual se espera que os interlocutores "façam [sua] contribuição conforme exigido, no estágio em que ocorra, pelo aceito propósito ou direção do intercâmbio conversacional no qual estejam envolvidos" (GRICE, 1975, p. 45). O Princípio Cooperativo caracteriza um "modo padrão" no qual ocorre a comunicação típica. Visto como este princípio é uma parte importante da fundação das teorias pragmáticas, vale a pena notar que "cooperativo", neste sentido, é descritivo e não prescritivo, e não implica cooperação em sentido amplo – onde as pessoas são mutuamente úteis e conscientemente agem de maneiras a alcançarem um objetivo comum. O Princípio Cooperativo se refere mais genericamente a uma tendência à racionalidade no comportamento e na comunicação, em vez de cooperação em um sentido consciente, útil (DAVIES, 2007).

• Máximas

Um conjunto de máximas descreve em detalhes como esta cooperação se desenrola. Os falantes devem ser suficientemente, mas não excessivamente, informativos (máxima da Quantidade); devem fazer afirmações verdadeiras, para as quais possam fornecer prova (máxima da Qualidade); devem ser pertinentes (máxima da Relação); e devem ser claros (máxima do Modo) (GRICE, 1975). Este quadro descreve o que um ouvinte geralmente pode esperar de um falante. Mais uma vez, estas máximas não são prescritivas. Com efeito, como e se as máximas são seguidas varia dependendo do contexto da comunicação. Por exemplo, a quantidade apropriada de informação para os propósitos de um aviso legal seria provavelmente inapropriada para um bate-papo casual. Em alguns casos, as máximas são violadas. Uma pessoa pode excluir uma máxima, recusando-se a falar, por exemplo. Pode haver um choque de máximas; pode-se não ser capaz de fornecer informações suficientes ao se fazer uma declaração para a qual uma prova pode e normalmente deve ser dada. Um falante também pode desprezar uma máxima intencionalmente, dizendo algo que pareça superficialmente não cooperativo.

Este princípio teórico de cooperação, e as máximas de como os interlocutores racionalmente se envolvem em comunicação, são cruciais para a maneira como as pessoas compreendem umas as outras. Considere o seguinte:

A: Estamos ficando sem gasolina.
B: Há um posto ao virar a esquina (4).

Dentro deste quadro, A pode presumir que o Princípio Cooperativo esteja sendo satisfeito, ou seja, que B esteja dizendo algo que geralmente se encaixa com os objetivos comuns de sua conversação, e que B está sendo informativo, verdadeiro, relevante e claro. Como tal, presumindo-se que B esteja se comunicando de forma cooperativa: B está, presumivelmente, respondendo de modo pertinente ao anúncio de A, de que estão ficando sem combustível, e é verdade que existe um posto ao virar a esquina. Assim, A pode inferir "gasolina pode e deve ser obtida no posto" do enunciado de B, mesmo que B não o indique explicitamente. Este significado implícito, que preenche a lacuna entre o que os falantes dizem explicitamente e o que podem querer dizer, é uma **implicatura conversacional**. Implicaturas são os significados inferidos pelo ouvinte que ligam as palavras que realmente foram enunciadas à direção e aos objetivos da conversação, preservando a suposição de que o falante está sendo cooperativo (GRICE, 1975). Uma implicatura surge em casos nos quais um falante desconsidere uma máxima; o ouvinte irá inferir que o falante esteja se comportando de maneira intencional e racional e tenha a intenção de comunicar algo implicitamente, algo diferente do simples sentido literal do seu enunciado. Além disso, o ouvinte também infere que o falante pretenda que o significado implícito, pretendido, seja reconhecido (LEVINSON, 1983).

Essa explicação é importante na medida em que trocas como (4) e enunciados não literais não são nem um pouco atípicos. Certas figuras de linguagem, como a metáfora ("Sua parceria está em um caminho pedregoso") e a ironia ("Tudo o que eu precisava era de um outro bilhete de estacionamento") são baseadas em significados implícitos, e não explícitos. O modelo de Grice descreve como, na cooperação racional, interlocutores interagem para revelar e reconhecer as intenções e significados de maneira tão completa e exata quanto possível, dados os objetivos, restrições e outras circunstâncias de qualquer contexto dado.

A seguir descrevemos outra teoria pragmática inferencial, a **Teoria da Relevância**, que argumenta que a comunicação é baseada na natureza fundamental da mente humana evoluída.

A Teoria da Relevância

Como a da implicatura, a Teoria da Relevância presume que a comunicação aconteça principalmente através da expressão e do reconhecimento de intenções (SPERBER & WILSON, 1995). Não inclui, entretanto, um princípio teórico da cooperação nem a desconsideração de máximas. Ao contrário, afirma que a comunicação seja possível graças a características fundamentais da cognição humana, no âmbito de dois princípios.

• O Princípio Cognitivo

O Primeiro Princípio (ou Cognitivo): A cognição humana tende a ser dirigida à maximização da relevância. A relevância pode ser considerada uma característica de qualquer input em processos cognitivos e de como este input é processado. Inputs podem ser estímulos externos, como sentir um vento frio, ver alguém correr, ouvir um enunciado falado; ou representações internas, conhecimento ou experiências que sejam adquiridas, armazenadas e possam ser recuperadas. Quando se pode combinar inputs em um contexto para gerar uma nova inferência, diz-se que eles são relevantes (SPERBER & WILSON, 1995).

Se um passageiro vê um relógio na plataforma da estação, lembra a hora prevista de chegada do seu trem e então infere que o seu trem está atrasado, sendo relevantes neste contexto a hora exibida no relógio (um estímulo externo) e o conhecimento dos horários do trem (uma representação interna). Cada um dos inputs sozinhos (cf. a hora do relógio, ou conhecer os horários) não seria suficiente para se inferir que o trem estivesse atrasado. Os inputs são, portanto, relevantes quando podem ser combinados para produzir efeitos cognitivos positivos – inferências que possam responder a uma pergunta, confirmar um palpite ou dissolver uma dúvida. O grau de relevância depende dos efeitos cognitivos positivos gerados por inputs e do esforço de processamento necessário para a sua concretização. A maximização da relevância segue regras básicas de economia, detectando os inputs mais relevantes que usem o mínimo de esforço para recordar, observar, calcular ou inferir. Geralmente, quanto maiores forem os efeitos cognitivos positivos alcançados pelo processamento de um input, maior será a sua relevância; quanto maior for o esforço dispendido no processamento, menor será a sua relevância (SPERBER & WILSON, 1995).

• O Princípio Comunicativo

O Segundo Princípio (ou Comunicativo): Todo ato de comunicação ostensiva ou franca comunica uma presunção de que a sua própria relevância é ótima. Qualquer enunciado franco carrega consigo uma "garantia tácita de relevância"; em virtude de se fazer uma declaração, um falante não só transmite algum conteúdo, mas também gera uma presunção de ótima relevância, pela qual um ouvinte pode esperar que o enunciado seja relevante o suficiente para justificar a atenção.

De acordo com a Teoria da Relevância, existem dois tipos de intenção sempre que a linguagem seja usada. Estas são a intenção informativa, ou a intenção de informar a uma audiência alguma coisa, e a intenção comunicativa, a intenção de informar à audiência sua intenção informativa (WILSON & SPERBER, 2004). Em outros termos, um enunciado pode ser considerado em duas partes: a primeira parte é a mensagem (p. ex., palavras, gestos, símbolos etc.). A segunda parte do enunciado transmite que a primeira parte foi comunicada francamente, ou ostensivamente. Por este ponto de vista, a comunicação é bem-sucedida ou o entendimento é alcançado quando a intenção comunicativa é satisfeita, ou seja, quando a audiência reconhece a intenção informativa. Os significados são recuperados seguindo-se uma "heurística da compreensão segundo a Teoria da Relevância": o ouvinte busca uma interpretação do enunciado do falante que satisfaça a presunção de ótima relevância, e tem como objetivo fazê-lo usando o mínimo de esforço possível. Em (4), a afirmação franca de B transmite explicitamente o fato de que há um posto nas proximidades (a intenção informativa de B) e a intenção de B de que A saiba que existe um posto nas proximidades (a intenção comunicativa de

165

B). A elabora o significado explícito do enunciado de B, e então faz outras inferências, dadas as suas circunstâncias partilhadas, que complementam o significado explícito, até que A chegue a uma conclusão razoável que torna o enunciado de B relevante da maneira esperada. Assim, A segue um caminho de menor esforço para calcular que B está sugerindo que eles vão a um posto encher o tanque, presumindo que o enunciado de B não é apenas relevante, mas o mais relevante enunciado que B possa fazer no contexto. Satisfeito com essa inferência, A não despende mais esforços na geração de outras interpretações.

• Relevância e modularidade

Os processos de esperar e detectar relevância e construir e testar hipóteses sobre as intenções de um falante com base em seus enunciados são parte e parcela da cognição humana. Como tal, a Teoria da Relevância descreve não só os processos cognitivos, mas também a natureza estrutural da mente que permite estes processos; a cognição orientada pela relevância é permitida por um tipo específico de "módulo" computacional autônomo (SPERBER & WILSON, 2002). Uma visão modular da cognição argumenta que a mente compreende um conjunto complexo de módulos interconectados (e.g. FODOR, 2000; SPERBER, 1996; TOOBY & COSMIDES, 1992). Módulos são dispositivos para fins especiais que processam um único tipo de informação de acordo com procedimentos que são específicos dessa informação, e o fazem com referência a esse tipo de informação apenas. Por exemplo, se alguém conjecturasse a hipótese de um módulo para processar informação perceptual visual, o módulo seria caracterizado em termos dos tipos de informação que obtém (p. ex., a partir da retina), e dos tipos de processos que utiliza para processar essa informação (p. ex., construir representações visuais geometricamente estruturadas). O módulo não teria à sua disposição qualquer informação contextual ou "de cima para baixo" sobre os tipos de objetos no ambiente, e não seria usado para processar outros tipos de informação (p. ex., a informação auditiva). Além disso, a Teoria da Relevância argumenta que tais módulos foram moldados por pressões evolucionárias para contribuir para soluções de problemas adaptativos específicos apresentados pelo passado evolucionário dos humanos (cf. tb. o cap. 11)[1]. A Teoria da Relevância conjectura a hipótese de um módulo para "metarrepresentação" para se entender as representações dos outros e as próprias *qua* representações, e um dispositivo de interpretação pragmático como um dedicado submódulo deste módulo de "leitura da mente" (SPERBER, 2000). (Cf. Box 5.1 para aplicações de teorias pragmáticas.)

Teoria Pragmática, cognição e relações sociais

Teorias pragmáticas de atos de fala, implicatura e relevância diferem de modelos de código e semióticos porque contribuem para importantes fatores cognitivos e psicossociais em explicações sobre processos e resultados de comunicação. Por exemplo, aspectos performativos e perlocutórios da comunicação começam visando as estruturas sociais que vinculam falantes e ouvintes, as premissas de poder ou influência que existem entre eles, e seu conhecimento e atitudes mútuos. As condições de oportunidade dos atos de fala "são, em parte, definidas por noções de partilha de crenças e intenções, e estas estão relacionadas às convenções em matéria de comunicação. As condições preparatórias, as convenções que regem a adequação, são talvez mais claramente entendidas como crenças culturais relativas às relações sociopsicológicas entre interlocutores e contextos – acordos coletivos, institucionais, semelhantes a outras instituições sociais (p. ex., SEARLE, 1996). Em relação à cognição, teorias da implicatura e da relevância veem o significado em termos das capacidades dos comunicadores de detectarem e interpretarem as intenções e motivações dos outros, e sua tendência a usar isso para conduzir processos inferenciais. Mais explicitamente ainda, a Teoria da Relevância integra sua explicação da interpretação pragmática com visão modular da cognição. Sua postulação de um submódulo de interpretação pragmática de um módulo geral de leitura da mente/Teoria da Mente, seria verificado se, por exemplo, a utilização

---

1. Ou, mais especificamente, o "ambiente de adaptabilidade evolucionária" ou AAE, muitas vezes caracterizado como a combinação de pressões de seleção mais evidente na era do Pleistoceno (cf. tb. cap. 12).

da Teoria da Mente durante a comunicação fosse automática (não sensível ao contexto), e se as únicas influências sobre a interpretação fossem a semântica e a relacionada ao esforço.

Box 5.1 Persuasão, comunicação de massa e polidez – Algumas aplicações para teorias pragmáticas

Persuasão

O estudo da comunicação persuasiva é uma área onde teorias pragmáticas vêm ao primeiro plano analítico. A compreensão "dos modos pelos quais palavras e símbolos influenciam as pessoas" e "a maneira pela qual opiniões e crenças são afetadas por símbolos de comunicação" (HOVLAND; JANIS & KELLY, 1953) investiga os atos perlocutórios, indo além do conteúdo e da forma de uma mensagem para considerar o contexto comunicativo: objetivos e motivações individuais e grupais, relações interpessoais e de grupo, estruturas e dinâmicas de poder e influência, conhecimento comum e referências e convenções compartilhadas.

Os modelos de persuasão de processo dual, o Modelo Heurístico-Sistemático (CHAIKEN; WOOD & EAGLY, 1996) e o Modelo de Probabilidade de Elaboração (PETTY & CACJIOPPO, 1986a, 1986b), por exemplo, baseiam-se em conceitos pragmáticos de processos inferenciais orientados para a relevância. Eles propõem modos distintos de se processar uma mensagem persuasiva: *sistemático* ou *central* – processamento esforçado e analítico que incide sobre o conteúdo informacional de uma mensagem – e *heurístico* ou *periférico* – processamento que usa regras inferenciais simples ou "atalhos" cognitivos acerca do contexto da mensagem (p. ex., "especialistas conhecem melhor" ou "quanto mais as pessoas acreditam em alguma coisa, tanto mais é provável que seja verdade"). O quanto alguém formula julgamentos baseados no conteúdo de uma mensagem ou em informação contextual é determinado por fatores que incluem sua motivação, a disponibilidade de heurísticas relevantes e a disponibilidade de recursos cognitivos. Em modelos de processo dual, avaliações de relevância e economia de processamento de informação sustentam a formulação de juízos e o grau em que a persuasão é alcançada. No entanto, também encontram um papel para fatores afetivos e motivacionais influenciarem o poder de persuasão de uma comunicação. Tais fatores desempenham um papel ao se determinar se uma mensagem é processada de acordo com princípios da via central ou da periférica, e também ao se determinar se uma mensagem é convincente.

Comunicação "carregada" e encoberta

A pragmática pode ser fundamental na análise das formas de comunicação de massa. Leech (1966) considera o jornalismo político, a oratória religiosa e a publicidade como linguagem "carregada", uma vez que "pretende mudar a vontade, as opiniões ou as atitudes da sua audiência" (LEECH, 1966, p. 25). A investigação destes tipos de comunicação explora os efeitos perlocutórios ou persuasivos, mas também analisa utilmente as intenções. Em que medida a comunicação é ostensiva, ou seja, tanto a intenção informativa quanto a intenção comunicativa são manifestadas ao ouvinte? Até que ponto é encoberta, ou seja, o falante pretende fazer o ouvinte conhecer, pensar ou acreditar em algo (a intenção informativa), mas procura esconder esta intenção (a intenção comunicativa)? Tanaka (1998) argumentou que muitas propagandas procuram esconder suas intenções comunicativas, uma vez que as manifestar pode violar convenções sociais (p. ex., quando a propaganda utiliza apelos à excitação sexual ou *status* para tentar persuadir alguém a comprar um produto). Esta afirmação é assunto de debate, mas parece claro que, nos termos da Teoria da Relevância, a relevância na comunicação encoberta não é ótima, e, no entanto, em muitos casos, a intenção informativa é transmitida e recuperada (TAILLARD, 2000).

Considerações pragmáticas emergem claramente nestas questões aplicadas. Como os sentimentos, as opiniões, as crenças ou as ações da audiência mudam como consequência da mensagem? Será que as mudanças ocorrem da maneira esperada ou pretendida? Será que as intenções do falante são manifestas ou encobertas? Como estas intenções são interpretadas e como isso afeta os resultados da comunicação? Como a comunicação indica ou influencia as relações que existem entre os interlocutores – confiança, desconfiança, respeito, admiração, medo, autoridade, desejo de emular?

Abrir essas complexidades também gera novas perguntas acerca da interface entre a pragmática e questões mais amplas de cognição e interação social – uma questão particularmente saliente é a do contexto. Teorias pragmáticas parecem estar de acordo quanto à importância do contexto para se chegar a uma interpretação razoável de um enunciado. Foram distinguidos dois tipos de contexto no entendimento da linguagem (BACH, 1994). O contexto restrito ou limitado refere-se a tipos específicos de informação que se combinam com informação linguística para fixar tipos limitados de conteúdo: por exemplo, significados indiciais (*você, eu, isto, aqui, agora, hoje*) são fixados por tipos de informação contextual limitados (tempo, lugar, identidade do falante/ouvinte etc.). Em contrapartida, o contexto amplo refere-se a qualquer coisa que o ouvinte precise levar em conta para determinar a intenção comunicativa do falante, incluindo idiossincrasias de crença e detalhes de interações sociais. Este tipo de contexto é potencialmente ilimitado. A inferência pragmática parece depender de um contexto amplo. A Teoria da Relevância oferece um importante desenvolvimento da ideia de contexto, em termos de "ambiente cognitivo mútuo". Este é entendido como o leque de informações que ou esteja diretamente disponível através da percepção, ou seja compartilhado por falantes, ou passível de ser inferido a partir de qualquer uma destas duas fontes. Ela sugere uma subparte dinamicamente mutável de um contexto amplo, limitada pelo que é conhecido ou diretamente cognoscível.

Questões importantes sobre o contexto, no entanto, permanecem. Como teorias pragmáticas explicam fatores contextuais como emoção ou humor e sua influência na comunicação? Que papel o humor desempenha na interpretação de enunciados? Surgem outros problemas nos processos inferenciais descritos por modelos pragmáticos. Tais processos parecem exigir que se "leia a mente" do interlocutor – interpretando o enunciado de um falante baseando-se em parte nos significados convencionais de suas palavras, e, em parte, no que deve estar pretendendo ao dizê-las. Como essa leitura da mente funciona? Será que funciona o tempo todo? Será que sempre existe "acesso" às intenções alheias? Ou poderia haver momentos em que a intenção de um falante é menos "legível"? A fim de que as teorias pragmáticas expliquem seus fenômenos escolhidos, elas precisam levar em conta descobertas a respeito da natureza da cognição, nomeadamente como implicadas nas relações sociais. Duas questões serão consideradas: o papel da emoção e do humor na formulação e na interpretação de enunciados, e o entendimento das intenções dos outros e da "Teoria da Mente" na comunicação.

Pragmática e afeto

Um corpo crescente de evidências sugere que afeto e cognição estejam intimamente relacionados, o que suscita a possibilidade de uma **interpretação carregada de afeto**. Surpreendentemente, no entanto, as teorias pragmáticas não abordam sistematicamente o papel da emoção e do humor na concepção e interpretação dos enunciados. Existem várias maneiras nas quais a emoção e o humor se relacionam com a cognição, com diferentes implicações.

• Humor e recordação

Um vínculo importante entre humor e interpretação de enunciados pode surgir a partir da constatação de que se recordar a partir da memória depende do humor. A interpretação de enunciados pode estar sujeita a efeitos de congruência de humor – as pessoas são mais capazes de se recordarem de itens com valência positiva quando em um humor positivo, e o oposto quanto a itens com valência negativa (p. ex., BOWER, 1981). Isto tem implicações para a relevância – se itens congruentes com o humor atual de uma pessoa são mais fáceis de acessar a partir da memória, isso reduz o esforço cognitivo associado e, assim, aumenta a relevância associada desses itens. Interpretar um enunciado em termos de humor congruente parece se coadunar ao espírito da relevância. O humor pode ser integrado como um tipo específico de contexto (psicológico), que impacta o esforço de processamento. Da mesma forma, ilocuções e perlocuções podem depender de contexto afetivo, de modo que, por exemplo, se um ouvinte interpreta uma declaração como um pedido ou não, e se age com base nessa interpretação, pode estar relacionado com o seu estado de espírito.

• Humor e interpretação

A tendência a se envolver em um processamento construtivo, elaborativo também varia de acordo com o humor. O humor positivo torna as pessoas mais flexíveis na interpretação, enquanto o humor negativo torna as pessoas mais constrangidas nas interpretações. Em particular, a tendência a utilizar **esquemas**, estereótipos e outros tipos de informação padrão para fazer inferências aumenta com o humor positivo; mas a tendência a enfocar mais analiticamente informações detalhadas sobre especificidades aumenta com o humor negativo (CLORE & HUNTSINGER, 2007). Mais uma vez, isso tem implicações para a noção de explicatura das teorias da implicatura e da relevância – a interpretação pragmática no preenchimento de significado explícito. Fazer inferências expansivas na interpretação implícita e explícita exige menos esforço e, portanto, será mais relevante se o humor for positivo. Se o humor for negativo, então essa inferência é menos provável e mais esforçada. Uma estrutura de relevância pode incorporar esses efeitos de humor como aspectos do contexto psicológico informando a geração e interpretação do enunciado – em grande parte relacionadas ao esforço de processamento. Neste caso, o humor não está associado a conteúdo específico de interpretações, mas a se as interpretações possíveis são esquemáticas e generativas ou mais literais e constrangidas. Um paralelo pode surgir em relação aos atos de fala no sentido de que a flexibilidade de interpretação necessária para se obter um ato de fala indireto a partir de um ato de fala direto pode ser mais provável se um ouvinte estiver em um humor positivo ao invés de negativo.

• Afeto e processamento de informação encarnada

Uma última maneira pela qual o humor parece influenciar a interpretação refere-se a efeitos de processamento. Tem sido tradicionalmente presumido em psicologia que a cognição envolve uma forma de processamento de informação mais ou menos racional, e que o humor e a emoção podem alterar a entrada nesse processamento ou filtrar suas saídas, mas não fazem parte do próprio processamento. Na verdade, a emoção e o humor muitas vezes foram vistos como ruído ou distorção no pensamento racional de outrora. Um crescente corpo de evidências sugere que este pode não ser o caso. Damasio (1995) argumentou que devemos conceber tanto a emoção quanto a cognição como processamento de informação, elementos que se interpenetram. Clore e Storebeck (2006) argumentaram que, em muitos casos de incerteza social e inferencial, a emoção e o humor podem ser tratados como evidências acerca dos possíveis resultados inferenciais. Esta hipótese do "afeto como informação" sugere que, onde há incerteza empírica, o afeto é usado para preencher as lacunas interpretativas e agir como informação para apoiar um resultado inferencial preferido (ou contradizer um resultado não preferido). A interpretação pragmática está sujeita a precisamente esse tipo de incerteza inferencial.

Esta questão pode ser exacerbada pelas recentes descobertas que sugerem que os conceitos – as representações mentais associadas a itens lexicais, que se acredita formarem os conteúdos básicos da interpretação pragmática – podem incorporar não apenas informações descritivas acerca do objeto da representação (p. ex., características do objeto), mas também informações afetivas em relação a esses objetos. Isso se relaciona a debates mais amplos sobre a "encarnação" da cognição (cf. cap. 11) e a possibilidade de as representações mentais não serem símbolos não modais, mas estarem intrinsecamente ligadas a sensações corporais, inclusive sensações táteis, sensoriais, sinestésicas e emocionais (p. ex., BAR-SALOU, 2008; METEYARD & VIGLIOCCO, 2008). Se as representações são encarnadas desta maneira, isto sugere que a compreensão da mente em teorias pragmáticas possa estar empobrecida. O esforço de processamento pode então se relacionar não só com a congruência de humor como acima, mas também a outros tipos de congruência encarnada (cf. PECHER; ZEELENBERG & BARSA-LOU, 2003, que argumentam que seguir instruções verbais para mudar de uma modalidade perceptual para outra ao se pensar acerca de uma entidade incorre em custos de processamento).

Assim, evidência recente das interconexões de humor, outros estados encarnados e cognição pode suscitar desafios significativos para as teorias pragmáticas. Um quadro integrando tais fenômenos à interpretação pragmática ainda precisa ser completamente desenvolvido.

Pragmática e Teoria da Mente

A relação das teorias pragmáticas com questões mais amplas de cognição e interação social também suscita questões relacionadas ao papel da "Teoria da Mente". Um papel-chave nas teorias pragmáticas é desempenhado pelo ouvinte que pretende e consegue elaborar as intenções comunicativas do falante; isso acontece com tanta regularidade que os falantes projetam seus enunciados tendo este fato em mente, e os ouvintes têm o direito de processar enunciados com este princípio de projeto em mente. Isso implica uma capacidade e uma tendência a entender de uma maneira muito refinada o conteúdo das representações mentais dos outros. A capacidade de apreender o estado mental de um falante é central para as abordagens da relevância e griceana da pragmática, e também é importante tanto para as condições de oportunidade dos atos ilocucionários quanto para a maneira como atos locutórios, ilocutórios e perlocutórios estão relacionados na **Teoria dos Atos de Fala**. No entanto, as teorias pragmáticas podem não refletir suficientemente os pontos mais delicados da "leitura da mente" das pessoas na interação social e na comunicação. O Box 5.2 aborda o tema da compreensão das intenções dos outros em mais detalhes.

• Leitura da mente

Um crescente corpo de evidências sugere que as pessoas não sejam muito bem-sucedidas em considerar as representações mentais de outras pessoas quando tais representações são necessárias para uso em processamento online[2]. Keysar, Lin e Barr (2003) fornecem evidências de uma dissociação entre, por um lado, estar reflexivamente consciente de que a própria crença sobre algo difere da crença de outra pessoa sobre o assunto e, por outro lado, realmente usar essa consciência nas interações rotineiras com essa outra pessoa. Embora se possa saber que as suas próprias crenças sejam diferentes das de outra pessoa, este conhecimento pode simplesmente não ser empregado quando alguém se comunica e interage com essa outra pessoa. Apperley, Riggs, Simpson, Samson e Chiavarino (2006) também constataram que, embora os adultos fossem capazes de fazer distinções claras entre a realidade e as falsas crenças de outra pessoa, eles tiveram dificuldade em manter esta informação em mente, e então usá-la no raciocínio. Esta também interage com o humor e as emoções. Por outro lado, Lin, Keysar e Epley (2008) descobriram que estar de mau humor torna as pessoas mais propensas a tentarem adotar a perspectiva de outras pessoas; estar de bom humor torna as pessoas menos propensas a tentar fazê-lo. Eles conectam isso à descoberta de que

---

2. Processamento "on-line" refere-se aqui ao uso de processos mentais enquanto se está envolvido e influenciando o processo de comunicação ou interação com os outros. Pretende-se que contraste com o processamento reflexivo ou of-line, que se refere a processos que ocorrem quando essa comunicação ou interação não está presente. Em termos de teoria da mente, o processamento on-line refere-se a fazer inferências e suposições sobre as crenças e as intenções de outra pessoa quando se está no processo de interagir ou se comunicar com elas, de modo que essas inferências orientam o processo de troca, e onde as inferências feitas têm o potencial de alterar a trajetória da troca. O uso of-line da Teoria da Mente envolve, ao contrário, inferências sobre os estados mentais dos outros no planejamento antes da interação, ou na reflexão posterior à interação.

estar de bom humor diminui a probabilidade de alguém se envolver em processamento deliberado (BLESS & IGOU, 2005), uma vez que se descobriu que isso inibe o controle executivo (OAKSFORD; MORRIS; GRAINGER & WILLIAMS, 1996) – ou seja, inibe o planejamento e o monitoramento complexo de padrões estendidos de ação e pensamento.

• Comunicação egocêntrica

Evidências relacionadas à compreensão na interação também sugerem que as teorias pragmáticas superestimam o uso da **Teoria da Mente** na comunicação cotidiana. Keysar e colegas afirmam (p. ex., KEYSAR, 2007; EPLEY; MOREWEDGE & KEYSAR, 2004; KEYSAR & BARR, 2002) que os falantes normalmente não levam em consideração o que pensam que seus ouvintes têm em mente ao enquadrarem suas elocuções; e os ouvintes não costumam levar em conta o que sabem das crenças dos falantes ao interpretarem suas elocuções. Em vez disso, falantes e ouvintes se comportam de maneira "egocêntrica", adequando elocuções ou interpretações baseadas no que acham que seus interlocutores sabem ou pretendem apenas se houver razão para fazê-lo. "Razões" típicas para fazê-lo podem envolver indícios de que a troca comunicativa está falhando por algum motivo – de modo que considerar os estados mentais dos outros é um meio de reparar uma falha.

Keysar sugere duas razões para a interpretação **egocêntrica**. A primeira é que a própria perspectiva de alguém é dominante no seu entendimento, e, portanto, restringe a interpretação daquilo que um falante diz (cf. tb. BIRCH & BLOOM, 2004). A segunda baseia-se no ponto geral acima, de que a consideração dos estados mentais dos outros não é automática, mas um caso deliberado e esforçado. Relativamente ao falar egocêntrico, Keysar sugere que em casos nos quais os falantes superficialmente parecem estar agindo cooperativamente, as suas razões são, na verdade, egocêntricas. Por exemplo, quando os falantes esclarecem seu discurso, o que parece ajudar o ouvinte, muitas vezes o fazem sem qualquer consideração real de quão ambíguo o seja para o ouvinte. Outros casos incluem falantes sendo insensíveis ao que o ouvinte sabe ao prover informação atípica e típica a respeito de um tema de conversação.

Além disso, Keysar e Henly (2002) descobriram que os falantes sobrestimam sistematicamente o quanto são compreendidos pelos ouvintes – mesmo quando poderia ser evidente que não sejam compreendidos. Keysar oferece uma explicação para estes efeitos, em parte, em termos de "construto" (ROSS, 1990) – o falante já sabe o que está tentando transmitir, e sua comunicação lhe parece transmitir unicamente essa intenção e ter apenas esse único significado. Isto está aliado, mais uma vez, ao fato de a própria perspectiva ser mais "visível" para si mesmo (cf. tb. os cap. 9 e 11).

Em suma, não há evidência de que a capacidade geral de considerar os estados mentais dos outros e a tendência específica a fazê-lo durante a comunicação sejam menos sistemáticas e generalizadas do que as teorias pragmáticas sugerem.

Box 5.2 Compreendendo as intenções dos outros na comunicação: Princípio ou paradoxo?

As teorias pragmáticas (e o pensamento de senso comum) presumem que as pessoas considerem regularmente as crenças e os estados mentais umas das outras durante a comunicação. No entanto, a evidência sugere que este não seja o caso na maior parte do tempo, e que, quando tentamos fazê-lo, não somos particularmente bem-sucedidos.

Por que, então, pensamos que pensamos nos pensamentos dos outros quando nos comunicamos? Um argumento alega que a comunicação é influenciada por um "otimismo paranoico" – uma heurística evoluída para o processamento de informação social que combina um excesso de otimismo acerca da própria capacidade de controlar eventos e gerar resultados positivos para si mesmo, com uma hipersensibilidade a possíveis danos provenientes de outras pessoas ou fontes externas (HASELTON & NETTLE, 2006). A crença de que se é entendido na comunicação pode ser uma forma de autoengano que tanto aumenta o otimismo acerca de si mesmo quanto diminui o pessimismo acerca dos outros. Como Trivers (2000) argumentou, a propensão a se envolver em autoengano reforça nossa capacidade de enganar os outros. Se representarmos conscientemente informação verdadeira sobre estar em competição com alguém, por exemplo, é mais provável que isso "vaze" para outras pessoas através da comunicação. A crença de que regularmente e com sucesso compartilhamos intenções e crenças na comunicação – quando de fato não o fazemos ou não o podemos fazer – pode ter origem nesse preconceito.

Considerações evolucionárias também sugerem que muito da comunicação é estratégico – orientado para a realização de propósitos adaptativos, que podem ser melhorados por preconceitos egoísticos; por exemplo, a comunicação entre homens e mulheres que buscam encontrar e manter um companheiro, ou a comunicação entre pessoas que procuram estabelecer e manter suas posições em uma hierarquia de *status* ou poder. Essa comunicação é caracterizada por intensos estados afetivos, e não há nenhuma prioridade em comunicar sua verdadeira intenção ao ouvinte, ou mesmo em querer saber a verdadeira intenção do falante. Podem envolver na comunicação engano e assimetrias dependentes de contexto relacionados a seus objetivos ou funções estratégicas. Por exemplo, é menos vital para os homens estarem conscientes das intenções de longo prazo de um parceiro em potencial do que o é para as mulheres; e comunicadores de alto e de baixo *status* têm diferentes razões para querer esconder ou comunicar diferentes tipos de informação. Essas assimetrias são previsíveis se o egocentrismo for o modo padrão de comunicação (cf. cap. 9 e 11).

Então, que papel a crença de que podemos partilhar, e de fato partilhamos, intenções realmente desempenha na comunicação? Considere a distinção de Searle (1969) entre tipos de regras. Normas regulativas governam formas de comportamento preexistentes à regra – regras de etiqueta regulam o comer, onde o comer preexistia a tais regras. Regras constitutivas não só regem a atividade, mas também, em certo sentido, a constituem – futebol, xadrez ou casamento; seguir essa regra permite que uma ação "conte como" uma instância do tipo apropriado.

Como a intenção de compartilhar intenções tem um papel na comunicação? Uma opção é que ela seja constitutiva da comunicação, como a Teoria da Relevância parece sugerir. Assim, tais regras envolvem uma descrição ou definição – por exemplo, a "comunicação envolve a intenção de compartilhar intenções". Outra opção é que se trate de uma regra regulativa, que regula o modo como nos comunicamos, mas deixar de fazê-lo não implicaria não nos comunicarmos. Essas regras envolvem um imperativo hipotético – por exemplo, "se você está se comunicando, tente compartilhar suas intenções com seu ouvinte", ou mesmo, "se você estiver se comunicando, dê a impressão de estar tentando compartilhar suas intenções com seu ouvinte". O último concorda mais diretamente com uma visão egocêntrica.

Box 5.3 Intenções na comunicação: Individuais ou coletivas, ou ambas?

A discussão sobre o papel do reconhecimento de intenções na comunicação suscita questões sobre a própria natureza dessas intenções. Intenções individuais são aquelas nas quais um indivíduo representa a si mesmo como sujeito ou agente de uma atividade ou crença projetada. Essas intenções são descritíveis por frases como "eu pretendo". Em contrapartida, intenções conjuntas ou coletivas colocam mais de um indivíduo como sujeito ou agente de uma atividade ou crença. Podem ser descritas por frases como "pretendemos".

Como os dois tipos de intenção estão relacionados? Uma intenção conjunta pode compreender uma combinação de intenções individuais, juntamente com a crença de que cada uma das pessoas envolvidas detém essas intenções. Assim, uma intenção conjunta de jantar juntos envolveria duas pessoas, cada qual pensando "eu pretendo jantar com o meu amigo", além da crença compartilhada de que a outra pessoa está pensando a mesma coisa.

Outra possibilidade é que intenções conjuntas não sejam redutíveis desta maneira – que compreendam um estado mental "primitivo" não analisado relativo a partilha e envolvimento em um projeto ou atividade conjunta (p. ex., SEARLE, 1996). Embora haja um debate sobre a formulação da **intencionalidade coletiva** (GILBERT, 1989; TUOMELA, 2003), parece haver pouca dúvida de que alguns aspectos das intenções coletivas não sejam redutíveis a uma combinação de intenções individuais mais crenças compartilhadas acerca dessas intenções. Porquanto intenções coletivas envolvem compromissos com ação ou crença futura por parte daqueles que aderem a elas, elas geram uma restrição normativa ou deôntica no que diz respeito àquilo que os participantes devem fazer, pensar ou sentir.

Teorias pragmáticas diferem no que concerne à natureza das intenções envolvidas na comunicação. A Teoria da Relevância presume que o ouvinte tente recuperar a intenção comunicativa e a intenção informativa do falante. Ambas essas intenções são individuais. Se houvesse um sentido no qual o falante e o ouvinte envolvessem uma intenção conjunta de produzirem e interpretarem elocuções de acordo com a relevância, essa intenção conjunta compreenderia uma conjunção das intenções individuais de cada um de agir de acordo com a relevância e uma crença de que o outro possui a intenção apropriada.

Por outro lado, algumas versões da Teoria dos Atos de Fala (p. ex., SEARLE, 1990) utilizam uma noção de intenção coletiva ou conjunta que não se reduz às intenções individuais. Além disso, as intenções individuais podem ser derivadas da intenção coletiva (ao invés de criarem essa intenção coletiva). Searle cita a diferença entre uma briga de bar (governada por intenções individuais) *versus* uma luta de boxe (governada por uma intenção conjunta que determina intenções individuais). Na comunicação, falante e ouvinte são guiados em sua geração e interpretação de elocuções por intenções "nós". Intenções comunicativas individuais são geradas através da interação colaborativa do falante e do ouvinte, já que possuem a intenção "nós" de atingir a meta comunicativa conjunta desempenhando seus papéis na troca. Isso não implica que cada um tenha consciência das intenções individuais do outro – não há qualquer contradição entre uma abordagem egocêntrica da comunicação e um papel para as intenções coletivas como crenças reflexivas. Carassa e Colombetti (2009) vão mais longe ao sugerir que as intenções coletivas não apenas têm um papel na maneira como se chega aos significados, mas podem parcialmente constituir tais significados.

Conclusão

As teorias pragmáticas examinadas neste capítulo permitem um estudo da comunicação que enriquece análises de códigos e convenções linguísticas, integrando as ações e interações de interlocutores e o contexto em que se comunicam. Ao mesmo tempo, as teorias pragmáticas, consideradas em conjunto com uma gama de fenômenos empíricos emergentes em psicologia cognitiva e social – a influência do humor e da emoção na comunicação e o papel da Teoria da Mente – lançam centelhas de perguntas desafiadoras.

Pode ser que as teorias pragmáticas ofereçam explicações sobre os processos principais, a serem complementadas por variações para lidar com o humor, as intenções e assim por diante. Ou talvez as teorias pragmáticas precisem ser reformuladas, colocando-se fatores emocionais e sociomotivacionais no núcleo, de modo a que as explicações correntes oferecidas pelas teorias fossem casos especiais nos quais tais fatores, por algum motivo, não estejam presentes. Uma terceira opção é ver as teorias pragmáticas como provendo úteis modelos de tipo ideal de comunicação, em relação aos quais as comunicações cotidianas variarão consideravelmente de acordo com, por exemplo, fatores sociais e afetivos.

6
AÇÃO COMUNICATIVA E A IMAGINAÇÃO DIALÓGICA

Sandra Jovchelovitch

Palavras-chave: Ação comunicativa; intersubjetividade; jogos de linguagem; mundo da vida; adoção de perspectiva; esfera pública; atos de fala; ação estratégica; pretensões de validade.

Introdução

Por mais de 50 anos Jürgen Habermas perseguiu e desenvolveu um projeto enraizado na ideia de comunicação. Esta preocupação, que, como Habermas mesmo declarou, expressa temas biográficos mais profundos, foi tratada diretamente na *Teoria da Ação Comunicativa* (doravante TAC), um livro de dois volumes publicado em 1981 (traduções para o inglês apareceram em 1989-1992). No núcleo da contribuição de Habermas está a ideia da comunicação como compreensão mútua, uma capacidade humana universal incorporada às estruturas e regras que todos aprendemos quando aprendemos a falar uma língua. Ao aprendermos a falar, aprendemos mais do que uma língua: também aprendemos a nos comunicarmos para alcançar uma compreensão mútua.

Neste capítulo identificarei os elementos centrais da TAC, discutindo em particular (a) as relações entre comunicação e linguagem e o modelo tripartite do ato comunicativo oferecido por Habermas: subjetivo, intersubjetivo e objetivo; (b) como a comunicação se confunde com as pretensões de validade e os contextos nos quais estas pretensões são tornadas significativas; e (c) os conceitos da **esfera pública** e do **mundo da vida** como fundamentos para o desenvolvimento e o exercício da **ação comunicativa**. Examinarei então a TAC à luz de desenvolvimentos correntes em psicologia sociocultural e da psicologia das relações eu-outro, particularmente dos processos de **adoção de perspectiva**. O Box 6.1 contextualiza o projeto intelectual mais amplo de Habermas.

No cerne deste capítulo encontra-se a intenção de contestar o suposto "idealismo" da visão habermasiana e o objetivo de demonstrar que a comunicação para a compreensão mútua é necessária para a produção de soluções práticas e também para a própria produção da mente humana e a sobrevivência da espécie humana.

Box 6.1 O projeto de Habermas

A Teoria da Ação Comunicativa está ligada a um projeto mais amplo e ambicioso, que procura colocar o próprio ato da comunicação no centro de uma teoria da racionalidade, uma teoria da sociedade e uma avaliação do presente. Comentaristas (HONETH & JOAS, 1991) apontaram que na TAC Habermas tinha quatro objetivos principais: em primeiro lugar, ele queria esboçar um conceito significativo do que é a razão humana; em segundo lugar, delinear uma teoria da ação que pudesse diferenciar entre ação comunicativa e estratégica; em terceiro lugar, produzir uma teoria da ordem social que oferecesse uma conexão entre os conceitos de mundo da vida e sistemas, ou entre ações humanas, representações e culturas e arranjos sistêmicos formais; e por último, mas não menos importante, oferecer um diagnóstico das sociedades contemporâneas que pudesse funcionar como uma advertência de que as nossas ordens sociais hoje costumam negligenciar a dimensão humana, sendo dominadas como são por sistemas e baseadas na ação estratégica.

É aqui, talvez, que podemos apreciar melhor o que é verdadeiramente inovador acerca de Habermas: sua Teoria da Comunicação não versa apenas sobre o desempacotamento do fenômeno da comunicação, por si só, mas sobre o seu uso para entender o fazer – e o desfazer – de pessoas, sociedades e culturas. Não podemos compreender o que somos sem uma avaliação clara da ação comunicativa, e é através de uma compreensão de suas distorções e falhas que podemos compreender nossos problemas e os perigos incorporados às ordens sociais correntes. Habermas dedicou-se a este projeto tão ambicioso com uma erudição impressionante e uma imaginação radical que remonta à influência dos primórdios da Escola de Frankfurt sobre o seu desenvolvimento intelectual e à experiência pessoal, social e política de crescer na Alemanha nazista. Isso se reflete no fôlego e no vasto alcance do livro: ele oferece uma teoria da comunicação e muito mais. Com grande erudição, Habermas revisita as principais fontes intelectuais na filosofia e nas ciências sociais, e se propõe a reavaliar e resgatar o conceito de racionalidade proposto pelo Iluminismo europeu e pelo projeto da Modernidade. Ao fazê-lo, ele nos leva através das deficiências e distorções deste projeto, assim como das suas conquistas históricas para tentar nos convencer de que há esperança adiante se conseguirmos redefinir a racionalidade humana como um ato comunicativo.

Comunicação e linguagem

Habermas argumenta que a nossa capacidade de comunicação é universal e pode ser encontrada nas estruturas e regras básicas que todos os sujeitos humanos dominam na aprendizagem de como falar uma língua. Ao tornarmo-nos falantes de uma língua aprendemos não só como vocalizar palavras e dominar sentenças gramaticais, mas também, e talvez mais importante, nós adquirimos uma competência para comunicar que está embutida na linguagem (HABERMAS, 1976/1998). Falar uma língua não é apenas uma questão de ser capaz de produzir sentenças gramaticais; quando falamos também nos relacionamos com o mundo que nos rodeia, com outras pessoas e com nossas próprias intenções, sentimentos e desejos. Comunicação é ação porque a linguagem é uma prática humana para fazer e se relacionar, ao invés de um conjunto formal de sinais que transmite mensagens e é unificado por regras formais. A competência comunicativa fundamental do *Homo sapiens* está incorporada na estrutura da linguagem e **dos atos de fala** que precisam ser entendidos para além da sintaxe e da gramática de uma língua ou outra. É nos modos como as pessoas comuns usam a linguagem em situações cotidianas para construir em conjunto, sustentar ou desafiar as relações sociais que encontramos o núcleo universal da ação comunicativa.

Como sujeitos humanos, nós nascemos para nos envolvermos e buscarmos entendimento com os demais membros da nossa espécie, e as maneiras mesmas como falamos uns com os outros podem demonstrar isso. As funções associativas da linguagem falada pelos atores sociais têm um papel central: a linguagem nos conecta uns aos outros, ao mundo e a nós mesmos. A compreensão da linguagem em termos de uma teoria social de interações cotidianas pode revelar o que está operando quando a linguagem é usada. Isso, no entanto, requer uma teoria da linguagem que se afaste da visão monológica que separa as regras e estruturas da linguagem do uso da linguagem e da interação cotidiana. Com esta finalidade, Habermas volta-se para um exame detalhado das tradições anglo-americanas da filosofia analítica e das teorias da linguagem e dos atos de fala que desenvolveu (HABERMAS, 1998/1988). O *insight* de Wittgenstein (1953) acerca dos **jogos de linguagem** e sua conexão com formas de vida e a Teoria dos Atos de Fala, de Austin e Searle (cf. cap. 5), são particularmente importantes.

Wittgenstein oferece uma ruptura com a ideia de que a verdade pode ser encontrada em afirmações descritivas e proposições formais, sugerindo que tenha um contexto social: depende de jogos de linguagem que estão sempre vinculados a "formas de vida". Wittgenstein (1969) escreve: "Quando os jogos de linguagem mudam, então há uma mudança nos conceitos, e com os conceitos o significado das palavras muda". A noção de jogo de linguagem é fundamental para elucidar a natureza contextual das palavras e do significado. Assim, quando falamos, o que dizemos não viaja sem modificações, e conceitos e palavras que fazem sentido ou são engraçados no Reino Unido podem se tornar ininteligíveis ou muito estranhos no meio da Amazônia (mesmo que os traduzamos para o português ou o yanomami), onde diferentes interações sociais e regras levam a um jogo de linguagem diferente. Tal como acontece com todos os jogos, os jogos de linguagem obedecem a regras e regulamentos que dizem respeito ao terreno no qual são jogados. A declaração "Os Bororo são Arara" faz todo o sentido no jogo de linguagem dos índios Bororo do Brasil Central, ligado como está a uma cultura e forma de vida que liga a identidade dos índios Bororo ao ser do pássaro Arara (cf. Box 6.2). Alternativamente, uma declaração propondo que os seres humanos sejam aves pode ser problemática na maioria dos contextos ocidentais, onde outros jogos de linguagem estão operando. O *insight* de Wittgenstein sobre jogos de linguagem e a natureza contextual da verdade das proposições é central para enfatizar o contexto social de ações e interações.

Na Teoria dos Atos de Fala de Austin (1962) e Searle (1969; 1979), Habermas identifica o primeiro passo para desdobrar o caráter comunicativo inerente à linguagem e sua conexão com a ação. A afirmação original de Austin de que "falar é fazer" (AUSTIN, 1970; cf. tb. cap. 5) é central para os esforços de Habermas e torna-se uma importante fundação para o desenvolvimento teórico da TAC. A ideia de que podemos fazer coisas com palavras atrai Habermas porque se concentra em enunciações ao invés de sentenças – no que é falado, dito, proferido por pessoas concretas em contextos e relações concretos – e enfatiza o que os atos de fala fazem. Eles claramente fazem mais do que apenas descrever estados de coisas no mundo e transmitir mensagens de remetentes para destinatários e vice-versa. Através de atos de fala atores sociais coordenam a ação e se envolvem em uma variedade de relações intersubjetivas.

A ideia de que podemos fazer coisas com palavras não foi apenas importante para Habermas. Ela marcou o que alguns consideram uma mudança paradigmática geral nas ciências sociais como um todo, consolidando uma virada linguística que se afasta de um paradigma monológico para se aproximar de um paradigma dialógico (MARKOVÁ, 2003). A própria TAC de Habermas se tornou uma importante contribuição para esta mudança, oferecendo uma teoria da racionalidade e da linguagem baseada no diálogo e na **intersubjetividade**, em vez de no monólogo de um indivíduo solitário separado dos outros e do contexto social. Essa ênfase ecoa muitas tradições socioculturais em psicologia, como a abordagem de Vygotsky do desenvolvimento cognitivo (discutida no cap. 1) e a reiteração da importância do domínio simbólico na psicanálise (cap. 9).

A comunicação baseada em uma situação de fala ideal que facilita a ação orientada para o alcance do entendimento depende, fundamentalmente, do conceito e da prática da intersubjetividade. A competência comunicativa é inerente à linguagem, porque, quando aprendem e falam uma língua, os atores fazem muito mais do que se envolverem e dominarem sintaxes e gramáticas formais. Nós fazemos coisas com as palavras – nos relacionamos, exibimos, divulgamos e assim por diante. O que fazemos no que dizemos, como veremos nas próximas páginas, sempre envolve ação em três níveis: em relação ao mundo, às pessoas e a nós mesmos. E isso depende crucialmente do jogo de linguagem do contexto no qual estejamos. As palavras podem fazer sentido ou não, dependendo do jogo de linguagem que estabelece o seu significado e como são usadas.

Os contextos de uso, nos quais atos de fala são desempenhados, são fundamentais para o modo como o significado e, portanto, o entendimento é produzido. O que se diz e o que se entende depende dos jogos de linguagem de contextos intersubjetivos específicos e de como as ações e interações de interlocutores definem o significado de uma sentença. A Teoria dos Atos de Fala é capaz de fazer uma distinção entre o que os falantes dizem sobre o mundo e os tipos de relações intersubjetivas que estabelecem ao fazê-lo. Esta distinção é crucial para a TAC porque coloca a intersubjetividade – ou as relações eu-outro, na linguagem da psicologia social – no cerne de uma teoria da linguagem e da comunicação. A intersubjetividade (relações eu-outro) se torna central para qualquer análise do que acontece quando as pessoas se comunicam, e oferece o modelo para a afirmação de Habermas de que a comunicação é uma ação orientada para se alcançar entendimento.

Comunicação para o entendimento mútuo

No primeiro volume da TAC, Habermas escreve:

> Falarei de ação comunicativa sempre que as ações dos agentes envolvidos estiverem coordenadas não através de cálculos egocêntricos de sucesso, mas através de atos de obtenção de entendimento. [...] Na ação comunicativa os participantes não são orientados principalmente para os seus próprios sucessos individuais; eles perseguem seus objetivos individuais sob a condição de que possam harmonizar seus planos de ação com base em definições de situação comum. A este respeito, a negociação de definições da situação é um elemento essencial das realizações interpretativas necessárias para a ação comunicativa (1989b, p. 285-286).

Ao definir a ação comunicativa através de atos de obtenção de entendimento, Habermas enfatiza que o entendimento é o meio para se coordenar a ação, o que exige definições comuns para situações e o apagamento de cálculos egocêntricos de sucesso. Dois problemas fundamentais surgem aqui, ambos temas recorrentes neste livro. O primeiro consiste no modo como os cálculos egocêntricos se relacionam com a comunicação, um problema enfatizado tanto pela abordagem evolucionária quanto pela abordagem psicanalítica da comunicação (cf. cap. 11 e 9, respectivamente). O segundo é o papel de definições comuns para situações, um dos principais problemas com os quais as ciências

185

sociais lidam, expresso em construtos tais como cenário (SEAR-LE, 1995), hábito (BOURDIEU, 1994), representações coletivas e sociais (DURKHEIM, 1898; MOSCOVICI, 2000) e, claro, o mundo da vida, que discutirei mais tarde. Na TAC ambas as questões vêm juntas. Um diálogo que busque a compreensão mútua é o ponto focal que desloca preocupações egoísticas, permitindo a coordenação da ação através da consolidação de uma visão compartilhada sobre como definir a situação. Está fora deste diálogo que definições comuns e a coordenação de ações estejam eventualmente habituadas e instituam historicamente a base de representações e significados compartilhados que formam o mundo da vida, ou o cenário (SEARLE, 1995; BERGER & LUCKMAN, 1966). Aliás, os dois requisitos – apagar cálculos egoístas e estabelecer uma visão compartilhada de situações – tornam a TAC vulnerável a uma grande quantidade de críticas, e é aqui que encontramos a origem do suposto idealismo da visão de Habermas. Considerarei as críticas ao final do capítulo, mas, por enquanto, tentemos entender o que substancializa a sua proposta. A intersubjetividade novamente é a chave para entendermos Habermas.

Habermas procura um modelo que possa levar a análise da ação a ultrapassar as suas funções propositais para considerar as maneiras pelas quais a sua coordenação está entrelaçada com relações interpessoais e necessita de compreensão mútua para ser bem-sucedida. Teorias anteriores da ação podem ter sido úteis para esclarecer as estruturas da atividade proposital, mas mantiveram-se limitadas por uma concepção atomística que toma o ator isolado operando no mundo objetivo como seu ponto de partida. Habermas quer deixar para trás esse ator isolado e a ideia de que a ação versa apenas sobre metas. Ele se volta para atos de obtenção de entendimento para desembrulhar os processos intersubjetivos que constituem a ação no mundo e analisar a cooperação entre pessoas que se encontram umas com as outras no mundo como destinatários mutuamente constituídos. O processo em questão aqui é a realização de intenções conjuntas: não se trata do "eu" isolado, discreto, ou da visão unidirecional, discreta, "eu + eu" da ação, mas da própria constituição do ator da intencionalidade conjunta "nós" (TOMASELLO, 2005). O projeto de Habermas como um todo se torna uma vez mais visível ao se afastar de um modelo centrado no sujeito individual como remetente e/ou receptor de informações para se aproximar de um modelo de interação construída em conjunto, que em encontros intersubjetivos busca construir uma visão compartilhada e uma compreensão do que os falantes suscitam com suas enunciações. Note-se aqui o forte paralelo com a visão global da comunicação de Freire (como discutido no cap. 2) na qual os falantes envolvidos no diálogo constroem conjuntamente um dado objeto de conhecimento.

Para apreciar este movimento teórico, imaginemos a ação social como um fato empírico: duas ou mais pessoas querem montar uma barraca. Uma maneira de conceber o que acontece é olhar para o problema "montar uma barraca" como um estado de coisas existente e objetivo no qual cada um dos indivíduos confronta o ambiente e uns aos outros a partir de uma base cognitiva perceptual/autocontida. Os atores individuais são constituídos de maneira independente e detentores de conhecimento individual previamente adquirido; o foco está sobre o objetivo de "montar uma barraca". Alternativamente, podemos considerar que "montar uma barraca" é uma atividade produzida em conjunto. Ainda que as pessoas cheguem ao campo com ideias, conhecimentos e até mesmo tradições prévias sobre como montar uma barraca, ao se encontrarem umas com as outras e se envolverem na montagem da barraca elas vão buscar/precisar estabelecer um entendimento mútuo acerca do que precisa ser feito e de como definir a situação. Para chegarem a algum tipo de consenso sobre a situação e o que precisa ser feito, os atores obrigatoriamente se envolvem em um processo dialógico de reconhecerem mutuamente uns aos outros e suas reivindicações quanto ao que, como e por que as coisas devem ser feitas. Ao fazê-lo, eles acabam com uma barraca armada, mas também algo mais: eles interagiram, renovaram relacionamentos e se expressaram como seres psicológicos.

Este tipo de situação ilustra o que é necessário para ações sociais voltadas para objetivos serem bem-sucedidas: deve haver comunicação entre os atores que coloque a coordenação da ação e a exigência de compreensão mútua no centro da interação. Cálculos egocêntricos de sucesso não são permitidos aqui, até porque seriam prejudiciais ao objetivo. Quando A se comunica com B para armar uma barraca, o foco não está nos pontos de vista, opiniões e curso de ação desejado previamente adotados por A e B. O foco do ato comunicativo está em como estes parceiros na interação podem encontrar um curso conjunto de ação ao procurarem entender uns aos outros e construir um entendimento comum que permita a montagem da barraca. Pode haver assimetrias ou simetrias no conhecimento, *status* e papel dos parceiros, mas para que a comunicação esteja presente eles colocarão estes assuntos entre parênteses e se concentrarão em entenderem-se uns aos outros para coordenarem a ação. Neste processo integram as ações individuais em um plano que surge como *um plano de ação compartilhado* a partir do ato comunicativo. Na comunicação para o entendimento mútuo, os cálculos de sucesso são apagados da equação e encontramos ação, definições de realidade e metas individuais intrinsecamente vinculadas aos processos dialógicos incorporados ao ato comunicativo.

Esta dimensão do diálogo intersubjetivo, que é inerente à estrutura da linguagem/atos de fala e fundamental na Teoria da Ação Social de Habermas, leva-o a considerar a ação orientada para a obtenção de entendimento, ou *ação comunicativa*, como o tipo mais básico e fundamental de ação, sobre o qual todas as outras formas dependem. Uma ação que não priorize o entendimento mútuo é outro tipo de ação: não se trata de comunicação. Também é importante notar que a comunicação é colocada em uma situação de fala ideal onde interlocutores desconsideram questões de *status* e de posicionamento, de modo a se concentrarem no entendimento mútuo, algo que liga crucialmente a TAC à Teoria da Esfera Pública de Habermas. Um último aspecto a se ter em mente aqui é que a busca de entendimento mútuo está sempre baseada em um jogo de linguagem e uma forma de vida, o que, para Habermas, está expresso no conceito de mundo da vida. Desta maneira, a ação comunicativa está sempre já conectada a uma esfera pública e a um mundo da vida.

Ação comunicativa, linguagem e validade

Em sua análise da ação comunicativa, Habermas apresenta a tese de que a linguagem cotidiana tem uma conexão intrínseca com a validade. Enunciações linguísticas, da maneira como são usadas em processos cotidianos de comunicação, podem ser entendidas como pretensões de validade. Quando as pessoas falam e se envolvem em uma interação linguística cotidiana, o que fazem é suscitar e responder a **pretensões de validade**, e a comunicação é principalmente uma questão de suscitar e responder a pretensões de validade. Esta tese novamente combina os *insights* da Teoria dos Atos de Fala de Searle (cf. cap. 5) e a importante distinção de Austin entre atos de fala locucionários e ilocucionários. No entanto, Habermas vai um passo além em sua análise dos atos de entendimento mútuo, trazendo para a sua estrutura uma terceira dimensão expressiva. A dimensão expressiva é retirada de Karl Bühler, um psicólogo alemão que propôs que sentenças empregadas comunicativamente servem ao mesmo tempo para expressar intenções, representar um estado de coisas e estabelecer uma inter-relação.

Assim, Habermas reformula a dupla distinção de Austin em um modelo tripartite para argumentar que pretensões de validade operam em três diferentes níveis: o nível proposicional do conteúdo; o nível intersubjetivo das interações; e o nível expressivo do sujeito individual. Para Habermas, as teorias anteriores do significado fracassaram em levar em consideração todas as três dimensões, até que Searle tentasse resolver este problema com a sua Teoria dos Atos de Fala. Com a teoria de Bühler das funções da linguagem e a mudança de paradigma na filosofia da linguagem de Austin, ele constrói o edifício teórico da sua própria tese de que a comunicação cotidiana tem uma conexão intrínseca com a validade.

O modelo que Habermas avança envolve, portanto, uma dupla e depois tripla distinção entre a dimensão locucionária ou constativa; a dimensão ilocucionária ou performativa, e, finalmente, a dimensão expressiva. Quando falamos, fazemos pretensões de validade nestas três dimensões de uma só vez: as nossas enunciações linguísticas contêm pretensões de validade acerca de um estado de coisas no mundo, acerca da correção de nossas interações com os outros e acerca da nossa própria sinceridade como falantes. Torna-se muito claro, então, que, ao interagirmos com outras pessoas, dizemos e pretendemos mais do que aquilo que está no conteúdo proposicional das nossas enunciações. Incorporadas a nossas sentenças faladas estão afirmações acerca da

189

validade das nossas maneiras de afirmar cognitivamente uma situação no mundo, sua correção em um determinado contexto e o nosso próprio posicionamento e comportamento como falantes. Entender que pretensões de validade operam em todos estes três níveis é muito importante para a definição da comunicação como entendimento mútuo. O conteúdo proposicional dos atos de fala, ou a sua dimensão constativa, geralmente visto como puramente "objetivo" e separado, é transportado através de energias que também são sociais e subjetivas, isto é, alimentadas pelo desejo dos interlocutores de se conectarem e se entenderem uns aos outros ao se revelarem e afirmarem sua sinceridade e autenticidade.

Tentemos analisar como este modelo tripartite de pretensões de validade se desdobra em um conjunto de exemplos simples. Quando digo "hoje está chovendo", estou me referindo a algo no mundo externo. Estou descrevendo uma situação usando uma linguagem para produzir uma declaração que tem conteúdo proposicional, ou seja, propõe conteúdo cognitivo acerca de uma situação ou coisa no mundo externo: chuva ao invés de céu azul. "Marion está contando a Rob sobre a festa de ontem à noite" ou "Esta tabela é vermelha" são exemplos de tipos semelhantes de declarações. Nestas três frases há uma afirmação da validade do que proponho; ao afirmar que a mesa é vermelha eu afirmo que isto é válido para a mesa para a qual estou apontando. Esta é a dimensão que a maioria das teorias da linguagem têm abordado, e pela qual, de acordo com Habermas, têm sido limitadas ao construírem teorias do significado e da linguagem. Mas criticar esta limitação não significa que devamos descartar esta importante dimensão. O conteúdo proposicional das elocuções tem uma grande importância, porque estas são, em última análise, representações que empregamos para narrar estados de coisas no mundo. A dimensão cognitiva do nosso discurso liga a nossa fala a algo que está fora de nós, no mundo, e expressa os nossos esforços para compreendermos e comunicarmos com precisão o que vemos e percebemos em nosso mundo objetivo. Na comunicação cotidiana, os falantes afirmam que o que dizem e propõem ao representarem o mundo objetivo é verdadeiro, e neste sentido demonstram como a própria noção de verdade permanece central aos nossos esforços em conhecer, comunicar e entender a nós mesmos. Esta é a dimensão locucionária ou constativa dos atos de fala que se refere ao mundo objetivo e a como usamos o conhecimento para descrever o mundo.

Ora, há mais a ser dito acerca da fala, porque, como já vimos, podemos fazer muitas coisas com as palavras. Ao dizer que "Marion está contando a Rob sobre a festa de ontem à noite" também estou interagindo com alguém, deixando que saibam o que aconteceu ontem à noite, talvez os alertando acerca de uma situação que possa vir a ser desconfortável. Então, meu ato de fala também me envolve em uma troca intersubjetiva que aborda e constrói uma "situação-nós", um domínio que pertence ao mundo compartilhado do eu e do outro. Neste modo interativo de comunicação, meu ato de fala é também uma afirmação, ainda que não de uma maneira verbal explícita, de que há retidão normativa no meu dizer, de que agir desta maneira ao me relacionar com você é aceitável. Esta afirmação da retidão do que digo a você em um determinado contexto de interação reafirma as nossas relações e renova o nosso vínculo intersubjetivo e as normas de ação social intersubjetivamente reconhecidas. Desta maneira também podemos ler as frases acima como "[Tenho a honra de lhe assegurar que] está chovendo hoje"; "[Estou avisando que] Marion está contando a Rob sobre a festa da noite passada"; "[Posso lhe confirmar que] esta mesa é vermelha". Esta é a dimensão ilocucionária ou performativa do meu ato de fala que se refere ao mundo das relações intersubjetivas entre as pessoas e as normas e regulamentos que mediam as interações humanas.

A terceira dimensão dos atos de fala a que Habermas se refere é a dimensão expressiva. A dimensão expressiva abrange o mundo subjetivo dos falantes, aquele que todos divulgamos e expressamos acerca de nós mesmos quando falamos. Na fala também divulgamos dimensões que se referem a nossa sinceridade e autenticidade como falantes, a quão verdadeiros somos, ou tentamos ser, ao falarmos. Assim, quando digo "esta mesa é vermelha" também estou revelando algo acerca de mim mesmo; por mais simples que seja esta enunciação, ela contém uma dimensão que faz uma afirmação sobre a minha própria sinceridade ao dizer-lhe que sou sincero quando afirmo que a mesa é vermelha. Nesta dimensão está o reconhecimento fundamental do lugar do indivíduo no ato comunicativo e de como os mundos internos da experiência subjetiva se portam em contextos de comunicação. Pretensões de validade também pertencem ao reino do que sentimos e como nos envolvemos com o mundo como seres psicológicos, detentores de identidades e perspectivas que contam muito nos mundos compartilhados que ao mesmo tempo construímos e habitamos. Desta maneira podemos ler as sentenças acima como "[Estou sendo sincero quando digo que] está chovendo hoje"; "[Sou sincero em dizer que] Marion está contando a Rob sobre a festa da noite passada"; "[Quando lhe digo que] Esta mesa é vermelha [não estou tentando lhe enganar ou mentir para você – ou talvez esteja]".

Tabela 6.1 Atos de fala e competência comunicativa

Modo de comunicação	Cognitivo	Interativo	Expressivo
Tipo de atos de fala	Constativos	Regulativos	Confessionais
Domínios da realidade	"O" mundo da natureza externa	"Nosso" mundo da sociedade	"Meu" mundo da natureza interna
Atitude básica	Objetivante	Não conformativa	Expressiva
Funções gerais da fala	Representação de fatos	Estabelecimento de relações interpessoais legítimas	Divulgação da subjetividade do falante
Pretensão de validade	Verdade	Correção (normativa)	Veracidade (sinceridade)

Fonte: Adaptado de "What is Universal Pragmatics?" (HABERMAS, 1998/1976).

Em seu modelo tripartite dos atos de fala, Habermas vincula o ato comunicativo a um contexto intersubjetivo no qual interlocutores agem para entenderem uns aos outros em diferentes níveis de sua interação: eu, relações eu-outro, mundo objetivo. Todas estas dimensões pertencem ao ato de comunicação; em atos de comunicação há sempre mais do que apenas enviar ou receber mensagens e descrever um estado de coisas. Como a Tabela 6.1 demonstra, embutidas nos atos de fala estão competências comunicativas que nos expressam como sujeitos estabelecem e renovam relações entre pessoas e produzem representações e narrativas sobre o mundo, tudo ao mesmo tempo. Ao fazê-lo, essas competências também produzem domínios de realidade, correspondentes aos nossos mundos interno, compartilhado e objetivo. Este modelo se move confortavelmente entre microprocessos de comunicação e expressão pessoal e macroprocessos maiores de reprodução social e cultural, demonstrando como micro e macro constituem um ao outro.

Ao suscitar e responder a pretensões de validade acerca destas três dimensões, descobrimos que essas pretensões, tanto quanto as palavras que as carregam, não são livres, mas pertencentes a contextos pragmáticos específicos, que definem desde o início o que é inteligível e aceitável para os interlocutores. Volto-me para este problema a seguir.

Validade, contexto, significado

O modelo tripartite de comunicação apresentado acima tem como objetivo reconectar a função representacional da linguagem às suas funções expressiva e apelativa. O *logos*, ou a função cognitiva da linguagem, tem sido tradicionalmente concebido como o fundamento privilegiado das pretensões de validade, enquanto as dimensões expressiva e apelativa tenderam a ser consideradas como forças irracionais. Desde esta perspectiva, ao falar e representar o mundo através da linguagem, as relações nas quais me envolvo e as experiências pessoais que exibo são geralmente vistas como obstáculos capazes de comprometer a validade das minhas proposições. Por exemplo, todos já nos deparamos com a ideia de que ao sermos emotivos, ou movidos pelos nossos relacionamentos, fracassamos em ler o mundo como ele é.

A TAC rompe com essa tendência a descartar o conteúdo racional das nossas vidas interativas e subjetivas, integrando *logos*, *pathos* e *ethos* (cf. o cap. 10 sobre retórica para uma reflexão aprofundada sobre estas dimensões) e demonstrando que na comunicação cotidiana os falantes suscitam e respondem a pretensões de validade em todos os três níveis. Habermas escreve, "deveríamos conceber o papel ilocucionário como o componente que especifica

193

qual pretensão de validade um falante está suscitando com a sua enunciação, como a está suscitando e para quê" (1998/1981, p. 110). Isto quer dizer que, quando falamos, a dimensão ilocucionária tem o poder de envolver os interlocutores em um relacionamento que pode fornecer razões para o que dizemos e entendimento do que dizemos, por que o dizemos e para que o dizemos. Às vezes aceitamos a validade de uma afirmação subjetiva ou social e, portanto, também acomodamos a validade de uma proposição que, de outro modo, pode parecer curiosa, estranha ou desafiadora. Na psicologia social nos deparamos com essas afirmações o tempo todo; representações fazem sentido para indivíduos e comunidades não só porque representam estados de coisas no mundo, mas também, e, por vezes, mais fundamentalmente, porque expressam identidades e modos de vida (JOVCHELOVITCH, 2007). São as dimensões subjetiva e intersubjetiva que detêm poder explicativo sobre a inteligibilidade e a aceitabilidade das representações que não correspondem cognitivamente a um estado de coisas no mundo, mas, no entanto, são resgatadas como válidas. Através de atos comunicativos trocamos razões em diferentes níveis e contextualizamos a racionalidade das nossas proposições, ligando-as a uma pessoa, a uma interação e a um modo de vida.

É neste sentido que todas as pretensões de validade dependem do contexto no qual a comunicação ocorre e, assim como com as palavras, do tipo de jogo social do qual o ato comunicativo faz parte. O que torna as nossas pretensões inteligíveis e aceitáveis são a totalidade de símbolos e representações, os jogos de linguagem e os modos de vida aos quais pertencemos. Nós só entendemos o significado de uma elocução se entendemos que um significado não pode estar separado da validade, e que para entendermos o significado de uma elocução é necessário entendermos sua validade em relação à linguagem e à cultura nas quais se situa e ao contexto comunicativo no qual ocorre.

Pretensões de validade estão, portanto, ligadas a contextos que definem a aceitabilidade e a inteligibilidade das pretensões colocadas pelos interlocutores: diferentes modos de vida e diferentes contextos de justificação moldam tanto o significado quanto a validade das enunciações. Isso, no entanto, não significa que qualquer coisa seja válida e que cada afirmação que façamos seja igualmente justificável. Uma coisa é entender o que faz sentido e é aceitável em um contexto; outra bem diferente é afirmar que o que faz sentido e é aceito por contextos não possa ser criticado e, se necessário, descartado. O nosso mundo contemporâneo está repleto de uma infinidade de pretensões de validade que operam em todos os três níveis do modelo de Habermas. Existem diferentes afirmações sobre o eu, sobre as maneiras pelas quais interagimos e nos relacionamos uns com os outros e sobre as maneiras pelas quais representamos o mundo objetivo a nossa volta.

Box 6.2 Significado e validade no Xingu brasileiro

Como mencionado no início deste capítulo, os índios Bororo que vivem na área do Xingu, no Brasil Central, se descrevem como Arara, um pássaro tropical que faz parte do seu ambiente natural. "Os Bororo são Arara" é uma declaração cuja pretensão de validade podemos achar difícil de aceitar, pois que no Ocidente tendemos a pensar que, se somos seres humanos, não podemos ser aves e vice-versa. A declaração, no entanto, faz muito mais sentido, e sua validade se torna plausível, se situada no mundo expressivo e social dos Bororo, nas tradições culturais que detêm, no modo de vida que sustentam. Como Lévi-Strauss (1976) mostrou, os Bororo ligam os mundos humano, animal e natural em uma única cosmologia de identificações que sustenta a imprecisão das fronteiras como uma forma lógica da vida. Forasteiros que se comuniquem com os Bororo para compreensão mútua podem ser obrigados a aceitar a validade da declaração, porque a força da sua identidade e reivindicações culturais oferece boas razões para a ideia de que os Bororo são de fato Arara. No jogo de linguagem da vida Bororo, ser tão humano quanto pássaro faz todo o sentido. E quando a separação nítida da vida humana do seu habitat natural parece representar uma ameaça crescente para a própria possibilidade de vida no planeta, a declaração Bororo assume uma inquietante racionalidade universal.

Como então conciliamos diferentes pretensões de validade? Há uma série de diferentes maneiras de conciliar pretensões contestadas. Primeiro, podemos recorrer à autoridade e sugerir que a pretensão seja válida porque foi apresentada por, digamos, um professor, um cientista ou um padre. Nós também poderíamos apelar para a tradição e afirmar que há maneiras testadas e confiáveis de pensar e agir que têm sido operacionais por um longo tempo e são intrínsecas às nossas instituições e leis. Ao invés de discutir sobre uma nova receita de Tarte Tatin, alguém poderia (provavelmente com boas razões) apenas se basear na sabedoria acumulada da fórmula tradicional e seu resultado delicioso. Também se poderia recorrer à força para resolver pretensões contestadas, e muitos governos e estados o fizeram: ditaduras ou guerras são bons exemplos de resolução de pretensões contestadas usando força e violência.

Na TAC, o caminho sugerido para se conciliarem diferentes pretensões de validade é o uso de razões. Historicamente, o uso de razões tem sido considerado fundamental para a ideia de racionalidade. É na prática da argumentação, em interação discursiva, em uma conversação na qual os interlocutores oferecem razões a favor e razões contra pretensões que a racionalidade comunicativa surge e define a validade de todas as pretensões feitas em todas as três dimensões dos atos de fala. Note-se aqui que a análise de uma situação ideal de fala, na qual interlocutores livres de coerção usam razões para resolver diferenças, não só é central para uma teoria da comunicação, mas ao mesmo tempo fornece bases para uma teoria da esfera pública. A conciliação de diferentes pretensões, através do uso de razões e da experiência de alcançar entendimento mútuo na comunicação livre de coerção, fornece um procedimento comunicativo para esferas públicas pluralistas, o que é um ponto crucial de conexão entre a TAC e teorias da esfera pública. A conciliação de pretensões contestadas pode assim tomar uma via racional que seja *comunicativa*, e não coercitiva.

Nesta fase podemos ter uma primeira visão geral do que Habermas envolve no ato comunicativo: é inerente à *performance* cotidiana dos atos de fala um sistema de comunicação entre atores sociais que conecta linguagem, significado e a coordenação de ação com pretensões de validade contextualizadas e a troca de razões e argumentos. Uma vez que a *performance* comunicativa envolve os seguintes três níveis: o eu, o eu-outro e o mundo, é capaz de produzir e reproduzir a ordem social ao nível pessoal, interpessoal e do mundo objetivo. As três dimensões do subjetivo, do inter-relacional e do objetivo, que até então haviam estado separadas tanto na filosofia quanto nas ciências sociais, estão novamente conectadas na Teoria da Ação Comunicativa.

A esfera pública e o mundo da vida

A ação comunicativa é sempre contextualmente limitada e é por isso que os conceitos da esfera pública e do mundo da vida são tão importantes na TAC. A situação ideal de fala está ligada a ambas as noções, e até certo ponto é dependente delas. Na Teoria da Esfera Pública, Habermas apresenta as dimensões histórica e normativa de um espaço social que encena, ou pelo menos facilita, os princípios da ação comunicativa. Através da noção de mundo da vida ele fundamenta a conexão entre significado, validade e as estruturas culturais, as práticas, os valores, as representações e os pressupostos de fundo que as comunidades humanas constroem (HABERMAS, 1998/1988). Ambos os conceitos são complementares à ação comunicativa.

A esfera pública e comunicação

Na Teoria da Esfera Pública, Habermas oferece um relato do surgimento, da transformação e da eventual desintegração da esfera pública burguesa, um fenômeno único criado a partir das relações entre o capitalismo e o estado nos séculos XVII e XVIII na Europa. Além de ser importante na compreensão da TAC, a investigação sobre a esfera pública também é uma investigação sobre os ideais normativos que orientam a comunidade política: Como são tomadas as decisões e com base em quê? Quem participa e quem não participa? Como questões controvertidas são resolvidas? Esta investigação traça as condições sociais e históricas que facilitaram o debate racional e crítico sobre questões públicas e como o acesso aberto, o argumento genuíno e a responsabilização se tornam princípios orientadores da tomada de decisão na vida pública.

A esfera pública é definida como um corpo de "pessoas privadas" que se reúnem e formam um público para discutir assuntos de interesse comum. Trata-se de um espaço onde os cidadãos se encontram e conversam uns com os outros de uma forma que garanta acesso a todos. O debate irrestrito acerca de questões públicas é uma característica essencial da esfera pública e central para se entender como ela se relaciona com a ação comunicativa. O diálogo argumentativo, não muito diferente da situação ideal de fala, que busca o entendimento mútuo, é o novo procedimento central introduzido pelo modelo liberal da esfera pública. Suas características ideais são:

- O debate no espaço público deve ser aberto e acessível a todos.
- As questões em jogo devem ser de interesse comum; meros interesses privados não são admissíveis.
- Desigualdades de *status* devem ser desconsideradas.
- Os participantes devem decidir como pares.

Estas características ideais constituem os princípios que regulam a interação discursiva em público e fornecem as bases sociais para a situação ideal de fala que está no centro da ação comunicativa. A esfera pública foi criada como um espaço social onde argumentos e diálogo são fundamentais para se chegar a um entendimento e lidar com diferença de perspectivas, um espaço onde os participantes se envolvem uns com os outros com base no que têm a dizer e desconsideram desigualdades de riqueza, *status* e poder. Dessa interação discursiva aberta, sem restrições e não coercitiva emerge a opinião pública, entendida como um consenso alcançado através de um debate livre sobre a vida comum.

Esta nova cultura de debate público esteve historicamente ligada a grandes transformações sociais ao nível da vida econômica, social, política e cultural (cf. Box 6.3). Estas transformações estiveram profundamente relacionadas com tremendas transformações psicológicas e sociais na sociedade e andaram de mãos dadas com a maneira como os indivíduos entendiam a si mesmos, seu papel e suas competências. O novo público mudou psicologicamente a sociedade porque introduziu o debate, o questionamento, a ideia de que os indivíduos poderiam raciocinar por si mesmos, produzir pontos de vista e soluções para o que acontecia na sociedade. A nova esfera pública dos cidadãos individuais construiu opiniões, ideias, representações, valores e sentimentos acerca de uma diversidade de questões potencialmente questionando as ações de governos e estados. Indivíduos e grupos podiam pensar por si mesmos, ler por si mesmos e se envolver em conversas que buscavam impacto e mudança na ordem institucional do dia.

Box 6.3 O surgimento e "refeudalização" da esfera pública

A esfera pública surgiu no início da Europa moderna como contrapeso aos estados absolutistas. Ela evoluiu no contexto do desenvolvimento do início do capitalismo moderno e das intensas discussões ligadas ao aumento da literacia, o surgimento de novas formas de associação cívica e uma nova imprensa independente. Habermas observa que a propagação de salões e casas públicas na Alemanha, França e Inglaterra foi esmagadora na virada do século XVIII; por volta de 1710 só Londres tinha mais de 3.000 *pubs* (casas públicas), cada um com um grupo constante de *habitués*. A nova esfera pública introduziu uma forte distinção entre ela própria, o Estado, a economia e os interesses privados. Foi concebida como uma arena de debate livre, sem preocupação com compra e venda, para a produção e circulação de discursos que poderiam ser críticos do Estado e dos mercados. Ela desafiou formas tradicionais de poder associadas a parentesco, linhagem e direitos de nascimento, introduzindo o poder de um público capaz de debate e argumentação racional.

Um dos objetivos principais desta nova cultura liberal era o sigilo dos estados monárquicos. O estilo medieval de representação pública referia-se ao *status* exibido publicamente pelo senhor feudal e estava imediatamente ligado à sua pessoa concreta: ao apresentar-se a si mesmo ele apresentava poder. A discussão crítica e o debate eram estranhos ao exercício do poder e a única face pública do Estado renascentista era o esplendor, a pompa e o exibicionismo. No entanto, seu núcleo, como observa Habermas, estava submerso no sigilo. A palavra "secretário", que até hoje se refere a um alto cargo no governo, expressa bem a ideia de que governar é ser detentor e guardião de segredos.

É esta forma de representação medieval que ressurge nas sociedades contemporâneas, levando ao que Habermas chama de "refeudalização" da esfera pública. Hoje, assim como antes, nos estados monárquicos feudais, o prestígio, o espetáculo e a exibição são características centrais do que é "público". Se pensarmos na invasão da "cultura da celebridade", da importância e do espaço concedido às vidas privadas de indivíduos nos meios de comunicação e na imprensa, do acompanhamento, minuto a minuto, de preocupações cotidianas privadas no Twitter, entenderemos o que Habermas quer dizer: em vez de debate crítico, espetáculo; em vez de foco em questões de interesse comum, um foco no trivial; em vez de independência e separação entre Estado, poder econômico e opinião pública, interferência clara, expressa no fazer *lobby* e no predomínio das relações públicas. Em tudo isso podemos detectar o toque disfarçado do sigilo sob a luz de uma visibilidade excessiva cujo objetivo verdadeiro é desviar a atenção do que realmente importa na esfera pública.

No cerne do que permitiu a opinião pública florescer e ser exponencialmente propagada por canais institucionais emergentes (tais como liberdade de expressão legalmente garantida, uma imprensa livre e liberdade de reunião) foi este sujeito psicológico e político: indivíduos interagindo em público agora podiam pensar, expressar ideias, ter opiniões, e, pela primeira vez, ter um verdadeiro impacto na sociedade como cidadãos. O novo sujeito da esfera pública, através da discussão racional da vida política, estava criando um novo espaço entre o Estado e a sociedade e tornando o Estado responsável perante os seus cidadãos. A história da esfera pública claramente demonstra como o psicológico, o social e o político são inseparáveis na sociedade humana.

O uso de diálogo argumentativo para participação política e o princípio da responsabilidade [*accountability*] foram, portanto, as duas novas concepções introduzidas pelo novo público. A própria circulação de opinião pública torna-se, ela mesma, um novo ator político mediando as relações entre o Estado e a nova sociedade civil. Neste contexto, o surgimento e o desenvolvimento de meios de comunicação de massa se tornam um elemento-chave da esfera pública (cf. os cap. 13-15 sobre as comunicações em saúde, política e ciência por meios de comunicação de massa). Novos meios de comunicação, em particular a consolidação da imprensa, divulgam os interesses do novo público e, ao mesmo tempo, colocam as ações do Estado sob escrutínio, empurrando processos de tomadas de decisão e deliberação política para o espaço aberto.

Em outro lugar sugeri que a obra de Habermas deveria ser entendida como mais do que uma explicação histórica e sociológica da esfera pública burguesa; sua investigação sobre a esfera pública também é um estudo psicossocial, uma narrativa poderosa das transformações que ocorreram na subjetividade e na mentalidade de uma nova classe social que tentava se afirmar e mudar radicalmente a paisagem social das sociedades europeias. Incorporada à Teoria da Vida Pública de Habermas também está uma teoria sobre adoção de perspectiva, reciprocidade e adoção de papéis na vida social, sobre as exigências da sociedade para que o diálogo entre o eu e o outro aconteça, e sobre a necessidade de justificar e validar a própria posição em relação aos interlocutores (JOVCHE-LOVITCH, 2007). "A esfera pública como o espaço para a ação comunicativa fundamentada é a questão que me tem preocupado por toda a vida", diz Habermas na sua palestra em Kyoto (2004). Na verdade, a Teoria da Esfera Pública de Habermas não pode ser compreendida fora da sua Teoria da Ação Comunicativa.

Ação comunicativa e o mundo da vida

Uma vez que a esfera pública se refere ao espaço social e aos arranjos institucionais que permitem/facilitam a ação comunicativa, o conceito de mundo da vida é crucial na definição das condições de toda comunicação possível. Baseando-se na análise do conhecimento de fundo apresentada por Wittgenstein, Habermas resgata o antigo conceito fenomenológico de mundo da vida (HUSSERL, 1970; SCHUETZ, 1970) como complementar à ação comunicativa. O mundo da vida pode ser definido como o horizonte subjacente aos contextos nos quais as pessoas se comunicam para chegar a um entendimento. Ele toma forma na linguagem e nos atos de comunicação e aparece como "um reservatório de pressuposições, convicções firmes, às quais os participantes da comunicação recorrem em processos cooperativos de interpretação" (HABERMAS, 1992, p. 124). Refere-se ao conhecimento não problemático que suplementa, acompanha e provê o contexto da ação comunicativa: as tradições, as línguas naturais, os pressupostos e premissas que regem a vida cotidiana. Enquanto buscam o entendimento mútuo, os agentes participam de processos de comunicação que não desaparecem, mas se solidificam em estruturas simbólicas de significado e compreensão que se tornam a matéria do mundo da vida. Neste processo, eles constroem e consolidam os elementos intersubjetivamente reconhecidos de um entendimento compartilhado sobre o mundo, que os psicólogos sociais chamam de representações sociais (MARKOVÁ, 2003; MOSCOVICI, 2000; WAGNER & HAYES, 2005, cf. tb. cap. 7).

Porque a ação comunicativa é dependente de contextos situacionais ela deve estar conectada ao mundo da vida dos participantes na interação. A comunicação para a compreensão mútua requer um fundo de pressupostos, representações, práticas e significados culturais comuns. Este fundo constitui o horizonte no qual a troca de razões e as diferentes reivindicações embutidas em atos de fala fazem sentido e são interpretadas pelos interlocutores.

Os três componentes estruturais do mundo da vida são pessoa, sociedade e cultura. Cada um deles produz e reproduz o mundo da vida. Na produção e reprodução das referências simbólicas, parâmetros e conhecimento de fundo que permite a um jogo de linguagem se solidificar e dar sentido e validade a uma proposição, os indivíduos se desenvolvem como pessoas, interagem para produzir sociedades e estabelecem o conteúdo semântico de tradições culturais. O mundo da vida fornece os pontos de referência, os parâmetros, os recursos contra os quais os indivíduos compreendem o mundo que os rodeia, desenvolvem as competências teóricas e práticas para lidar com o dia a dia, e estabelecem as relações comunicativas que permitem o desenvolvimento e a reprodução de pessoa, sociedade e cultura.

Os três componentes estruturais do mundo da vida mapeiam no modelo tripartite de comunicação de Habermas conforme ele procura integrar o subjetivo, o intersubjetivo e o objetivo na produção e reprodução do mundo da vida. A Figura 6.1 tenta capturar a estrutura teórica geral da Teoria da Ação Comunicativa, descrevendo o modelo tripartite que constitui e conecta suas várias facetas.

Considere o centro da figura, onde o microprocesso de comunicação entre os interlocutores – que estão sempre situados em um contexto onde diferentes perspectivas se encontram e são observados por um terceiro – cresce exponencialmente até a análise dos macroprocessos que envolvem a produção e reprodução de mundos da vida. O nível superior da figura indica os componentes da ação no sentido de alcançarem o entendimento operando na língua dos interlocutores e do observador: atos de fala, pretensões de validade e as dimensões às quais se referem. O nível inferior da figura indica os componentes na produção e reprodução de mundos da vida através da ação comunicativa. As setas duplas indicam a natureza mutuamente constitutiva dos construtos. Importante notar que o ato comunicativo no centro desencadeia um modelo tripartite que permeia a arquitetura teórica geral da TAC: do outro lado da figura encontramos os três níveis do subjetivo (individual, expressivo); do interativo (intersubjetivo, regras e normas sociais) e do objetivo (o mundo dos objetos, da sociedade e da cultura). Cada um desses níveis pode ser encontrado em nosso discurso, em nossos esforços em coordenar e alcançar o entendimento mútuo, e nas maneiras pelas quais construímos a nós mesmos, nossas esferas públicas e mundos da vida.

Figura 6.1 O modelo global de Habermas da ação comunicativa

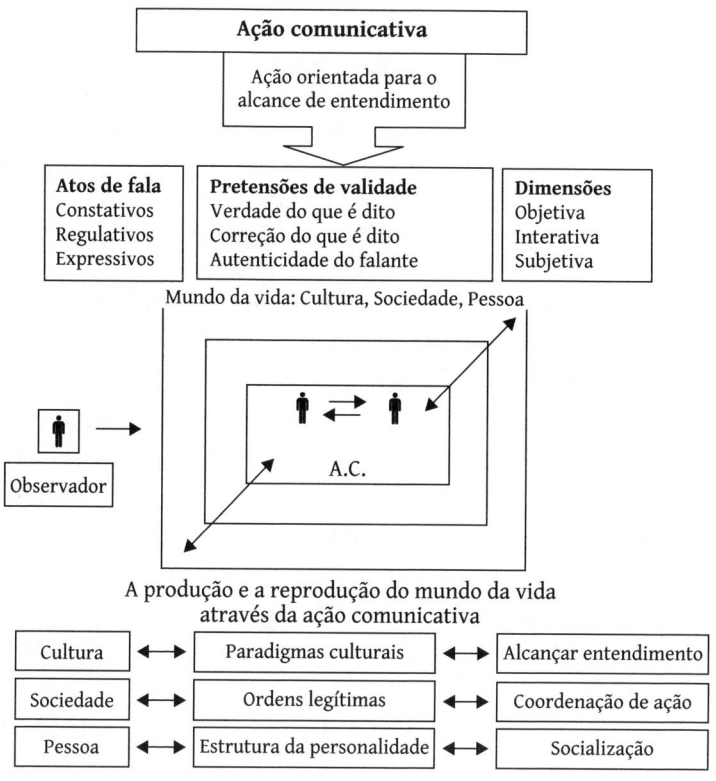

Ação comunicativa

Ação orientada para o alcance de entendimento

Atos de fala	Pretensões de validade	Dimensões
Constativos	Verdade do que é dito	Objetiva
Regulativos	Correção do que é dito	Interativa
Expressivos	Autenticidade do falante	Subjetiva

Mundo da vida: Cultura, Sociedade, Pessoa

Observador

A.C.

A produção e a reprodução do mundo da vida através da ação comunicativa

Cultura	⟷	Paradigmas culturais	⟷	Alcançar entendimento
Sociedade	⟷	Ordens legítimas	⟷	Coordenação de ação
Pessoa	⟷	Estrutura da personalidade	⟷	Socialização

Ação comunicativa e ação estratégica

Habermas está convencido de que "alcançar entendimento é o *telos* inerente à fala humana" (1989b, p. 287). Encontrando inspiração mais uma vez em Austin, que viu a orientação para alcançar entendimento como o modo original do uso da linguagem sobre o qual todos os outros usos da linguagem dependem, a TAC propõe que a ação comunicativa seja o tipo original de ação sobre o qual todas as outras formas são parasitas. Para este efeito, Habermas faz uma distinção muito clara entre ação comunicativa e **ação estratégica**:

Eu conto como ação comunicativa aquelas interações linguisticamente mediadas nas quais todos os participantes buscam objetivos ilocucionários, e apenas objetivos ilocucionários, com seus atos mediadores de comunicação. Por outro lado, considero como ação estratégica linguisticamente mediada aquelas interações nas quais pelo menos um dos participantes quer com seus atos de fala produzir efeitos perlocucionários no seu oposto (1989b: 295).

A ação comunicativa é uma ação orientada para alcançar o entendimento enquanto a ação estratégica está orientada para o sucesso. A ação comunicativa visa o comum acordo entre os interlocutores e a realização de um consenso de que possa ter impacto sobre a coordenação de ação. A ação estratégica ou intencional é uma forma de atuação que busca um resultado no comportamento dos outros. Seu objetivo estratégico é influenciar, exercer um efeito sobre o outro. Se na minha interação com você meu objetivo é mudar o seu comportamento, este objetivo controla o que eu digo, como eu o digo e por que eu o digo. Desvia os meus atos de fala de pretensões de validade, tais como honestidade, retidão e sinceridade, de modo a que eu possa distorcer sistematicamente o mundo objetivo e até mesmo mentir para você para alcançar meu objetivo de o influenciar. A ação estratégica suspende as pretensões de validade, em qualquer um ou mais dos domínios da realidade envolvidos em atos de fala, seja o domínio pessoal, o interpessoal ou o objetivo (cf. Box 6.4).

A ação estratégica distorce a comunicação; ela pretende ser comunicação, quando na verdade não o é. Geralmente é elaborada na esfera pública por interesses de poder que afetam nossa linguagem a fim de dominar e manipular. O conceito de ação estratégica analisa como o uso do poder – político, econômico e cultural – emprega as três dimensões dos atos de fala para alcançar efeitos de dominância e distorção ideológica na esfera pública, nas interações e nos indivíduos. Este cerco à linguagem pelo poder não é apenas uma questão externa, porque a distorção, a dominância e a manipulação se inscrevem na nossa maneira de falar e usar a linguagem. Ela penetra o nosso próprio eu e se torna quase automática através do uso contínuo. Na verdade, o conceito de ação estratégica se assemelha à análise da extensão, de Freire (2005) (cf. cap. 2): o outro é invadido pelo eu, que nega, silencia ou distorce suas palavras, persuadindo, dominando, usando propaganda e outros instrumentos semelhantes.

Box 6.4 Ação comunicativa ou ação estratégica?

Grande parte do debate sobre questões públicas hoje exemplifica a suspensão de pretensões de validade. Tomemos como exemplo as discussões que antecederam a Conferência sobre Mudança Climática da ONU de 2009, em Copenhague. Algumas semanas cruciais antes da cimeira, o debate foi dominado pelo hackeamento de um computador da Universidade de East Anglia, no Reino Unido, onde um importante centro de pesquisas sobre mudanças climáticas está baseado. Os *hackers* vazaram e-mails que expressavam um tipo um tanto quanto mundano e habitual de discussão em que os cientistas se envolvem quando analisam dados. Os e-mails foram tirados de seu contexto de debate científico e lançados no domínio público com a intenção de pôr em causa a evidência científica que aponta para a responsabilidade humana pela mudança climática (para saber mais sobre as dificuldades da comunicação de ciência, consulte o cap. 15). Porque a ciência não é uma religião, o seu conhecimento está sempre aberto ao escrutínio oferecido por argumentos fundamentados; e os cientistas questionarão e explorarão conjuntos de dados como um procedimento protocolar. No entanto, este questionamento foi tomado por atores estratégicos como prova da falta de fiabilidade dos dados, ainda mais comprometidos pela alegada falta de sinceridade dos cientistas em questão. Neste caso, em vez de abordar questões substantivas relacionadas ao corpo de provas em questão, os militantes que procuravam minar a hipótese da responsabilidade humana pela mudança climática se concentraram em suspender a validade da sinceridade dos cientistas, um tipo tremendamente eficaz de ação estratégica. Neste caso, o debate é desviado de seu foco substantivo e torna-se uma questão de persuadir e influenciar a opinião pública sem qualquer preocupação em se chegar a um entendimento. Interesses, que estão associados ao poder político e financeiro, perturbam a comunicação e bloqueiam o processo de argumentação de modo a que atores monológicos possam estrategicamente avançar e ter sucesso em suas posições privadas. A suspensão de pretensões de validade também suspende o ato da comunicação, que é atingido por um objetivo estratégico externo à compreensão mútua, ou seja, o sucesso de uma determinada posição.

A justaposição da ação comunicativa com a ação estratégica permite uma análise das distorções que desviam a comunicação dos seus objetivos e das consequências dessas distorções em níveis micro e macro. Para cada domínio da comunicação distorcido há uma consequência. Nos processos estratégicos que desviam a comunicação da compreensão mútua encontramos as origens da anomia, do individualismo e da perda de sentido nas vidas das pessoas. No domínio interativo encontramos perturbações na solidariedade social, na adoção de perspectiva e no reconhecimento. Por fim, distorções na comunicação no domínio social produzem uma esfera pública diminuída, cuja função crítica é superada pelo espetáculo, pela cultura da celebridade e pelo consumismo.

Será que a TAC é idealista?

Muitas críticas foram feitas à TAC de Habermas, mas aquela que se destaca como a mais persistente e generalizada é a acusação de "idealismo" (cf. CALHOUN, 1992). Tal como acontece com a Teoria da Esfera Pública, a TAC é vista como idealista – não é suficientemente adequada para captar o que realmente se passa na vida humana. Não é difícil ver por que a acusação é feita: trata-se de uma teoria que insiste ostensivamente na ideia de entendimento mútuo como base da comunicação, não obstante o fato de que mesmo um olhar casual sobre os nossos mundos sociais seria suficiente para tornar necessário submeter essa afirmação a um escrutínio. Seja por condições de assimetria profunda encontrada em esferas públicas desiguais ou as ansiedades existenciais associadas ao outro inquietante, a ação comunicativa nos termos habermasianos parece ser mais uma possibilidade ideal do que uma possibilidade prática.

Esta crítica não é sem fundamento, porque é difícil desembaraçar a dinâmica da incompreensão nas relações humanas (ICHHEISER, 1949) da prática da comunicação. A distinção entre ação comunicativa e ação estratégica separa do ato da comunicação todas aquelas formas de interação que a distorcem sistematicamente; no entanto, muitos têm mantido de forma convincente que comunicação e falta de comunicação estão inexoravelmente interligadas, e que eleger uma em detrimento da outra é apreender apenas metade da história. Na vida cotidiana, por exemplo, a distorção na comunicação parece ser a regra e não a exceção (uma afirmação feita no cap. 9). Os psicólogos sociais têm estudado em detalhe fenômenos tais como a persuasão, o boato e o engano, enfocando processos retóricos de influência e persuasão (BILLIG, 1996). Habermas exclui a influência e a persuasão da comunicação, malgrado o fato de estas poderem ser vistas como o ponto crucial do problema, na verdade a norma quando estudamos a comunicação humana.

No entanto, sugerir que a TAC não examine as falhas e as distorções na comunicação como inerentes à comunicação é muito simplista; deixa de capturar o que Habermas realmente sugere. A análise da ação social, o que mantém as sociedades unidas e as torna possível – assim como, em última análise, toda a vida humana –, é central para a TAC. Nisto Habermas não está sozinho. O agir coletivo criou o mundo humano tal como o conhecemos, e é na comunicação dirigida para o entendimento e a partilha de intenções que encontramos as origens da mente humana, da ação coletiva e das culturas humanas. Isto é verdadeiro em Habermas, mas é também um argumento invocado por psicólogos, antropólogos e primatologistas evolucionários e culturais (TOMASELLO, 2005, 2009; GOODY, 1998; HUMPHREY, 1976; JOLLY, 1966): a intencionalidade conjunta e a ação cooperativa desempenham um papel evolucionário-chave na formação do *Homo sapiens*. Há evidências substanciais para se sugerir homologias precisas entre a estrutura cooperativa da comunicação humana, e a estrutura cooperativa dos humanos, como oposta à interação social e à cultura de outros primatas (TOMASELLO, 2008). Uma pergunta interessante que se pode fazer aqui é o que acontece com a herança humana das tendências competitivas? Ações altruístas e cooperativas têm intrigado sistematicamente estudiosos que pesquisam a evolução do comportamento humano enquanto divergente da linhagem ancestral (cf. cap. 11).

A questão central aqui é reconhecer o papel da ação comunicativa em lançar os fundamentos e produzir uma plataforma básica para a modalidade de vida específica para a qual os seres humanos evoluíram. Não é por acaso que a linguagem, o eu e a cultura estejam entre as mais importantes distinções sociocognitivas entre os seres humanos e seus parentes mais próximos. Tanto os psicólogos do desenvolvimento quanto os sociais têm mostrado que a cooperação e o diálogo são fundamentais para o desenvolvimento saudável dos bebês humanos (cf. cap. 1); o eu é uma estrutura dialógica que surge no espaço de comunicações transicional entre bebê e cuidador (WINNICOTT, 1988, 1965). Brincadeiras e jogos são processos sociais e psicológicos cruciais, que permitem a descentralização e a adoção de perspectiva, inscrevendo a tensão entre eu/mim no coração da autoconsciência e do entendimento humanos (MEAD, 1932). Representações de perspectivas e leitura das mentes dos outros são igualmente centrais no desenvolvimento cognitivo e na aquisição de linguagem (MALLE & HODGES, 2005; TOMASELLO, 2003; OLSON; ASTINGTON & HARRIS, 1998). Isso nos permite especular que culturas de cooperação e diálogo sejam adaptações evoluídas justamente para sublimar e controlar as tendências competitivas que herdamos de outras formas de vida. Ao evoluir ferramentas comunicativas tão poderosas, os seres humanos foram capazes de reunir recursos e obter sucesso coletivamente no estabelecimento de culturas e no desenvolvimento de si mesmos.

Se as relações sociais distorcem, evitam ou destroem essas conquistas evolucionárias, socioculturais e psicológicas é uma questão completamente diferente, que exige uma nítida distinção analítica entre condições de possibilidade e condições de realização. Neste sentido não há nada de reconfortante na visão habermasiana da comunicação. O que encontramos é um claro entendimento de que os seres humanos vivem em sociedade porque evoluíram habilidades comunicativas que permitem a coordenação da ação, a partilha de objetivos e intenções, e a tensão entre a consolidação de tradições culturais e a inovação destas tradições por cada nova geração, conhecida como o efeito cremalheira (TO-

MASELLO, 1999). Essas habilidades criaram uma plataforma de realizações humanas que são expressadas em nossas vidas psicológicas, sociais e culturais (TOMASELLO & RACKOZY, 2003; TREVARTHEN, 1979).

A TAC e a imaginação dialógica

Curiosamente, para alguém consistentemente criticado por idealizar a comunicação humana, o ponto de partida de Habermas foi uma profunda compreensão pessoal do fracasso da comunicação e da fragilidade das formas de vida comunicativa. Ao ponderar sobre as ligações entre teoria e biografia, Habermas (2004) fornece uma visão geral de como a sua própria trajetória pessoal intercepta suas preocupações teóricas. Ele descreve como o seu problema de fala moldou a sua compreensão da própria natureza social dos seres humanos, da sua sensação de dependência e vulnerabilidade, que todos compartilhamos, e uma consciência da relevância da nossa interação com os outros. Suas primeiras experiências lhe forneceram uma compreensão nítida de que "nos encontramos existindo no meio da linguagem" e de que "é mais para comunicar do que para descrever o mundo que usamos a linguagem". A vida humana necessita de entendimento mútuo para funcionar, assim como o desenvolvimento saudável do bebê humano. Com efeito, nenhuma pessoa e nenhuma comunidade humana poderia vir a existir baseada apenas em ação estratégica, mal-entendidos ou engano. O diálogo está na base da mente (VYGOTSKY, 1994) e molda o desenvolvimento cognitivo (PERRET-CLERMONT, 1980; DOISE & PALMONARI, 1984; cf. mais uma vez o cap. 1).

Nesta profunda motivação pessoal encontramos o que, na minha opinião, é essencial para compreender Habermas e seu projeto global, assim como o equívoco daqueles que consideram a sua posição "idealista". O seu projeto pretende apreender a natureza e o papel da comunicação em uma forma distintiva da vida humana, assim como as utopias normativas que sustentam as nossas imaginações morais e éticas. Como podemos distinguir entre o que é essencial, universal e fundamental na vida humana e as suas múltiplas condições de realização? Como podemos sustentar uma imaginação moral e ética que esteja comprometida com a prática do diálogo como meio de resolver as divergências, as discordâncias e as nítidas diferenças que permeiam os nossos "humanos, demasiado humanos" mal-entendidos e realidades enganosas? Habermas entende muito bem as falhas na comunicação e os perigos que essas falhas contêm. Mas ele mostra que só podemos entender por que algo não funciona se entendermos, em primeiro lugar, por que e como isso funciona. É precisamente isso o que Habermas nos deu: uma teoria que vincula a vida individual e social a um contexto comunicativo intersubjetivo no qual o desejo dos interlocutores de entenderem uns aos outros guia a maneira como usam razões nos níveis pessoal, interpessoal e objetivo, suscitando e respondendo a pretensões de validade baseadas em mundos da vida e esferas públicas onde os princípios normativos da igualdade de acesso, indiferença em relação a *status* e argumentação racional governam sobre o poder dos interesses e do dinheiro.

A acusação de idealismo dirigida a Habermas contém uma armadilha cujo perigo está na reconciliação acrítica com o que existe e uma negação das utopias normativas que alimentam a imaginação dialógica. É nas tensões entre o atual e o possível, exploradas por Habermas em toda a sua obra, que encontramos os recursos cognitivos, emocionais e práticos para compreendermos o que é real e ousarmos imaginá-lo e fazê-lo de uma maneira diferente.

A psicologia das relações eu-outro demonstra que, embora a comunicação entre eu e outro seja na verdade um processo espinhoso, feito de ambivalências e contradições, é absolutamente necessária para a construção de comunidades e pessoas individuais. Reconhecer o outro como uma pessoa em seu próprio direito e aprender a adotar a sua perspectiva são processos centrais no desenvolvimento da criança, na constituição do eu moral e no desenvolvimento das nossas esferas públicas. A ontogenia da experiência humana se dá no encontrar e se comunicar com o outro, e obter sucesso neste encontro é de suma importância para a vida humana (SPITZ, 1945; STERN, 1985). A Teoria da Comunicação de Habermas nos permite estender estas ideias a uma paisagem conceitual muito maior que projeta a primazia da experiência intersubjetiva como a fundação e guia ético à nossa realidade humana compartilhada.

Parte II

TÓPICOS ESPECIAIS EM COMUNICAÇÃO

7
REPRESENTAÇÕES, IDENTIDADE E RESISTÊNCIA NA COMUNICAÇÃO

Caroline Howarth

Palavras-chave: Cultura; diferença cultural; decodificação-codificação; identidade; ideologia; resistência; representação social.

> *Não podemos nos comunicar a não ser que compartilhemos certas representações* (MOSCOVICI & MARKOVÁ, 2000, p. 274).

> *As representações às vezes põem em questão as nossas próprias identidades. Nós as disputamos porque são importantes – e estas são disputas das quais sérias consequências podem fluir. Elas definem o que é "normal", quem pertence – e, portanto, quem é excluído* (HALL, 1997, p. 10).

Nossas identidades, as maneiras como nos vemos e representamos, moldam como nos comunicamos, sobre o que comunicamos, como nos comunicamos *com* os outros e como nos comunicamos *sobre* os outros. Disso decorre o fato de **identidade, representação, cultura e diferença** se encontrarem todas no cerne de uma psicologia social da comunicação. Considere o fator da cultura, conforme tratado no capítulo 3: alemães e gregos diferem consideravelmente quanto à quantidade de conversa fiada em discussões de negócios, que é vista pelos gregos como importante para a construção de relacionamentos (PAVLIDOU, 2000). Falantes do inglês americano tendem a ser faladores e inquisitivos em conversas com pessoas que não conhecem bem, e relativamente quietos no conforto e na intimidade das relações íntimas, enquanto o inverso é verdadeiro para os índios Athabascan (TRACY, 2002).

Soma-se a essas **diferenças culturais** os padrões de comunicação relativos a gênero (DUVEEN & LLOYD, 1986), religião (MIIKE, 2004), classe (SKEGGS, 1997), linguagem e dialeto (PAINTER, 2008), entre outros. Além do mais, é muito difícil desemaranhar a natureza intracultural da identidade e como ela impacta sobre a comunicação (MARTIN & NAKAYAMA, 2005). Eis a razão pela qual as trocas comunicativas são "profundamente culturais", uma vez que "grupos de pessoas falarão e interpretarão as ações daqueles que os rodeiam de maneiras padronizadas" (TRACY, 2002, p. 34). Uma das questões para uma psicologia social da comunicação é: Será que esses padrões culturais facilitam ou dificultam a comunicação? (Cf. Quadro 7.1.)

Por conseguinte, precisamos examinar as "maneiras padronizadas" de falar, interpretar e agir, e, assim, explorar a relação entre comunicação e identidade. Curiosamente, teorias da representação surgiram em duas disciplinas distintas como um meio de analisar esses padrões de comunicação e as conexões entre comunicação, identidade e **resistência**. Na Psicologia Social, trata-se da Teoria das Representações Sociais (TRS), desenvolvida por Serge Moscovici (1961/2008); e nos Estudos Culturais, trata-se do extenso trabalho de Stuart Hall (1980; 1988; 1997).

Box 7.1 As diferenças culturais facilitam ou dificultam a comunicação?

A comunicação é frequentemente estudada com referência a diferenças *inter*culturais, nomeadamente a comunicação entre pessoas de *diferentes* grupos nacionais e linguísticos. Daí o fato de "existirem" diferentes culturas – culturas relativamente homogêneas, distintas e discretas, que podem ser definidas umas contra as outras como dadas como certas em muitas obras sobre comunicação. Seguindo um modelo **codificação-decodificação** (HALL, 1980, detalhado abaixo), por exemplo, as mensagens são vistas como codificadas nos símbolos e nuanças de uma cultura que não pode ser acessível a alguém de outra cultura. Como Porter e Samovar (1988, p. 21) explicam:

> Quando uma mensagem alcança a cultura onde será decodificada, ela sofre uma transformação na qual a influência da cultura decodificadora se torna uma parte do significado da mensagem. O conteúdo de significado da mensagem original é modificado durante a fase de decodificação da comunicação intercultural, porque o repertório culturalmente diferente de comportamento comunicativo e significados possuído pelo decodificador não contém os mesmos significados culturais possuídos pelo codificador.

A cultura informa as maneiras como pensamos e agimos em relação a tudo – até mesmo as maneiras como pensamos *sobre* comunicação. Hayakawa (1978), por exemplo, aponta como a comunicação é representada em culturas ocidentais, onde o ouvinte está muitas vezes posicionado como subordinado ao falante ativo e independente. Em outras culturas, onde o entendimento coletivo é mais valorizado do que o sucesso individual, não há tantos papéis diferentes para o falante e para o ouvinte, mas sim um empreendimento conjunto pelo sentido, a empatia e a construção de conexões com os outros (FITCH, 1998). Isto é importante ter em mente ao se realizar pesquisa em comunicação. As ciências sociais como um todo, mas especialmente a antropologia e a psicologia transcultural, têm de fato alimentado toda uma indústria de comunicações que examina, registra e aconselha sobre diferença cultural – o que e onde fazer, como agir, como agradar, como fazer negócios, como negociar, como pedir a partir de um cardápio de restaurante etc. (BENNETT, 1993). É evidente que existem diferentes práticas culturais em todos os tipos de encontros sociais presenciais e virtuais, e esse conhecimento pode ser extremamente útil, conforme detalhado no capítulo 3.

No entanto, esses textos interculturais, embora produzidos com as melhores das intenções e, por vezes, aclamando a importância do respeito intercultural, muitas vezes podem estar "um tanto inclinados a estereotipagem, por vezes dados a exagerarem as diferenças culturais" (HANNERZ, 1999, p. 398), oferecerem relatos unidimensionais da cultura, que menosprezam as interconexões entre cultura, gênero, classe e história, e, possivelmente, endossam ideologias de preconceito (ORBE, 1998). Em muitas situações essas alegações de diferença cultural atraem uma série de obstáculos à comunicação bem-sucedida, nomeadamente afirmações exageradas de diferença/similaridade, estados de ansiedade sobre diferença e atitudes preconceituosas (como já descrito no cap. 3). Representações de "outras culturas" frequentemente impõem alegações homogeneizantes de como "nossa cultura" se compara (favoravelmente) a outras (HALL, 1997), embora o discurso acerca da "nossa cultura" possa cometer violência simbólica contra as identidades e práticas de grupos minoritarizados (ORBE, 1998).

Tendo aceitado a diversidade e a transformação contínua dentro de todas as culturas, torna-se muito difícil falar significativamente de "diferentes culturas" (HOWARTH, 2009a). No entanto, como o demonstra a literatura (MARTIN & NAKAYAMA, 2005), é evidente que existem várias práticas culturais, formas de identidade, diferentes grupos sociais e relações de poder que levam a diferentes formas de comunicação. Mas ao invés de examinar diferentes "culturas", sugiro que vejamos a cultura como algo que *fazemos* através de sistemas de representação, não como algo que temos. Desta forma, podemos agora examinar como todas as culturas mudam e se transformam, se encontram e se fundem com outras, se chocam e se cristalizam em facções distintas e às vezes hostis *e* contêm representações, interesses e vozes concorrentes. Começamos então a ver a comunicação como uma luta política (HALL, 1981) ou uma negociação cultural (HOLLIDAY et al., 2004), uma maneira de apresentar e reapresentar o conhecimento cultural em um sistema permanente de negociação – embora não estejamos todos posicionados igualmente neste diálogo, como é evidente quando consideramos representações de "raça" (HALL, 1988, 1997; quadro 7.2).

A TRS tem sido, desde o início, descrita como uma teoria da comunicação. Na verdade, como Duveen (2000) apontou, "representações podem ser o produto da comunicação, mas também é o caso que sem representação não poderia haver comunicação" (p. 12-13). As representações (como estruturas comuns de conhecimento e prática social produzidas em atividade social psicológica) *só* podem existir na comunicação através do desenvolvimento de sistemas compartilhados de valores, ideias e práticas. Além disso, a **representação social** (como processo psicológico ao mesmo tempo cognitivo *e* cultural) *só* é possível através da comunicação de identidades emergentes e relacionais, inconstantes pretensões de diferença, e pretensões de comunidade. Estudos da TRS fazem uso de muitos gêneros comunicativos diferentes: conversa do dia a dia, narrativas, discurso científico, imagens de mídia, documentos históricos, práticas institucionais, artefatos culturais, cartazes publicitários e até mesmo desenhos e tecelagens.

E, no entanto, a TRS não oferece uma teoria precisa da comunicação *per se*. Ao contrário, trata-se de uma teoria acerca do papel das representações em práticas comunicativas, especialmente na transmissão de conhecimentos e na apresentação de identidades. Isso é valioso para uma psicologia social da comunicação, uma vez que destaca a natureza simultaneamente ideológica e colaborativa da comunicação, a relação entre comunicação, diferença e identidade, e as possibilidades de resistência e transformação dentro da troca comunicativa. No entanto, é estudando a TRS que aprendemos sobre estes aspectos da comunicação, com um enfoque particular nos processos *sociopsicológicos* envolvidos. No entanto, ao incorporar o trabalho de Hall, como fazemos a seguir, somos capazes de desenvolver uma explicação muito mais convincente das *políticas* de comunicação, considerar o papel ideológico dos meios de comunicação e outras instituições públicas no desenvolvimento e disseminação de representações, e a possibilidades de surgirem identidades resistentes em práticas comunicativas. Hall descreve sua abordagem como:

> Mais preocupada com os efeitos e as consequências da representação – sua "política". Ela examina não só como a linguagem e a representação produzem sentido, mas como o conhecimento que um discurso parti-

cular produz se conecta com o poder, regula a conduta, compensa ou restringe identidades e subjetividades, e define a maneira como certas coisas são representadas, pensadas, praticadas e estudadas (1997, p. 6).

Assim, uma explicação "articulada" da representação, que se baseie tanto na TRS quanto em Hall, propõe uma versão da comunicação mais *político-psicológica* do que qualquer teoria é capaz de fornecer sozinha[1]. Além disso, exige um enfoque integrado sobre o que Moscovici e Marková (2000) chamam de os gêneros primários da comunicação (o debate cotidiano e a conversação) e gêneros secundários de comunicação (a comunicação de massa, os discursos institucionalizados e assim por diante).

Qual é a relação entre representação e comunicação?

> As representações sociais são "sistemas de valores, ideias e práticas com uma função dupla: em primeiro lugar, estabelecer uma ordem que irá empoderar os indivíduos a se orientarem em seu mundo material e social, e dominá-lo; e, em segundo lugar, permitir que ocorra a comunicação entre os membros de uma comunidade, proporcionando-lhes um código para o intercâmbio social, e um código para nomear e classificar de forma inequívoca os vários aspectos do seu mundo e de sua história individual e coletiva" (MOSCOVICI, 1973, p. xiii).

A partir desta definição, amplamente citada, vemos que as representações "fornecem às coletividades os meios intersubjetivamente compartilhados para compreenderem e se comunicarem" (DUVEEN & LLOYD, 1990, p. 2). Porque estes são os códigos que usamos para explicar o passado, e o passado está sempre mudando para acomodar o presente e apoiar ambições para o futuro, tais códigos (e as identidades que suportam) estão sempre em um processo de transformação (HALL, 1988). Moscovici empregou

---

1. Hall refere-se à "articulação" como a prática de reunir diferentes referenciais teóricos a fim de se ultrapassarem os limites de uma consideração isolada de qualquer uma das teorias sozinha.

pela primeira vez o termo representação *social* para distinguir o conceito das noções de representações coletivas e individuais de Durkheim (1898). Para Durkheim, uma representação coletiva é um "fato social" que nos é imposto, difícil de contestar, uniforme e coercitivo em seus efeitos. Os fatos sociais são mais comuns nas sociedades tradicionais, onde há uniformidade comparativa na crença, no conhecimento e nas práticas comunicativas. Na sociedade contemporânea, diferentes sistemas de conhecimento (relacionados a ciência, religião, saúde, economia, política e assim por diante) competem em diversos contextos. Como resultado, há mais crítica, argumento e debate e, portanto, menos estabilidade no conhecimento e na comunicação. A maioria das representações coletivas agora se fragmentaram sob estas pressões, dando origem a campos representacionais mais dinâmicos, instáveis e opositivos (HALL, 1980). Sob as pressões da globalização, os significados se tornam altamente contestados e negociados, como Lewis o reconhece:

> Os significados se tornam um campo de batalha entre e no meio das culturas populares, subculturas de classe, culturas étnicas e nacionais; diferentes meios de comunicação, a casa e a escola; igrejas e agências de publicidade; e diferentes versões da história e de ideologias políticas. O sinal já não está inscrito dentro de uma ordem cultural fixa. O significado das coisas parece menos previsível e menos certo (1994, p. 25).

Ou simplesmente, como Hall o colocou, "O significado flutua. Ele não pode ser fixado definitivamente" (1997, p. 228). Essa é a razão pela qual o processo de representação em si e por si exorta à mudança social e psicológica. Como a pesquisa de Philogène (2001) o demonstra, "representações sociais são vetores de mudança, porque são o meio pelo qual comunicamos novas situações e ajustamo-nos a elas" (p. 113). Representação é algo que fazemos a fim de compreendermos os mundos nos quais vivemos e, através da comunicação e da compreensão, convertemos estes sistemas de valores, ideias e práticas em uma realidade social, para os outros e para nós mesmos. Neste processo, a ideia ou prática pode ser confirmada ou talvez rearticulada de alguma maneira (HALL, 1980). E a representação não é algo que fazemos independentemente, como *indivíduos pensantes*, mas algo que é sempre um processo colaborativo, relacional. Encontramos nessas ideias uma forte ressonância com a ideia de mediação de Vygotsky, sua insistência na base social do pensamento e sua tentativa de entender como ferramentas simbólicas se tornam os meios para funções cognitivas individuais, como discutido no capítulo 1. A representação também é, obviamente, um processo profundamente político, evidente ao se "pensar sociedades em clubes, museus, bibliotecas públicas, bibliotecas políticas, cafés, associações econômicas ou políticas, movimentos ecológicos, salas de espera de médicos, grupos de terapia, classes de educação para adultos" (MOSCOVICI, 2001, p. 12). É por isso que o processo de comunicação incentiva tanto a mudança quanto a estabilidade, a resistência e a contenção na gênese do conhecimento (HALL, 1981), como vemos tanto em gêneros comunicativos primários (como no caso de trocas interpessoais) quanto em gêneros comunicativos secundários (o domínio da comunicação de massa e do sentido público).

A comunicação através da ciência, da mídia e do cotidiano

O próprio estudo clássico de Moscovici da circulação do conhecimento sobre psicanálise na mídia e nas discussões cotidianas é geralmente visto como a comunicação de conhecimento científico em discursos populares. Isso pode ser facilmente relacionado com o modelo de codificação-decodificação de Hall. Este apresenta uma poderosa crítica de teorias que caracterizam a comunicação de massa como um sistema transparente e direto de registrar e descobrir o significado pretendido no discurso, onde as audiências leem o significado pretendido em textos da mídia, por exemplo (HALL, 1980). Hall demonstra a "falta de ajuste" entre o processo circular de codificação (por produtores e repórteres) e a decodificação (pelas audiências), e as maneiras pelas quais isso abre possibilidades para que valores polissêmicos e relatos opositivos se desenvolvam. (Essa "falta de ajuste" é igualmente evidenciada tanto em abordagens psicanalíticas, cf. o cap. 9, quanto na noção de gerenciamento de impressão de Goffman, onde o que é visado em uma mensagem, e como ela é, em última instância, recebida, nunca são simplesmente uma e a mesma coisa.) De modo semelhante, vários estudos utilizando a TRS examinam "como a ciência consegue se tornar parte do nosso patrimônio cultural, do

219

nosso pensamento, da nossa língua e práticas cotidianas [...] deixando os laboratórios e publicações de uma pequena comunidade científica penetrarem a conversa, as relações ou o comportamento de uma grande comunidade e se difundirem em seus dicionários e material de leitura corrente" (MOSCOVICI, 2001, p. 10).

Isso é muitas vezes descrito como a relação entre o mundo reificado da ciência, onde as representações são codificadas, e o mundo consensual das conversas cotidianas e do senso comum, onde as representações são decodificadas (a este respeito cf. tb. o cap. 15, sobre comunicação de ciência). Assim como Hall critica estudos que apresentem este processo como um processo unidirecional da codificação para a decodificação, precisamos ser críticos em relação aos estudos da TRS que apenas examinem a transmissão de ciência para o cotidiano (BATEL & CASTRO, 2009). Assim como se passa com o modelo de codificação-decodificação de Hall, precisamos ver esses mundos (da ciência e do cotidiano) como intimamente conectados e reativos um ao outro. Por isso também precisamos examinar o impacto do conhecimento cotidiano sobre o discurso científico (HOWARTH, 2009b). Como vemos neste capítulo (p. ex., Box 7.2), os estudos da TRS examinaram a construção e a comunicação de diferentes identidades – em histórias infantis, práticas institucionalizadas e currículos escolares, por exemplo. Podemos ainda achar que certas representações se tornem reificadas como crenças e práticas normativas, mas que a relação com a ciência seja muito menos específica. O que pode ser mais produtivo para uma psicologia social da comunicação é uma análise dos processos de reificação e consensualização (HOWARTH, 2006a). De um modo semelhante ao de Hall, isso nos permitiria examinar como as representações se tornam *sistematicamente distorcidas* e *naturalizadas* na manutenção e defesa da ordem cultural dominante.

Tanto a TRS quanto Hall afirmam que a comunicação é normativa, embora transgressora; individual, embora compartilhada; prescritiva, embora maleável. As representações, como Abric descreveu, são "consensuais, mas marcadas por fortes diferenças interindividuais" (1993, p. 75). Hall também explorou a natureza profundamente ideológica e restritiva das representações e também a sua própria natureza demasiado agêntica e transgressora.

Box 7.2 Diálogos comunitários e representações desafiadoras em torno da "raça"

A relação entre identidade, diferença e resistência tem estado no centro dos meus próprios estudos sobre identidades racializadas. Baseando-me tanto na TRS quanto em Hall, tenho observado o papel da "raça" nos esforços dos jovens para afirmarem e comunicarem identidades culturais positivas (HOWARTH, 2002a). Em particular, tenho examinado o impacto do racismo sobre senso de individualidade, comunidade e cultura das crianças (HOWARTH, 2006b). Tenho demonstrado como a "raça" pode limitar identidades – restringindo o senso de possibilidade e ambição de uma pessoa, e como tais representações podem ser comunicadas e institucionalizadas dentro da cultura simbólica das escolas (HOWARTH, 2004). No serem vistos de uma maneira particular, por exemplo, como pretos, marrons ou mistos, os alunos são posicionados como diferentes, como outros e, muitas vezes, como *menos do que* em contextos de realização intelectual e aprendizagem (HOWARTH, 2007). Estes estereótipos racistas contemporâneos permanecem vinculados ao nosso histórico de relações coloniais, escravidão, a difamação e exploração econômica de determinadas culturas, bem como a manutenção do privilégio branco e da hegemonia (HALL, 1997). Uma vez que estes "são amplamente conhecidos e compartilhados na cultura, ou entre os estigmatizados, não é necessário que uma pessoa preconceituosa comunique a desvalorização do estigmatizado para que essa desvalorização seja sentida" (CROCKER, 1999, p. 103). Tais representações, portanto, são *ideologicamente* construídas, comunicadas e resistidas em sistemas de diferença e privilégio que constituem e comunicam as normas sociais e crenças consensuais de uma cultura. Mais uma vez, vemos que valores, ideias e práticas são comunicados simbolicamente – através dos meios de comunicação, da cultura material, dos espaços sociais, das práticas incorporadas e assim por diante. Muito pouco pode ser, de fato, *dito* para que estereótipos racializantes sejam sentidos.

Esta investigação sobre "raça" destaca a violência simbólica das trocas comunicativas que marginalizam, estigmatizam e excluem os outros. Descobri também que é nas coletividades de apoio e nos diálogos comunitários que essas experiências negativas podem ser discutidas, que as identidades são debatidas, defendidas e às vezes refeitas. Crianças e adolescentes em grupos educativos e comunitários – muitas vezes com o objetivo explícito de desafiar preconceito e deturpar identidades – colaboram com modos inovadores de problematizar o racismo, perturbar o seu olhar e assim romper o seu domínio sobre suas identidades (HOWARTH, 2004; cf. tb. cap. 2). A oportunidade de comunicar sua experiência de identidade e desenvolver um senso de relacionamento e comunidade une uma série de perspectivas neste livro, certamente a de Freire (cap. 2) e no caso da religião como ação comunicativa (cap. 12). O desenvolvimento de um senso de comunidade pode fornecer o apoio social e os recursos psicológicos para se reconstruir ameaças à identidade manifestas no racismo e em outras formas de intolerância (HOWARTH, 2009b). Assim, podemos ver como práticas comunicativas particulares tanto assistem quanto desafiam as ideologias de preconceito.

Como explicamos essa contradição? Abric (1993) sugere que na comunicação nem *toda* representação está aberta a elaboração, desenvolvimento ou contradição. Existem diferentes componentes: o núcleo e a periferia. O núcleo de uma representação é o "coração", os elementos fundamentais de uma representação "determinada por condições históricas, sociológicas e ideológicas" (p. 74). É "estável, coerente, consensual e historicamente marcada" (p. 76). Resiste a mudança e é relativamente contínua e consistente. A periferia é mais sensível às trocas comunicativas nas quais ocorre. Os elementos periféricos estão abertos ao desafio e à revisão, e são "flexíveis, adaptáveis e relativamente heterogêneos" (p. 77). As representações hegemônicas, semelhantes a ideologias, são relativamente imutáveis ao longo do tempo e por isso são quase completamente dominadas pelo núcleo central de ideias. Outras representações, particularmente aquelas que se opõem à ordem dominante, são mais controvertidas e, portanto, mais reativas aos elementos periféricos.

Estas incluem o que Moscovici define como representações emancipadas e polêmicas. As primeiras "são a consequência da circulação de conhecimento e ideias pertencentes a subgrupos", separadas das principais esferas de debate público. As últimas são "geradas no decorrer do conflito social e da controvérsia social, e a sociedade como um todo não as compartilha" (MOSCOVICI, 2000, p. 28)[2]. De maneira semelhante, Hall distingue entre leituras dominante-hegemônicas (também "sentidos preferidos"), negociadas e de oposição. As primeiras são, obviamente, semelhantes a representações hegemônicas na medida em que saturam o senso comum e apoiam a ordem cultural dominante. As leituras negociadas são mais complexas, uma vez que o leitor/espectador tem o potencial de adotar *e* opor discursos dominantes mais de acordo com as condições locais, e por isso são comparáveis a representações emancipadas. Finalmente, leituras de oposição estão relacionadas com representações polêmicas, mas estão em oposição direta e crítica a crenças e discursos tradicionais.

O que também é comum nestas explicações é um enfoque no enraizamento cultural e na multiacentualidade das representações,

---

2. Para uma discussão detalhada acerca destes tipos de representações e exemplos ilustrativos de debates sobre imigração, cf. Deaux e Wiley, 2007.

destacando sua natureza polissêmica (Hall) ou polifásica (Moscovici). Hall recorre a Bakhtin (1981) e Volosinov (1973) para destacar as maneiras pelas quais os significados são "acentuados" por aqueles que os falam, histórica e contextualmente contingentes e caracterizados por significados opositivos e contradições. Como descrito acima, há sempre uma "falta de ajuste" ou uma tensão entre os processos de codificação e decodificação que alimentam debate, discussão, oposição e resistência. Moscovici, também influenciado por Bakhtin, leva isso um pouco mais longe: embora haja sempre uma tal falta de ajuste entre significados pretendidos e interpretações no processo de representação no nível de *sociedades pensantes*, também pode haver uma "falta de ajuste" entre os sistemas de representação dos *indivíduos pensantes*. Eis por que ambivalência, tensão, contradição, o que Moscovici denomina "polifasia cognitiva", existe tanto no nível da psicologia quanto no da cultura; tanto em termos do que as pessoas dizem, fazem e pensam quanto em termos de como as representações são comunicadas e entendidas de maneira mais ampla (WAGNER & KRONBERGER, 2001). Uma leitura atenta de Hall sugere que ele teria pouco a argumentar aqui, embora exigisse uma análise mais aprofundada das políticas em jogo na natureza polissêmica da representação, conforme veremos a seguir.

As políticas da representação

Ao utilizar representações, nós as incorporamos às nossas formas atuais de compreensão e ao nosso discurso cotidiano através dos processos de (a) ancoragem e (b) objetificação. A ancoragem integra novos fenômenos a visões de mundo existentes a fim de tornar familiar o que não é familiar. A ancoragem envolve atribuir significado ao objeto que está sendo representado. "Ao classificar o que é inclassificável, ao nomear o que é inominável, somos capazes de o imaginar, de o representar" (MOSCOVICI, 1984, p. 30). No decurso da ancoragem do não familiar no familiar, representações são modificadas. Um exemplo informativo de ancoragem pode ser encontrado em Augoustinos e Riggs (2007): através da análise da conversa cotidiana eles demonstram as maneiras pelas quais as representações contemporâneas da cultura

223

estão ancoradas em "velhas e desacreditadas noções darwinistas sociais de hierarquia biológica" (p. 126) que apresentam culturas aborígenes como culturas "muito, muito primitivas" e culturas brancas como "modernas" e "avançadas". Desta maneira, o que era não comunicação (o desconhecido, estranho e vago) se torna comunicação. Muito frequentemente, o processo de ancoragem é estreitamente interpretado como um processo psicológico individual (HOWARTH, 2006a); o que Augoustinos e Riggs demonstram são as maneiras pelas quais este é, simultaneamente, um processo profundamente ideológico.

O processo de objetificação produz uma domesticação do não familiar de uma maneira mais ativa do que a ancoragem, porque satura a ideia de falta de familiaridade com a realidade, transformando-a na própria essência da realidade. Isso produz a materialização de uma abstração. Deaux e Wiley (2007) fornecem um bom exemplo disso, com referência aos debates sobre imigração organizados em torno da metáfora tangível do cadinho e referências a amalgamar, misturar, enformar e crisol. Desta forma, as imagens deixam de ser imagens ou sinais; elas se tornam uma parte da realidade, assim como "a ovelha Dolly" deixa de ser uma imagem da clonagem, mas chega a encarnar a realidade material da manipulação genética (GASKELL, 2001). Os meios de comunicação desempenham um papel importante na produção, na disseminação e no debate sobre diferentes representações e as imagens sobre as quais repousam (HALL, 1997) – como o fazem todas as trocas comunicativas "em comunidades sociais, científicas, políticas ou religiosas, nos mundos do teatro, do cinema, da literatura ou do lazer" (MOSCOVICI, 2000, p. 111). Através da objetificação, as imagens tornam-se elementos constitutivos da realidade social e ideológica, ao invés de simplesmente elementos do pensamento.

Estes não são, portanto, processos psicológicos neutros. Ao classificar uma pessoa, uma coisa, um evento ou uma nação, os estamos ao mesmo tempo apreciando e avaliando. Por exemplo, Jodelet (1991) descobriu que imagens como "decadência" e "derreter como manteiga" eram comuns nas conversações sobre doença mental. Embora isso nos diga algo sobre a experiência cotidiana e a identidade dos aldeões (tão próximos da terra e da natureza,

WAGNER & KRONBERGER, 2001), também revela o preconceito e o medo do contágio que tem sido "inconscientemente transmitido por gerações" (MARKOVÁ, 2007, p. 229), comunicado através de memórias coletivas e práticas ideológicas. Da mesma forma, na minha pesquisa em Brixton, sul de Londres, por exemplo, descobri que as representações preconceituosas dos pobres e dos negros são articuladas com outras representações do crime e chegam a formar o conhecimento de senso comum sobre Brixton (HOWARTH, 2002a). Ao observarmos como os discursos dominantes manipulam valores e ideias a serviço de interesses particulares podemos estudar a "batalha ideológica" das representações.

Isto está relacionado com as leituras dominantes-hegemônicas ou significados preferenciais de Hall. Este está particularmente interessado no papel **ideológico** da mídia na produção de sistemas de representação que servem para *preferir* determinados interesses e identidades em detrimento de outros, e assim distorcer sistematicamente representações particulares e sustentar sistemas de poder e desigualdade. Por isso, ele está interessado na construção ideológica permanente da realidade. Da mesma forma, Moscovici (2000) procurou responder a esta pergunta: "Como as pessoas constroem a sua realidade social?" Ele continua:

> Enquanto o ator vê o problema, o observador não vê toda a solução histórica. Marx estava bem consciente desse dilema quando escreveu: "Os homens fazem sua própria história, mas não a fazem exatamente como querem: não a fazem sob circunstâncias escolhidas por eles mesmos, mas sob circunstâncias diretamente encontradas, dadas e transmitidas do passado" (MARX, 1852/1968, p. 97).

Esta citação conecta diferentes níveis de representação: *microgênese, ontogênese* e *sociogênese*. Estes são termos desenvolvidos na TRS, mas podemos ver correlações importantes com o trabalho de Hall. Ambas as perspectivas estão preocupadas com o nível microgenético da comunicação: a comunicação entre atores individuais em leituras, encontros e contextos particulares. Ambas estão profundamente interessadas na ontogênese de identidades e nas representações que os indivíduos têm de si mesmos. Mas, fundamentalmente, tanto para Hall quanto para a TRS, os aspectos culturais, históricos e ideológicos de práticas comunicativas – ou seja, o nível sociogenético – emoldura tanto o nível ontogenético quanto o microgenético. Hall (1981) ilustra muito bem isso na citação abaixo, referindo-se a determinada representação midiática de um evento:

> A escolha *deste* momento de um evento contra aquele, *desta* pessoa, em vez daquela, *deste* ângulo, em vez de qualquer outro, de fato, a seleção deste incidente fotografado para representar toda uma cadeia complexa de eventos e significado, é um procedimento altamente ideológico (p. 241).

É aqui, na sociogênese das práticas comunicativas, que as representações mais aparecem como ideológicas – permeando os meios de comunicação, instituições sociais, arranjos culturais, campanhas publicitárias, discursos políticos e assim por diante. Também é onde podemos ver como diferentes valores e práticas são reificados e priorizados em detrimento de outros, como algumas representações (e os grupos sociais e identidades sociais a que estão relacionadas) são marginalizadas e excluídas dos sistemas tradicionais de discurso e como o processo de representação suporta sistemas ideológicos. Por isso, as redes de representações apoiam *a priori* hierarquias de conhecimento, restringem o desenvolvimento da identidade e sustentam discursos de diferença, privilégio e poder (HOWARTH, 2004). Isso imediatamente provoca a pergunta de Hall: "Pode um regime dominante de representação ser desafiado, contestado ou mudado?" (1997, p. 269). Esta abordagem de regimes dominantes de representação é interessantemente comparável aos vários mecanismos de influência social discutidos no capítulo 4.

Resistência e identidade e intercâmbio comunicativo

A questão de Hall fala ao coração da representação – uma vez que destaca a natureza transformadora do conhecimento, da comunicação e da identidade. Isso ficou evidente no estudo seminal de Moscovici da imagem da psicanálise em três subculturas na Paris dos anos de 1950: "A transformação do conhecimento enquanto é comunicado através de diferentes grupos e segmentos da sociedade [...] e as maneiras pelas quais cada grupo social reconstitui o conhecimento de acordo com os seus próprios interesses e preocupações" (DUVEEN, 2008, p. xii). O mesmo é verdade a respeito dos indivíduos: eles assumem e retrabalham, reinterpretam e reapresentam o conhecimento de uma maneira que seja apropriada ao seu sentido de identidade, e que o desenvolva (HOWARTH, 2006a; quadro 7.3).

Também podemos relacionar o modelo codificação-decodificação de Hall e o conceito de articulação à distinção de Moscovici entre propaganda, propagação e difusão dentro de gêneros comunicativos secundários ou mais formalizados (em comunicações de massa e instituições públicas). Através de sua análise detalhada das seções altamente diferenciadas da imprensa francesa na década de 1950 em *La psychanalyse* (1961/2008), Moscovici dá exemplos das diferentes maneiras pelas quais as representações são codificadas e decodificadas dentro de três grupos sociais, e os diferentes fenômenos psicológicos que originam: estereótipos, atitudes e opiniões. Mais claramente, ele mostra como representações da psicanálise foram codificadas com estereótipos da cultura decadente americana e do imperialismo ocidental pela imprensa do Partido Comunista a fim de denegrir e rejeitar a psicanálise como uma pseudociência. Isso é propaganda. Nos escritos comunistas, Moscovici descobriu que a psicanálise é sempre articulada com representações da cultura burguesa americana, criando e consolidando novos significados e leituras (MOSCOVICI & MARKOVÁ, 2000) de maneiras que promovem e defendem um compromisso com a política e a identidade comunista. Por outro lado, a propagação foi usada na discussão católica para acomodar aspectos particulares da psicanálise nas doutrinas religiosas existentes e assim desenvolver determinadas atitudes em relação à psicanálise compatíveis com a autoridade do catolicismo. A difusão ocorreu em debates liberais com o objetivo de informar a opinião pública. Tais profissionais liberais reivindicariam uma certa inteligência cética e caracterizariam grupos externos como dogmáticos. Como Duveen explica:

> O que se vê em [no estudo de Moscovici sobre] *A psicanálise* não é apenas a maneira pela qual representações sociais distintas tanto geram quanto são sustentadas por diferentes gêneros comunicativos, mas que estes diversos sistemas de comunicação também revelam diferentes formas de filiação entre os públicos reunidos em torno de cada sistema comunicativo (2008, p. 371).

227

Box 7.3 Possibilidades de resistência e de conexão em contextos multiculturais

Vimos que as representações dos outros permeiam as trocas comunicativas. No capítulo 4 vimos também que a comunicação bem-sucedida se baseia na capacidade de se conectar com o outro ("dialogicidade"). Isso foi algo que explorei em pesquisas sobre identidades intraculturais em contextos multiculturais (HOWARTH, 2009b) – onde a capacidade de se comunicar através da diferença é central para a identidade do grupo e dos indivíduos nesse contexto. A intersetorialidade aguda dessas comunidades pode ser vista como um recurso em diversos contextos e um ativo para a comunicação global e a construção de comunidade. Por exemplo, Bennett (1993) analisa as experiências dos "marginais construtivos" e seus esforços em transcender os confins das ideologias essencializadas da diferença cultural. O que podemos ver a partir desta pesquisa é que a experiência ontogenética do que poderíamos chamar de várias identidades "intraculturais" (como um britânico mexicano ou um britânico caribenho) pode levar a uma compreensão abrangente da diferença cultural – especialmente uma compreensão da (co)produção de diferença e do impacto sobre a identidade. Essa apreciação e sensibilidade ao poder das representações atribuírem identidades, limitarem as possibilidades do eu e estigmatizarem determinadas comunidades, é um ativo valioso para a comunicação em contextos multiculturais. Com efeito, alguns pesquisadores têm encontrado exemplos na história, onde grupos intraculturais, tais como os "crioulos", foram reconhecidos como "comerciantes astutos, com um domínio dos pontos mais delicados das negociações interculturais" (BIRD, 2009, p. 61).

Para se comunicar de maneira eficaz é preciso encontrar algum nível de conexão e de conhecimento comum (uma língua ou regras de interação compartilhadas, cf. cap. 9). É de vital importância em contextos multiculturais ter um bom entendimento da produção intersubjetiva de diferença cultural e saber como usar a diferença para construir pontos comuns e não obstáculos ao forjar relações intraculturais e diálogos bem-sucedidos. Isso requer não simplesmente aprender sobre os "outros", mas aprender sobre os processos que *outram*. Como Martin e Nakayama (2007) argumentaram, a comunicação bem-sucedida requer "a capacidade de compreender como é 'colocar-se no lugar de outra pessoa'" (p. 10), e "passar pelo buraco da agulha do outro" (HALL, 1988, p. 30). Na verdade, quanto mais você fizer isso, quanto mais você aprender sobre os outros, mais você aprende sobre si mesmo; mais você percebe que "outras" culturas não são tão "outras". Quanto mais experiência que você tem em contextos multiculturais, mais você percebe que todas as culturas são profundamente complexas e diversificadas, e que todas as generalizações culturais são problemáticas. Isto leva a um entendimento de que todas as identidades também são profundamente complexas e em constante mudança. Portanto, uma compreensão da natureza essencialmente intracultural da identidade é valiosa para uma comunicação bem-sucedida.

O que isso sugere é que diferentes formas de comunicação de massa estão vinculadas a diferentes formas de grupos e diferentes posições de identidade. Em Hall e na TRS também vemos que é em interações e atividades sociais, no comunicar-se com os outros, que as representações e as identidades se tornam significativas, debatidas, contestadas e transformadas. Isto acontece porque a comunicação é central para as conexões sociopsicológicas entre a transmissão de conhecimento compartilhado e o posicionamento dos indivíduos em relação a esse conhecimento (suas identidades). Como Kronberger e Wagner argumentaram:

> Nossa pertença a grupos sociais restringe as maneiras como chegamos a compreender um objeto, e, inversamente, ao posicionar-nos em relação a um objeto e pelo estilo como nos comunicamos sobre ele, averiguamos nossa pertença a um determinado grupo de pessoas, e, simultaneamente, distanciamo-nos de outros (2007, p. 177).

Este foco na identidade exige uma análise conectada de gêneros de comunicação primários e secundários: debates cotidianos e discursos públicos mais formalizados. As identidades são frequentemente descritas como as histórias que os indivíduos e as comunidades "contam a si mesmos e que os localizam na sociedade", como Cieslik e Verkuyten (2006, p. 79) o colocaram. No entanto, como prosseguem apontando, "as histórias disponíveis para serem contadas não são irrestritas. [...] Padrões históricos, sociais e políticos limitam e moldam as possíveis narrativas do grupo ou o espaço narrativo disponível através do qual os grupos podem gerenciar e negociar suas múltiplas identidades" (p. 79). Assim, é na comunicação em seu sentido mais amplo, através dos meios de comunicação, da cultura material e do espaço social, das interações sociais e das práticas incorporadas, que as identidades se tornam vivas, que convidamos histórias comuns a serem contadas e estabelecemos os limites da cultura (construídos e, portanto, variantes), das identidades comuns e da diferença. No entanto, há limites muito reais para a (co)produção da identidade.

As enormes disparidades de comunicação significam que não estamos igualmente posicionados no produzir ou contestar o conhecimento sobre "nós" ou "eles" nos debates tradicionais. Como

Moloney (2007) ilustra muito vividamente com charges de refugiados, estas "desigualdades no acesso à mídia permitem a proliferação de uma versão dos fatos em detrimento de outras, o que não só reproduz as identidades de grupos sem voz na sociedade, mas também as reconstrói" (p. 63). E tais grupos não têm o capital material ou cultural para desafiar as representações deles que eles veem como imprecisas ou destrutivas: os gêneros comunicativos da propaganda, da propagação ou difusão não estão disponíveis para eles. Seu estudo apresenta uma análise muito afinada dos códigos visuais e textuais utilizados nos meios de comunicação que transformam o estigma indireto em estereótipos flagrantes que produzem distâncias sociais entre "nós" e "eles" e demonizam e desumanizam as pessoas e as comunidades assim representadas – muitas vezes de modos bastante contraditórios. Como Hall (1997) argumentou, tais estereótipos "fazem parte da manutenção da ordem social e simbólica. Estabelecem uma fronteira simbólica entre o 'normal' e o 'desviante', o 'normal' e o 'patológico', o 'aceitável' e o 'inaceitável', o que pertence e o que não pertence, ou é 'Outro', entre 'membros' e 'forasteiros', nós e Eles" (p. 258).

E, ao mesmo tempo, Hall reserva um lugar para a resistência e a agência contra essa propaganda: a identidade cultural, ele insiste, "é questão de 'se tornar' assim como de 'ser'. Ela pertence ao futuro tanto quanto ao passado" (1991, p. 225). Consequentemente, identidades não são meramente impostas ou atribuídas; identidades são também uma questão de negociação, conexão, imaginação e resistência. Como Duveen (1994) afirma, "a circulação de representações em torno da criança não as leva a serem simplesmente impressas na criança, ou simplesmente apropriadas pela criança, em vez disso, sua aquisição é resultado do desenvolvimento" (p. 112). Mesmo em face de estereótipos negativos do eu, existem as possibilidades de resistência e criatividade social ao encontrarmos formas de construir conjuntamente e comunicar versões mais positivas do eu, da comunidade e da cultura (TAJFEL, 1978). Isto significa que há espaço para debater, resistir e, potencialmente, transformar os estereótipos e práticas que *outram* e excluem (através de um processo de conscientização, p. ex., cf. cap. 2). Como a pesquisa de Philogène (2001) sobre representações dos negros norte-americanos e dos afro-americanos vividamente ilustrou, "quando novas circunstâncias nos obrigam, como grupo ou comunidade, a repensar o presente e a imaginar o futuro como parte do se ajustar a uma realidade em mudança" nós desenvolvemos para "representações antecipatórias" ou novas (p. 128). Isso está ligado a um tema que percorre o livro, qual seja o de que a questão da comunicação pode facilitar uma abertura a mudança e ajudar a resistir a formas de desempoderamento e opressão. Por isso, como Hall diria, a política de representação sempre provoca uma luta pelo sentido e, portanto, está sempre inacabada.

Nossa capacidade psicológica de imaginar futuros alternativos é destacada por Moscovici em seu estudo original:

> As representações sociais são um *corpus* de conhecimento organizado e uma das atividades psíquicas que permitem aos seres humanos tornarem a realidade física e social inteligível, se inserirem em grupos ou relações cotidianas de troca e libertarem os poderes de sua imaginação (1961/2008, p. xxxi).

Importantes aqui são as noções de troca e imaginação. Como Hall apontou, a comunicação não pode ser vista como uma disseminação de cima para baixo ou um processo onde a elite esclarecida (cientistas, a Igreja, chefes de instituições sociais, gurus da mídia) informam as massas (cf. cap. 2 e 14); isso é simplesmente um lado do intercâmbio comunicativo onde significados particulares são codificados. A comunicação é sempre instável e imprevisível porque esses significados são decodificados de modo constantemente variante e opositivo. Devemos (talvez um tanto quanto esperançosamente) ver a comunicação como um *intercâmbio imaginativo* que potencialmente leva a uma mudança qualitativa em todas as partes envolvidas. Como Moscovici defende, "a comunicação nunca é redutível à transmissão das mensagens originais, ou à transferência de dados que permanece inalterada. A comunicação diferencia, traduz e combina" (2008, p. xxxii). Da mesma forma, Hall propõe que olhemos para momentos de negociação, luta e *"resistências imaginativas"* onde as pessoas expressam o seu descontentamento e agência, desenvolvem novas identidades e propõem relações sociais alternativas (1960). Embora representações que *outram* possam ser internalizadas e assim representar uma ameaça à identidade e à estima (Box 7.2), nossa psicologia intrínseca e capacidades comunicativas para o diálogo, o debate e a crítica trazem à tona as possibilidades de mudança psicológica social e política (Box 7.3). Por conseguinte, a comunicação envolve "o duplo movimento de contenção e resistência" (HALL, 1981) ou uma "dupla orientação" (MARKOVÁ, 2000), que convida *e* contesta diferentes versões da realidade através dos processos psicológicos sociais interconectados de representação e identificação. Portanto, embora as representações sempre decorram de algum lugar e tragam consigo conexões ideológicas com sistemas prévios de conhecimento, identificação e exclusão, elas são ao mesmo tempo dinâmicas e abertas a serem elaboradas de maneiras novas e transgressoras.

Uma explicação articulada da representação fundada tanto em Hall quanto na TRS chama a atenção para esta dialética e demanda uma teoria integrada das conexões complexas entre processos psicológicos, relações de poder e o potencial de resistência contido e solicitado pela troca comunicativa. A TRS é profundamente útil, pois destaca a natureza cultural e ideológica dos processos psicológicos que sustentam a comunicação. O trabalho de Hall aprofunda uma leitura mais política da representação e apresenta um lembrete importante de que "significados culturais não estão apenas 'na cabeça'. Eles organizam e regulam práticas sociais, influenciam nossa conduta e, consequentemente, têm efeitos reais e práticos" (1981, p. 3). Por isso, sugiro que uma psicologia social da comunicação requeira essa explicação articulada da representação que destaque as maneiras pelas quais a comunicação é ela mesma sempre ideológica, colaborativa, agêntica, potencialmente imaginativa e transformadora.

8

BOATOS E FOFOCA COMO GÊNEROS DE COMUNICAÇÃO

Bradley Franks
Sharon Attia

Palavras-chave: Besteira; epidemiologia cultural; gênero; fofoca; contraintuição mínima; boato; método de reprodução em série.

> *Conversa negligente custa vidas.*
> Cartaz de campanha do Ministério da Informação do Reino Unido (1940).

Introdução

Boatos e **fofoca** são muitas vezes considerados triviais, mas, como os exemplos acima sugerem, seu conteúdo pode estar conectado a questões de vida e morte para indivíduos e comunidades. A questão do que são boatos e fofoca, e como se disseminam, não são novas para os cientistas sociais. Este capítulo pretende discorrer sobre como os boatos e a fofoca se disseminam, examinando suas qualidades comunicativas e psicossociais distintivas. O capítulo começa com uma discussão sobre alguns aspectos-chave da fofoca, e sugere que ela possa ser considerada um gênero específico de comunicação, com qualidades pragmáticas associadas do tipo discutido no capítulo 5. Em seguida consideramos alguns dos métodos mais comuns utilizados para estudar a transmissão de boatos, e isso permite uma formulação de algumas das diferenças entre boatos e fofoca, em particular no que diz respeito à maneira como os boatos se disseminam (relacionada a uma metáfora "viral" de disseminação de ideias culturais discutida nos cap. 4 e 11) e sua conexão com a construção de sentido social (discutida em conexão com as representações sociais e a influência social, no cap. 4). A última seção destaca alguns paralelos entre a maneira pela qual os boatos se espalham e outras formas de crenças culturalmente recorrentes, tais como a religião (cf. cap. 12 para uma visão contrastante de algumas conexões entre religião e comunicação). Estes paralelos enfatizam suas qualidades cognitivas e emocionais, e fatores culturais e contextuais relevantes.

Fofoca, boato e gêneros de comunicação

A fofoca pode ser considerada um gênero de comunicação – tendo as suas próprias convenções descritivas e prescritivas para produção e interpretação, que são entendidas tacitamente pelos comunicadores, e que são utilizadas para avaliar o sucesso de uma determinada troca.

Abordagens tradicionais em linguística enfocam aspectos de um texto ao definir um gênero (para pertencer a um gênero, precisaria incluir elementos estilísticos específicos – uma palestra deveria, portanto, possuir formalidade discursiva; p. ex., MARTIN, 1987). No entanto, um recente consenso considera que um gênero seja definido social e culturalmente em termos das relações entre aspectos do texto ou da língua falada, e expectativas comunicativas e as especificidades da interação social. Portanto, embora possa haver semelhanças estilísticas entre exemplos de um gênero, o que os entrelaça no gênero são as suas qualidades sociais e pragmáticas (p. ex., SWALES, 1990; PALTRIDE, 1997; EGGINS & SLADE, 1997).

Luckman (1992) argumenta ainda que um "gênero de comunicação" é um padrão rotineiro, interativo de comunicação que pode oferecer uma solução para um problema recorrente ou um meio para atingir um objetivo recorrente da vida social. Esse quadro é desenvolvido por Gunther e Knoblach (1995), que sugerem que um gênero de comunicação tem três níveis de estrutura. A estrutura interna se refere a padrões linguísticos, comportamentais, de conteúdo e afins que sejam constitutivos da realização do ritual da maneira adequada. O contexto interativo se refere a padrões de ordenação ou sequenciamento das partes que compõem o gênero (p. ex., como e quando os componentes do ritual, e o próprio ritual, podem ser repetidos). E a estrutura externa se refere a aspectos do ambiente mais amplo, que podem influenciar a maneira como a troca é interpretada, o que autoriza diferentes gêneros de comunicação na cultura, quais tipos de participantes são apropriados a um gênero específico e quais as atividades sociais ou propósitos são alcançados pelo gênero.

O gênero fofoca

Eggins e Slade (1997) sugerem que considerar a fofoca um gênero é uma questão de psicologia social do senso comum – as pessoas reconhecem de forma confiável e se referem a casos de fofoca na vida cotidiana, diferenciando-os de outras formas de trocas. Portanto, as pessoas atribuem um conjunto de qualidades características e distintivas a trocas de fofoca, permitindo que se comportem adequadamente nessas trocas e esperem que outros também o façam.

Trocas de fofoca têm relação com o que tem sido chamado de "besteira" [bullshit] (FRANKFURT, 2005). A **besteira** não está preocupada com o valor de verdade do enunciado – alguém que se envolva em uma troca de besteiras verbais o faz sem levar em conta a veracidade do que está dizendo. Não é deliberada ou necessariamente falso, mas isso se dá porque verdade ou falsidade não são necessárias. O que se exige é um tema de conversação que cimente a relação entre o falante e o ouvinte e lembre a ambos de que são parte de um grupo social específico. Frankfurt explica que a "besteira é inevitável sempre que circunstâncias exijam que alguém fale sem saber sobre o que está falando" (p. 63). Isso permite que as pessoas adiem o julgamento sobre se o conteúdo comunicado é preciso, ou mesmo que deixem de fazer um julgamento, se a troca cimentar as conexões do grupo. Isso decorre, em parte, do objetivo geral de uma troca de fofocas ao cimentar a pertença a um grupo dos participantes através da avaliação de um não membro (ou membros); verdade e precisão podem ser substituídas por demandas sociais e emocionais.

Os participantes de fofocas são geralmente membros do mesmo grupo (relativamente ao alvo, que geralmente é membro de um grupo externo, ou alguém cujo comportamento o torna um possível futuro membro do grupo externo). A fofoca também geralmente tende a ser trocada dentro dos mesmos níveis de *status* ou hierarquia, e não através deles.

Bergmann (1993) sugere três qualidades de fofoca – conhecimento, ausência e privacidade: o conhecimento mútuo do alvo da conversa, a ausência do alvo da troca, e a privacidade do assunto sobre o alvo. Muita fofoca também envolve "material moralmente contaminado" (BERGMANN, 1993, p. 85), de modo que a sua narração faz um julgamento moral negativo mais ou menos explícito em relação ao terceiro, e um julgamento moral positivo compartilhado, mais ou menos implícito, sobre o falante e o ouvinte. Eggins e Slade (1997) ampliam essa noção caracterizando a fofoca como "conversa que envolve julgamento pejorativo de um outro ausente [...] que tem a intenção de ser confidencial (ou pelo menos não comunicada ao terceiro), e versa sobre uma pessoa ausente que é conhecida por, pelo menos, um dos participantes" (p. 278). Embora muita fofoca *seja* de caráter pejorativo, podemos constatar abaixo que a fofoca *pode* também ser favorável aos seus alvos. O aspecto valorativo da fofoca combina com o falar besteira para sugerir que a avaliação da veracidade das declarações ou da aceitabilidade do julgamento do terceiro pode ser suspensa, ignorada ou autorizada a ficar aquém de ser totalmente precisa. A principal função da fofoca não é comunicar algo indubitavelmente verdadeiro sobre o alvo, nem algo claramente preciso sobre a sua moralidade. Ao contrário, é provocar respostas de identidade afetivas e sociais adequadas no ouvinte, satisfazendo assim as funções socioemocionais da fofoca.

A fofoca também parece ter estágios distintivos. O primeiro estágio envolve convites para se envolver em fofocas. Estes podem (dependendo do relacionamento prévio entre o falante e o ouvinte, a situação e a natureza do tema e o alvo da fofoca) ser mais ou menos explícitos. Bergmann (1993) sugere que os convites iniciais para fofocar podem ser como "instrumentos de pesca" – projetados para persuadir o ouvinte a morder a isca da fofoca sem que este convite seja explícito; por exemplo, fazendo-se um comentário sobre a própria posição em relação ao tema da fofoca, oferecendo-se um convite natural a se generalizar para outros. O convite pode, portanto, ser, pragmaticamente, "em off": se o ouvinte opta por não aceitar o convite, o falante não fica sem graça, e pode acontecer uma troca que não seja fofoca. Essa tentativa de começo de troca de fofoca pode ter várias fontes. Uma delas está na própria natureza da comunicação: os capítulos 5, 9 e 11 argumentam de diversas maneiras que a comunicação é "egocêntrica" – falante e ouvinte muitas vezes não tentam levar em conta os pensamentos do outro, e mesmo quando tentam fazê-lo não são muito bem-sucedidos. Uma tentativa de início permite o uso de sinais sutis de resposta emocional, verbal e não verbal (cf. cap. 3), para estabelecer gradualmente um acordo implícito de se envolver na fofoca. Uma vez estabelecido, os fofoqueiros podem usar normas culturalmente acordadas para estruturar o intercâmbio e prever e interpretar as crenças e as intenções do outro[1]. Uma outra razão é que fazer uma avaliação pejorativa de um alvo pode deixar o próprio falante vulnerável a um juízo negativo se o ouvinte não parecer concordar com os termos da avaliação. Tais fatores podem refletir uma exemplificação de um princípio de polidez (cf. LAKOFF, 1973, 1976; LEECH, 1983; BROWN & LEVINSON, 1986). A formulação original da segunda regra de polidez de Lakoff foi: "Dê opções" – o falante deve deixar ao ouvinte a decisão de se conformar a uma determinada linha de discurso, através do emprego de expressões e marcadores de comunicação que reflitam um grau de hesitação.

Uma vez aceito o convite, segue-se uma sequência do que Eggins e Slade (1997) sugerem serem elementos obrigatórios em fofocas. O primeiro é "o enfoque na terceira pessoa", que introduz o alvo da fofoca, e geralmente emoldura o tema ou comportamento a ser avaliado. O segundo é o "comportamento comprobatório", onde o falante ou o ouvinte fornecem evidências de que têm competência para julgar o tema ou alvo, e por isso podem ser acreditados para fazerem uma avaliação do alvo. Isso pode envolver a troca de informações sobre o acesso ao alvo, e/ou informações

---

1. A sugestão é que a fofoca está associada a um conjunto de intenções coletivas normativas de interagir de uma maneira específica (cf. cap. 5). Tendo os participantes entrado em uma troca regida por tais intenções coletivas, a tarefa de interpretar as intenções e as crenças do outro é simplificada, uma vez que podem, em parte, ser previstas por essas normas (cf. cap. 11).

sobre a atividade ou comportamento normal nas circunstâncias pertinentes, de modo a que o alvo possa ser julgado por ter se afastado das normas. Com conhecidos, colegas ou outros não íntimos, este estágio estabelece atitudes e valores compartilhados como a base para avaliações compartilhadas; com pessoas íntimas, ele confirma essa base. O último componente obrigatório é a "avaliação pejorativa", onde os eventos, comportamentos ou qualidades do alvo delineados no componente comportamental comprobatório são comentados ou julgados. Eggins e Slade (1997) sugerem que as avaliações pejorativas compartilhadas levam a fofoca adiante, fornecendo um tema em torno do qual a troca é elaborada e desenvolvida. Embora seja claro que muita fofoca envolva essa avaliação pejorativa, fofocas também podem envolver uma avaliação positiva do alvo. Com efeito, Barkow (1975) argumentou que, por razões evolucionárias, devemos tender a favorecer a fofoca negativa sobre rivais e aqueles que tenham um *status* mais elevado do que nós mesmos, e a fofoca positiva sobre aliados. Portanto, o que realmente conta é que algumas comparações sociais acontecem (cf. WERT & SALOVEY, 2004), e isso conduz a avaliação normativa do alvo e de seu comportamento.

O gênero da fofoca permite uma variação considerável na extensão em que as propriedades são satisfeitas, de modo que a fofoca é um fenômeno de "semelhança familiar". A intensidade da avaliação pode variar de acordo com o alvo e o tema (e sua importância para o grupo e as partes do intercâmbio). Ou a extensão da besteira pode variar de acordo com o grau de pertença das partes ao grupo, ou o grau de conhecimento real do alvo (p. ex., fofoca sobre celebridades pode envolver mais besteira, embora a saturação da mídia de massa possa dar a impressão de que uma avaliação emocional seja empiricamente suportada; cf. DE BACKER; NELISSON & VYNCKE, 2007). Os parâmetros do gênero estão abertos à variação, desde que as funções sociais e emocionais do intercâmbio sejam suportadas (cf. BAUMEISTER; ZHANG & VOHS, 2004).

Uma motivação evolucionária?

Eggins e Slade (1997), seguindo Bergmann (1993), sugerem que a fofoca tenha duas funções socioculturais: estabelecer e reforçar a pertença a um grupo e exercer controle social. A fofoca relativamente superficial pode pavimentar o caminho para que alguém participe de um grupo, expressando valores e crenças compartilhados; a pertença pode então ser consolidada por fofocas sobre assuntos com uma ressonância moral mais forte, ou em relação a quais das decisões demarcam divisões significativas entre os grupos. O "direito de fofocar" sobre aqueles que expressem ou transgridam as normas do grupo é, assim, obtido, e em parte conservado através do seu exercício. Isso reflete a segunda função da fofoca, qual seja a de controlar o comportamento dos membros do grupo e de potenciais transgressores, policiando verbalmente fronteiras morais. Transgressores de normas são alvos de fofoca, comprometendo suas tentativas de manter a reputação e o *status* no grupo (EMLER, 2000; WERT & SALOVEY, 2004).

A conexão com o *status* e os grupos sociais tem dois outros aspectos. O primeiro é que a fofoca não envolve meramente troca de informações descritivas concernentes ao alvo – em vez disso, a motivação para a fofoca e seu conteúdo é intrinsecamente afetiva. Os participantes de fofocas partilham avaliações emocionais e julgamentos morais de si mesmos, do alvo e do tema. Uma vez que algumas das informações comunicadas podem ter o *status* de besteira, há incerteza quanto a exatidão das declarações. Sugerimos que os participantes tacitamente vacilem entre tratar o conteúdo da troca como besteira, de modo a que a avaliação da veracidade seja irrelevante, ou tratá-lo como algo com consequências importantes, o que requer avaliação. Neste último caso, a tese de Clore e Gasper (2008) do "afeto como informação" pode ser aplicada, na qual emoção e humor são tratados como evidências a respeito de possíveis avaliações. Na incerteza, dizem eles, o afeto "preenche" lacunas de conhecimento, na qualidade de informação, para apoiar um resultado preferido (ou contradizer um não preferido). Na fofoca, onde há incerteza em relação à precisão dos elementos do comportamento comprobatório (p. ex., em relação ao comportamento alegadamente problemática do alvo), a linha afetiva da avaliação pejorativa fornece uma base para formar uma conclusão em relação a esses elementos (e da mesma forma para as avaliações positivas). Assim, para muitos casos, as avaliações do alvo *parecem* justificadas empiricamente para os participantes, mesmo que não parecessem assim para um observador imparcial. Desta maneira, as representações do alvo gerado na fofoca, e as representações associadas do falante e do ouvinte, compreendem tanto informações descritivas sobre eles quanto avaliações emocionais, motivacionais e avaliativas. Estes aspectos das representações estão interligados de uma maneira que ecoa a cognição e a comunicação "encarnada" discutida nos capítulos 5 e 11.

A conexão emocional para a fofoca pode refletir as funções evolucionárias, adaptativas dessas emoções (cf. cap. 12). Keltner, Haidt e Shiota (2006) argumentam que as emoções ajudam a resolver problemas adaptativos intrinsecamente sociais, o que também pode ser apoiado por tipos específicos de trocas comunicativas[2]. Na fofoca, a avaliação refere-se em grande medida a problemas adaptativos concernentes à "governança de grupo", relacionados com a cooperação e sua gestão, apoiando altruísmo recíproco (criando emoções de gratidão, culpa, raiva, inveja); assim como à "organização de grupo", apoiando uma hierarquia de *status* (gerando emoções de orgulho, vergonha, constrangimento, desprezo etc.). Tais emoções permitem e apoiam compromissos sociais, de modo que na fofoca elas podem informar os participantes acerca dos estados mentais dos outros e podem evocar as respostas adequadas; ao serem compartilhados entre os indivíduos, e espalhados pelo boato, esses estados e respostas podem ajudar a definir a adesão ao grupo e sua estrutura. Em última análise, a recorrência dessas emoções em conexão com trocas concernentes ao alvo e assunto da fofoca ajuda a definir a identidade cultural, a articular normas e valores, a elogiar comportamentos exemplares e a punir transgressores.

Uma fundamentação evolucionária mais ampla para a fofoca é proposta por Dunbar (1992). Ele sugere que a própria linguagem possa ter evoluído como um análogo humano da arrumação em outros primatas. Em outros primatas, a arrumação suporta a

---

2. Isto oferece uma maneira de expandir a alegação de Luckmann de que os gêneros de comunicação apoiam a realização de objetivos sociais recorrentes ou a solução de problemas sociais. A ideia aqui é a de que uma das maneiras como o fazem é através do recrutamento de estados emocionais e motivacionais adequados, que estão eles próprios conectados para resolver problemas de adaptação recorrentes, evoluídos.

função de consolidar as relações em grupo. O tempo gasto se arrumando está positivamente correlacionado tanto com o tamanho do neocórtex para essas espécies quanto com o tamanho habitual do grupo no qual normalmente vivem (para macacos e símios do Velho Mundo). Tamanhos de grupos típicos de cerca de 50 indivíduos estão correlacionados com o gasto de cerca de 20% do tempo de arrumação. Os seres humanos têm agrupamentos sociais típicos muito maiores do que os dos primatas não humanos – as pessoas podem rastrear mudanças de maneira confiável, manter informações e sustentar relações face a face com cerca de 150 pessoas; mas isso prevê gastar mais de 40% do tempo se arrumando. Dunbar sugere que a razão pela qual este investimento de tempo pode ser evitado, e os seres humanos podem habitar grupos ainda maiores, é a capacidade de usar a linguagem com a finalidade de estabelecer vínculo social – de um modo amplo, de fofocar. A fofoca nos permite compartilhar informação sobre pessoas que não estejam fisicamente presentes, cimentar relações com aquelas que estejam presentes e negociar adesões a grupos de uma maneira mais geral. Portanto, a fofoca – que à primeira vista parece um dispêndio trivial de esforço linguístico – é vista como um grande motor da evolução da linguagem e da sociabilidade.

Estudando a transmissão de boatos

Em comparação com o boato, a fofoca está relativamente bem definida. Rosnow (2001) sugeriu que os boatos envolvam um grupo que se comunique em cadeias de transmissão a fim de compreender alguma situação, evento ou questão, de modo a ajudar-nos a lidar com ansiedades. No estudo do boato, talvez os métodos mais amplamente utilizados sejam os **métodos de reprodução em série**.

Métodos de reprodução em série

O estudo da transmissão de boato remonta a Stern (1902). Stern fez experiências sobre a transmissão de boato através de uma cadeia de participantes que contaram uma história de "boca a orelha" sem repetir ou explicar o conteúdo. A história foi encurtada e modificada através das cadeias de comunicação. Outra obra clássica que utiliza um método de reprodução em série foi realizada por Bartlett (1923; 1928; 1932): pedindo a estudantes britânicos que memorizassem e, em seguida, recontassem uma desconhecida história popular de nativos americanos em uma cadeia de contadores e ouvintes sucessivos. Ao longo de uma série de versões da história, alguns itens ou eventos culturalmente estranhos foram omitidos. Outros itens desconhecidos foram modificados, sendo substituídos por itens mais relevantes e familiares. Bartlett conjecturou a hipótese de que o conteúdo transmitido repetidamente estava de acordo com expectativas culturais ou conhecimento prévio, representado mentalmente como esquemas. Assim, informações inconsistentes com o esquema eram mais difíceis de representar e recuperar, e, por conseguinte, menos prováveis de serem transmitidas.

Outro trabalho de Gordon Allport e Joseph Postman durante a Segunda Guerra Mundial foi motivado pela preocupação com o efeito prejudicial de falsos boatos em tempo de guerra sobre o moral nacional. Allport e Postman (1947) empregaram o método de reprodução em série, pedindo aos participantes que descrevessem uma ilustração em uma cadeia de comunicação. Apenas 30% dos detalhes foram mantidos após as primeiras cinco a seis transmissões. Eles concluíram que "conforme o boato viaja por ela [...] torna-se mais curto, mais conciso, mais facilmente compreendido e contado" (ALLPORT & POSTMAN, 1947a). Estes resultados, repetidos através de contextos e conteúdo, levou à formulação da "lei básica do boato": a força do Boato (B) varia de acordo com a importância do tema para o indivíduo envolvido na transmissão (i) multiplicada pela ambiguidade da evidência relacionada ao assunto (a); ou seja, $B \approx i \times a$. No entanto, essa "lei", que carecia de uma sustentação empírica detalhada, foi criticada por sua ambiguidade em relação à "importância", e por ignorar o conteúdo e o contexto emocional do boato (cf. PENDLETON, 1998; ROSNOW, 1980).

Boato, mídia e análise de conteúdo

O interesse na transmissão de boato floresceu durante a Segunda Guerra Mundial. Knapp (1944) utilizou a análise de mídia para analisar mais de mil boatos e distinguiu três tipos: "boatos de

Box 8.1 Os estudos clássicos de Bartlett

Bartlett é talvez mais conhecido pelo texto clássico "Lembrar" (1932). Este sugere que a lembrança seja um processo dinâmico inferencial – construtivo, em vez de meramente reprodutivo – e, portanto, essencialmente envolve distorção. Bartlett pediu aos participantes para reproduzirem determinado material, tal como contos populares e desenhos, a fim de explorarem as transformações ocorridas na memória individual ou de grupo ao longo do tempo. Quando lhes era pedido que recordassem a informação de memória, as pessoas tendiam a lembrar-se apenas de alguns detalhes salientes de uma experiência, de modo que reconstruíam as peças que faltam de acordo com as expectativas orientadas por estruturas de conhecimento de objetos ou eventos estereotipados, conhecidos como esquemas.

Para Bartlett, e alguns de seus seguidores, um esquema era visto como uma estrutura de conhecimento abstrato que controla a atenção e a reconstrução da memória, e permite o reconhecimento e a recordação de objetos e eventos a partir de experiências passadas (cf. ABELSON, 1981). Bartlett sugeriu que os esquemas não são fixos, mas sim estruturas flexíveis que nos permitem preservar experiências passadas e usá-las adequadamente para lidar com "a demanda, emitida por um ambiente diverso e em constante mudança, pela adaptabilidade, fluidez e variedade de resposta" (BARTLETT, 1932, p. 218). Os esquemas dirigem a atenção seletiva para um segmento gerenciável de conhecimento armazenado a fim de lidar com a enorme quantidade de informações no ambiente (cf. tb. SCHURR, 1986). Desta forma, os indivíduos lidam eficazmente com tarefas complexas (FAYOL & MONTEIL, 1988; LORD & FOTI, 1986, apud TAYLOR et al., 1991) lidam com problemas, objetivos, ou selecionam informações para embasarem uma ação (LEIGH & RETHANS, 1983; WHITNEY & JOHN, 1983).

Bartlett também estudou a base psicológica da mudança cultural e os efeitos do contato cultural, usando a ideia de memória construtiva. Ele analisou como versões alternativas das mesmas histórias conduziram a versões diferentes, convencionais em diferentes grupos culturais. Bartlett explicou isso através de dois processos: a conservação e a construtividade. A conservação envolve tomar emprestado conteúdo de outra cultura com base na semelhança, e a construtividade envolve a combinação de uma nova informação com uma velha, de modo a caberem em esquemas culturais. Operando em conjunto, estes processos agem tanto para estabilizar quanto para transformar o item cultural.

A análise de Bartlett, portanto, foi além da análise das transformações de conteúdo no nível individual para sugerir uma explicação das transformações culturalmente orientadas no que chamou de processos construtivos sociais da memória – processo pelo qual um grupo de pessoas constrói significado de maneira colaborativa e dinâmica. Ele demonstrou assim que os processos transformativos na transmissão cultural eram tanto cognitivos (ou seja, empregando as "tendências psicológicas determinantes" dos indivíduos) quanto culturais (ou seja, baseados nas "tendências de diferença de grupo" das sociedades). Bartlett dá o exemplo do contato de grupos migratórios com populações nativas, no qual novos conteúdos culturais são introduzidos, e quando indivíduos mais tarde voltam para casa, levam de volta consigo novos itens culturais (BARTLETT, 1923).

Estudos recentes exploraram mais a fundo a noção de "tendências dirigidas pelo grupo", de Bartlett, utilizando o método de reprodução em série. Estes estudos exploram os efeitos dos processos de memória sobre conteúdos emergentes de vários tipos de itens culturais. Uma área concentra-se nos estereótipos de grupo e examina o papel dos vieses de memória baseados em expectativa sobre a comunicação repetida de informação relevante estereotípica. Kashima (2000) apresentou a um participante inicial uma narrativa envolvendo informações consistentes e inconsistentes com estereótipos de gênero tradicionais. Este participante foi encarregado de reproduzir a história de um participante subsequente, que, em seguida, a reproduziu para outro participante, e assim por diante. Logo no início da cadeia, informações inconsistentes com o estereótipo eram suscetíveis de serem recordadas, ao passo que, mais perto do fim, este padrão se inverteu.

sonho", que expressam resultados desejados; "boatos de medo", que expressam resultados temidos; e "boatos divisivos", que almejam enfraquecer a solidariedade do grupo ou as relações interpessoais. Ele também sugeriu que os boatos servem para interpretar o mundo de uma maneira significativa, dar expressão a motivos humanos, e, ao nível da sociedade, expressar e atender às necessidades emocionais da comunidade.

Shibutani (1966) analisou 60 ocorrências de boatos ocorridos a partir de 1839 a 1960. Ele concluiu que no centro da transmissão em série encontra-se o elemento da distorção. Ele também cunhou o conceito de "notícias improvisadas", sugerindo que os boatos atuam como uma ferramenta de resolução de problemas coletiva em tempos de ambiguidade e incerteza – de modo que, se notícias de canais oficiais forem limitadas, as pessoas tenderão a improvisar para preencher as lacunas.

Recentemente, os estudos de DiFonzo, Bordia e colegas exploraram a transmissão de boato através da comunicação mediada por computador (p. ex., BORDIA, 1996; BORDIA, DiFONZO & CHANG, 1999; BORDIA & ROSNOW, 1995). Por exemplo, eles analisaram conteúdo relacionado a boato em grupos de discussão na internet e observaram os boatos em curso em discussões online por um período de um mês (BORDIA & DiFONZO, 2004). A maioria das declarações foram de "construção de sentido", atuando como um ponto focal para uma discussão mais aprofundada. Isso reforçou as suas conclusões anteriores de que os boatos podem envolver um esforço de grupo para reduzir a ansiedade através da construção de sentido social, e que frequentemente surgem em contextos onde há incerteza e pouca informação credível (DiFONZO & BORDIA 1998, 2000; DiFONZO et al., 1994). Esses achados corroboram análises anteriores de Shibutani (1966).

Rosnow (1991; 2001) argumenta de maneira semelhante que os boatos tentam lidar com ansiedades e incertezas através da criação e circulação de informação para interpretar as coisas, diminuir ansiedades e fornecer uma justificativa para a ação. Rosnow, Yost e Esposito (1986) distinguem dois tipos de boato: os boatos de "desejo" invocam a esperança em determinado fim, enquanto os boatos de "medo" ou "angústia" invocam resultados temidos. Quando ansiedades e incerteza aumentam, as pessoas que espalham boatos estão menos propensas a verificar as informações em que se baseiam (ROSNOW, 2001).

Estudar boatos experimentalmente envolveu plantá-los em situações controladas (p. ex., SMITH, 1947; SCHALL, 1950; ROSNOW et al., 1986; SCOTT, 1994, apud PENDLETON, 1998), estudar aqueles já em circulação (p. ex., KAPFERER, 1989; KIMMEL & KEEFER, 1991), ou plantá-los em situações não controladas. Schachter e Burdick, (1955) plantaram um boato em uma escola, sugerindo que alguns exames estavam faltando, e descobriram que a transmissão de boatos dobrou em uma classe onde a ambiguidade e a incerteza estiveram aumentadas pelo fato de uma das meninas ter sido tirada inesperadamente da sala de aula.

Boato, fofoca e gênero

Parece haver uma série de semelhanças e diferenças entre fofoca e boato. O papel central de gerenciar incerteza através do boato ecoa o papel da besteira na fofoca. Em ambos os casos, a incerteza empírica se combina com uma disposição para acreditar em algo que esteja alinhado a tendências afetivas e motivacionais prévias. Portanto, as pessoas preenchem lacunas em suas crenças, em parte baseadas, em primeiro lugar, na natureza dos fatores sociais e emocionais que motivaram a comunicação. No entanto, a maneira pela qual figuras de incerteza o fazem, é claro, são diferentes: na besteira e na fofoca há um jogar deliberado com a incerteza, enquanto no boato a incerteza não pode ser deliberadamente convocada.

As diferenças entre boato e fofoca estão relacionadas ao modo como os outros aspectos fundamentais do boato, o conteúdo e a função, não estão restringidos da maneira como o estão no caso da fofoca. Se uma função central do boato envolve a construção de sentido em condições de incerteza, isso o diferencia do papel específico da fofoca na facilitação da comparação social e da avaliação de pertença de grupo – embora possa, é claro, haver sobreposições nos casos em que grupos inteiros de pessoas lutam para conferir sentido à sua identidade e comparação social em condições de mudanças rápidas.

Da mesma forma, o boato não se restringe a avaliar as qualidades e o comportamento de outra pessoa ou grupo de pessoas, mas pode envolver uma vasta gama de tópicos. Tampouco está preocupado apenas em reforçar grupos e normas culturais. E, finalmente, não envolve tipicamente comunicação entre indivíduos que definam a si próprios como membros de um grupo, nem de níveis de *status* semelhantes.

As conexões entre fofoca e boato também podem ser fluidas – por exemplo, através de trocas em série, o que começou como fofoca pode vir a parecer um julgamento menos avaliativo sobre os outros, ou o que não era fofoca pode se tornar fofoca conforme informações detalhadas sobre situações ou pessoas se tornem abertas a interpretação. O boato por si só, portanto, é pouco provável de constituir um gênero de comunicação; é mais provavelmente uma categoria de difusão informal ou propagação de ideias, na qual trocas específicas se aproximam de gêneros específicos, incluindo a fofoca, narrativas e outras formas de troca informal.

Boato, fofoca e pragmática

Tendo em conta que os gêneros de comunicação são culturalmente definidos, um aspecto importante de sua explicação recai sob a rubrica da pragmática (cf. cap. 5). E os papéis da besteira e da construção de sentido em condições de incerteza sugerem que isto envolverá uma abordagem inferencial da comunicação.

Abordagens inferenciais da pragmática têm sua base na Teoria da Implicatura Conversacional de Grice (1958; 1975) (cf. cap. 5). Sua pedra fundamental é o Princípio de Cooperação, que afirma que os interlocutores devem "Fazer sua contribuição conversacional tal como exigido, no estágio em que ocorra, pelo aceito propósito de direção da conversação na qual estejam envolvidos". Tem sido argumentado por alguns que este princípio, tal como está, não abrange todos os gêneros de comunicação – por exemplo, onde as trocas sejam tipicamente desiguais ou não totalmente colaborativas, ou onde os objetivos estratégicos que direcionam as intenções individuais de uma parte sejam menos cooperativos do que os da outra. Na verdade, Holdcroft (1979) reformulou o princípio para permitir variações apropriadas para diferentes gêneros: "Faça a sua contribuição para o discurso tal como exigido, no estágio em que ocorra, pelos propósitos com os quais se comprometeu, ou que você aceitou como propósito, ou que são os propósitos geralmente aceitos do discurso do qual você é participante" (HOLDCROFT, 1979, 139).

Outra opção decorre da Teoria da Relevância; Unger (2004) sugeriu que a informação de gênero pode ser acessada de maneira a fornecer informação para um ajuste fino detalhado das expectativas de relevância. Essa recalibração pode dizer respeito não só às expectativas em relação ao conteúdo da interpretação específica, mas também a como o intercâmbio vai se desdobrar. Unger sugere que uma imagem griceana exigiria reconhecimento de gênero prévio, separado, antes do processo de interpretação começar (e por isso exigiria uma lista finita de possíveis gêneros a partir da qual escolher, o que não é empiricamente tratável). Por outro lado, sua explicação integra o gênero como simplesmente outro tipo de informação (admitidamente social e cultural) levado em conta durante a interpretação do enunciado.

Independentemente dessa sutileza, é claro que fofoca e boatos envolvem processos inferenciais de entendimento, nos quais as interpretações geradas são subdeterminadas pela informação empírica, e portanto são, em parte, dirigidas pelas disposições afetivas e motivacionais dos intérpretes. Isso tem o efeito adicional, que Sperber (1994) afirma ser definidor de toda a transmissão cultural, de implicar que toda comunicação envolva uma transformação de conteúdo. A comunicação inferencial significa que, através de cadeias repetidas de comunicação no boato, seria de se esperar mudanças incrementais de conteúdos que podem, contudo, ser limitadas pelas disposições mentais subjacentes dos comunicadores. Este equilíbrio entre mudança e estabilidade é, como vimos, um tema central na investigação sobre a transmissão de boatos.

Por que boato e fofoca são tão contagiosos?

Passamos agora às qualidades cognitivas e psicossociais que parecem tornar algumas ideias mais prováveis do que outras de serem conservadas e disseminadas através de fofoca e boato. Estas incluem qualidades do conteúdo das ideias, suas qualidades emocionais e suas qualidades socioculturais.

Pensamentos contagiosos?

Uma maneira de se entender a transmissão de boato é através da **epidemiologia cultural** da Teoria das Representações de Sperber (1996). Sperber usa a metáfora do contágio de doença para sugerir que as representações agem como vírus, espalhando-se por meio de mentes de um modo não aleatório. Algumas ideias morrem no momento de sua criação, enquanto outras sobrevivem e se espalham. Ele sugere que algumas ideias são "mais fáceis de se pensar", mais fáceis de se comunicar, e, portanto, mais propensas a se espalharem e "infectarem" outras mentes. A questão que se coloca é "por que e como acontece de algumas ideias serem contagiosas" (SPERBER, 1996, p. 1). A resposta de Sperber se concentra tanto na suscetibilidade das mentes a determinados tipos de representações quanto no processo de comunicação de mente a mente (ou seja, o processo de inferência pragmática; cf. cap. 5). Essa suscetibilidade é baseada na alegação de que a cognição envolve dispositivos de aprendizagem especializados ou módulos mentais presumivelmente/evolutivamente especificados (cf.

HIRSCHFELD & GELMAN 1994). Tais dispositivos de propósito especial restringem os conteúdos da cultura que são adquiridos e transmitidos (HIRSCHFELD & GELMAN 1994; PINKER 1997; SPERBER et al., 1995; BOYER 2000, 2001; SPERBER & HIRSCH-FELD, 2004)[3].

Uma sugestão importante a respeito de por que algumas crenças são culturalmente mais robustas é oferecida por Boyer (1993) a respeito das representações religiosas. Ele sugere que aspectos transculturalmente recorrentes de crenças religiosas são baseados nas representações para propósitos especiais mencionadas acima, mas envolvem violações sistemáticas das expectativas ontológicas dessas representações. As crenças religiosas são "**minimamente contraintuitivas**" – elas não são bizarras, maximamente contraintuitivas e tampouco mundanas: ao contrário, envolvem a negação de um fragmento das crenças intuitivas sobre as quais se baseiam. Por exemplo, pode ser que uma maneira recorrente de representar um "espírito" seja como uma entidade que possui todas as qualidades ontológicas de um ser humano, mas tem a qualidade física negada (ATRAN, 1990; BOYER, 1994). De modo semelhante, Sperber (1996) argumenta que o sucesso das representações religiosas reside na sua qualidade "evocativa" – são paradoxais, por se desviarem sistematicamente das expectativas comuns, mas ainda assim relevantes, por estarem intimamente relacionadas com as representações das quais partem. Elas, por conseguinte, geram "mistérios relevantes" – mantendo uma promessa, mas não admitindo uma interpretação final. As pessoas podem chegar a interpretações específicas baseadas em estados emocionais e motivacionais ou em deferência à autoridade em contextos específicos, interpretações que podem, portanto, não generalizar para além desses contex-

---

3. Não é essencial endossar essa visão das representações evoluídas para propósitos especiais a fim de motivar a ideia de que crenças minimamente contraintuitivas sejam mais fáceis de se pensar e comunicar. O essencial é que essas crenças divergem minimamente de crenças profundamente adotadas que são epistemicamente intuitivas para os seus portadores – e estas também poderiam ser crenças culturalmente adquiridas e definidas. McCauley (2004; cf. tb. BARRETT, 2008; UPAL; GONCE; TWENEY & SLONE, 2007) as chama de crenças "contraesquemáticas". No que se segue, pretendemos que "contraintuitivo" subsuma ambas as possibilidades.

tos (FRANKS, 2003)[4]. Atran (2002) sugere que parte do sucesso de conceitos minimamente contraintuitivos se deva ao fato de manterem-se associados ao mundo do dia a dia, de modo que podem ser regularmente evocados. Se uma ideia é incomum, mas não maciçamente implausível, somos mais propensos a nos lembrarmos dela, e é mais provável que a compartilharemos com outras pessoas.

Portanto, será que a vantagem da transmissão de conteúdo contraintuitivo está implicada na disseminação de boatos e fofoca? Sugerimos que um aspecto central do boato e da fofoca possa ser a tendência relacionada com a besteira de suspender o julgamento acerca da exatidão das informações transmitidas; e isso ecoa a indeterminação de uma representação contraintuitiva. E notamos que a resolução de indeterminação na interpretação de representações religiosas contraintuitivas é muitas vezes temporária e movida por disposições emocionais e motivacionais prévias – exatamente como foi observado em relação à fofoca e ao boato. Combinando essas ideias, pode-se conjecturar a hipótese de que o sucesso da transmissão de fofoca e boato esteja ligado a quanto refletem minimamente (mas significativos) desvios contraintuitivos de expectativas culturais de conduta ou desvios de um conhecimento prévio de uma situação.

Um exemplo relacionado à memorabilidade do boato e da fofoca é fornecido pelo "Comitê de Propaganda do Subsolo", criado pelos militares britânicos na década de 1940 para criar e disseminar boatos como armas de defesa contra a esperada invasão nazista da Inglaterra. Durante a Segunda Guerra Mundial, esta comissão desenvolveu a ciência de "projetar" boatos para torná-los mais dissemináveis com a ajuda de redes internacionais (cf. http://www.psywar.org/). Da mesma forma, o Instituto Americano de Serviços Estratégicos (OSS [Office of Strategic Services] – que viria a se tornar a CIA), começa a elaborar as suas próprias

---

4. Há paralelos interessantes entre a ideia de que as representações contraintuitivas são demandantes de atenção e culturalmente robustas, e a ideia da teoria das representações sociais de que a construção de sentido social muitas vezes gira em torno de uma tentativa de tornar familiar o não familiar relacionando novas entidades ou ideias ao que já é culturalmente bem ensaiado (p. ex., MOSCOVICI, 1973).

estratégias de combate às armas de boato com a ajuda de Knapp. O trabalho de Knapp foi adaptado em 1943 como um manual para engenheiros de boatos, sugerindo que boatos bem-sucedidos devam ser fáceis de lembrar ao seguirem uma trama estereotipada e permanecerem conectados aos interesses e circunstâncias do grupo. Sugeriu-se também que os boatos bem-sucedidos explorem as emoções e os sentimentos do grupo.

Emoções contagiosas?

Boato e fofoca parecem ter qualidades emocionais importantes. A incerteza e a indeterminação que circundam o conteúdo de muitos conteúdos de boato e fofoca podem levar a sua condição de "mistérios relevantes", que evocam fascínio e interesse especial, inclusive uma resposta emocional. A análise de Knapp (1944) classificou os boatos em função da emoção que despertam e o efeito que têm sobre o receptor. Boatos de "desejo" são aqueles que suscitam esperanças e desejos, percebidos geralmente como inofensivos; os "demoníacos" tendem a provocar medo e ansiedade, enquanto os boatos "agressivos" têm o efeito de dividir grupos. Além disso, a própria incerteza pode dar origem ao uso de emoções como se fossem informações, que então reduzem a dúvida.

Há ainda outro paralelo com a religião. Sugerimos que a fofoca pode compreender um gênero distinto – como um tipo de comunicação ritual que pode ser parte de uma transmissão de boatos. Ao nível individual, o ritual religioso pode recrutar emoção para apoiar a redução temporária de dúvida e incerteza (FRANKS, 2003). E Whitehouse (2000; 2002) argumentou que rituais "imagéticos" – aqueles que envolvem alta excitação emocional – fornecem uma base mais forte para a recordação e a transmissão de ideias religiosas e identidade de grupo compartilhada do que rituais com menor excitação. Ao nível do grupo, a excitação emocional em *performances* sequenciais pode envolver movimentos socialmente polifônicos, de modo que "estados afetivos sincronizados entre membros do grupo em demonstrações de compromisso cooperativo convergem as expressões das pessoas [...] para o sentimento público" (ATRAN & NORENZAYAN, 2004, p. 718). E muitos rituais religiosos abordam ansiedades existenciais por meio de ensaios "que recriam a mesma ameaça existencial dentro do ritual, permitindo ao mesmo tempo a sua remoção através da partilha comunitária da experiência ritual – isto é, satisfazendo coletivamente as emoções que motivam a religião, em primeiro lugar. Sugerimos que o boato e a fofoca possam ter um papel semelhante como meios ritualizados de ensaiar, confrontar e falar sobre contingências ameaçadoras, "angustiantes". Isto promove a função do boato como um meio de construção de sentido social sob condições de ameaça e incerteza percebidas ou reais, conforme discutido anteriormente (p. ex., DiFONZO & BORDIA, 2004).

Boatos motivados por ameaças existenciais podem ser exemplificados pelas tentativas da administração do presidente norte-americano George W. Bush de explicar os motivos para invadir o Iraque. Pode-se argumentar que a máquina de propaganda, que incluía uma cuidadosa engenharia de boatos, usou o medo para aumentar determinadas explicações, especialmente quando ligadas à "guerra global contra o terror." Na prática, sugeriram que a guerra era inevitável: um confronto entre os militares americanos e os terroristas da Al Qaeda que, se não fossem derrotados no Iraque, em breve atacariam os Estados Unidos.

Contextos contagiosos?

Boatos e fofoca se espalham marcadamente sob algumas condições ou contextos culturais, mas nem tanto sob outros. Como mencionado em relação à obra de Bartlett, eles precisam "caber" em crenças culturais anteriores – ou seja, incluir informações relevantes ao esquema. Nos últimos anos, os antropólogos cognitivos desenvolveram a ideia de Bartlett de que os esquemas não são "mapas cognitivos" inertes, mas estruturas de conhecimento complexas que direcionam a experiência do presente, informam expectativas do futuro e desempenham um papel importante na (re)construção da memória histórica (D'ANDRADE, 1992). Tais "modelos culturais" são considerados certas visões intersubjetivas do mundo pressupostas, compartilhadas entre os membros de uma sociedade (D'ANDRADE, 1995; HOLLAND & QUINN, 1987; COSTA, 1996). Eles influenciam a transmissão de ideias, orientando a atenção das pessoas para algumas ideias em vez de outras, e fornecem um contexto de ideias ambientais em relação ao qual novas ideias são transmitidas e interpretadas.

Como sugerido anteriormente, estudos mostram duas tendências conflitantes – a informação esquema-relevante é melhor lembrada e transmitida em comparação com a informação esquema-irrelevante. No entanto, embora as experiências demonstrem que informação estereótipo-inconsistente, em geral, seja mais provável de ser recuperada, perto do fim de uma cadeia de comunicação isso se inverte, e a informação estereótipo-consistente é mais provável de ser recordada. Essa tensão sugere que a informação mais memorável residirá entre ser inteiramente consistente e inteiramente inconsistente com as expectativas preexistentes do contexto cultural – assemelhando-se às crenças "minimamente contraintuitivas" discutidas acima.

Não é, entretanto, apenas o contexto de outras ideias culturais que influencia a disseminação de boato e fofoca. É também a disponibilidade das tecnologias de transmissão. Ideias se espalham melhor quando há mais facilitadores sociais para comunicá-las, e quando há meios de comunicação que promovam repetição e retenção. Os modernos avanços nas tecnologias de comunicação facilitam a difusão eletrônica de ideias de maneiras que a humanidade nunca vira antes (cf., p. ex., JENKINS, 2006). Diante disso, os meios de comunicação de massa oferecem uma enorme capacidade de espalhar boatos e fofoca, levando a um "contágio de mídia" (MARSDEN, 1998). Boatos positivos disseminados através da mídia podem atuar como rápidas campanhas publicitárias, enquanto boatos e fofocas negativos podem ainda ser estabilizados devido a sua disseminação (KNAPP, 1944). Isso não quer dizer que a mídia seja a causa desses boatos – em vez disso, ela constitui um conjunto específico de vetores de transmissão que normalmente podem precipitar a disseminação de fofoca. Esse "contágio de mídia" também pode estar implicado na disseminação de ideias em torno do terrorismo. A publicidade da mídia dedicada a atos de terrorismo age como um vetor contextual, oferecendo informação seletiva e sensacionalista, incluindo falsos boatos, que podem incitar e coagir. Pode ser vista como não reduzindo a probabilidade desses ataques, e talvez mesmo levando a sua propagação (MARSDEN & ATTIA, 2005).

Box 8.2 Boato e representações sacrificiais em Israel

Em 2005, poucos meses após a retirada da Faixa de Gaza, um estudo experimental para explorar a transmissão de ideias relacionadas ao sacrifício e o compromisso religioso foi realizado no âmbito da cultura israelense. O estudo (ATTIA, 2010 – não publicado) envolveu um método de reprodução em série, sob a forma de um teste de associação on-line, pela internet, que convidava os participantes a "jogarem" um teste contínuo de associações em torno do conceito de sacrifício religioso e compromisso em relação a Deus, ao Estado e ao povo judeu; esses temas foram extraídos de uma prévia análise de mídia. A duração do estudo foi de pouco mais de duas semanas, com um número total de 1.005 participantes.

Tendo o primeiro participante completado um conjunto de associações – tendo três camadas, cada uma elucidando a anterior – estas associações então se tornaram opções para os participantes subsequentes que tanto poderiam selecionar a partir dessas opções existentes ou criar suas próprias novas associações. Estas, então, tornaram-se opções para seleção por participantes subsequentes, e assim por diante. Este aspecto dinâmico do estudo significa que, à medida que os participantes entravam em novas cadeias de associações, uma rede de associações crescia, gerando páginas da web que se tornavam opções para seleção subsequente. Conforme mais participantes jogam o jogo, surge, portanto, uma complexa rede de hipertexto de páginas da internet ligadas por cadeias de associações.

Descobertas revelaram que através do surgimento das redes associativas dinâmicas, temas consistentes com esquemas, expectativas ou roteiros culturais relacionados ao sacrifício e ao compromisso judaico tenderam a reaparecer ou ressurgir, mas em versões ligeiramente diferentes, criando agrupamentos de representações estáveis cujo conteúdo variava em torno de vários conceitos fundamentais. Consistente com a Teoria Epidemiológica de Sperber, esses conceitos fundamentais pareceram agir como centros de gravidade representacional que constrangiam e dirigiam a construção de novas representações – quais sejam os mais salientes "atratores cognitivos". Além disso, embora esses conceitos fundamentais claramente em geral obtivessem um sucesso cultural, conforme indicado pelo fato de se manterem no final do experimento, seus níveis específicos de "popularidade" variaram durante o experimento. Isso sugere que a preponderância relativa de uma ideia seja uma qualidade dinâmica, e não estática, e, em particular, que seja altamente influenciada pelo contexto. Isto pode ser ilustrado pela diferença de popularidade de uma ideia (como algo associado a "sacrifício") antes e depois de um evento violento "explosivo" ocorrido na época do experimento. O gráfico a seguir ilustra os resultados das associações em primeira mão a respeito do sacrifício e do compromisso com Deus, tal como sugerido pelos entrevistados judeus israelenses (que compreendem 70% de participantes seculares e 30% de religiosos); estes resultados, em particular o aumento do uso de temas de "fé cega" e "autossacrifício e amor pela terra", se acoplaram a um uso diminuído da "crença na conexão entre o povo judeu e a terra de Israel", e da noção de que o sacrifício diz respeito a "ideologia política e religião".

Figura 8.1 Temas centrais do gráfico de popularidade

Gráfico de popularidade – temas centrais

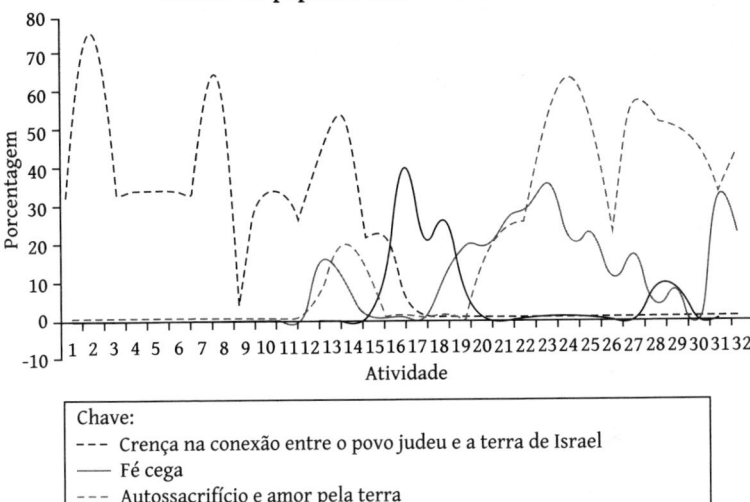

Chave:
- - - Crença na conexão entre o povo judeu e a terra de Israel
——— Fé cega
- - - Autossacrifício e amor pela terra
——— Ideologia política e religião

Nota: O sinal parecido com fogo ao redor do ponto de atividade 20-1 indica uma irrupção significativa de violência entre colonos e forças de segurança.

Cada núcleo, marcado em cor, refere-se a muitas diferentes maneiras de expressar o mesmo significado.

O eixo de atividade refere-se aos 66,5 dias do experimento documentados duas vezes ao dia.

Conclusões

Este capítulo sugeriu que a principal diferença entre fofoca e outras formas de transmissão cultural reside no conhecimento tácito das "regras" que governam o gênero fofoca. O boato, pelo contrário, é mais fluido, envolvendo a transmissão de ideias por muitos meios informais. Também sugerimos que tanto a fofoca quanto o boato podem implicar a disseminação "contagiosa" de ideias, em parte porque podem envolver a suspensão da crença acerca da precisão e depender de estados emocionais para conduzir a sua plena interpretação. Isso resulta em interpretações que podem ajudar as pessoas a conferir sentido a um mundo em mudança e a outras pessoas, mas cuja precisão pode estar subordinada a funções especificamente sociais e emocionais, as quais podem estar fundamentadas em disposições evolucionárias. As conexões com os meios de comunicação de massa sugerem ainda que a importância e o impacto de boatos e fofocas são suscetíveis de aumentarem, e não de diminuírem, no futuro.

9

FALA VAZIA E FALA PLENA

Derek Hook

Palavras-chave: Fala vazia; fala fundadora; fala plena; o Imaginário; *méconnaissance*; comunicação fática; o Outro; atos de fala; o Simbólico.

Introdução

Apesar da frequência com que o psicanalista Jacques Lacan recorre aos termos-chave da Teoria da Comunicação Clássica (noções de entropia, sinal, ruído, redundância, e assim por diante), os estudos de comunicação ainda têm que explorar adequadamente o potencial crítico do pensamento psicanalítico para a análise da comunicação. O objetivo deste capítulo é destacar a contribuição distintiva que a psicanálise faz para a compreensão do potencial *transformativo* da comunicação. Mais especificamente, mostrarei que a psicanálise fornece um meio único de distinguir dois registros fundamentais da comunicação. O primeiro deles ocorre ao longo do "eixo **imaginário**". Este é o domínio da intersubjetividade um a um, que serve o ego e funciona para consolidar as imagens que os indivíduos usam para se justificar. O segundo registro – muito mais perturbador e imprevisível – ocorre ao longo do eixo **simbólico**. Ele liga o sujeito a uma ordem *transubjetiva* de verdade, fornece-lhe um conjunto de coordenadas sociossimbólicas e o amarra a uma variedade de papéis e contratos sociais. É importante salientar que implica a alteridade radical daquilo a que Lacan se refere como "o Outro".

A psicanálise fornece um instrumento que nos permite distinguir o ruído da **fala** *imaginária* (ou **"vazia"**) cotidiana do potencial disruptivo de uma forma de **fala** *simbólica* (ou **"plena"**), capaz de entregar a verdade e efetuar mudanças em seus falantes. Um dos meus objetivos aqui é fornecer um esboço do instrumento em questão, nomeadamente do "esquema-L" de Lacan, que, como demonstrarei, nos ajuda a isolar os elementos-chave subjacentes aos exemplos potencialmente transformativos da comunicação daqueles mais adequados a formas imaginárias de falso conhecimento. Também em jogo está a importância de uma contribuição distintivamente psicanalítica para a comunicação, uma abordagem que lida com a dimensão inconsciente desses fenômenos.

A estrutura triádica do diálogo

Comecemos com uma afirmação básica: qualquer diálogo, qualquer forma de intersubjetividade, precisa ser fundamentada em algo diferente dos pontos de vista dos seus dois participantes. Isto é evidente no caso de duas pessoas de diferentes origens que se reúnam pela primeira vez e sejam capazes de se entenderem uma a outra, simplesmente porque falam a mesma língua. A comunicação, como tal, implica sempre *um terceiro ponto de referência*. Essa ideia parece afirmada se estendemos nosso exemplo para considerarmos o caso do *mal-entendido*. Por razões de sotaque, dialeto, e assim por diante, estaríamos certos de esperar mal-entendidos no intercâmbio entre as pessoas que falam a mesma língua, mas vêm de diferentes países. Que elas possam superar essas dificuldades, identificando as palavras ou significados problemáticos em questão, só afirma aquilo a que estou me referindo como o princípio do terceiro.

O constante recurso a algum ponto de referência extrassubjetivo é necessário para a interação comunicativa funcionar. Este terceiro ponto normalmente funciona implicitamente, discretamente, de tal modo que *se sente* como se realmente houvesse apenas duas perspectivas envolvidas em qualquer intercâmbio dialógico. Então, mais uma vez, quando o significado se quebra, a importância deste terceiro ponto se torna muito mais evidente. Essa autoridade externa – digamos, o papel de um especialista – fornece um meio de resolver impasses, um ponto de arbitragem, uma posição extrassubjetiva de adjudicação. Poderíamos diagramar este fator de intercâmbio comunicativo – o fato de que algo se destaca do intercâmbio diádico da intersubjetividade um a um e o ancora – sob a forma de uma vertical sobreposta ao eixo horizontal do diálogo intersubjetivo (Figura 9.1). A vertical representa o *eixo simbólico* da troca humana; inclui necessariamente referência a um terceiro ponto externo, e deve ser contrastada com o eixo *imaginário* dos diálogos um a um que surgem entre qualquer pessoa (ou ego) e seus outros semelhantes (ou *alter egos*). O nome psicanalítico para este terceiro ponto – que funciona como uma coleção acumulada de convenções sociais e leis, como a encarnação da autoridade das "regras do jogo" – é o "**Outro**" ("O" maiúsculo, de modo a distingui-lo dos outros semelhantes [*alter egos*]).

Este terceiro ponto, portanto, supre um padrão de inteligibilidade, e, além disso, um *princípio de apelação* que traz a perspectiva da mediação simbólica. Se a intersubjetividade fosse meramente uma questão de duas subjetividades que conversam tentando entender uma a outra na ausência desse Outro simbólico, então os conflitos seriam intratáveis. Duas perspectivas opostas, cada uma incapaz de recorrer a qualquer outra coisa senão os termos de seu próprio quadro de referência, certamente resultaria na luta de tudo ou nada pelo reconhecimento. Estamos aqui no que a psicanálise entende como o registro imaginário, um domínio tão caracterizado pelo amor-próprio do ego quanto pelo potencial ilimitado para a rivalidade e o conflito agressivo. Esta é uma característica do eixo imaginário das interações sujeito a sujeito: cada participante está trancado nas preocupações e na perspectiva do seu próprio ego. Dois importantes paralelos com a Teoria da Evolução (conforme discutida no cap. 11) devem-se salientar aqui. Em primeiro lugar, o conceito de um terceiro ponto, ou Outro, curiosamente relaciona-se com a noção de que a cultura simbólica atua como uma teoria externa da mente. Em segundo lugar, a ideia de que no eixo imaginário os indivíduos estão trancados na perspectiva do seu próprio ego ressoa com o conceito de comunicação egocêntrica elaborado na psicologia evolucionária. (Problemas de egocentrismo também são uma preocupação vital na Teoria da Ação Comunicativa; cf. cap. 6.)

O terceiro como ponto de apelo

A natureza competitiva dos esportes coletivos proporciona um caso exemplar do domínio da intersubjetividade imaginária.

Figura 9.1 Eixos simbólico e imaginário da atividade comunicativa

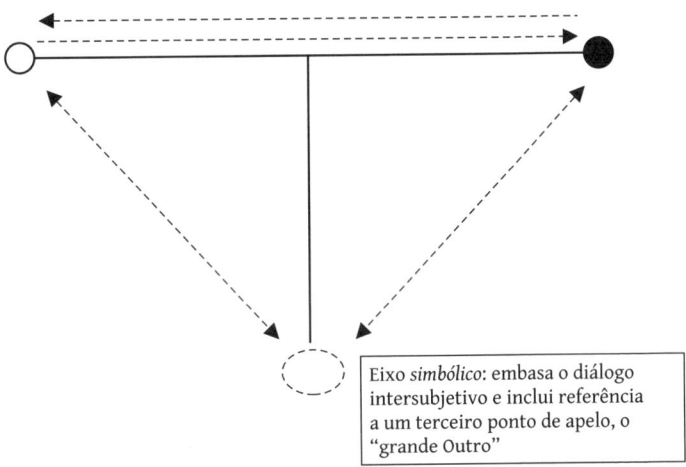

Eixo *imaginário*: diálogo intersubjetivo um a um entre um ego falante e outros semelhantes.

Eixo *simbólico*: embasa o diálogo intersubjetivo e inclui referência a um terceiro ponto de apelo, o "grande Outro"

Ambos os lados querem o que o outro lado quer: ganhar, e que o outro perca. Isso proporciona um bom esboço da ego-lógica narcisista do registro imaginário: apesar da semelhança, da equivalência entre os jogadores, definitivamente não há concessão real de que o adversário seja tão merecedor de reconhecimento quanto ele mesmo.

Ora, embora às vezes as coisas saiam do controle nessas competições, esses intercâmbios imaginários são quase sempre suspensos pelo aparecimento do árbitro. O confronto agressivo com um adversário é, portanto, muitas vezes ignorado; a supervisão do Outro prevalece. Protestos contra a injustiça, apelos por uma decisão ("Falta!", "Fora!"), são antes dirigidos à figura que supervisiona o jogo. O que vale ressaltar aqui é que este Outro – que incorpora as regras do jogo – não pode ser assimilado ao nível "horizontal" das interações um a um dos jogadores em competição. O Outro permanece necessariamente acima do nível da intersubjetividade diádica; não haveria maneira de fundamentar as regras, a função da arbitragem e do julgamento, o ponto do registro simbólico ("Gol!", "Não foi gol!") se não fosse o caso.

Nos termos do eixo simbólico da comunicação, então, estamos preocupados com algo mais do que simplesmente em *adotar a perspectiva de outrem*, que, afinal, dificilmente nos removeria do nível do imaginário diádico da intersubjetividade. Então, o que é tomado frequentemente como um ideal de eficácia comunicativa – a tentativa de "ver algo do ponto de vista de outrem" – não é necessariamente um objetivo de mudança comunicativa efetiva. Nossa representação diagramática torna isso evidente: quando se trata do eixo simbólico, estamos olhando para uma função da mediação social que *não é em si um elemento psicológico, não é em si um tipo de subjetividade*. Não há como sair facilmente da ego-subjetividade, não há qualquer simples suposição de "como o outro veja isso" que consiga pôr o meu ego entre parênteses. Este paradoxo é digno de ser ressaltado: a tentativa de assumir o ponto de vista do outro ocorre *através do próprio ego*, de modo que o próprio gesto de "se abrir ao outro" realmente apenas reafirma o meu ego (ou seja, a lógica aqui é a de *como* eu *acho que eles veem isso*).

Antes de deixar o exemplo acima, devemos chamar a atenção para um tipo de verdade de consenso que está operando aqui. Como quem acompanhe esportes sabe, o que "conta", de acordo com a decisão de um árbitro, não necessariamente reflete o real estado de coisas; é o que foi declarado pelo árbitro que permanece como o registro histórico. Há uma "metaverdade" primordial operando aqui; mesmo que discordemos da decisão do árbitro, não contestamos as regras do jogo, o mandato do árbitro para implementá-las. É esse fator simbólico, a estrutura da convenção, das regras consensuais e dos princípios regulativos, o que significa que seja possível transformar o estado de "egos em guerra" em laços sociais genuínos.

Por que o uso de símbolos implica um destinatário

Quando faço algo estúpido (derramar uma xícara de café etc.), por que preciso me exprimir em termos *socialmente codificados*? Como pode ser que mesmo a minha resposta mais "bruta", imediata, "não mediada" assuma uma forma imanentemente *simbólica* ("Meu Deus!", "Oops!")? Há uma ressonância óbvia aqui com a famosa máxima de Wittgenstein, "não existe linguagem privada".

Podemos, porém, levar esta ideia um passo adiante, perguntando o seguinte: Por que será que, mesmo em meus momentos mais privados, eu, não obstante, utilizo uma "linguagem pública" (ou sinais ou gestos), que eu permaneço preso no processo de construir sentido – pelo menos potencialmente – para algum Outro?

Uma linha de questionamento relacionada a essa: A quem são dirigidos os epitáfios nas lápides? A resposta mais óbvia é que são dirigidos aos entes queridos da pessoa que partiu, sua comunidade imediata. Então, mais uma vez, poderia parecer que tais epitáfios também são dirigidos a um público que esteja além da subjetividade acumulada do "aqui e agora". É por esta razão que essa noção do Outro não pode ser vista como o equivalente do "outro generalizado" da psicologia social: não estamos lidando meramente com um agregado de subjetividades aqui. Algo mais está presente no Outro, um elemento do além histórico; o Outro é sempre caracterizado pela perspectiva de um futuro superior à nossa própria situação.

Para a psicanálise, mesmo um monólogo interno pressupõe um campo de recepção. Podemos dizer, então, que cada instância de fala pressuponha um ouvinte, uma "estrutura de escuta". Salientar a importância deste papel do Outro acrescenta um grau de complexidade a como podemos ter entendido o papel determinante do *receptor* de determinada comunicação. A mensagem que envio é sempre, em parte, uma função de *a quem é enviada*. Este receptor desempenha um papel determinante para o seu sucesso; ele faz algo dela, reconhece algo nela, e, através dela, faz algo de mim. Isso configura um tipo de reverberação, não apenas a antecipação de *como eu poderia ser entendido*, mas também nos termos do efeito de *feedback* daquilo *que posso ter querido dizer* agora que estou ciente de como o outro apreendeu minhas palavras. Isso nos dá uma melhor compreensão do efeito de *retorno* de um sinal; uma melhor apreciação de como a mensagem de alguém é apenas metade (se chegar a tanto) daquilo que é efetivamente comunicado.

Esta faceta do Outro, o fator de "como sou ouvido", implica sempre o potencial de uma interpretação excessiva. Abordamos aqui a ênfase tradicional na psicanálise freudiana sobre a ambiguidade do significado e da intenção, dos lapsos de linguagem, e assim por diante. A amplitude de como eu poderia ser ouvido sempre excede o campo mais delimitado daquilo que (conscientemente) pretendo dizer, seja em virtude das variações tonais da minha voz, do meu sotaque, ou da "materialidade" da maneira como falo (padrões de pronúncia, enunciação etc.).

A falha de comunicação como regra

A Teoria do Gerenciamento de Impressão de Goffman (1959) igualmente chama a atenção para a forma como a complexa maquinaria de sinalização da interação humana sempre deixa o remetente da mensagem aberto a um tipo de dupla leitura (cf. cap. 3 e 17). Esta é a distinção entre as expressões (relativamente controladas) que eles usam conscientemente, e a expressividade que inadvertidamente "deixam escapar". Goffman acrescenta que uma assimetria fundamental subjaz às trocas interpretativas, que, na sua opinião, dá *ao ouvinte* uma vantagem distinta. Este diferencial surge como resultado da latitude interpretativa conferida ao destinatário da comunicação, que é capaz de analisar qualquer uma das múltiplas (e *não intencionais*) formas de expressividade emitidas pela pessoa que está falando. Isso nos leva a uma necessidade estrutural do fato de a comunicação simplesmente funcionar: a "largura de banda" dos significados potenciais de um falante é sempre maior do que o mínimo necessário para comunicar uma mensagem.

Temos então uma tese mais forte aqui do que a ideia de que a ambiguidade e a incompreensão são subprodutos inevitáveis da comunicação. Não é simplesmente que a comunicação bem-sucedida seja assolada por um horizonte onipresente de potenciais mal-entendidos. Em vez disso, "a comunicação bem-sucedida" nunca está em si mesma certa, segura, mas é sim algo um tanto quanto acidental, o resultado improvável de uma variedade potencialmente enorme de sinais, leituras excessivas e significações ambíguas presentes em cada situação comunicativa. Que possamos ter progressivamente aprendido a filtrar os componentes aparentemente redundantes ou inadvertidos da comunicação cotidiana não diminui a ideia de que a comunicação pura e descomplicada continue a ser uma impossibilidade virtual. Esta linha de discussão lança alguma luz sobre a afirmação psicanalítica de que as nossas tentativas de comunicação são sempre qualificadas por tipos de fracassos, por uma impossibilidade abrangente; afinal de contas, é essa impossibilidade mesma de nós alguma vez "dizermos tudo" totalmente, de maneira transparente, entendendo um ao outro, o que nos mantém falando.

O registro simbólico

O fato desse Outro interlocutor fornece um meio de compreender afirmações declarativas, a função dos **atos de fala** (cap. 5), cuja "função performativa de dizer" sempre excede o sentido literal das palavras faladas. Da mesma maneira, quando juramentos públicos são feitos, quando alguém afirma um fato "para o registro", ou faz um contrato verbal perante uma série de testemunhas ("Prometo dizer a verdade, toda a verdade e nada mais do que a verdade"), temos mais do que a intersubjetividade da fala, mas um tipo de registro, um fazer história. A implicação dessa ideia é a de que a comunicação, em especial nas suas capacidades performativa, declarativa e institucional, está constantemente envolvida em tipos de registro simbólico.

Uma boa série de exemplos de *não* informar o Outro é fornecida por Pinker (2007). Ele descreve uma série de situações nas quais um certo grau de ambiguidade deliberada é utilizado de tal modo que o registro simbólico é suspenso. Em cada caso, o protagonista-chave está envolvido em uma manobra arriscada, e o uso de ambiguidade lhe permite "manter as aparências", na frase de Goffman (1967), de modo a preservar potencialmente um conjunto existente de papéis sociais. No primeiro exemplo, um motorista que é parado por um policial por uma infração apresenta a carteira de motorista juntamente com uma nota de 50 dólares, o que sugere que "talvez fosse melhor resolvermos isso aqui" (PINKER, 2007, p. 374). A vantagem dessa estratégia é imediatamente óbvia: ao invés do risco implicado em uma oferta mais explícita de suborno – o que é, obviamente, intrinsecamente ilegal – sua ambiguidade provê uma explicação alternativa, caso a oferta seja recusada. Ela, portanto, suspende todas as implicações desse ato: o Outro não foi, como tal, devidamente informado do que se passou.

Um segundo exemplo diz respeito à aprovação da aproximação sexual, como na fala citada por Pinker na qual um pretendente em potencial pede ao seu parceiro depois de um encontro: "Você gostaria de subir para ver minhas gravuras?" Que o parceiro possa recusar a oferta (implícita) contrabandeada nessa pergunta por tê-la entendido literalmente – "Não tenho muito interesse em gravuras" – significa que o constrangimento de uma "cantada" fracassada pode ser evitado.

Em ambos os casos, o fato de ser capaz de oferecer algo de modo tácito – de momentaneamente se desviar do registro simbólico do evento – é vital. Dito de um modo mais direto, o suborno, a cantada, teriam mudado as coisas. A definição da situação teria sido diferente, como, aliás, o seria o *relacionamento* entre os dois indivíduos. No caso de um suborno explícito, o ato torna-se um crime; a oferta de sexo, no caso dos namorados, da mesma forma muda os papéis dos protagonistas. Imaginemos que o casal em questão trabalhasse junto, e que ela não estivesse interessada em um relacionamento sexual. Esta é a vantagem de não informar o Outro: as coisas podem continuar como estavam, os participantes podem preservar a dignidade dos papéis sociais que tinham antes do encontro em questão.

Fala vazia

Por crucial que seja a fala, ela frequentemente nos leva a lugar nenhum. Isto suscita uma questão: Como devemos entender esses tipos de comunicação cotidiana nos quais muito é falado pelos participantes, mas efetivamente não se ouve nada, nada de novo é aprendido? Podemos ligar isso à impressão que às vezes se tem de duas pessoas conversando, *mas de cada uma efetivamente falando apenas para e de si mesma.*

Este tipo de comunicação interpessoal é bem retratado em um episódio do programa de TV americano *Os Sopranos*. O personagem principal, Tony, é forçado a interromper sua terapia e se esforça por encontrar um ouvinte adequado para substituir seu terapeuta. Logo se torna evidente que o seu substituto, um velho amigo de Tony, não está à altura da tarefa: embora inicialmente o escute, ele usa as pausas na fala de Tony para inserir histórias e reclamações de sua própria autoria – em outras palavras, ele ouve e responde com o seu ego. A conversa resultante é como uma paródia cômica de um diálogo: suas respectivas narrativas dificilmente se conectam; eles falam um por cima do outro, prestando pouca ou nenhuma atenção ao que o outro está dizendo. Temos a situação, portanto, onde dois falantes, aparentemente envolvidos em um diálogo, estão realmente envolvidos em dois monólogos fechados em si mesmos, cada um utilizando o outro como a audiência muda de uma história que estão contando a si mesmos sobre si mesmos.

Nessas trocas cada participante está trancado em um circuito fechado narcisista de fala egoica no qual a única coisa que importa é *como este conteúdo comunicativo o afeta*. Essa dimensão "imaginária" ou egocêntrica da comunicação não é meramente uma anomalia, um aspecto irritante da fala cotidiana que bloqueia o verdadeiro diálogo. Essa "fala vazia" deve ser vista antes como uma tendência constante no intercâmbio comunicativo, um impasse *inerente ao próprio diálogo intersubjetivo*. A isso devemos acrescentar a qualificação de que esta dimensão imaginária não é apenas um problema; também é absolutamente necessária, trata-se de uma precondição para o diálogo ocorrer. A fala vazia proporciona uma maneira de se conectar com os outros, clama pelo reconhecimento que podem prover, contém as perspectivas de um tipo de mediação imaginária – que é possível ser compreendido, amado – mas é, por si só, insuficiente para a transformação, para formas de verdade simbólicas.

Tendo evocado um sentido da fala vazia e dos seus objetivos rudimentares, cumpre nos voltarmos para uma consideração da *forma* desse tipo de fala. Embora a fala ofereça o potencial de verdade, ela traz consigo também as armadilhas da ilusão; permite-nos acreditar no que invocamos. Este é o aspecto imaginário da linguagem que funciona para fornecer, assim, um objeto de *status* ilusório para o que é, de fato, desprovido de substância. Pode-se lembrar aqui dos encantos sedutores da retórica conforme discutido no capítulo 10: quanto maior o seu poder de expressão, mais eu *sinto* que sei *exatamente o que você está falando*.

Box 9.1 Sobre a fala vazia e a besteira

Há uma semelhança interessante entre a "fala vazia" e a conceitualização da besteira por Frankfurt (2005), também discutida no capítulo 8. A análise filosófica de Frankfurt afirma que a besteira nem é simplesmente uma fala descuidada, não planejada – o ardil dos publicitários e dos políticos é, por exemplo, muitas vezes cuidadosamente elaborado, projetado estrategicamente –, nem meramente um caso de mentira. Uma mentira eficaz, afinal de contas, mantém uma certa proximidade com o que é verdadeiro, não apenas no sentido de que as mentiras bem-sucedidas estão muitas vezes entrelaçadas dentro de uma série de verdades, mas no sentido mais fundamental de que o mentiroso presumivelmente precisa saber o que é verdadeiro a fim de projetar o seu engodo. Diz Frankfurt: "O mentiroso está inevitavelmente preocupado com valores de verdade... ele deve projetar sua falsidade sob a orientação da verdade" (2005, p. 51-52). Para Frankfurt este não é o caso na "conversa vazia" da besteira, que é produzida sem qualquer preocupação com a verdade. É esse distanciamento do quadro do verdadeiro – ao qual até mesmo as mentiras devem permanecer estrategicamente ligadas – que incomoda particularmente Frankfurt, daí o seu argumento de que a besteira é mais inimiga da verdade do que o são as mentiras. A besteira se trata mais de um caso de *falsificação* do que de pura e simples falsidade, mais um exemplo de *blefe* do que de desonestidade proposital, o que significa que os que falam besteiras não precisam necessariamente entender as coisas errado, ou mesmo que o que dizem seja factualmente falso. Essencialmente vale tudo – verdades e falsidades igualmente – na narrativa que o artista da besteira tece, desde que sirva aos seus interesses.

O que Frankfurt deixa de considerar é o fator do benefício, da gratificação do ego oriundo de falas deste tipo. Em suma, a sua análise poderia ser afiada pela adição da observação de que esta é uma *fala* essencialmente *dirigida pelo ego*. Com essa hipótese estamos melhor situados para explicarmos a onipresença desse tipo de fala, e, na verdade, a sua finalidade primordial, nomeadamente a sua *função probatória do ego.* Daí a ideia psicanalítica de que um sujeito *se gera a si mesmo pela fala*, convencendo-se de que é uma entidade substancial: esta é a noção de fala vazia como uma maneira de fortalecer, de tornar consistente um ego; a fala aqui é um projeto de *autocriação* imaginária.

Uma apreciação da ilusão representacional de que a linguagem é capaz está evidente na noção de reificação (discutida também no cap. 7): a ideia de que o funcionamento da fala dá *status*-objeto prático a postulados ("personalidade", "inteligência", "feminilidade") que não têm existência independente, material além dos quadros explicativos de sentido que os chamam à existência. Um dos objetivos da psicanálise clínica ao trazer à tona o aspecto simbólico do intercâmbio falado é que pode ajudar a dissipar momentaneamente as propriedades figurativas, ilusórias da linguagem. É neste contexto que Lacan (2006) nos apresenta uma oposição entre duas formas diferentes de verdade. Por um lado, há o que é verdadeiro dentro dos limites de uma dada fala (no horizonte de um modo particular de saber, de um tipo de inteligibilidade). Por outro, há a verdade tornada aparente através do pacto estabelecido pela própria situação discursiva: os papéis designados conferidos por uma interação particular, por exemplo, ou um consenso estabelecido como ratificado por uma forma de registro simbólico (como no caso da decisão de um árbitro).

A capacidade de construir imagens da fala vazia nos leva para longe de verdades difíceis e introduz um conjunto de distorções sistêmicas nas comunicações do sujeito, distorções daquilo que um ego *gostaria de ouvir e acreditar*. Daí os links tão frequentemente encontrados em textos psicanalíticos entre verdade subjetiva e aquilo que perturba, causa desconforto, provoca dor. A fala autêntica, sugere Lacan (1998), provoca ansiedade, certamente na medida em que é dirigida a um Outro não redutível à condição de sujeito, um Outro que nunca pode ser previsto, e que é sempre em parte irreconhecível, impossível de se antecipar. Há uma suspeita permanente na psicanálise de que aquilo que envolve o ego com uma imagem reconfortante do mundo, ou gratifica o seu inerente narcisismo, envolve necessariamente uma guinada para longe da realidade. Este é um tema ao qual vamos voltar, a ideia de que existem poucas verdades subjetivas que não surjam sem nadar contra a corrente da resistência.

Uma máxima psicanalítica importante que é preciso ter em mente quando se analisa a comunicação intersubjetiva: a fala está continuamente condicionada pela tendência (por parte de ambos os falantes) a se afirmar o ego, a protegê-lo e isolá-lo do que se considera intragável, e a mobilizar defesas contra ouvir qualquer coisa excessivamente perturbadora. Essas defesas envolvem uma dimensão epistemológica, ou seja, as distorções sistemáticas pelas quais o ego ouve com base no que já é "conhecido" pelos seus próprios interesses, pertinente a eles, ou o reflexo deles. Esta é a função imaginária da *compreensão imediata*, que implica uma insistência em atribuir significados egocêntricos como meio de compreensão. Poderíamos, então, revestir os duradouros conceitos de assimilação e acomodação, de Piaget, – que distinguem as operações cognitivas de ajustar novas experiências a esquemas existentes da construção de estruturas de entendimento completamente novas – com uma dimensão propriamente psicanalítica: podemos, como tal, falar de assimilação *imaginária* e acomodação *simbólica*.

Isto sublinha mais uma vez os desafios por detrás do ato de comunicar: ao enviar uma mensagem, o sujeito geralmente está mais preocupado em afirmar uma imagem ideal do seu ego, em obter as gratificações do reconhecimento dos outros, do que propriamente com o que está sendo comunicado. O exemplo de Frankfurt (2005) de um orador no dia da independência americana que discorre de forma bombástica sobre a grandeza da América, sua história ilustre e heroica, é instrutivo a este respeito. Aquilo com que este falante está realmente preocupado é *o que as pessoas pensam dele* como patriota, como alguém que reflete profundamente acerca da origem do seu país. A disposição do ouvinte é igualmente condicionada – o caso, pode-se dizer, de se "ter um ego para os ouvidos" – pela forma como o que está sendo dito pode servir para afirmar o seu ego, o que sabe, o que pode ser capaz de dizer acerca de si mesmo.

O esquema L

Podemos agora voltar nossa atenção para o esquema L, que estende o diagrama básico da comunicação oferecido acima (cf. Figura 9.2). Podemos tratar o esquema como um diagrama de comunicação onde Sujeito (S) e ego (o) – duas facetas do indivíduo contidas no lado esquerdo – estão conversando com outro ego (o') (no canto superior direito). Conforme estabelecido acima, qualquer interação de um ego com outro põe em jogo outro princípio de alteridade, o "grande Outro" (canto inferior direito). Somos, portanto, capazes de explicar os quatro cantos do esquema. É importante, no entanto, notar que o esquema é usado tanto como um meio de mapear a comunicação entre dois sujeitos (dois egos), quanto como uma representação dos quatro pontos nodais da *subjetividade de um único sujeito*. Dada a ênfase psicanalítica na natureza divisiva do sujeito e na qualidade fugaz dos eventos inconscientes que surgem de repente e depois desaparecem, não é de se estranhar que o indivíduo seja visto aqui como *um conjunto de relações*, e não como uma entidade única, unificada. Isso afirma algo reiterado acima, ou seja, que há sempre uma divisão entre o que um ego quer dizer (a intenção consciente de um indivíduo), o ato de falar (o fato da própria enunciação) e como é ouvido (o lugar do Outro).

Uma pergunta frequentemente vem à tona em considerações do esquema L: se partirmos do princípio de que o ego é a sede das identificações, a base funcional do indivíduo racional, então por que ele aparece apenas na terceira posição do esquema (a parte inferior esquerda)? A este respeito, pode ser útil traçar o evento comunicativo como um movimento entre as posições do esquema. Há um momento inicial da fala (em S), que conecta o sujeito a um outro, um *alter ego* que fornece as imagens e desejos que irão servir de base para o ego do sujeito (o processo contínuo de identificações que lhe fornece a sua "identidade"). Este é um ponto no qual convém nos determos: essa "identidade" mantém sempre um destino alienante. Com o ego nunca é o caso de um "eu" original ou integral, mas sim de uma amálgama de imagens e reflexões que foram assumidas de modo a emprestar um grau de coerência corporal e psicológica.

Figura 9.2 O esquema L

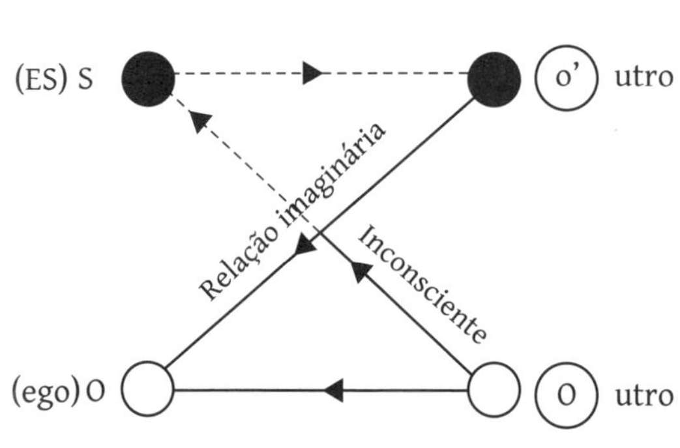

Fonte: Lacan, 1988, 2006.

É em virtude dessa natureza de fora para dentro da constituição do ego que, para a psicanálise, uma forma de alienação prova uma condição inescapável da subjetividade humana. Há, portanto, uma base estrutural para a tendência psíquica e epistemológica ao falso reconhecimento. Isto é o que subjaz à *méconnaissance* das formas distorcidas de saber que são sempre encaminhadas através dos outros, e que são delimitadas pelo hábito do ego de entender com base no que já é "sabido" pelo ego ou é o reflexo de dados interesses seus. Isso fornece uma resposta para a questão de saber por que o *alter ego* (o') vem em primeiro lugar: porque, simplesmente, como a fonte originária das identificações do sujeito, *ele de fato vem primeiro*. Temos então as condições para uma forma constitutiva de agressividade para com um outro que, curiosamente, é sempre mais autêntico em ser eu do que eu mesmo o sou. Essa rivalidade narcisista é parte integrante de qualquer identificação primária, um elemento fundamental da subjetividade humana.

Não há meios fáceis de se transcender este impasse. O conteúdo imaginário do ego é sempre já derivado do outro, o que significa que qualquer tentativa de afirmar o *status* da minha existência, ou o meu desejo *como primário*, necessita da eliminação desse outro. É claro que erradicar o outro significa que se perde a base das próprias identificações, e, juntamente com isso, a possibilidade do reconhecimento que este outro fornece. O impasse é evidente: se devo fazer alguma afirmação a respeito da singularidade, da autenticidade do meu desejo, o outro deve ser aniquilado como o inimigo da minha autorrealização. Então, mais uma vez, este outro é desesperadamente importante, pois sem ele o meu ego não tem existência.

A ordem de verdade transubjetiva

Mais importante, então, do que a mensagem transmitida é o *pedido implícito de reconhecimento*. Esse imperativo, do lado tanto dos emissores quanto dos receptores de mensagem, rotineiramente suplanta a possibilidade de eventuais ganhos ou mudança comunicativos reais. Este impasse imaginário não é, no entanto, completamente insuperável: o tipo de "recurso a terceiros" discutido acima permite o estabelecimento de formas de convenção e

271

acordo, proporcionando assim a base para uma ordem de verdade adequadamente *transubjetiva*. Podemos tomar como exemplo aqui os conflitos legais, ou, mais particularmente, a intratabilidade aparente dos litígios de divórcio. As coisas ficam irremediavelmente confusas com tanta rivalidade de egos concorrentes; há duas versões conflitantes de eventos, cada uma das quais está ancorada em sua própria realidade subjetiva autointeressada. A única coisa que pode ser determinada com segurança aqui é o princípio da lei pertinente. A ideia aqui é a de que *a própria estrutura da comunicação* envolve esse ponto de referência, que estabelece uma ordem de verdade, e, portanto, fornece a base para um contrato social genuíno e potencialmente transformador.

Voltemos, pois, ao esquema L: tendo discutido a relação outro-ego (o'-o), podemos agora voltar nossa atenção para a diagonal que bissecta esse eixo, ou seja, para a relação Outro-sujeito (O-S). Ao contrário da fala vazia do eixo imaginário, esta relação apresenta a possibilidade de uma mudança comunicativa viável. O S é o sujeito falante, que, ao se comunicar dentro de um determinado contexto sociossimbólico e necessariamente utilizar os códigos, significantes e linguagens fornecidos pelo Outro, constantemente produz mais em suas tentativas de comunicação do que o que queria dizer. Deveríamos, como tal, ser cautelosos em tratar o sujeito como o primeiro ou o mais importante termo nesta estrutura de quatro partes. Afinal, o momento de falar está sempre já condicionado pelo fator do Outro, pelo fato do sistema simbólico no qual me baseio para me expressar e em cujos termos sou ouvido. O ponto de partida do esquema estaria, portanto – contraintuitivamente, como sempre –, no canto inferior direito, na quarta posição do diagrama, a única posição, a propósito, que emite sinais em duas direções. É a fonte da constante tentativa do ego de entender a sua localização simbólica, o seu papel social (a trajetória O-o), e a precondição necessária para qualquer tentativa de usar a linguagem, de expressar-se a si mesmo em termos simbólicos (a direção do O para o S).

A seta do canto inferior direito para o canto superior esquerdo, portanto, nos dá o vetor inconsciente do diagrama. Esta diagonal implica que as condições do simbólico *falar o sujeito* se aplicam a todo falar. Este vetor, aliás, também implica que o inconsciente deve ser entendido através da ordem simbólica, através do fato do fator transubjetivo do Outro, fato esse que implica uma dimensão social muito mais forte do que aquela normalmente atribuída à noção de inconsciente. Há, evidentemente, uma resistência considerável a este campo de mensagens e significados não intencionais acionado pelo Outro. O que o esquema L ilustra é que esta linha de transmissão Outro-Sujeito é continuamente interrompida, negada ou contornada pela produção de sentidos do ego. Esta corrente, crucial para a produção de verdade subjetiva e mudança, é constantemente desviada, recanalizada pelo eixo transversal (o'-o) de intercâmbios outro-ego. A linha diagonal pontilhada que liga o meio do diagrama ao canto superior esquerdo indica o seguinte: o potencial de verdade dos sentidos do Outro produzidos neste eixo é continuamente defletido. A possibilidade de qualquer fala disruptiva do ego ou simbólica é continuamente redirecionada e assimilada pela função do falso reconhecimento, característica do ego.

Fala plena

Lidamos agora com a tarefa de caracterizar a "fala plena". O filme de Ron Howard (2008) *Frost/Nixon* dramatiza uma série de entrevistas realizadas em 1977 entre o jornalista britânico David Frost e o ex-presidente dos Estados Unidos. O filme encena os encontros entre os dois homens como um caso desesperado de dois egos em crise, na verdade, como um ataque – o assessor de Nixon chega mesmo a comparar as entrevistas a uma luta de boxe – como uma "luta até a morte (simbólica)". As apostas desse falecimento simbólico são reais: a carreira de Frost está em queda livre; ele arrisca uma enorme dívida e humilhação profissional em sua tentativa de gravar essas entrevistas com um homem que, por sua vez, está agressivamente intencionado em usar os intercâmbios como um meio de restaurar a sua imagem e potencialmente voltar à política.

O que provoca grande parte da tensão dramática do filme é o fato de, antes da entrevista final, Frost parecer completamente ultrapassado. Nixon tem à sua disposição todos os artifícios retóricos do político de fala suave; está totalmente à vontade na frente das câmeras de TV. Quando a filmagem começa, Frost, sitiado, torna-se, em contrapartida, uma irrelevância virtual: suas habilidades interrogativas são varridas e ele é reduzido a um ajudante de palco que (quase) permite a Nixon se vingar. Temos, portanto, um caso exemplar de fala vazia: o "pequeno outro" de Frost equivale a não mais do que um bode expiatório, um meio para a autonarrativização grandiosa de Nixon.

Como, então, esse tipo de fala torna-se algo diferente? Dadas as suas afirmações vitriólicas de inocência, a sua intenção declarada de "esclarecer as coisas", por que Nixon passa a admitir erro e culpa no escândalo do Watergate? Por que o aparente pedido de desculpas por "decepcionar o povo americano" – o que, até aquele momento, era inconcebível para o Nixon recalcitrante – e a declaração, um exemplo perfeito do *ato* de falar algo efetivamente concretizá-lo, de que "Minha vida política está acabada"? (cf. Box 9.2.)

Box 9.2 Revelações inesperadas – Admissões de Nixon

As admissões de Nixon vêm em um momento muito particular da sua discussão com Frost, como deixam claro as transcrições das famosas entrevistas de Frost. Depois de repetidas afirmações de inocência ("[...] você está querendo que eu diga que [...] participei de um encobrimento ilegal? Não" (FROST & ZELNICK, 2007, p. 244)), Nixon considera a emotiva questão "Como me sinto acerca do povo americano?", e, então, muda de rumo, recordando um evento anterior:

Eu francamente não esperava essa pergunta, embora... acho que disse tudo em um daqueles momentos em que você não está pensando... Tive um monte de reuniões difíceis nesses últimos dias antes de renunciar e a mais difícil, e a única na qual rompi em lágrimas, [foi quando]... Encontrei-me com todos os meus principais apoiadores apenas meia hora antes de ir à televisão...

...E, no final, depois de dizer: "Bem, obrigado por todo o apoio durante estes anos difíceis" ...E eu simplesmente, bem... eu meio que quebrei; comecei a chorar; empurrei minha cadeira para trás e, então, desabafei, disse: "Sinto muito, só espero não os ter decepcionado".

Bem, quando disse: "Só espero não os ter decepcionado", isso diz tudo.

Eu tinha.

Eu decepcionei meus amigos.

Eu decepcionei o país.

Eu decepcionei nosso sistema de governo e os sonhos de todos os jovens que deveriam entrar no governo, mas acham que é tudo corrupto demais...

> Sim, eu... eu, decepcionei o povo americano, e tenho que carregar esse fardo comigo pelo resto da minha vida.
>
> Minha vida política acabou.
>
> Eu nunca ainda, e nunca mais, tive a oportunidade de servir em qualquer posição oficial...
>
> Então só posso dizer que, em resposta à sua pergunta, que, embora tecnicamente eu não tenha cometido um crime, um delito passível de *impeachment* – isso são legalismos.
>
> No que diz respeito ao tratamento deste assunto, foi um fracasso, fiz muito maus julgamentos (NIXON, apud FROST & ZELNICK, 2007, p. 246-247).

Cinco aspectos da fala plena

Antes de considerar o exemplo acima, é importante fazer algumas qualificações. É crucial, para começar, manter certa distância do pressuposto de que a verdade simplesmente emerge aqui sob a forma de uma declaração encapsulante. Se, como Lacan enfatiza em seus seminários tardios, a verdade subjetiva, a verdade do desejo, *sempre só pode ser dita pela metade*, então, momentos como os indicados acima são eventos, aberturas para ditos proveitosos e transformadores que não representam "toda a verdade".

A partir de uma perspectiva estritamente psicanalítica, a resposta à pergunta: "Por que Nixon fez tais admissões inesperadas" tem pouco a ver com a estrutura de um diálogo interpessoal bidirecional. Devemos, portanto, colocar entre parênteses uma série de especulações psicológicas banais (como a necessidade de Nixon "confessar", ou as habilidades interpessoais do entrevistador), vendo este resultado antes em termos de como a dimensão imaginária da fala vazia deslizou momentaneamente para o registro simbólico da fala plena. Ora, embora haja boas razões para se questionar essa avaliação – para se perguntar se os comentários de Nixon realmente se qualificam como fala plena, como paradigmaticamente diferentes da fala vazia – muitos dos aspectos característicos da fala plena podem ser ilustrados através deste exemplo.

Temos, em primeiro lugar, os fatores do erro, da surpresa, do inesperado (ou seja, do que Nixon *não tinha a intenção de dizer*), cada um dos quais representa um caminho para uma revelação difícil, anteriormente inaceitável. Dito de outro modo, temos uma fala de momento – como no caso do lapso freudiano típico – em que o sujeito fala *além de si mesmo ou de si mesma* (além do seu ego), e acaba dizendo mais do que tinha a intenção de dizer. Nesses casos há algo *Outro* na fala, algo que parece não ter sido dito pela própria pessoa, ou adequadamente integrado no campo da própria identidade (ego) consciente.

Em segundo lugar, há a interrupção da fala de ego a ego que ocorre quando se torna evidente que é com o *Outro*, e não com o "pequeno outro", que se está falando. Que o outro provoque ansiedade, perturbando as operações da fala do ego, é uma consideração importante aqui. Quando Frost passa a ocupar a posição deste Outro – o papel do "interlocutor confessional" da história, do povo americano expectante – *isso por si só* é uma condição prévia das admissões inesperadas de Nixon. Frost mesmo, como "pequeno outro", não poderia precipitar essa desestabilização. Além disso, a natureza confessional da fala de Nixon não poderia efetivamente ter sido alcançada "intrapessoalmente" por Nixon – a estrutura da comunicação confessional necessita de um Outro. A confissão – tema também do capítulo 11 – não pode funcionar sem este elemento de registro simbólico, sem se alertar um Outro acerca do que foi feito.

Em terceiro lugar, temos a dimensão performativa dos comentários de Nixon, o fato da sua força ilocucionária como atos de fala, em outras palavras, a consideração "daquilo que é feito" em virtude do que ele diz. A fala plena tem a capacidade de provocar mudanças no falante e na situação. Isso está bastante claro na declaração de Nixon de que a sua carreira política terminou, uma declaração que faz o que diz acontecer. Também é evidente no reconhecimento de infração de Nixon, um reconhecimento que confirma os eventos em questão – e a sua própria cumplicidade neles – comprometendo, portanto, estes fatos ao registro histórico oficial.

Em quarto lugar, uma relação diferente com a verdade foi estabelecida. Não se trata apenas de algo acerca da estrutura da situação (intersubjetiva) ter sido alterado em virtude do que Nixon disse. Algo *acerca dele mesmo* e da sua própria relação com o seu passado também mudou, também foi levada a uma relação diferente com a verdade. Assim, enquanto na fala vazia há uma lacuna entre o conteúdo egoico do que é enunciado e a posição de enunciação (o que é dito não concorda com a verdade do sujeito), na fala plena o sujeito articula sua posição de enunciação (a sua posição de fala desejada), apesar da sua discordância com o ego. Isso aponta para outra característica da fala plena: ao invés da autocriação imaginária da fala vazia, que opera para nos assegurar e confortar, a fala plena assemelha-se ao "desfazimento" deste ego, normalmente acompanhado de ansiedade e resistência. A verdade aqui assume a forma daquilo que perturba, desestabiliza.

Uma quinta consideração inclui o papel da fala plena como um tipo de **fala fundadora**. O fato de a fala plena implicar a realização de um pacto fundamental (entre o falante e o interlocutor), de implicar um contrato, o reconhecimento de certas obrigações recíprocas, é crucial. A este respeito, deve-se chamar a atenção para as condições precisas imediatamente anteriores à confissão de Nixon. Cercado pelos seus partidários mais leais, e prestes a enfrentar o grande Outro do povo americano expectante, Nixon atinge um ponto de ruptura no momento em que é forçado a enfrentar não apenas a sua própria posição simbólica comprometida, mas o fato de um pacto fracassado, de um vínculo danificado. O que é eficaz e poderoso na fala plena tem muito a ver com este estabelecimento de uma *nova ordem de relação entre eu e os meus outros/Outros interlocutores*, uma relação que é "ratificada", confirmada pelas próprias condições do falar.

A fala desprovida de conteúdo

Lacan partilha com Austin (1962) pelo menos dois compromissos vitais em sua abordagem da fala. O primeiro deles é uma postura resolutamente não psicológica que acaba com qualquer referência à intencionalidade dos estados interiores. Lacan concorda, em segundo lugar, com o imperativo pragmático de quebrar nossa fixação com a dimensão *constativa* da linguagem, isto é, com o pressuposto de que o funcionamento da fala é melhor avaliado com julgamentos de verdade e falsidade. Em outras palavras, a fala não deve ser vista como um meio essencialmente descritivo, cuja tarefa principal é nomear ou representar, e cuja eficácia pode, portanto, basear-se em sua precisão factual. Embora tais propriedades sejam vitais para a linguagem como modalidade comunicativa, elas não apontam melhor sua capacidade de facilitar e transmitir um significado comunicativo. Como discutido acima, esta fecundidade de construção de sentido abriga ilusões; funciona para criar efeitos de certeza, estabilidade e ego-coerência, para reificar tanto o seu falante quanto os seus objetos.

A fala vazia, poderíamos dizer, tem um destino alienante, inautêntico, mesmo se composta por fragmentos factualmente verdadeiros. A fala plena, ao contrário, pode ser feita de elementos menos do que convincentes, apesar do fato de seu objetivo ser o de revelar. A implicação é que o potencial de verdade da fala plena deve ter pouco a ver com o valor de verdade *empírico* do seu conteúdo. O paradoxo desta situação é que a fala vazia muitas vezes está extremamente plena de conteúdo não substantivo de suporte do ego (plena de besteira, poderíamos dizer) – é pesada de conteúdo, mas leve de substância. Assim, enquanto a fala vazia está normalmente carregada de materiais não substanciais, a fala plena simbólica está frequentemente destituída de conteúdo, purificada de armadilhas imaginárias. Essa é uma ideia que ressoa com o conceito de Jakobson (1960) de comunicação fática, com a ideia de trocas essencialmente sem sentido que funcionam simplesmente para manter um vínculo social, manter os canais de comunicação abertos e eficazes. Lacan recorre a Mallarmé, a este respeito, que, diz ele:

> compara o uso comum da linguagem com a troca de uma moeda cujo anverso e reverso têm apenas faces corroídas, e que as pessoas passam de mão em mão "em silêncio". Essa metáfora é suficiente para nos lembrar que a fala, mesmo quando quase desgastada, conserva o seu valor como uma *tessera* [um bilhete, uma palavra-passe]. Mesmo que nada comunique, a fala representa a existência da comunicação; mesmo que negue o óbvio, ela afirma que a fala constitui a verdade; mesmo que tenha a intenção de enganar, a fala especula sobre a fé no testemunho (LACAN, 2006, p. 209).

O contrato de comunicação

É importante que compreendamos o potencial de verdade da fala plena. O que Lacan tem em mente não é simplesmente uma verdade de verificação; é uma verdade que não depende nem das correspondências de forma nem das de conteúdo. No exemplo de uma moeda desgastada passada entre as pessoas, o que importa não é nem o detalhe do seu conteúdo, nem como é entregue. O importante é que este objeto (essencialmente sem sentido) é trocado de modo a manter o próprio *contrato de comunicação*. A *tessera* a que Lacan se refere é um "elemento mudo"; o fato de sua troca, no entanto, confirma um contrato, uma obrigação, um pacto (pagou-se o preço de admissão; conhece-se a senha). A fala plena é, portanto, verdadeira não em virtude do seu conteúdo ou da sua forma, mas *por meio do contrato simbólico estabelecido* entre os sujeitos. A fala plena não tem absolutamente nada a ver com sinceridade, com a autenticidade subjetiva do falante. O que torna um juramento juridicamente obrigatório não é que eu o execute com entusiasmo ou com um sentimento de piedade – posso facilmente desenrolá-lo como um autômato –, mas que me obrigue legalmente. Dito sem rodeios: o que sela um acordo não é o meu estado psicológico interno, mas a minha assinatura. A minha palavra aqui é realmente a minha obrigação, mas como *a marca de um contrato*, não como um índice de significado psicológico. A eficácia representacional não é, então, o que instala esse pacto. Quer o caso seja de assinatura, impressão digital ou juramento – o mínimo significante pode ser essencialmente sem sentido –, é *a marca* da promessa que conta para confirmar uma relação contratual, para alterar uma determinada constelação simbólica. (Essa ênfase no não psicológico não é de forma alguma para descartar uma análise dos aspectos psicológico – ou, "imaginários"; mas insiste que uma análise da comunicação deva ter em conta fatores simbólicos que não podem ser reduzidos ao psicológico.)

Não podemos então ver a fala vazia meramente como sem sentido e inautêntica em comparação com a fala plena como a posição autêntica da enunciação; fazê-lo reduziria a fala plena a uma modalidade expressiva. Inesperadamente, a fala vazia pode ser uma precondição necessária para o evento da fala plena, certamente o é se fornece os meios pelos quais a fala se torna cada vez mais desancorada dos objetivos da verdade e do sentido. Isso estaria de acordo com a convicção psicanalítica de que o "absurdo" (relativamente) indefeso da livre-associação é uma necessária via de acesso à verdade subjetiva. A tagarelice da fala vazia é uma condição prévia para que surja o potencial de verdade da fala plena. Assim como o potencial de verdade da fala plena corre sempre o risco de ser perturbado pela fala vazia, também, no meio da tagarelice da fala vazia, um momento de fala plena pode irromper, um pulso do Outro pode irromper (o eixo o'-o do esquema L).

Box 9.3 A verdade no discurso de Heidegger

Comentaristas têm ligado as noções lacanianas de fala plena e vazia a uma variedade de teorias filosóficas, sendo a mais notável a oposição heideggeriana entre *Rede* (ou discurso) e *Gerede* (conversa fiada). No caso da *Gerede*, Heidegger tem em mente um tipo de inteligibilidade exibida em trocas comunicativas cotidianas. Se decompusermos o conteúdo da comunicação *nos objetos que enfoca* (os objetos acerca dos quais falamos) e *nas pretensões ou posições que afirmamos* em relação a tais objetos, então a conversa fiada está preocupada com as últimas. *Gerede* é o modo de comunicação no qual nosso interesse em fazer afirmações ou estabelecer posições relativas a este objeto substitui qualquer introspecção do próprio objeto. Ao invés de tentar apreender o objeto pelo que é, o intercâmbio comunicativo permanece preocupado com o que é afirmado *por meio do* objeto em questão. Tais objetos são, portanto, ultrapassados na corrente dessas atividades (afirmar, argumentar, asseverar) sem que eles próprios nunca sejam adequadamente compreendidos. Nossa fala se torna, portanto, cada vez mais sem fundamento, à deriva tanto de seus objetos quanto de qualquer fundamentação epistemológica adequada.

Se *Gerede* contém uma capacidade rudimentar de construção de sentido, então *Rede* também o contém, mas de uma ordem superior. Um lugar de destaque é conferido à noção de *Rede* na filosofia de Heidegger. Ele a considera tanto um fundamento para a linguagem quanto o meio para a articulação de um tipo superior de inteligibilidade. *Rede* deve ser separada das meras afirmações sobre as coisas, de um enfoque de propriedades e atributos. Estamos aqui interessados em como as coisas poderiam ser reveladas em seu Ser. *Rede* nunca é, portanto, simplesmente *sobre* algo. Ela nos dá antes um determinado objeto *e a estrutura de entendimento necessária* que nos permite uma apreensão ou apreciação mais significativa do objeto. Assim, por um lado, temos uma afirmação sobre alguma coisa (*Gerede*), um ato de fala estratégico, e por outro uma estrutura que lhe subjaz e permite que este ato de fala opere (*Rede*) e que torna possível uma inteligibilidade mais profunda das coisas. Isso, aliás, tem uma impressionante semelhança com um ideal de pedagogia e eficácia comunicativa que pode ser lido a partir do trabalho de Freire (cap. 2) e Vygotsky (cap. 1): a noção de que é preciso fazer mais do que comunicar um fragmento de informação isolada, de que se precisa transmitir com ele a estrutura de compreensão mais ampla que permite a alguém aplicar de forma adequada esta informação.

Tendo em vista a função transformadora do discurso comunicativo podemos identificar uma convergência tácita de três pensadores muito diferentes. Há o compromisso com o discurso (ou *Rede*) como capaz de revelar a verdade, de revelar o "ser-aí" [*Dasein*] dos seus objetos em Heidegger. Em Vygotsky, também, através de suas noções de mediação e ferramentas simbólicas, encontramos um compromisso com formas particulares de discurso capazes de ensinar novas habilidades. Esta é a distinção crucial entre uma mera *assimilação* de novos conteúdos e a *acomodação* de novas habilidades sociocognitivas que transformam competências preexistentes. Em Lacan a noção de fala plena fornece um caso de interação comunicativa que interrompe as reiterações constantes das atribuições e das afirmações do ego em favor de tipos disruptivos de conhecimento que o sujeito não sabia que tinha.

O símbolo-como-pacto, o simbólico-como-lei

Apreender a fala plena requer que adicionemos uma qualificação-chave ao que se entende por "simbólico". Não estamos preocupados aqui simplesmente com simbolizações, com a representação em sua dimensão semiótica, mas com relações de convenção, uma vez que instalam leis, costumes e vínculos. Ajuda aqui aproximar-se do simbólico através da antropologia estrutural de Lévi-Strauss, como um sistema de trocas. O simbólico denota, portanto, o funcionamento eficaz de costumes coletivos e instituições que funcionam não em função do significado intrínseco de símbolos, mas com base em como localizam sujeitos, gerando as coordenadas simbólicas que permitem a esses sujeitos ocuparem cargos na realidade social. A troca de símbolos cimenta certos pactos. Como o destinatário de um presente da máfia sabe muito bem: o que importa ao aceitar tal presente tem pouco a ver com as suas qualidades intrínsecas, e tudo a ver com as ligações e obrigações assim estabelecidas entre as partes interessadas.

Para Lacan, então, a plataforma estabelecida em virtude de um intercâmbio falado instala uma espécie de código, de "regras do jogo", como poderíamos dizer, uma série de parâmetros consensuais que caracterizam o contrato implícito da própria comunicação. A primeira faceta extralinguística deste acordo diz respeito ao fato de *poder haver comunicação*, de uma tentativa de comunicação ser possível, e, provavelmente, algum entendimento poder, em princípio, ser alcançado. A segunda faceta diz respeito ao fato de que a fala de fato representa uma rota viável para a verdade, apesar do fato de esta rota possivelmente envolver a contradição do que foi aceito. Em terceiro lugar, apesar do fato de o engano ser uma possibilidade constante de todos os compromissos de fala humanos, um determinado intercâmbio comunicativo, no entanto, implica um aspecto de "boa-fé" (*bona fide*), evidente tanto na confiança elementar que alguém exibe em relação ao que lhe é dito (há sempre a possibilidade de que algo genuíno, autêntico esteja sendo dito), quanto na promessa implícita que se faz ao falar (que eu tenha cometido este ato de dizer algo a você). (Esta constante possibilidade de engano também é um fator enfatizado por abordagens evolucionárias; cf. cap. 11.)

Estes, então, são os componentes metacomunicados de qualquer situação de fala, componentes que não são dependentes do conteúdo do que é dito, ou do estado de espírito, das condições psicológicas sob as quais a fala ocorre. Eles, no entanto, instalam um vínculo social rudimentar, um "parentesco de comunicação" que une ambos os participantes em seu mundo sociossimbólico compartilhado. A comunicação está, portanto, envolvida na renovação constante, na reinstanciação do próprio contrato social. Isto, por sua vez, significa que gestos vazios (perguntar "Posso lhe oferecer alguma coisa?" quando a resposta esperada é não) são atos comunicativos importantes. O mesmo vale para questões retóricas que perguntam pelo que *sabem não ser o caso* ("Você está bem?" quando alguém claramente não está). Apesar de serem redundantes ao nível do conteúdo literal, essas questões, como gestos vazios, acrescentam, no entanto, algo ao intercâmbio comunicativo. Mobilizam vínculos sociais, fortalecem laços interpessoais; mais do que simplesmente promover uma relação, elas asseguram e reiteram certos papéis.

O caso da polidez é interessante aqui na medida em que nos diz algo acerca do *contexto metacomunicado* do que está sendo comunicado. Então, o que é polido acerca da maneira indireta de se pedir a alguém para fazer algo como, digamos, o pedido: "Você se importaria de me passar esse livro?" Tomado em um nível puramente literal, trata-se de um pedido para saber se o destinatário se opõe a que lhe solicitem alguma coisa. O que torna o pedido polido é o seu caráter indireto, o próprio fato de *não funcionar ao nível do significado literal.* Ao expressar o pedido nesses termos torno evidente o fato da *minha relação com o conteúdo*, ou seja, que respeito sua prerrogativa de recusar o meu apelo, e assim por diante. O próprio caráter indireto, em outras palavras, comunica algo. Ele sinaliza para o ouvinte, como salienta Pinker, que um esforço foi feito, que os seus sentimentos, sua situação, foram levados em conta.

Conclusão

Se for o caso, como sugere Evans (1996), das teorias da comunicação baseadas na linguística moderna normalmente priorizarem a *intencionalidade consciente* e modelos *diádicos* de partilha, então, como espero ter mostrado, uma orientação psicanalítica certamente tem algo novo a oferecer.

É bastante fácil antecipar uma série de observações críticas que podem ser dirigidas contra a abordagem psicanalítica da comunicação mencionada acima. Uma primeira acusação previsível, de que a psicanálise é ou muito arcana em sua teoria, ou não suficientemente científica, pode ser respondida apontando-se para o seu valor como Teoria *Conjectural* Útil na confecção de hipóteses e previsões a respeito de várias falhas e sucessos de comunicação. Importante aqui é enfatizar como conceitos como o Outro, o imaginário, fala plena/vazia, expressividade não intencional, tanto se ligam a outras estruturas teóricas (gerenciamento de impressão, psicologia cognitiva e evolucionária, as ideias de Heidegger e Vygotsky) quanto, de fato, são conceitos úteis, viáveis.

Uma segunda crítica, mais pertinente, é a de que o modelo de mudança comunicativa proposto aqui é específico do domínio da psicanálise clínica, não sendo, como tal, generalizável para além deste domínio. Embora isso seja verdade quando se trata de questões de *prática* clínica aplicada, parece menos problemático quando se trata da tentativa de teorizar impasses recorrentes dentro da comunicação, de prever quantas tentativas comunicativas ego a ego ("vazias") encalham.

O vocabulário analítico da psicanálise ajuda a distinguir entre as mensagens enviadas para os outros e para o Outro; enfatizá-lo é próprio da dimensão do registro simbólico. Da mesma forma chama a atenção para a constante dimensão contratualizante das trocas simbólicas, destacando ainda mais a importância da fala fundadora, tornando evidente como os intercâmbios cotidianos implicam tipos de designação recíproca de papéis. Tais conceitos podem ajudar a sensibilizar-nos em relação a algumas das tendências recorrentes dentro da comunicação, ao fato de, por exemplo, vários tipos de assimilação imaginária tenderem a prevalecer sobre a possibilidade de ouvir ou aprender algo novo, sobre a perspectiva de mudança (ou o que chamei de "acomodação simbólica"). Eles nos alertam para como demandas por reconhecimento nos intercâmbios ego a ego rotineiramente substituem a troca efetiva de conteúdos de comunicação, advertindo-nos, da mesma forma, acerca da tendência perene à rivalidade agressiva tal como ocorre dentro de comunicados imaginários.

A importância primordial destes conceitos, uma vez utilizados em combinação, concerne à teorização da mudança comunicativa. Em última instância, o que a psicanálise adverte é que apenas sob as condições da comunicação propriamente *simbólica* se poderia facilitar as acomodações da mudança comunicativa real, ao contrário das pseudomudanças da assimilação imaginária que operam para sustentar um determinado *status quo*.

10
COMUNICAÇÃO COMO RETÓRICA E ARGUMENTAÇÃO

Martin W. Bauer
Vlad P. Glăveanu

Palavras-chave: Argumento; audiência; comemorativo; composição; deliberativo; exposição; *ethos*; invenção; judicial; *logos*; metáfora; metonímia; retórica não europeia; orador; *pathos*; persuasão; questão; situação retórica; estilo; os três mosqueteiros da retórica; *tropos*.

Introdução

A retórica representa um acervo de conhecimento ancestral que oferece as ferramentas práticas para falar em público e para a comunicação social em geral. A retórica é tanto uma arte quanto uma ciência a que todos, em diferentes contextos da vida quotidiana – em casa, na escola, no mercado, no local de trabalho e assim por diante –, recorrem, mais ou menos conscientemente. Ao mesmo tempo, a retórica pode significar muitas coisas para muitas pessoas e, mais importante, muitas coisas diferentes ao mesmo tempo. Há uma contínua *"retórica sobre a retórica"* que a posiciona ou entre as mais valiosas habilidades que uma pessoa pode ter (a Rainha das Artes Liberais, a mais antiga das ciências humanas, uma capacidade preciosa, lógica prática etc.), ou entre as atividades mais detestáveis com que alguém poderia se envolver (sofismas, engano, raciocínio falacioso, obsessão com o estilo em detrimento do conteúdo, linguagem carregada, discurso vazio, uma forma de idolatria, e um envenenamento da mente etc.). Raramente se pode encontrar relatos neutros da retórica como disciplina preocupada com a maneira como as pessoas usam argumentos em formas persuasivas de comunicação ou, em representações mais especializadas, como as pessoas usam significados não literais

(p. ex., na ironia, no sarcasmo etc.). Neste capítulo distinguiremos, pelo menos, quatro significados de retórica:

• o ato da persuasão: persuadir os outros pela forma e pelo conteúdo;

• um sistema didático: um conjunto de regras, uma higiene do falar (uma moral);

• um método de análise dos meios de persuasão (crítica);

• uma visão de mundo: a "retoricidade" de todas as atividades humanas como baseadas no discurso.

Implícito no último ponto acima está o fato de a retórica ser algo que constantemente "fazemos", falamos e não podemos evitar. Como uma computação ubíqua, a retórica está em toda parte, perceptível e imperceptível. Para que nos demos conta disso precisamos apenas considerar o *vocabulário* da retórica que inclui termos como: persuasão, situação, exigência, falante/orador, tópico, audiência, invenção, argumentação, exemplo, paradigma, vida pública, formas de racionalidade, arranjo, eloquência, estilo, metáfora, memória, localização e imagens vívidas, entrega etc. Estas são todas palavras que comumente usamos, e muito poucos de nós estão cientes de quão rica é a sua história e de como nos liga ao desenvolvimento da retórica como disciplina. Para aumentar a consciência disso, este capítulo começará, portanto, com uma breve perspectiva histórica acerca da retórica, e revelará como os "altos" e "baixos" de sua trajetória refletem contextos socioculturais mais amplos. As próprias velhas "raízes", localizadas na antiguidade grega e romana (a.C.), precisam ser revisitadas a fim de apreciarmos a retórica clássica e seus princípios. A discussão se concentrará mais tarde na "anatomia" de argumentos ou no cânone clássico da análise retórica: a situação retórica, os gêneros, as faculdades. Processos de construção e exposição de argumentos serão abordados olhando-se mais de perto das três tensões fundamentais da comunicação retórica – o *logos*, o *ethos* e o *pathos* – e sua interdependência. Finalmente, ecos modernos no estudo da retórica serão apresentados, inclusive interrogatórios sobre a existência de formas não europeias de retórica e conclusões tiradas da relevância de uma tradição de 2.500 anos de idade para as nossas preocupações atuais.

O passado e o presente da retórica

As origens da retórica, a *segunda profissão mais antiga*, são comumente atribuídas a eventos na Siracusa siciliana durante o século V a.C., onde, após a queda de dois tiranos, reivindicações de propriedade precisavam ser feitas em cortes públicas por antigos proprietários. Pessoas eloquentes, que vieram a ser conhecidas como "sofistas" ou "portadores de sabedoria", ganhavam a vida representando esses casos perante os juízes e jurados. Eles desenvolveram técnicas para falarem em nome de outras pessoas, o que se tornou um dos muitos significados do termo "representar", isto é, substituir outra pessoa. Desde então, a retórica tem sido muitas coisas para muitas pessoas: a arte da persuasão, uma heurística para encontrar os meios adequados de persuasão em uma situação, um cânone de ensino, a ciência do estilo, uma moral do falar em público, uma prática de elite, uma forma lúdica de entretenimento, uma manobra de manipulação. O percurso histórico da retórica, pelo menos no Ocidente, é sinuoso. Seus tempos de ascensão e declínio correspondem a grandes eras na história ocidental e refletem suas ideias dominantes sobre o conhecimento, a verdade e o discurso (cf. Box 10.1). Não causa, portanto, nenhuma surpresa que os filósofos difiram em sua opinião sobre a retórica e que os psicólogos envolvidos mais recentemente nesta área estejam tentando basear-se em presunções filosóficas que muitas vezes se contradizem umas às outras.

Box 10.1 Uma breve história da retórica

A história da retórica é caracterizada por fases crescentes e minguantes. Para simplificar, pode-se dizer que a retórica até agora teve três principais períodos históricos.

O primeiro é representado pela Antiguidade axial (400 a.C.-100 d.C.), quando o cânon clássico foi definido. Baseadas no trabalho dos sofistas, Platão, Aristóteles, Cícero e Quintiliano, entre outros, surgiram diferentes concepções de retórica. Em geral, a retórica era considerada pertencente à vida pública (que à época excluía mulheres, crianças, escravos e estrangeiros "bárbaros") e parte importante da educação dos homens jovens (ensinando-os a falar de maneira eficaz). Isto incluiu a polêmica de Sócrates, tal como registrada por Platão (1994) no diálogo "Górgias", contra a sofística (ou seja, a satisfação dos ouvintes ao invés da busca da verdade), e a eurística (ou seja, os truques de parece estar certo, mesmo quando se está errado). Essa suspeita do especialista na verdade contra o amador habilidoso persiste em polêmicas modernas contra a "propaganda" e o "falar besteira" na vida pública (cf. FRANKFURT, 2005).

Com a queda do Império Romano, a retórica recuou na obscuridade, para reviver no final da Idade Média e do Renascimento (1200-1600), quando fontes antigas, em particular Aristóteles, foram redescobertas em parte através de estudos islâmicos e judaicos no sul da Espanha (incluindo algumas falsas atribuições de uma antiga fonte a Cicero, com consequências benéficas significativas, cf. YATES, 1966). A retórica foi herdada da época romana tardia como uma parte fundamental do currículo educacional clássico, do *trivium* das artes liberais, ao lado da gramática e da lógica (cf. MARROU, 1984).

Com a Reforma, o Iluminismo e a era da ciência, as preocupações retóricas declinaram mais uma vez. Este declínio pode ser explicado de muitas maneiras, inclusive pelo surgimento de um ideal científico de "não retórica" (o lema *"nullius in verba"* da Royal Society de Londres, que significa "não acredite na palavra de ninguém"), pela falta de ocasiões públicas para conversações sob regimes absolutistas, e pelo surgimento de uma divisão do trabalho entre campos especializados de atividade, ou seja, a ciência, o direito e as artes, e a indústria. Em geral, o culto do formalismo matemático na busca de uma verdade objetiva e de uma visão romântica da expressão subjetiva autêntica relegou a terceira cultura, aquela de uma comunicação pública adequada, ao esquecimento. No início do século XIX, Heinrich von Kleist parece ter se queixado da divisão bastante estrita entre as pessoas que lidam com "metáforas" e aquelas que se sentem confortáveis trabalhando com "fórmulas". Para ele, aquelas capazes de lidar tanto com metáforas *quanto com* fórmulas eram "poucas e intermediárias" e não representavam uma categoria própria.

Somente o renascimento pós-Segunda Guerra Mundial (cf. PERELMAN & OL-BRECHTS-TYTECA, 1988; TOULMIN, 1958; BITZER, 1968; MEYER, 1994, 2004, 2008) recupera uma valorização da argumentação e da persuasão, que reconhece tanto as regras da lógica formal quanto a busca da expressão autêntica como casos especiais de uma retórica mais completa.

Ao longo de sua história, a reputação da retórica oscilou entre um sintoma de corrupção e um marcador de liberdade. Para Kant, na tradição do Iluminismo do século XVIII, "a retórica, a arte de usar as fraquezas das pessoas para os próprios objetivos – não importando quão bons estes possam ser em intenção ou mesmo de fato – é indigna de qualquer respeito. Além disso, tanto em Atenas quanto em Roma, chegou ao seu auge apenas no momento em que o Estado se apressava à ruína, e qualquer maneira verdadeiramente patriótica de pensar foi extinta" (Immanuel Kant na "Crítica do juízo", c. 1800). Esta opinião é compartilhada pelo folhetim jocoso de Schopenhauer (1864/2009), em meados do século XIX, contra retórica, onde ele expõe 38 artifícios sobre "como parecer certo mesmo quando se está errado" – um antídoto contra o engano retórico. Em contrapartida, McGuire (1986), ao rever as preocupações da psicologia social com a mudança de atitude, sugeriu que os tempos em que a retórica é valorizada também são tempos de liberdade de expressão e liberdade para os indivíduos. Como tais, os inimigos da retórica são os inimigos da liberdade de modo mais geral. A valorização da retórica exprime um "espírito republicano" de falar contra a acumulação indevida de poder (sobre a história da retórica, cf. KENNEDY, 1980).

Mas o que era a retórica para os seus fundadores, os pensadores gregos e romanos da Antiguidade, e como suas concepções podem informar a nossa compreensão moderna da comunicação persuasiva? Definições clássicas incluem pelo menos quatro exemplos, cada um enfatizando diferentes elementos da *tradição retórica*:

1) A retórica é a arte do engano e da manipulação de um público ignorante. De acordo com esta polêmica dos filósofos gregos Sócrates e Platão (427-347 a.C.) contra Górgias (485-380 a.C.), os sofistas não têm verdadeira experiência e pouca preocupação com a verdade, mostrando preocupação apenas com o prazer e a gratificação imediatos. Em uma caracterização depreciativa moderna, o "falador de besteiras" (FRANKFURT, 2005) busca efeito antes de verdade, e por isso é mais duvidoso moralmente do que o mentiroso, que permanece emaranhado na verdade. Uma abordagem mais sensível da preocupação dos sofistas com o falar em público oportuno e adequado é apresentada por Poulakos (1999).

2) Retórica é raciocínio público, e uma heurística de encontrar os melhores meios de persuasão para uma determinada ocasião, considerando-se todas as restrições. O discurso público tenta convencer uma audiência e negociar um acordo. Este é o significado defendido pelo filósofo grego Aristóteles (384-322 a.C.), que cultivou a visão de que "ideias justas e verdadeiras são necessariamente mais fortes" se expressas em condições de debate público (cf. ARISTÓTELES, edições de 1991 e 2007). Esta ideia prenuncia o discurso livre de poder na esfera pública de Habermas (cf. o cap. 6 sobre ação comunicativa).

3) O senador republicano romano Marco Túlio Cícero (106-43 a.C.) era cético quanto à teoria. Ele favoreceu a experiência prática e as virtudes do orador. O dito "pessoa boa, bem falar" (*vir bonus, bene dicendi*) expressa o ideal romano de um homem e orador honrado que recebe a confiança da comunidade por causa das suas virtudes comprovadas.

4) Finalmente, a retórica é a arte do bem falar, ou eloquência. Com Marcus Fabius Quintiliano (35-95 d.C.) a retórica romana tornou-se pura eloquência, a arte de falar bem (*ars bene dicendi*). Isso foi no tempo do império, quando a função

de falar em público foi reduzida à ornamentação. A retórica é aqui a preocupação literária em cultivar expressão e estilo por prazer. A preocupação com a forma do discurso ofusca a preocupação com o que dizer.

Em conclusão, Platão salientou a maleabilidade e a fraqueza da audiência que os sofistas exploravam; Aristóteles ressaltou a força do argumento na situação, embora não ignorando outros elementos; Cícero e Quintiliano enfocaram a força de caráter do orador e sua exposição. Aquilo acerca do que este breve relato histórico nos ilumina é a *diversidade de concepções* em torno da retórica que podem informar, e de fato informam, implícita ou explicitamente, os pensamentos modernos sobre o tema. Aqueles que continuam a rejeitar a retórica podem assim estar adotando uma visão platônica dela como o engano intencional de almas fracas. É claro que esta posição levanta outras questões acerca do que é, na verdade, "verdadeiro", quem detém a "verdade" e como a "verdade" pode ser validada. O cientificismo neopositivista baseia-se nesta dicotomia fundamental entre verdade e falsidade, onde métodos científicos e discursos estão do lado da primeira, enquanto meios e estratégias retóricas pertencem a esta última. Apesar desse posicionamento radical, ninguém pode negar hoje a importância de se estudar comunicação persuasiva. Os psicólogos assumiram bem a tarefa de revelar os mecanismos que sustentam este importante processo social com os meios da ciência: a demonstração experimental. Ideias antigas sobre o papel dos atributos do orador, estilos de exposição e características de audiência, ressurgem em estudos de "retórica empírica" dentro de um paradigma experimental (cf. Box 10.4 sobre o programa de Yale, p. ex.).

Mas, acima e além desses aspectos, provavelmente, uma das contribuições mais perspicazes e duradouras para o estudo da retórica foi feita por Aristóteles (cf. as edições de 1991 e 2007), que mais de dois milênios atrás explorou múltiplas racionalidades (HOEFFE, 2003). Na sua opinião, há uma racionalidade lógica (a construção de silogismos baseados em certas premissas), uma racionalidade dialética (ajudar-nos a concluir com base em premissas incertas), uma *racionalidade prática da retórica* (pertencente a uma vida pública discursiva e à elaboração do senso comum), e até mesmo uma racionalidade da expressão poética (o valor do teatro para a regulação das emoções). Mais importante, todas estas racionalidades precisam ser entendidas em seus respectivos domínios de produção. Quanto à retórica, embora se possa dizer que Aristóteles tenha enfatizado o seu aspecto lógico (*logos* – o argumento), ele o fez sem negligenciar o lado emocional (*pathos*; a marca das práticas sofistas) ou as qualidades do orador (*ethos*, uma vívida preocupação para os pensadores romanos). A importância desta síntese vai se tornar ainda mais clara ao discutirmos a seguir a "anatomia" dos argumentos retóricos clássicos.

O cânon retórico clássico

A retórica clássica (cf. BARTHES, 1970) é um sistema didático de 2.500 anos de idade e que descreve um cânone de cinco preocupações: a situação, os gêneros, as faculdades, as figuras de linguagem e as formas de prova.

Em primeiro lugar, a *situação retórica* é definida por quatro variáveis. Há um assunto no ar que precisa ser enfrentado, uma questão é suscitada, um problema precisa ser resolvido (a *exigência*). O *timing* é crucial. Muitas vezes os falantes enfrentam um tipo de situação "agora ou nunca". Há um momento certo de falar, uma janela de oportunidade, e falar cedo ou tarde demais pode comprometer o efeito (algo referido como *kairos*). A retórica também nos leva a perguntar: Quem é a *audiência*? Cada enunciado é dirigido a uma determinada audiência e, de fato, o palestrante aborda uma determinada imagem que ele ou ela constrói acerca de quem é a audiência, o que quer ouvir e como quer que se lhe dirijam. Esta é uma ideia crucial, uma vez que os argumentos construídos para uma audiência "imaginada" precisam convencer a audiência "real"; qualquer sério mal-entendido nesta matéria pode revelar-se extremamente contraproducente. Finalmente, a situação retórica inclui ainda o *falante* ou orador, suas competências, disposições e limitações. O orador deve decidir como apresentar-se na situação (a *persona*, máscara), dada a exigência, o *kairos*, a audiência e o que quer dizer. A audiência é convidada a confiar na *persona* projetada pelo falante, e é nessa interação entre falantes reais e imaginários e audiências reais e imaginárias que o destino da comunicação persuasiva é decidido. Na verdade, o hiato entre audiência real e imaginária e oradores reais e imaginários é uma questão fundamental para a análise retórica recente (cf. MEYER, 2008). Uma situação retórica significa, portanto, o caminho ideal através de cinco restrições: construir argumentos que se adequem ao problema em questão e realizar sua exposição no momento certo, por um orador com qualificações específicas em relação a uma determinada audiência (cf. BITZER, 1968).

Podemos concluir do acima exposto que a persuasão é a função da situação social total, e não apenas das palavras sozinhas. Tomemos um exemplo de determinado argumento a fim de compreendermos esta importante afirmação:

Fumar faz mal para a sua saúde.

Você é um fumante que quer viver por muito tempo.

Portanto, é melhor você deixar de fumar.

Poucos discordariam que este seja um argumento convincente, pelo menos no papel, e, no entanto, a sua clareza e força lógica não são, de forma alguma, suficientes para alcançar persuasão, ou seja, os fumantes deixarem de fumar. A situação retórica, neste caso, é construída em torno de um tipo específico de exigência: o problema da contradição entre uma vida longa e o tabagismo, ou que o tabagismo é um fardo para o sistema de saúde. Quão persuasivo é o argumento acima em relação a esta exigência? Bem, isso depende, por um lado, de quem é o orador. Um ex-fumante provavelmente seria mais convincente do que um não fumante, e certamente mais do que uma pessoa que acendesse um cigarro enquanto apresentasse o argumento, ou um fumante no "armário", cujo hábito secreto acabasse de ser revelado. E quanto ao *timing*? A hora e o local para este tipo de discurso não devem ser desconsiderados. Uma coisa é expor o argumento durante uma aula na escola e outra fazer este discurso na sala de espera de um especialista em câncer de pulmão.

Em segundo lugar, continuando com as preocupações básicas, a retórica clássica distingue três *gêneros* (cf. Tabela 10.1). A *deliberação* ocorre nas arenas públicas da política. Ela aconselha acerca de um determinado curso de ação com base na utilidade, na oportunidade ou no incômodo. A sua principal preocupação é com o futuro. O discurso *judicial* tem seu lugar privilegiado no tribunal, na frente de um júri ou de um juiz. Sua finalidade é acusar ou defender uma pessoa com base no que é certo ou errado no que diz respeito à lei e à tradição estatutária ou reconhecida. O seu foco principal incide sobre o que aconteceu, as ações do passado. Finalmente, a retórica *celebrativa ou epidíctica* ocorre em funerais e festivais. O objetivo é honrar ou censurar uma pessoa em particular através de comparações e amplificações de seus atos. O enfoque principal é o presente dos participantes do evento, com o objetivo de incentivar e reforçar a moralidade comum, ou simplesmente entreter. É interessante notar que uma análise dos gêneros nos permite classificar ocasiões discursivas sem qualquer ordem de preferência entre elas. A questão não é se a retórica deliberativa é "melhor" do que a retórica epidíctica. O que esta classificação faz é chamar nossa atenção para o fato de que cada formato deve ser avaliado nos seus próprios termos; cada um serve uma situação típica e precisamos adaptar o nosso discurso de acordo com suas características. Assim, por exemplo, ajuda o orador reconhecer imediatamente se está falando no parlamento ou na frente de um tribunal para gerar os argumentos corretos e encontrar o tom adequado.

Tabela 10.1 Os três gêneros clássicos da retórica e suas distinções

Gênero	Audiência	Critério	Propósito	Tempo	Raciocínio
Deliberativo	Assembleia; política	Incômodo útil	Aconselhar a respeito de um curso de ação	Futuro	Exemplo
Judicial	Juízes, júri, tribunal	Correto, justo Errado [Justiça]	Acusar; defender	Passado	Entimema
Epidíctico	Espectadores; funeral; celebração	Beleza Honra	Honrar Censurar	Presente	Comparação Amplificação

Em terceiro lugar, a educação retórica clássica tem se centrado em *cinco competências* (ou faculdades) que precisam ser ensinadas:

1) A *invenção* significa encontrar os melhores argumentos para a ocasião e apoiar a criatividade para fazê-lo. Aqui reside um dos paradoxos mais importantes da retórica: como convencer as pessoas acerca de uma "nova" alegação baseada no que já sabem e querem. A retórica é sempre em grande medida redundante, apanhando as pessoas onde elas já estão. Esta não é uma observação gratuita, uma vez que se refere a uma importante interrogação: Será que a persuasão é uma imposição de fora, como uma lavagem cerebral, ou uma evocação do que as pessoas já são ou têm – em termos de conhecimento ou motivação –, mas podem não estar cientes? Este é um tema de debates históricos, por exemplo, sobre o gênero de pregação religiosa como doutrinação ou iluminação (cf. cap. 12). Uma vez inventados, os argumentos precisam ser apresentados.

2) A *composição* aconselha acerca de como construir o enredo, ordenar os pontos coerentemente, com um começo, uma parte do meio com fatos, proposições, e equilibrar os prós e os contras, e terminar com uma conclusão (conselho que ainda é útil para a escrita de ensaios!). O início e o final devem ser capazes de aumentar a atenção e a paixão, enquanto o meio deve se concentrar em demonstrar o ponto em questão.

3) O *estilo* explora os usos do discurso figurativo, não literal. Aqui a retórica se funde historicamente com o estudo da literatura e nos aconselha, por exemplo, a usar um estilo "simples" para ensinar, um estilo "médio" para encantar e um estilo "grandioso" para comover uma audiência (onde simples, médio e grandioso referem-se à densidade da utilização de figuras retóricas na fala ou na escrita). Elaboradas classificações de figuras retóricas ou *tropos* surgiram a partir desta análise de características estilísticas (cf. Box 10.2 a respeito da utilização de linguagem não literal), e uma preocupação com tais agrupamentos e nomeação de figuras pode muitas vezes tornar a retórica um exercício tedioso e pouco edificante.

4) O treino da *memória* era crucial quando papéis para anotação ainda não existiam ou eram difíceis de obter. Os falantes eram aconselhados em "mnemotécnicas" sobre como memorizar argumentos complexos na ausência de roteiros por escrito sobre o púlpito. O conselho mais famoso exorta o falante a considerar que a memória seja contextual e a identificar os locais (método do *loci*) em seu campo visual, colocar as ideias nesses locais, e associar ainda mais essas ideias a imagens vívidas (*imagens agentes*). A imaginação suporta a memória e a necessidade da memória estimula uma imaginação vívida. É discutível se a publicidade moderna, que coloca mulheres glamorosas em belos locais em associação com produtos de consumo, vai muito além dessa receita de 2.000 anos. A mudança está no fato de que não só a memória do orador é apoiada, mas, uma vez que a imagem é exteriorizada e visível para todos, a audiência também recebe ajuda para se lembrar. Em um ensaio maravilhoso Yates (1966) demonstrou que as catedrais medievais, com suas imagens vívidas do céu e do inferno, são projetos mnemônicos para lembrar o pregador sem papel o que ele precisa dizer. Por extensão, a maioria das formas visuais da imaginação artística são roteiros para suportar a nossa memória coletiva para ideias importantes. Nesta concepção a arte é um elemento-chave da comunidade moral, lembrando-nos do que é importante.

5) Por fim, a *exposição ou ação* resume as preocupações com o falar real na frente da audiência, a atitude corporal, o tom de voz, a respiração, a velocidade e o ritmo dos enunciados. Técnicas mnemônicas e treinamento de elocução permanecem até hoje uma parte muito importante da preparação de atores que, por sua vez, distribuem conselhos aos oradores em seminários de gestão.

Dentro da faculdade da invenção, a retórica distingue três meios de persuasão ou provas. O *ethos* ou caráter refere-se aos esforços em apresentar o orador de maneira favorável, projetando sua prudência, boa vontade e virtude. Credibilidade e confiança são atributos antigos dos oradores convincentes. Permanece em aberto se o orador realmente "é" ou apenas "exibe" essas características para a ocasião, o que é na verdade uma questão controvertida para

Box 10.2 Retórica e linguagem não literal

Entre as considerações de estilo, os *tropos* mestres da metáfora e da metonímia receberam muita atenção na retórica clássica e moderna. Estas figuras-chave do discurso permitem que se vá além dos significados literais e se amplie o repertório de expressão verbal.

A *metáfora* permite a transferência de um conjunto de características de uma fonte para um domínio alvo. Ao falar de uma "rosa inglesa" ao se referir a uma mulher, o orador faz uma tentativa de transferir a beleza e a delicadeza floral (fonte) para uma mulher, tipicamente nascida na Inglaterra (alvo). Grassa um debate milenar sobre se esta transferência metafórica de uma fonte para um alvo é puramente ornamental e feita com o propósito de prender a atenção (Teoria da Substituição), ou fundamental para a nossa compreensão do mundo (Teoria da Interação). Áreas de ignorância são frequentemente exploradas metaforicamente com efeitos duradouros, e assim novos conhecimentos adquiridos não são perdidos quando a metáfora é mais tarde abandonada (cf. RICOEUR, 1978, p. 45). As metáforas oferecem conceitos potencialmente inovadores, que criam novas percepções através da vinculação e da implicação de atitudes e conotações. Saber que "tempo é dinheiro" tem todos os tipos de implicações para as nossas relações com o tempo: nós agora gostamos de usar bem o tempo, economizá-lo, investi-lo, e desprezamos aqueles que o desperdiçam ou "roubam"; e tudo isto na garupa de uma metáfora (cf. LAKOFF & JOHNSON, 1980).

A *metonímia* nos permite substituir uma palavra por uma palavra associada. Como se sabe, na Grã-Bretanha fala-se da "coroa", embora não se referindo a um pedaço de metal precioso usado ocasionalmente pelo monarca, mas à constituição não escrita do país. A coroa é usada pelo monarca em sessão formal, e esta sessão é um arranjo constitucional. Portanto, a "coroa" é uma parte do corpo do monarca, e o monarca é a "constituição" por associação. Esta característica da linguagem estende amplamente as possibilidades de significado simbólico: a coroa (significante) não é apenas um pedaço de metal (significado).

As figuras de linguagem, e há muitas mais do que estes *tropos* mestres, são um ponto principal de foco para as preocupações retóricas, e em todas essas noções é útil obter mais orientações em Corbett e Connors (1999) e em Sloan (2001). Uma ilustração lúdica são os "exercícios de estilo" de Queneau (2009), onde o escritor oferece 99 versões da mais banal ocorrência em um ônibus, utilizando-se de artifícios retóricos e os ilustrando.

Figuras de linguagem são classicamente consideradas uma questão de estilo, e Aristóteles recomenda que sejam usadas com cuidado e não em excesso. A higiene das palavras cunhadas requer que sejam claras e não rebuscadas; elas não devem ser ridículas ou obscuras, mas elegantes (no sentido de concisas e surpreendentes) e apropriadas para a audiência; a vulgaridade deve ser evitada, assim como metáforas misturadas, onde múltiplas fontes são projetadas em um alvo.

Uma versão moderna dessa higiene retórica foi oferecida no século XX por pensadores neopositivistas. Inspirados por uma perspectiva científico-matemática e em uma luta contra as ideologias políticas da época, eles declararam *nonsense* tudo quanto não suportasse uma análise lógica estrita do valor de verdade: cada afirmação deve ser verdadeira ou falsa, caso contrário, é *nonsense*. Este exercício tentou purificar o uso da linguagem a um ideal de formalismo onde cada expressão era literal e sem ambiguidades, em outras palavras, ilustrando um "grau zero" de retórica. De modo análogo, e talvez derivado dessas preocupações filosóficas, o "movimento pelo inglês simples", p. ex. (cf. ORWELL, 1946), militava contra o uso de metáforas, palavras longas, voz passiva, expressões estrangeiras ou jargão. O que favoreceu foram significados literais, palavras curtas e claras do vocabulário inglês e a voz ativa (exceto quando quebrar estas "regras" fosse absolutamente necessário).

os autores clássicos. O *pathos* refere-se às tentativas de induzir emoções e levar a audiência a um julgamento desejado. Estas incluem apelos à raiva, ao medo, ao amor e ao ódio, à vergonha, à bondade, à compaixão e à inveja. E finalmente o *logos* se refere aos argumentos práticos dos quais existem dois tipos: *entimema* e paradigma (ou exemplo). Ambos são logicamente deficientes, mas suficientes para o objetivo de falar em público. O peso relativo atribuído a estes três meios de persuasão tem sido debatido por séculos e define diferentes tradições da retórica. Os sofistas, atacados a este respeito por Sócrates e Platão, enfocaram o *pathos*; os romanos, com Cícero e Quintiliano, destacaram o *ethos* do orador, e Aristóteles trouxe a lógica para a comunicação pública. Mais precisamente, Aristóteles enfatizou a necessidade de se equilibrarem as três considerações, embora, em um tempo em que outros privilegiavam o *pathos* ou o *ethos*, suas ideias possam ter parecido favorecer o *logos* (cf. BRAET, 1992). Esta noção de "equilíbrio para um propósito" é perfeitamente personalizada no romance romântico francês de 1844 *Os três mosqueteiros*, de Alexander Dumas (cf. Tabela 10.2). Os espadachins Aramis (= *logos*), Athos (= *ethos*), Porthos (= *pathos*) são reunidos por d'Artagnan (= exigência) para salvar a honra da rainha em uma corrida contra o tempo (= *kairos*) e sob o *slogan* unificador *"todos por um e um por todos"*. Tomaremos esta história como uma ilustração do princípio retórico segundo o qual os argumentos por si sós não são suficientes, nem uma boa pessoa ou tampouco o apelo apenas; somente quando delegados em conjunto é provável que se obtenha a persuasão.

Tabela 10.2 Formas básicas de provas retóricas tal como personalizadas em *Os três mosqueteiros*

Retórica	Personificação	Caráter ficcional
Exigência	D'Artagnan	Jovem e ingênuo, apaixonado; "O novo garoto do bairro"; quer impressionar a namorada, protegendo a rainha das maquinações da Senhora e do desonesto Cardeal Richelieu; precisa de ajuda competente.
Logos	Aramis	O intelectual do grupo; um misto de soldado e monge; introvertido; ambicioso e sem escrúpulos; o caráter menos popular; acaba a serviço da Igreja como bispo e faz política como Geral dos jesuítas.
Ethos	Athos	Cavalheiro, aristocrata proprietário de terras, gosta da vida tranquila, é virtuoso, bem-comportado e de caráter nobre.
Pathos	Porthos	Um cavalheiro que perdeu sua fortuna; colossal e um palhaço, corajoso e leal, um mulherengo apaixonado.

Construção de argumento

A análise retórica não pode e não deve parar na descrição da estrutura dos meios persuasivos (ou seja, do *logos*, do *ethos* e do *pathos*), mas precisa entender como são produzidos nas interações cotidianas, quando e com que tipo de efeito. Uma questão implícita toma forma: Como construir da melhor maneira possível nossa comunicação persuasiva? Se, de acordo com Aristóteles, a retórica é a arte de encontrar os meios adequados de persuasão para uma dada situação, então o conhecimento analítico é apenas um suporte nesse processo.

O logos ou a sedução à mente

Talvez o aspecto que mais tem recebido atenção dos teóricos e pesquisadores, desde a Antiguidade, o *logos* está preocupado com o conteúdo da mensagem, com o argumento a ser desenvolvido. E é da Antiguidade que procedem ideias acerca de como um argumento baseado no *logos* poderia ser construído com a ajuda da dedução a partir de uma premissa convencional viável (*entime-*

ma) e/ou da indução a partir de um exemplo (*paradigma*). Vejamos cada um dos casos.

O *entimema* evita entediar a audiência seguindo um princípio de economia: muito pode permanecer implícito. A partir de suposições não comprovadas, conclusões podem ser tiradas. As premissas são lugares-comuns, geralmente tidas como certas e não mais questionadas. Mas o que, logicamente, é uma forma deficiente de raciocínio aparece como virtuoso no falar em público: ser breve, evitar distração, respeitar a audiência não a entediando; em suma, um compromisso a não dizer mais do que o necessário (o que Voltaire alegadamente sugeriu ao dizer: "o segredo de ser tedioso é dizer tudo"). O *entimema* fará uso de um fato estabelecido, sem mais questionamentos. Este pode tanto ser um lugar-comum tradicional da comunidade ("não matarás"), ou um lugar-comum construído (p. ex., repetindo-se uma associação verbal entre coisas). Esta segunda situação é notoriamente representada pela associação entre as atividades de Saddam Hussein e da Al Qaeda na preparação para a Guerra do Iraque após o 11 de setembro. Essa repetição logo levou à suposição inquestionável de que ambas estavam de fato relacionadas e, como tais, constituíam a premissa para a construção de mais um argumento, ou seja, de que um ataque contra Saddam Hussein seria uma ação contra a Al Qaeda.

A outra forma de prova clássica é o *paradigma* ou *exemplo*, o caso único de inferência. É recomendado iniciar um argumento com um caso ou encerrar um argumento abstrato com uma ilustração. O caso pode ser factual, baseado em eventos históricos reais, ou ficcional – seja literalmente possível (uma parábola) ou literalmente impossível (uma fábula). O objetivo do caso é sugerir a validade geral de uma afirmação por meio de uma ilustração, ou o oposto, refutar uma afirmação geral através de um contraexemplo. Ambos os movimentos são logicamente insuficientes, mas o poder do exemplo está amplamente presente na comunicação pública. Usos modernos de exemplos são as histórias de "boas práticas" na política social e a miríade de estudos de caso mobilizados na formação de gestores. Os casos de sucesso ou fracasso de negócios servem como fortes argumentos quanto ao que precisa ser feito e o que deve ser evitado.

Renascimentos modernos da retórica se têm centrado nos usos de argumentos, e autores como Toulmin apresentaram ferramentas analíticas para a compreensão do "raciocínio prático" em contraste com argumentos lógicos (cf. Box 10.3).

Box 10.3 Argumentação retórica

Para resgatar a argumentação da lógica formal dedutiva e indutiva como o único árbitro de viabilidade, Toulmin (1958) – entre outros – sugeriu esquemas para se analisar a argumentação prática. A ideia baseia-se na analogia com o corpo humano, onde um número e uma estrutura comum de ossos dá origem a uma multiplicidade de fisionomias, dependendo de como a carne se amontoe sobre eles. A anatomia geral da argumentação prática é composta por seis elementos básicos. A partir de dados uma alegação é inferida, com ou sem qualificação. Essa inferência é suportada por uma garantia, e uma garantia pode ser ainda reforçada por um fiador. Uma refutação pode especificar condições particulares, que mais uma vez podem ser apoiadas por uma regra. Um argumento pode ser mais ou menos completo, ou alguns destes elementos permanecerem implícitos.

Dados 'A = B' >>> "então, presumivelmente", >>> "provavelmente" [Qualificador]
Afirmação 'A = C'

"Uma vez que" *Garantia*   "a não ser que" *Refutação*
"Por causa de" *Suporte*   "por causa de" [*Suporte*]

Para tomarmos o exemplo de Toulmin, a declaração *"Harry nasceu em Bermuda, logo ele é britânico"* implica um argumento implícito mais elaborado. De uma forma mais explícita a afirmação pode ser lida da seguinte maneira: Harry nasceu em Bermuda (dados), por isso ele é presumivelmente (qualificador) um cidadão britânico (afirmação), uma vez que "nascido em Bermuda" geralmente significa "ser britânico" (garantia) segundo os estatutos legais do local (suporte), a menos que ambos os pais fossem estrangeiros (refutação). Este esquema é útil para a pesquisa empírica da argumentação porque oferece uma estrutura do que procurar, e nos permite especificar o que está implícito e que está explícito em qualquer dada afirmação. Com esta ferramenta, argumentos em debates públicos – por exemplo, sobre questões de culturas geneticamente modificadas ou pesquisas com células-tronco – podem ser tipificados segundo sua estrutura efetiva e grau de explicitação (cf. LIAKOPOULOS, 2000).

Desenvolvimentos na análise da argumentação enfatizam sua natureza pacífica e a rejeição da violência na resolução dos confrontos. A argumentação é a continuação do conflito por meios pacíficos, e, como tal, este tipo de análise tem como objetivo classificar os meios disponíveis para a argumentação e sua fonte de poder (cf. PERELMAN & OLBRECHTS-TYTECA, 1988). O renascimento da retórica após a Segunda Guerra Mundial pode ser visto como uma reação à experiência da guerra global no século XX e à busca por esclarecer estratégias alternativas em uma esfera pública global emergente.

Ethos *ou o estabelecimento da confiança*

É quase desnecessário dizer que a *persona* ou a "fonte" tem um grande impacto sobre o poder de persuasão de qualquer comunicação. O orador, que pode ser um indivíduo ou um grupo organizado ou partido político, uma corporação de negócios ou até mesmo uma nação, precisa construir uma reputação como verdadeira e confiável, a fim de assegurar a boa vontade do público (de funcionários, acionistas e consumidores etc.). Este processo está no cerne da comunicação corporativa moderna, onde especialistas em relações públicas visam apresentar a corporação no seu melhor. Hoje em dia esse objetivo pode ser resumido como responsabilidade social corporativa (RSC), e expressa o cuidado com o meio ambiente, a ética nos negócios, o comércio justo, o bem-estar dos funcionários, o impacto sobre a comunidade local etc. É importante notar que a empresa precisa não só "fazer" o bem, mas ser "vista" fazendo o bem. E uma vez que "ser visto" pode compensar o fazer de fato, frequentemente acontece de o bem não ser feito (apenas prometido ou imitado) ou, igualmente, de, quando o bem é feito, ser feito por segundas intenções (a instrumentalidade do fazer o "bem"). O que os antigos retóricos têm a dizer sobre esta lacuna entre o *ethos* real e o *ethos* projetado?

Para Aristóteles, a fim de ser percebido como sincero que você precisaria demonstrar sabedoria prática, virtude e boa vontade. É importante ressaltar que essa impressão surge a partir da conduta da argumentação prática e de uma crença explícita no poder dos bons argumentos (cf. capítulos sobre a ação comunicativa). Cícero listou ainda mais virtudes que, segundo ele, levariam à credibilidade do orador: *prudentia* (prudência, incluindo *memoria* para o passado, *intelligentia* para o presente e *providentia* para o futuro), *justicia* (justiça), *fortitude* (fortaleza) e *temperantia* (temperança). Estas virtudes percebidas são resíduos de ações passadas no interesse da comunidade; o orador credível está, portanto, enraizado na comunidade e tem a sua confiança. Tudo isto, obviamente, é difícil de se atingir e demonstrar, mas facilmente perdido. Quintiliano estabeleceu uma ligação mais direta entre ser um bom homem e ser hábil em falar. Este *"ethos* ideal" contribuiu para o declínio da retórica, acusada de estar mais preocupada com o estilo do que com a substância (cf. tb. o capítulo sobre "fala vazia e plena").

Retóricos clássicos também listam roteiros práticos pelos quais o *ethos* pode ser ganho ou perdido no momento de falar. A fim de modular a credibilidade, pode-se tentar expressar modéstia, referir-se às autoridades estabelecidas e associar-se a outros prestigiados (algo que a psicologia moderna chama de "usufruir da glória refletida"; CIALDINI et al., 1976), atacar o caráter do adversário (argumento *ad hominem*), colocar-se em uma luz melhor e assim por diante. Ao mesmo tempo, não se deve cometer os erros de usar excessivamente figuras retóricas ou de ser francamente incompatível com ações e declarações passadas, uma vez que essas características lançam sérias dúvidas sobre as boas intenções da pessoa. Também os critérios de credibilidade mudam ao longo do tempo (e podem variar de acordo com a localização geográfica), de modo que é sempre útil refletir sobre o que pode fazer alguém parecer mais bem-sucedido e confiável em qualquer contexto particular (idade, riqueza, *status* social, educação, sucesso passado etc.).

Pathos, *ou a comoção da audiência*

É tentador presumir que, se uma pessoa consegue parecer credível e construir argumentos "sólidos", então ele ou ela será capaz de mover o público na direção desejada. Ocorre que este nem sempre é o caso. É preciso fazer mais para que a persuasão seja bem-sucedida, e isso reside na capacidade de emocionar e de apelar para as mais profundas paixões, interesses ou necessidades de seu público. Apesar do apelo dos estoicos a "persuadir sem ceder ao afeto", os sofistas certamente não se enganaram quando enfatizaram o papel ou a importância do *pathos* para a persuasão. E, uma vez que o seu trabalho também envolvia ensinar aos outros as habilidades do seu "ofício", temos agora uma lista generosa de roteiros para construir argumentos "patéticos" inclusive: *captatio benevolentiae* (recurso inicial à simpatia), *adhortatio* (promessas para o futuro), *ominatio* (profecia do mal, previsão de desastres), *descriptio* (vívida descrição das consequências da ação/não ação), *cataplexis* (ameaça de retribuição/punição pela prática de condutas más), *energia* (ter vigor de expressão), *climax* (usar e ordenar tríades segundo a dignidade; p. ex., o bom, o mau, o feio), *synonymia* (repetir o mesmo problema com palavras diferentes) etc. A esta lista a psicologia social moderna pode acrescentar muito mais, uma vez que uma das suas principais preocupações repousa em conhecer as audiências, suas representações, atitudes, comportamentos, necessidades e emoções em geral (evolucionárias) e em particular (culturais). Daqui a manipular o público na comunicação persuasiva é apenas um pequeno passo, facilmente dado por especialistas que trabalham em campos aplicados (publicidade e psicologia do consumidor, psicologia política, psicologia da saúde etc.). Este risco de manipulação continua a manchar o campo com uma ameaça de dubiedade moral (cf. tb. o cap. sobre influência social).

Ecos modernos da retórica

Desde a década de 1960 temos tido um renascimento geral da retórica, se não uma era de panretoricidade. Trata-se de uma época na qual a retórica e, especialmente, a sua investigação florescem uma vez mais, inclusive por meio de estudos científicos. A demarcação entre "busca da verdade" e retórica desapareceu; não, porém, a ênfase dada à "busca da verdade".

A psicologia social experimental assumiu os temas da persuasão e da mudança de atitude (cf. Box 10.4; cf. tb. cap. 4) com vários graus de sucesso, a análise da argumentação se tornou popular novamente, e esforços estão sendo feitos para comparar diferentes tipos de retórica uns com os outros e até mesmo ordená-los em uma escala análoga à da temperatura (onde certas formas de discurso – p. ex., o científico – estão no "grau 0" da retórica por usarem linguagem inequívoca, e outras formas de discurso se desviam deste ponto de comparação absoluta).

O recuperado interesse pela retórica, no entanto, levanta algumas questões essenciais sobre o sentido da própria comunicação e sobre como uma história de compreensão da retórica vem acompanhada da necessidade de se aplicarem ferramentas retóricas ao *marketing*, à política e a outras esferas. Será que a comunicação é um ato enraizado, como a sua etimologia sugere, em *communio* e *communitas*, na importância de se reunir, de conversar e dialogar a fim de construir relações sociais, consolidar a vida da comunidade? Ou será, principalmente, um esforço estratégico para alcan-

Box 10.4 O programa de Yale de uma "retórica empírica" e seus descontentes

Durante a Segunda Guerra Mundial, os psicólogos sociais começaram um programa empírico para determinar a melhor combinação de audiência, orador e característica de mensagem para maximizar os efeitos sobre as atitudes do público (HOVLAND; JANIS & KELLY, 1953). O esforço é conhecido como *"Programa de Comunicação e Mudança de Atitude de Yale"*. A mudança de atitude em muitos tópicos foi induzida variando-se experimentalmente as alegadas características do orador (fonte de alta e baixa reputação), variando-se as características da mensagem (apelo positivo ou medo, informação unilateral ou bilateral), e variando-se as características do público (intragrupal, extragrupal, participação ativa ou passiva, poder de persuasão como fator de personalidade). Este paradigma de pesquisa foi parte da revitalização da retórica no pós-guerra sob os nomes de persuasão e mudança de atitude. Impressionou largamente, com sua lógica experimental, e foi parte da busca de uma chave mágica para uma comunicação bem-sucedida. Hovland (1959) defendeu a combinação de estudos experimentais e de campo. Isso impactou a propaganda total da mobilização da Guerra Fria e se tornou um marco da pesquisa em comunicação.

No entanto, o programa produziu resultados contraditórios e não forneceu a "chave mágica" da persuasão (cf. LOWERY & DeFLEUR, 1995). Por exemplo, conclusões conflitantes sobre a eficácia do "recurso ao medo" nunca foram resolvidas. Ele ressurgiu como uma verdadeira "política do medo" após o 11/09/2001, de modo a conseguir apoio para políticas de segurança nacional (cf. RAMPTON & STAUBER, 2003). O modelo de Yale superestimou a potência da fonte considerada isoladamente como feixe de características, o que levou a uma redescoberta do público obstinado e ativo *vis-à-vis* uma fonte particular (BAUER, 1964). Como programa de retórica empírica, foi considerado falho. De acordo com Perelman e Olbrechts-Tyteca (1988, p 12), o paradigma de Yale toma como certo o poder de persuasão da demonstração experimental – o mesmo problema que a análise da persuasão precisa esclarecer. O programa de Yale foi incapaz de entender por que alguém consegue ou não convencer os outros dos seus resultados. Finalmente, para o projeto tardio de Billig de uma "psicologia social retórica", o programa de Yale negligenciou o processo retórico-chave de inventar argumentos que persuadam em situações particulares. A busca de leis gerais da persuasão levou a uma obsessão com arranjo de mensagem e negligenciou a natureza criativa, heurística e improvisada da invenção em cada comunicação persuasiva (cf. BILLIG, 1996).

çar algum sucesso especificado, convencer, vencer argumentos e orientar as "mentes e os corações" dos outros para uma direção predeterminada? Estas são, naturalmente, elas mesmas, perguntas retóricas, destinadas a tornar-nos mais conscientes da *natureza dupla* dos atos comunicativos, independentes até mesmo da vontade real do orador. O renascimento da retórica nos lembra claramente dos princípios básicos: a comunicação versa tanto sobre o conteúdo quanto sobre as relações entre as pessoas.

Em que consiste a retórica no contexto atual? Segundo uma definição recente de Meyer (2008; 2010), trata-se da negociação da *diferença entre os indivíduos acerca de uma determinada questão*. É um jogo com perguntas e respostas, onde as respostas fazem as perguntas desaparecerem ou não. Os "ingredientes" clássicos da situação retórica ainda são importantes: os indivíduos (oradores, membros da audiência), a conveniência (uma dada questão) etc. E, no entanto, há muitas tentativas de se oferecer uma nova síntese com conceitos adicionais: a ideia-chave da diferença, da distância entre o orador e o público (entre o que cada um acredita, o que quer, como se sente etc.), e a necessidade de negociar, de navegar esta diferença para que a persuasão seja bem-sucedida. Temos que lembrar que a distância aqui é mediada pela *persona* imaginada do orador e da audiência a que nos referimos anteriormente neste capítulo (cf. tb. cap. 9). Esta adaptação, tanto dos elementos estruturais quanto dos processos clássicos, é o que caracteriza os ecos modernos da retórica, exemplificados por:

• O *modelo de fala triárquico* de Buehler (o "modelo organon" da linguagem, 1934), que postula que todas as formas de comunicação ocorrem na tríade remetente-destinatário-objeto. Neste modelo, objetos ou estados de coisas do mundo são representados como "símbolos" (que portam informação acerca do mundo), como "sintomas" (que expressam o estado do remetente), ou como "sinais" (que exortam o destinatário a agir). As principais funções da linguagem são, portanto, as da representação, da expressão e da exortação, e elas persistem em cada enunciado na vida cotidiana, embora especializações possam inclinar o uso da língua na direção de uma ou outra dessas funções. Esta ideia foi retomada nas explicações de Luhmann e de Habermas da comunicação no contexto de uma sociedade funcionalmente diferenciada.

• Os *atos de fala* de Austin (1962) (cf. tb. cap. 5) realçam o discurso performativo como forma de agir e mudar o mundo, em contraste com o discurso como constativo ou simplesmente descrevendo o mundo. Austin salienta as muitas coisas que o discurso "faz" e por isso reage às tentativas contemporâneas de restringir a linguagem à sua função descritiva. Os atos de fala falham não porque sejam "descrições falsas", mas porque violam expectativas comuns, são inapropriados em relação às convenções. Os atos de fala operam em três níveis, o que suscita comparações com as noções tradicionais de *logos*, *ethos* e *pathos*, respectivamente. Pode-se "fazer" palavras como locução ("dizendo-as"; sua correção literal e gramatical), como ilocução ("no ato de dizê-las"; formular uma promessa ou dar uma ordem de uma maneira convencional e reconhecida), e como perlocução ("ao dizê-las" provocamos uma reação não convencional no ouvinte, o que pode ser nossa agenda oculta: ao prometer ganhamos um voto).

• Luhmann (1984/1995) vê a comunicação como uma seleção tripla de informações em cascata (*logos* – traduzir pensamentos em palavras), enunciados para ganhar atenção (*ethos* – seleção controlada pelo ego considerando e respeitando o *alter*), e respostas (*pathos* – seleção controlada pelo *alter*, que pode concordar, discordar ou ignorar a mensagem). A comunicação, como tal, é uma interação humana improvável que, a fim de ser mais provável, deve ser apoiada por restrições mútuas. Estas restrições podem ser a linguagem que fixa um significado, tecnologias de circulação que focam a atenção e sistemas simbólicos gerais que permitem que as interações sigam uma preocupação exclusiva em detrimento de todas as outras preocupações, com o poder, o lucro, a justiça ou o amor.

• Com Habermas (1987; cf. cap. 6 deste volume) enfatizamos o contraste entre ações estratégicas, resolutas e a ação comunicativa, entre ações orientadas para o sucesso ou para o alcance de um entendimento comum. Habermas distingue três formas de ações orientadas para o sucesso, novamente associadas com a tríade *logos*, *pathos* e *ethos*. A ação instrumental é orientada para o mundo e faz afirmações que são julgadas verdadeiras ou falsas, eficazes ou não eficazes etc. A ação dramatúrgica está orientada para o sujeito e as afirmações são julgadas quanto à autenticidade de quem se expressa. Por fim, a ação normativa tem um apelo intersubjetivo, e suas afirmações são julgadas quanto a sua consistência com a moralidade e com as normas da comunidade. Por contraste, a ação comunicativa confere a mesma importância a todas as três afirmações, que mais uma vez ecoam a preocupação aristotélica com o equilíbrio entre os "três mosqueteiros da retórica".

Talvez não seja surpreendente que em quase todas as abordagens modernas da comunicação se possa identificar um *núcleo conceitual* semelhante na forma triádica: remetente-destinatário-mensagem; *ethos-pathos-logos*; enunciado-resposta-informação, e assim por diante. Por mais tentador que pudesse ser pensar que estamos tocando em uma característica universal da comunicação humana, devemos sempre lembrar que essas ideias surgiram todas em um contexto histórico ocidental. A sua generalização fora desta esfera cultural é, por enquanto, uma hipótese que merece investigação séria ao invés de ser tomada como fato estabelecido (cf. Box 10.5 para uma discussão sobre o tema).

Conclusão – Por que precisamos da retórica em nossos dias?

Ao chegarmos ao fim, espero que os benefícios obtidos a partir do estudo da retórica e, especialmente, a partir da recuperação do que podem parecer ideias "antigas e obsoletas" sobre a persuasão na comunicação pública sejam autoevidentes. Ainda assim, consideremos pelo menos duas consequências importantes, a primeira diretamente relacionada ao ensino acadêmico, a segunda a uma escala mais ampla da vida e das interações cotidianas.

Em um ambiente acadêmico moderno, a construção de novidade e a capacidade de inovar são tanto muito elogiadas quanto incentivadas através de sistemas institucionalizados de recompensas e sanções. *Reivindicações de inovação* são constantemente feitas e acadêmicos em todas as fases de sua carreira precisam convencer os outros de sua originalidade e do valor das suas ideias. Isto é particularmente verdadeiro para o estudo da comunicação. Conhecer a tradição é útil, pois nos permite identificar falsas alegações de inovação. O aluno informado pode facilmente "denunciar o blefe" de impostores que reinventam a roda e apresentam "vinho velho em odres novos". No entanto, denunciar o blefe de

307

Box 10.5 Quão universal é a Teoria Retórica?

A teoria e a análise retóricas são sobretudo produtos da tradição greco--romana da história intelectual ocidental, resgatada pela sabedoria islâmica através da Idade das Trevas Ocidental. Esta tradição fornece o aparato analítico para se analisar a situação retórica, os tipos de argumentação persuasiva, a formação necessária para se tornar um bom orador, as preocupações com características estilísticas, e os gêneros de comunicação pública. Até que ponto se trata de uma visão etnocêntrica da comunicação pública? Em que medida se trata de uma análise universalmente válida?

Esta questão preocupa cada vez mais pesquisadores que comparam as tradições árabe, indiana, chinesa, africana e outras tradições não europeias de comunicação pública, o que se fez muitas vezes como literatura comparada, mas que se faz, cada vez mais, como comparações de todos os gêneros comunicativos da vida pública (cf. KENNEDY, 1998; LUCAITES; CONDIT & CAUDILL, 1999). Certamente esta é uma grande questão à qual podemos apenas aludir aqui. Em tese, podemos ver como respostas a essa pergunta podem se apresentar de duas maneiras.

Em primeiro lugar, podemos imaginar uma análise retórica comparativa tomando como lugar-comum as três dimensões clássicas da persuasão pública: o *ethos*, o *pathos* e o *logos*. Será que a tradição retórica chinesa ou africana privilegia uma dessas dimensões em detrimento de outras, como os sofistas optaram pelo *pathos*, os cientistas modernos pelo logos e os romanos pelo *ethos*? Pode ser que a retórica chinesa na tradição de Confúcio privilegie o *ethos* do orador em detrimento do *logos* e do *pathos*. Quem está falando pesa mais do que o que está sendo dito, e o recurso às emoções é desencorajado.

Ou será que as tradições chinesa ou africana da comunicação pública precisam ser analisadas com categorias inteiramente diferentes para entendermos o que se passa? Pode haver mais de três dimensões – ou dimensões inteiramente diferentes – de persuasão operando nesses contextos culturais. Atos retóricos precisam ser entendidos como uma função de diferentes restrições V, W, X, Y, Z etc., acerca das quais temos pouco entendimento se tentarmos assimilá-las imediatamente ao *ethos*, ao *logos* e ao *pathos*. Seja como for, trata-se de uma questão em aberto, com uma exigência premente em um mundo cada vez mais globalizado.

chapéus antigos vendidos como novos é tarefa fácil quando há tanta ignorância das tradições. Mais importante é o outro lado desta capacidade crítica.

Conhecer os debates e as ferramentas analíticas com as quais a retórica clássica tentou entender o ato da persuasão é importante se quisermos que o renovado interesse de pesquisa neste tópico progrida realmente. O progresso só surgirá se soubermos dos erros do passado e obtivermos uma compreensão clara de onde as tentativas anteriores bateram contra a rocha dura. A fim de fazermos progredir a Teoria Retórica e as investigações do discurso público, é importante que carreguemos o conhecimento passado de ânimo leve, ludicamente, e, ao mesmo tempo, permaneçamos conscientes das suas conquistas.

Finalmente, também devemos ter em mente a situação de um criador de porcos ambicioso. Ele quer ser prático e criar muitos porcos para vender no mercado, e para isso precisa de uma "teoria da criação de porcos". Um dia, sua esposa descobre que os porcos são animais, mamíferos para ser mais preciso, e por isso, para começar, é útil conhecer biologia. O mesmo vale para aqueles estudantes de comunicação entusiasmados e praticamente preocupados, que querem saber tudo sobre como tornar a vida de todos mais saudável, como vender os mais recentes produtos de consumo ou gerir melhor a reputação de uma empresa, ou salvar-nos todos das mudanças climáticas e do aquecimento global. As preocupações práticas da vida não são tão claramente separáveis das teóricas, e a velha-nova Teoria da Retórica *foi e pode ser* bem utilizada nas mais variadas circunstâncias. Como o psicólogo social Kurt Lewin teria dito, "nada há de mais prático do que uma boa teoria", e isso é especialmente verdadeiro quando essa boa teoria é uma teoria da retórica!

11
EVOLUÇÃO E COMUNICAÇÃO

Bradley Franks
Japinder Dhesi

Palavras-chave: Adaptação; dicas, construção de nicho cultural; cultura; engano; egocêntrico/egocentrismo; sinais e signos; Teoria da Mente.

Introdução

As conexões entre comunicação, cultura e cognição são complexas, e alguns *insights* sobre estas conexões surgem de abordagens evolucionárias. Um desses recentes *insights* é que, como Tomasello (1999, p. 78) observa: "Os seres humanos herdam seus ambientes, tanto quanto herdam seus genomas". Igualmente impressionante é a possibilidade de genes e cultura poderem interagir, talvez terem uma relação simbiótica e constituírem uma "hélice dupla" (LEVINSON, 2005). Este capítulo introduzirá algumas questões-chave na análise evolucionária da comunicação e da transmissão cultural; ele sugere que muito da comunicação cotidiana é estratégica, voltada para persuadir os outros e alcançar metas adaptativas, mesmo quando não parece ser assim para as partes dessa comunicação (contrastando com as ideias discutidas nos cap. 6 e 12). O argumento principal consiste em que as explicações da comunicação e da transmissão cultural inspiradas na Teoria da Evolução podem se beneficiar ainda mais de *insights* da cognição "encarnada" (essa encarnação também tem um impacto sobre a forma como vemos os processos básicos do intercâmbio comunicativo; cf. cap. 5). A cognição, por este ponto de vista, é, simultaneamente, "estendida" além da pele para o ambiente, e "fundamentada" por conexões intrínsecas com a ação, a emoção e a experiência corporal, levando a uma visão egocêntrica da comunicação (conclusão semelhante é alcançada com base em uma perspectiva diferente, no cap. 9). Wheeler e Clark (2008) sugerem uma "hélice tripla" da cultura, da evolução e do aspecto "extro-vertido" da encarnação; sugerimos uma necessidade de integrar isso com uma explicação do aspecto "introvertido" da encarnação; e isso leva a uma visão que tem semelhanças com aquela oferecida por Vygotsky (discutida no cap. 1).

Evolução e comunicação

Esta seção explora a contribuição da Teoria da Evolução para a nossa compreensão da comunicação.

Processos básicos da comunicação

Análises evolucionárias (p. ex., HAUSER, 1997) sugerem três maneiras principais pelas quais os animais transmitem informa-ções. "Dicas" estão geralmente associadas a qualidades duradou-ras da aparência física ou a outro aspecto do fenótipo, que não envolvem nenhum custo imediato para o organismo porque estão geral e permanentemente "ligadas". Um exemplo típico é a pig-mentação em espécies de presas venenosas que agem como um aviso aos potenciais predadores. "Avisos" são respostas contin-gentes a aspectos variáveis do ambiente, os quais, uma vez que podem ser ligados ou desligados, têm um custo para o organismo; por exemplo, vocalizações indicando a presença de predadores, ou o canto dos pássaros para atrair parceiros. "Sinais" não são *projetados* para serem comunicativos por processos evolutivos ou pela intenção do organismo, mas são *tratados* como informativos pelos outros; por exemplo, uma trilha deixada por presas ou pre-dadores. Todos os três tipos de comunicação surgem na comuni-cação humana e na transmissão cultural.

As conexões entre os avisos e as respostas da audiência po-dem acontecer em vários graus. Cheney e Seyfarth (1990) ofere-cem uma imagem amplamente discutida das chamadas de alarme de macacos vervet em resposta a predadores. Os vervets normal-mente encontram três tipos de predadores (pitões, águias, leopar-dos), e fogem de cada um deles de maneiras específicas (p. ex., correndo para cima de uma árvore ao fugir de um leopardo). Eles também utilizam uma chamada de alarme diferente para cada tipo de predador, e membros dessa espécie, ao ouvirem um grito de alarme, encenam imediatamente a fuga apropriada sem primeiro verificar a presença do predador. As condições para a evolução da chamada de alarme foram, sem dúvida, simultaneamente, aquelas nas quais um predador específico foi detectado *e* nas quais surgiu a adoção de uma ação evasiva específica, apropriada. Millikan (1996) sugere que as chamadas de alarme de várias espécies sejam tanto *descritivas* – indicando a presença de um predador específico –, quanto *diretivas* – um imperativo de evitar esse predador de uma maneira específica. As chamadas evocam o que Millikan (2004) rotula como representações "empurra-puxa" no ouvinte: não apenas uma descrição do predador, nem apenas uma motivação à ação, mas ambas; elas "dizem em um único fôlego indiferenciado tanto do que se trata quanto o que fazer acerca disso" (MILLIKAN, 2004, p. 20). A conexão entre esses aspectos da representação é direta; não depende de que se faça uma inferência. Esse ponto de vista é generalizado por explicações encarnadas da mente, que vão além das relações descrição-ação, para sugerir que uma gama muito maior de representações envolve relações intrínsecas entre informações descritivas sobre objetos e orientações afetivas e motivacionais em relação a elas.

As motivações que dirigem a comunicação

Análises evolucionárias sugerem uma gama de propósitos adaptativos ou motivações para a comunicação. As situações nas quais estas motivações surgem e são abordadas fornecem relações custo-benefício para a comunicação; para fazerem uma contribuição adaptativa para a resolução de problemas, os custos da comunicação precisam ser superados de forma confiável pelos benefícios.

Há um catálogo mais ou menos padrão de motivações subjacentes à comunicação dos primatas superiores. Elas se referem a: propaganda sexual (indicar a disponibilidade e a qualidade como parceiro em potencial); *status*/classificação, defesa territorial, gestão e resolução de conflitos (indicar a disposição de um indivíduo a lutar para defender o território, o perigo potencial de fazê-lo, e então a resposta caso deva ser correspondido); integração social (expressar contato ou associação de grupo); cuidado parental (p. ex., exigir cuidado parental e atividade da prole) (BUSS, 1999; TOOBY & COSMIDES, 1990). Esse catálogo parece prontamente extensível aos seres humanos, e, embora fosse difícil afirmar que foi exaustivo, surpreendentemente mapeia diretamente as demarcações oferecidas pelas explicações evolucionárias das funções sociais das emoções.

Engano e comunicação

Um aspecto evolucionário importante da comunicação diz respeito ao engano: transmitir desinformação ao receptor a fim de alcançar objetivos específicos. O engano é uma maneira de convencer o receptor da mensagem de que o remetente tem qualidades específicas que diferem daquelas que o remetente realmente tem, e assim "convencem" o receptor a agir de uma maneira que seria benéfica para o remetente.

Maynard Smith e Harper (2002) sugerem que os avisos podem atuar tanto como "índices" ou "deficiências". Os índices são honestos, uma vez que a sua expressão é fisiologicamente restrita (p. ex., chamadas com uma frequência baixa, que só podem ser produzidas por grandes corpos); eles não podem ser falsificados, embora o seu custo de produção seja relativamente baixo. Deficiências são honestas porque a sua expressão é muito custosa, de modo que os indivíduos de mais alta qualidade sofrem um menor custo relativo para a produção do que os indivíduos de baixa qualidade. Zahavi e Zahavi (1974) observam que a seleção de companheiro fornece um conjunto de problemas de adaptação onde se pode pagar o sexo em exibição – geralmente o macho – para tentar parecer falsamente ser de qualidade genética superior do que realmente é, de modo a melhorar a sua chance de ser selecionado pelo sexo que escolhe (geralmente a fêmea). Se para os machos de baixa qualidade o custo de falsificar um aviso "de alta qualidade" é maior do que os benefícios reprodutivos potenciais, as fêmeas podem tomar a presença do sinal como um indicador honesto de qualidade. Apenas os machos de alta qualidade poderiam produzir o aviso sem criar maiores custos para si mesmos. Assim, pavoas preferem acasalar com pavões com caudas maiores, mais coloridas, que podem indicar sua qualidade como companheiro. Mas um macho mais fraco, com uma enorme cauda bonita, não sobreviveria por muito tempo, uma vez que não poderia escapar facilmente de predadores. O benefício para um macho mais fraco (de acasalar com mais fêmeas) seria menor do que o custo de fingir (um maior risco de predação). O benefício para um macho mais forte superaria o aumento do risco de predação, uma vez que permaneceria capaz de escapar da predação. Assim, o "princípio da deficiência" propõe que o custo do aviso para o remetente proporcione garantias aos destinatários de que o aviso é honesto (ZAHAVI & ZAHAVI, 1974).

Miller (2002) detalha uma análise semelhante para os seres humanos. Ele argumenta que houve um processo coevolucionário: porque os machos se tornaram peritos na produção de avisos desonestos para indicar seu valor como parceiros, as fêmeas se tornaram peritas na detecção de fraude. Vale a pena para as fêmeas responder apenas a indicadores de qualidade cada vez mais extremos, e, portanto, vale a pena para os machos gerar sinais cada vez mais extremos. Miller sugere que a seleção de parceiro da fêmea pode, portanto, ser, muitas vezes, orientada pela "neofilia", exigindo sempre novos indicadores de qualidade.

Qualidades fisiológicas estáveis podem estar, para os seres humanos (ao contrário do que acontece com as outras espécies), abertas a falsificação intencional (p. ex., a cirurgia plástica), e podem ser transformadas em um aviso desonesto de alguém que, no passado, era obrigado a ser honesto. Elas também podem funcionar como desvantagem (p. ex., o custo da cirurgia plástica restringe a sua disponibilidade). Assim, indicadores culturais humanos podem, ao longo do tempo, borrar as fronteiras entre avisos honestos e deficiências. A neofilia na comunicação quanto a atração de parceiro e *status* pode, deste modo, ser um motor importante para a inovação cultural. A sinalização de qualidade em humanos pode envolver a sinalização de *status* através de meios culturais, e assim pode haver um prêmio recíproco na avaliação da confiabilidade dos indicadores de *status* (BUSS, 1999). Na verdade, Dhesi (inédito) postula uma competência evoluída em virtude da qual os seres humanos representam relações sociais hierárquicas, ou seja, uma *Política Popular*, com base em evidências da etologia, da primatologia, da psicologia evolucionária, da psicologia cognitiva e da psicologia do desenvolvimento (BARKOW, 1975; BOEHM, 1991; BUSS, 1991; DE WAAL, 1998; EDELMARK & OMARK, 1973; SMITH, 1988).

Trivers (2000) considera ainda o *auto*engano – a deturpação ativa da realidade para a mente consciente – como um análogo direto da fraude entre indivíduos. Trivers afirma que isso poderia ser uma adaptação, uma vez que não estar consciente das próprias verdadeiras motivações pode permitir a alguém se envolver em um engano mais bem-sucedido de outros indivíduos. Se a informação verdadeira é representada de maneira consciente, é mais provável que ela "vaze" para os outros através da comunicação. E se essa informação disser respeito a motivações competitivas, a sua disponibilidade para os outros pode reduzir a probabilidade de sucesso. O autoengano suporta a criação de um "mundo egoísta" de falsa representação positiva da personalidade, de atitudes em relação aos outros, de narrativas pessoais e de relações sociais, o que reforça uma visão egocêntrica da comunicação (cf. abaixo): não nos esforçamos muito em garantir que os outros nos entendam, porque presumimos sermos entendidos mesmo quando é óbvio para os outros que não o somos. A presunção de ser compreendido nos permite empreender esforços limitados no sentido de realmente sermos compreendidos.

De um modo geral, qualidades evoluídas de comunicação relacionam aspectos importantes de representações mentais e culturais para resolver problemas adaptativos sociais fundamentais. São, portanto, em grande medida *estratégicas* – voltadas para resultados que dependem do acordo, da participação, da cooperação ou do engano dos outros – mesmo quando não parece ser assim para os participantes.

Encarnação, evolução e comunicação

Wilson (2002) observa que há várias afirmações a respeito da encarnação da mente. As abordadas aqui referem-se à visão segundo a qual a cognição se "estende" além da pele para o meio

315

ambiente, e as representações estão "arraigadas" por conexões intrínsecas à ação, à emoção e à experiência corporal.

Teorias da cognição estendida têm sido desenvolvidas de várias maneiras, relacionadas a capacidade de distribuição, externalismo e situacionalidade (p. ex., SHORE, 1996; LAVE, 1988; WINOGRAD & FLORES, 1986). Clark (1997) argumentou que muitos aspectos do ambiente (artefatos, processos, outras pessoas) podem funcionar como aspectos da mente externos ao corpo (como, p. ex., a memória, o processamento, e assim por diante), e, portanto, não deveriam ser vistos como algo separado, mas como componentes como quaisquer outros, que interagem para gerar "mente". A "mente" emerge das interações locais do cérebro e do corpo com o meio ambiente. Como Dennett (2002, p. 1) o coloca, "*as mentes são compostas de ferramentas para pensar* que não obtemos apenas do mundo mais amplo (social), mas que em grande medida deixamos no mundo, ao invés de ocuparmos nosso cérebro com elas". Existem diferentes "pontos fortes" nesta tese, mas o quadro mais amplo será suficiente aqui.

Wilson observa que a orientação para a ação é uma das principais funções da mente/cérebro, e que visões encarnadas interpretam a percepção, a representação, a memória e a inferência como voltadas para a seleção e antecipação de eventos desejados, e a evitação de eventos negativos. Têm sido oferecidas abordagens em termos de representações empurra-puxa (MILLIKAN, 1995), representações orientadas para a ação (CLARK, 1997; FRANKS & BRAISBY, 1997) e representação florida (DENNETT, 2000). Uma tese relacionada é a de que os estados experienciais e corporais (inclusive a percepção, a emoção e a motivação) desempenham um papel não só no processamento de informações acerca desses estados, mas também no processamento de conceitos na ausência de input experiencial direto. Representações conceituais incorporam aspectos da experiência emocional, encarnada e perceptual sem uma ligação inferencial separada entre estes aspectos e conteúdo mais "descritivos" (LAKOFF & JOHNSON, 1980, 1999; BARSALOU, 2008; VIGLIOCCO, 2006; CLORE & HUNTSINGER, 2007; DAMÁSIO, 1995).

A encarnação então enfrenta duas direções simultaneamente: "para fora", em direção ao mundo, e "para dentro", em direção a

316

estados mentais e corporais não descritivos. Mas isso não sugere distintos reinos fenomenais de conteúdos de representação ou tipos que reflitam essas diferentes direções. Em vez disso, considera-se que cada representação possua um conteúdo que reflete o entrelaçamento dos dois lados: é simultaneamente *estendida* e *arraigada*.

Comunicação: representações encarnadas

As representações mentais envolvidas na comunicação parecem encarnadas nos dois sentidos que observamos. Em relação à introversão, são, em parte, constituídas, dirigidas e restringidas por alguma função adaptativa, e pelos estados emocionais e motivacionais que ajudam a alcançar essas funções ao impelirem cognições e ações apropriadas. Conceitos – representações mentais empregadas na categorização do mundo – encarnam não só informações descritivas sobre o objeto da representação (p. ex., características do objeto), mas também informação afetiva e outras informações encarnadas a seu respeito. Além disso, Clore e Gasper (2008) sugerem um papel para "o afeto como informação" na inferência social. Onde há incerteza no julgamento, o afeto "preenche" as lacunas, atuando como informação para apoiar um resultado preferido (ou contradizer um resultado não preferido). Ao invés de formarem um conjunto restrito, representações com essa estrutura "empurra-puxa" são disseminadas, e em que medida encarnam um "empurrão" ou um "puxão" pode variar.

As representações envolvidas na comunicação também têm um aspecto estendido, "extrovertido" – elas dependem da presença e da interação de outras pessoas em contextos ecológicos e culturais adequados ao seu conteúdo, desencadeamento e realização. Keltner, Haidt e Shiota (2006) argumentam que as emoções envolvidas têm funções adaptativas específicas, ajudando a resolver problemas inerentemente sociais, sobrepondo-se às que motivam a comunicação mencionadas acima. Problemas de reprodução estão relacionados à seleção e manutenção de parceiro, apoiando o sexo (relacionado ao desejo), o apego (amor) e a proteção do parceiro (ciúme); e à proteção da prole, apoiando o vínculo (amor) e o cuidado (compaixão). Problemas de governança de grupo estão

Box 11.1 Encarnação: externalismo e cognição fundamentada

Externalismo

A concepção de cognição predominante em ciência cognitiva e na filosofia anglo-americana da mente e da linguagem tem sido individualista – de que a cognição é uma propriedade "interna" dos indivíduos, que pode ser estudada abstraindo-a de ambientes físicos e sociais (ZERUBAVEL, 1997). Este "solipsismo metodológico" (FODOR, 1980) tem sido cada vez mais atacado. Dúvidas acerca do internalismo e do individualismo foram originalmente suscitadas por Putnam (1975) e Burge (1979), que questionaram em que medida essa concepção poderia explicar o conteúdo mental e o significado. Eles argumentaram que o conteúdo dos estados mentais de uma pessoa depende causal e ontologicamente das propriedades do ambiente ecológico e social no qual essa pessoa esteja localizada. Assim, ambientes em mudança necessariamente mudam o conteúdo do pensamento. Aqueles que rejeitam o individualismo são conhecidos como externalistas. Nos últimos anos o externalismo assumiu um rumo mais radical na "tese da mente estendida" (CLARK & CHALMERS, 1998), que afirma que não apenas os *conteúdos* ou significados das crenças estão localizados "fora" da cabeça do indivíduo, mas que os *processos* mentais também podem se estender para além do limite da pele do agente individual. A implicação é que o conteúdo e o processo mental dependem de *relações* entre os estados e processos internos do indivíduo e dos estados e processos externos. Parafraseando Putnam, "a mente simplesmente não está na cabeça".

Cognição fundamentada

Considere os seguintes resultados: participantes expostos a palavras associadas a estereótipos de idosos caminham mais lentamente do que participantes em condição de controle (BARGH; CHEN & BURROWS, 1996). Os participantes aos quais foi pedido que acenassem com a cabeça (em concordância) enquanto ouviam mensagens persuasivas assumiram atitudes mais positivas em relação ao conteúdo da mensagem do que os participantes aos quais foi pedido que balançassem a cabeça (em desacordo) (WELLS & PETTY, 1980). Tais resultados têm sido explicados pelas teorias da cognição fundamentada, que rejeitam as teorias padrão da cognição que presumem que o conhecimento seja representado por símbolos abstratos amodais armazenados na memória. A cognição fundamentada afirma que as representações e processos mentais são intrinsecamente fundamentados no corpo (p. ex., LAKOFF & JOHNSON, 1980) ou nos sistemas cerebrais de modalidade específica para a percepção (p. ex., a visão), a ação (p. ex., o movimento) e a introspecção (p. ex., a emoção) (WILSON, 2002). Há cada vez mais evidências de apoio oriundas da psicologia cognitiva e da neurociência (cf. BARSALOU, 2008; VIGLIOCCO, 2008).

relacionados a cooperação e sua gestão, apoiando o altruísmo recíproco (emoções relacionadas a gratidão, culpa, raiva, inveja); e à organização de grupo, apoiando a uma hierarquia de dominância ou *status* (emoções de orgulho, vergonha, constrangimento, desprezo, admiração, nojo). Keltner et al. argumentam que, através da permissão e regulamentação de compromissos sociais, as emoções têm funções em níveis individual, grupal e cultural.

Em suma, representações do ambiente social e ecológico estão integradas aos estados emocionais conectados à solução de importantes problemas de adaptação. A comunicação em busca das funções adaptativas, que se baseia nessas representações, está, portanto, integrada aos estados emocionais que impelem sua solução.

"Teoria da Mente"

Alega-se frequentemente que a principal diferença entre a comunicação humana e a não humana seja o uso humano da sintaxe recursiva: a geração de estruturas possíveis infinitas através de regras finitas de gramática e um léxico (HAUSER; CHOMSKY & FITCH, 2002). Juntamente com a "Teoria da Mente", muitas vezes considera-se que isso produza qualidades de comunicação essencialmente humanas (p. ex., SPERBER & ORIGGI, 2000). A adição da Teoria da Mente certamente dificulta a comunicação, mas, como argumentado no capítulo 5, o quanto as pessoas são capazes de levar, e de fato levam em conta as representações dos outros na comunicação é limitado.

A motivação para o compartilhamento de estados mentais, obviamente, *não* é o mesmo que a realização dessa motivação (assim como a motivação para comer comida não é o mesmo que encontrar uma refeição). Para fazer avançar esta questão, precisamos desembrulhar a noção de "partilha de estados mentais". Gärdenfors (2008) sugere que essa intersubjetividade compreenda, em ordem crescente de complexidade, a capacidade de representar: as emoções (empatia); o foco de atenção; as intenções comportamentais; o desejo; as crenças e o conhecimento (estes últimos englobam a Teoria da Mente) dos outros. Discernir estas capacidades empiricamente é complexo, e tem gerado um trabalho intrigante e contestado em psicologia do desenvolvimento e comparativa (p. ex., POVINELLI, 2005; TOMASELLO, 2008).

De uma perspectiva encarnada, essa decomposição é mais difícil de prever de modo "descendente", da *Teoria da Mente* para a empatia; embora o empatizar ou o compartilhar desejos possa surgir sem o simultâneo partilhar de crenças, o inverso é menos provável. Se as crenças estão interligadas a estados encarnados, então para se adotar as crenças de outra pessoa pode ser necessário adotar igualmente esses outros estados. Mas pode-se empatizar com outra pessoa sem adotar as suas intenções, desejos ou crenças; pode-se considerar seu desejo sem compartilhar suas intenções, e assim por diante de modo "ascendente". Na verdade, Bermudez (2002) sugeriu que o que *parece ser* representação de estados mentais "superiores" e uso da *Teoria da Mente* em comunicação, pode na verdade envolver troca de sinais "inferiores" de estados emocionais, motivacionais e de desejo. Detectar e responder a esses sinais regula a interação e alternância comunicativa. Quando indicam que a interação esteja falhando desde a perspectiva de uma das partes, pode haver uma tentativa de entender as crenças da outra, seguida pela retomada da comunicação, e assim por diante. Tentativas de implantar a Teoria da Mente podem, portanto, ser motivas pela falha[1]. Além disso, há um consenso geral entre os psicólogos de que a Teoria das Habilidades Mentais exige dois tipos de processos cognitivos: capacidades de representação especializadas em capturar o conhecimento do estado mental; e processos de seleção executivos destinados a usar esse conhecimento para prever e explicar o comportamento (LESLIE et al., 2004, 2005; WELLMAN et al., 2001). Dado que a implantação da Teoria da Mente é cara, o uso motivado pela falha também se mostraria um uso mais econômico de recursos cognitivos.

Assim, a realização de objetivos através de atividades como a comunicação, que *parecem* envolver crenças compartilhadas, pode

---

1. Os atos de fala (AUSTEN, 1958; SEARLE, 1978; cf. cap. 5) podem ser um modo de se ampliar a gama de sinais considerados expressarem diretamente estados internos. Eles se afastam de sinais emocionais e relacionados e se aproximam daqueles que expressam intenções e ações planejadas, afastam-se das intenções comportamentais imediatas e se aproximam do planejamento orientado para o futuro. É claro que tais expressões convencionadas são mais fáceis de se falsificar do que os indicadores emocionais.

ao contrário envolver a coordenação de intenções em torno de um resultado comportamental conjunto. Isso se relaciona com a possibilidade, discutida no capítulo 5, de as intenções e crenças comuns ou coletivas relativas a um resultado poderem ser estabelecidas sem que os participantes realmente compartilhem as crenças ou conheçam as crenças dos outros, ou mesmo compartilhem a mesma intenção de querer alcançar o resultado. *Ação coordenada* e *intenções coordenadas* em torno de um objetivo comum não são a mesma coisa que, ou redutível a *ações compartilhadas* e *intenções compartilhadas*. Muitas interações adaptativas aparecem assim: na seleção de parceiro, na interação entre pais e filhos, nas relações de hierarquia social, os atores podem ter intenções e crenças divergentes sobre as interações, mas se essas intenções e crenças convergirem em torno do alcance da meta, não haverá motivo para os atores investigarem o conteúdo detalhado das mentes dos outros.

Evolução e transmissão cultural: Comunicação

Uma abordagem evolucionária não só esclarece a comunicação como também informa a conceitualização da cultura.

Caracterizando a cultura

Uma caracterização pré-teórica da cultura a define como um conjunto adquirido e padronizado de crenças, práticas e artefatos amplamente compartilhados por um grupo ou comunidade, que é disseminado horizontalmente dentro de faixas etárias ou de pares, e verticalmente transmitida, com mudança limitada, através das gerações. A mudança cultural possui duas tendências de compensação: uma no sentido da inovação cultural dirigida, não aleatória; a outra no sentido do conservadorismo ou da inércia em relação a mudanças de aspectos cruciais.

Transmissão cultural e cognição

A discussão das explicações evolucionárias da cultura e da comunicação suscita questões a respeito de suas concepções subjacentes acerca da mente (cf. tb. cap. 8). A concepção da mente inspirada na Teoria da Evolução mais amplamente adotada é a da "modularidade massiva" (p. ex.: TOOBY & COSMIDES, 1992; SPERBER, 1996; CARRUTHERS, 2006). Esta considera as faculdades mentais como dispositivos (módulos) de representação e processamento de propósitos especiais, "projetadas" por pressões evolucionárias para contribuírem para a solução de problemas de adaptação específicos enfrentados por nossos antepassados no "ambiente de adaptabilidade evolucionária". Os módulos conjecturados incluem a *Teoria da Mente* – interpretar o comportamento humano em termos de estados mentais (AVIS & HARRIS, 1991; TOMASELLO et al., 2003) a *Biologia popular* – categorizar e explicar as espécies vivas em termos de princípios biológicos (ATRAN, 1995, 2002; GELMAN & HIRSCHFELD, 1999) e a *Sociologia popular* – separar membros da mesma espécie em categorias (HIRSCHFELD, 1996).

Box 11.2 Coevolução gene-cultura

Há, em geral, três explicações da transmissão cultural inspiradas na Teoria da Evolução: a memética, a epidemiologia e a coevolução gene-cultura. A memética e a epidemiologia foram discutidas no capítulo 4, por isso vamos nos limitar aqui a discutir a coevolução gene-cultura. A coevolução gene-cultura ou "Teoria da Herança Dual" é um ramo teórico da genética de populações. Conceitualmente, a coevolução gene-cultura é um híbrido entre a memética e a epidemiologia cultural. Assim como a memética, procura explicar a mudança cultural por meio de processos de evolução darwiniana. Ao contrário da memética, os teóricos da coevolução gene-cultura argumentam que as evoluções genética e cultural não são independentes, mas interdependentes. Para teóricos da coevolução gene-cultura há relação recíproca entre cultura e genes. Como os epidemiologistas culturais, esses teóricos acreditam que o sucesso de bens culturais possa depender de fatores psicológicos. Ao contrário dos epidemiologistas culturais, esses teóricos não se concentram no papel do conteúdo mental ou da modularidade na evolução cultural. Em vez disso, Boyd, Richerson e seus colaboradores conceberam um modelo de como vieses psicológicos podem ter um papel estabilizador na transmissão cultural, favorecendo, por exemplo, o prestígio ou a conformidade.

Mas massivamente (ou mesmo em grande parte) mentes modulares podem não ser compatíveis com a encarnação. Os módulos são tradicionalmente definidos em termos de seu conteúdo de processamento de informações, que é dado quer pelo domínio das propriedades apenas ou por aquelas propriedades circunscritas por uma função adaptativa (cf. GELMAN & HIRSHFELD, 1998; BARRETT & KURZBAN, 2007). Essas definições normalmente incorporam conteúdo descritivo, omitindo estados encarnados de emoção e motivação (cf. Box 11.3). Isto é reconhecido por Tooby, Cosmides e Barrett (2007), que notam a dificuldade de se reter a modularidade quando funções adaptativas sugerem que a cognição e a emoção/motivação estejam se interpenetrando. A modularidade também se concilia mal com a cognição estendida, uma vez que a estrutura essencial dos módulos mentais surge do "domínio próprio" dos problemas encontrados no AAE [Ambiente de Adaptabilidade Evolucionária], que provavelmente difere de ambientes modernos. Em contrapartida, a cognição estendida sugere que alguns aspectos significativos de estrutura e conteúdo podem surgir a partir da interação de um contexto mental mais flexível com o ambiente atual. O resultado pode, como Wheeler e Clark observam, ecoar a modularidade se o ambiente a promover, mas a modularidade pode não ser um modo preferido de organização cognitiva.

Ambientes culturais, comunicação e cognição estendida

A comunicação leva a mudança e retenção simultâneas de itens culturais ao longo de gerações de transmissão. Tomasello, Kruger e Ratner (1993) fazem a observação reveladora de que os itens culturais são cumulativos: o uso e a interpretação de um item por uma geração enseja o seu uso e interpretação por gerações subsequentes. Isso é rotulado de "efeito catraca", uma vez que os itens são "incrementados" a cada geração. Para que este efeito aconteça, indiscutivelmente as novas gerações precisam representar intenções e outros estados mentais que as gerações anteriores tenham trazido a um item, de modo a empregá-lo de modo similar. Por ação deliberada ou má interpretação acidental, itens culturais mudam gradualmente através de transmissões sucessivas, e o resultado pode ser um item que difere marcadamente do original. A neofilia, observada anteriormente, exemplifica esse tipo de comunicação: o novo só pode ser visto como novo contra o fundo do velho.

Box 11.3 A encarnação da cognição social e da comunicação

Hirschfeld (1996) tem postulado uma sociologia popular evoluída, que governe a nossa capacidade de classificar indivíduos da mesma espécie em categorias indutivamente ricas, e adquirir e comunicar conhecimento sobre tais categorias (cf. tb. ASTUTI, 2001; GIL-WHITE, 2001). Vimos como as representações envolvidas na comunicação são encarnadas: entrelaçando aspectos descritivos com emoções, motivações e disposições à ação. Mas a amplamente adotada visão da mente como modular, inspirada na evolução, não parece compatível com essa encarnação. Isto representa um desafio para a proposta de Hirschfeld e seus colegas de uma sociologia popular (como um tal módulo mental). Um exemplo de como o processamento de informação de grupo social é encarnado vem da pesquisa sobre estereotipia. Como se observa no Box 11.1, Bargh et al. (1996) descobriram que participantes marcados pelo estereótipo de idoso caminharam mais lentamente por um corredor do que o grupo-controle. Presumivelmente, a atribuição de uma categoria social ativou o estereótipo de idoso, o que, por sua vez, ativou esquemas de ação resultantes no efeito de encarnação do andar mais lento. Outra pesquisa demonstrou efeitos de encarnação da atribuição de outras categorias sociais ao comportamento, incluindo a grosseria e a agressividade (DIJKSTERHUIS & BARGH, 2001). Um segundo exemplo de efeitos de encarnação é o papel da emoção no processamento de informações do grupo social. Foi observado anteriormente que as emoções estão interligadas com a cognição encarnada, e a comunicação pode ajudar a resolver problemas de adaptação específicos, inclusive problemas de governança de grupo e organização de grupo (KELTNER et al., 2006).

Uma sociologia popular também ignora o fato de que, em determinados contextos históricos e culturais, categorias sociais (p. ex., raça, sexo e casta) implicam não só a categorização de indivíduos em grupos, mas também uma classificação desses grupos dentro de uma hierarquia de *status* do superior ao inferior, como na Política Popular (DHESI – não publicado). E há evidências de que as representações de *status* social são encarnadas. Por exemplo, a posição de *status* relativo influencia padrões de comportamento verbal e não verbal. Leffler et al. (1982) descobriram que participantes aos quais se atribuiu aleatoriamente *status* mais elevados falaram com mais frequência, reivindicaram mais espaço direto com seus corpos e se intrometeram em seus parceiros, tocando e apontando, do que os participantes aos quais foi atribuído baixo *status*. Representações de *status* social também estão entrelaçadas com emoções. Keltner et al. (2006) propõem que emoções como o orgulho, a vergonha e o espanto ajudam a apoiar as hierarquias de *status* (cf. tb. CAPRARIELLO; CUDDY & FISKE, 2009).

Em suma, uma explicação da comunicação de informações relativas às relações sociais humanas precisa dar conta de como a nossa representação mental de grupos sociais e de *status* social incorpora não apenas informação descritiva, mas também conteúdo encarnado.

A ampliação do conceito de crença cultural é oferecida por Laland, Odling-Smee e Feldman (2000), que observam que os animais – inclusive os humanos – mudam seus ambientes para criar "nichos", e algumas dessas mudanças podem alterar as subsequentes exigências de adaptação. Isso cria a possibilidade da evolução de qualidades psicológicas baseadas na construção prévia de "nichos" culturais. Os nichos culturais estabelecem, então, novos ciclos de retroalimentação, que levam a mudanças em espiral das construções, e assim por diante. Isso se assemelha ao efeito catraca: cada nova geração exposta a um nicho pode adicionar e alterar os aspectos comportamentais e psicológicos desse nicho. Como Odling-Smee, Laland e Feldman (2003, p. 260-261) sugerem, muita construção de nicho humano é "guiada por conhecimento socialmente aprendido e herança cultural, mas a transmissão desse conhecimento depende de informações preexistentes adquiridas através de evolução genética, processos ontogenéticos complexos, ou prévia aprendizagem social". Nichos culturais podem incorporar artefatos, padrões de crença, assim como padrões ritualizados de atividade e comunicação.

Isso fornece um modo de entendimento estendido, cognição encarnada em um ambiente especificamente evolucionário: ambientes ecológicos e culturais impactam a cognição porque constituem nichos adaptativos. Mente e cultura estão, por conseguinte, intrinsecamente associadas. Assim, entender a comunicação e a cultura em termos evolucionários reforça a visão de que as representações e processos envolvidos são encarnados.

Comunicação encarnada, evolução e cultura

Esta discussão suscita três problemas: se os seres humanos possuem uma adaptação para a cultura; as conexões entre comunicação, cultura, relações sociais e Teoria da Mente; e o quanto a cultura é capaz de ter algum impacto sobre o pensamento.

Cultura e adaptações

Algumas abordagens sugerem que os seres humanos possuam adaptações evolucionárias "projetadas" para a cultura, enquanto outros sugerem que a cultura seja um subproduto de adaptações "projetadas" para outros fins. Teóricos da modularidade tendem a sugerir o último: as adaptações respondem a inputs de fora do seu domínio próprio, o que lhes permite serem "colonizados" pela cultura.

Uma alternativa consiste em que os seres humanos possuam uma ou mais adaptações cuja função principal é a geração de cultura. Tomasello (2008) sugere que a diferença entre os chimpanzés e os humanos não está na posse de uma "Teoria da Mente", por si só, mas de um tipo específico de Teoria da Mente: embora os chimpanzés pareçam ser capazes de considerar membros da mesma espécie como possuidores de estados mentais em situações competitivas, são incapazes de fazê-lo em situações colaborativas. Os seres humanos, ao contrário, fazem ambas as coisas. Tomasello sugere que a cultura humana envolva a geração e a manutenção de intenções conjuntas ou coletivas de ação colaborativa; a motivação a formar intenções coletivas é um primitivo psicológico, irredutível às intenções e crenças individuais (cf. SEARLE, 1996). Tomasello, no entanto, assume uma visão relativamente despreocupada da comunicação verbal e da partilha de crenças individuais e intenções comunicativas. Habilidades de "leitura da mente" são baseadas na partilha de intenções e crenças coletivas, na visão de Tomasello. Assim, a cultura – como repositório e meio de comunicar sobre as intenções e crenças coletivas – exemplifica adaptações humanas individuais para a partilha de estados mentais; a cultura é tanto um meio quanto o fim da adaptação.

Em contrapartida, Hauser (2005) sugere que o que separa os humanos dos outros primatas seja a inibição. Os seres humanos são capazes de inibir, retardar ou suspender regularmente a ação em vista de um objetivo atraente. Isso valoriza a função executiva e a capacidade de planejar, de modo a não agir imediatamente a partir de estados afetivos e motivacionais. A cultura humana acrescenta a comunicação, marcação e partilha simbólica de inibições.

O quadro aqui apresentado compartilha algo com Tomasello e Hauser. No entanto, está fundado em duas limitações egocêntricas da mente na comunicação e na interação social. Em primeiro lugar, que a encarnação possa levar a modos egocêntricos de pensamento: representações que têm vínculos afetivos de primeira pessoa, que incitam interpretações tendenciosas on-line dos outros, das suas intenções, e assim por diante. Em segundo lugar, que a comunicação seja egocêntrica: o quanto tentamos, e de fato somos capazes de levar em conta as crenças e intenções dos outros ao nos comunicarmos on-line com eles é extremamente limitado. Apresentamos um quadro completo das limitações egocêntricas para problematizar a suposição disseminada de inferências universais e bem-sucedidas de estados mentais dos outros sob condições normais de processamento on-line. A visão aqui é de que estas não são nem universais, nem sempre bem-sucedidas (cf. tb. BERMUDEZ, 2004; GALLACHER, 2001; HUTTO, 2004). Isso não nega possíveis variações na prevalência e precisão do emprego da "leitura da mente" entre componentes da intersubjetividade, entre indivíduos, objetivos ou contextos comunicativos. Além disso, estas limitações parecem mais proeminentes no processamento on-line (ao se interagir ou comunicar com uma pessoa). Quando off-line – ao planejar uma interação ou comunicação, ou pensar reflexivamente depois – elas podem diminuir e, de fato, limitações on-line só podem se tornar aparentes off-line. Keysar (2007) sugere que esta limitação da comunicação on-line possa advir do fato de a Teoria da Mente ser uma adaptação evolucionária relativamente recente, que não está bem integrada a outras faculdades, tais como a memória de trabalho (para uma visão contrastante, cf. BIRCH & BLOOM, 2004).

Em suma, os seres humanos podem ter uma motivação evoluída para compartilhar estados mentais uns com os outros, talvez baseada em um primitivo psicológico da intencionalidade conjunta. Mas esta é acompanhada de limitações egocêntricas na sua realização. Estes limites egocêntricos podem ser tornados aparentes na interação social, e isso pode nos levar a tentar contorná-los. Mas as ferramentas para fazê-lo podem não estar disponíveis a partir de dentro da cognição individual e das relações sociais. O argumento aqui é que a cultura simbólica fornece ferramentas para se começar a contornar as relações sociais e a comunicação egocêntricas (cf. o cap. 9 para uma conclusão semelhante a partir de uma perspectiva diferente). Pode-se, portanto, pensar que a cultura seja impulsionada pelo fracasso em sua origem e operação. Os fins adaptativos estão relacionados com as relações sociais e os estados internos compartilhados; a cultura oferece importantes conjuntos de meios para se alcançar esses fins. Voltamo-nos agora para duas áreas onde isso tem implicações significativas.

Comunicação e cultura (1): Teoria da Mente Externa e egocentrismo melhorador

Nichos culturais podem alterar a gama de representações disponíveis para a comunicação ao longo das dimensões de "conteúdo" e "forma". Quanto ao conteúdo, a cultura tem o potencial de reduzir o egocentrismo das representações, incentivando uma encarnação descentrada através da expressão do compartilhamento ou esquematizando representações (abstraindo por diferentes perspectivas). Desta maneira, pode incentivar a dissociação dos aspectos descritivos de uma representação dos aspectos encarnados; por exemplo, pode melhorar o afeto associado à cognição individual e às relações sociais "quentes", levando a uma cognição "mais fria". Voltaremos a isso abaixo.

Quanto à forma, a cultura pode fornecer representações que estejam disponíveis publicamente, e que sejam relativamente duradouras, permitindo-lhes serem recorrentes, repetidas e estarem disponíveis através de uma gama de indivíduos. Elas podem, assim, funcionar como um recurso "externo" para a cognição, permitindo o envolvimento com o seu conteúdo, que é off-line das interações com aqueles que produziram esse conteúdo. Discutiu-se a possibilidade de artefatos culturais funcionarem como memória externa, ou como provisão de recursos de processamento externo, por exemplo livros ou computadores (cf. CLARK, 2003, 2008; HUTCHINS, 1995). A sugestão específica aqui é que esta forma interage com o conteúdo, de modo que a cultura oferece uma "teoria da mente externa": um recurso que indica como a mente e as relações sociais podem funcionar e de fato funcionam, como a comunicação funciona, como as respostas emocionais devem ser gerenciadas, como planos e projetos devem ser processados etc. Por exemplo, a cultura linguística pode oferecer o início da partilha de crenças individuais e intenções em virtude do fato de seus produtos serem públicos e off-line.

Isso reflete a ideia vygotskyana (cf. cap. 1) segundo a qual a mediação do pensamento individual por ferramentas culturais leva a uma mudança qualitativa desse pensamento; neste caso, os aspectos psicológicos especificamente sociais da cognição individual – e as relações sociais relacionadas – são transformados pela mediação de ferramentas culturais. Através da geração de produtos culturais que encarnam intenções coletivas, podemos aumentar a possibilidade de partilha de crenças e intenções através dos indivíduos. Então, *possuir* Teoria da Mente, por si só, é um pré-requisito para a geração de cultura, uma vez que proporciona a motivação para gerar intenções coletivas e compartilhar crenças e intenções individuais com os outros; mas a cultura é um pré-requisito para o *uso* completo da Teoria da Mente, uma vez que ajuda a melhorar os limites egocêntricos do pensamento individual e social.

O caráter público da cultura simbólica se conecta com o melhoramento do egocentrismo, em primeiro lugar porque a produção de comunicação escrita, off-line, é menos egocêntrica, uma vez que pode ser, em certo sentido, não social no momento da produção (o público não está fisicamente presente, de modo que suas respostas imediatas não precisam ser levadas em conta, mesmo que a mensagem esteja emoldurada por crenças acerca das suas respostas definitivas em mente). Em segundo lugar, oferece a possibilidade de partilha reflexiva de crenças e intenções individuais, porque artefatos culturais podem codificar representações dessas crenças e intenções em uma memória externa como um recurso da Teoria da Mente. Em terceiro lugar, o seu caráter público permite a conversão de intenções conjuntas ou coletivas em intenções individuais compartilhadas (ou, pelo menos, uma maior clareza na articulação das intenções individuais em relação às intenções conjuntas). Por fim, oferece oportunidades de aprendizagem a partir de modelos e descrições de papéis, como padrões para trazer informações sobre a Teoria da Mente do pensamento reflexivo para a comunicação on-line. Oferece assim não apenas maneiras de melhorar a nossa teoria off-line das capacidades mentais, mas também de tentar usá-las na interação on-line (p. ex., na detecção e resposta ao engano).

A cultura simbólica em geral, e a Teoria da Mente externa em particular, conectam-se com as funções sociais adaptativas para as quais a comunicação é frequentemente dirigida, em parte porque as representações culturais (como representando crenças coletivas e intenções a respeito da natureza da comunicação e das interações sociais) pode melhorar a possibilidade de partilhar os estados mentais envolvidos. Isso ocorre porque as qualidades normativas[2] da cultura dificultam a operação das trocas comunicativas, levando a duas implicações. Em primeiro lugar, os estados mentais envolvidos podem ser mais previsíveis, pois sua natureza é culturalmente prescrita; por exemplo, proposições implícitas compartilhadas coletivamente, como um homem perguntando a sua namorada se ela gostaria de tomar um café (ao invés de um convite direto para o sexo). Em segundo lugar, estados mentais podem ser inferidos com mais precisão, porque a sua comunicação e sinalização é culturalmente prescrita; por exemplo, regras de expressão emocional (cf. cap. 3). Desta maneira, as normas culturais concernentes à comunicação podem governar a maneira como se pretende que os estados mentais sejam compartilhados e podem, de fato, ser compartilhados.

Além disso, parece haver casos institucionalizados de intenções coletivas que, por um lado, prescrevem relações específicas entre indivíduos, duplas ou pequenos grupos (e suas crenças e intenções compartilhadas), e, por outro, essas crenças e intenções coletivas. Por exemplo, parece parte das expectativas institucionais que alguém tente honestamente se comunicar e compartilhar crenças e intenções ao contrair um casamento, ou ingressar em uma iniciação como sacerdote, ou redigir um cheque para o pagamento de bens; presume-se que tudo isso envolva uma honesta sinalização ou comunicação de intenções e crenças. Essas intenções

---

2. As qualidades normativas das intenções coletivas são discutidas, p. ex., por Gilbert (1989) e Searle (1996). O ingresso em uma intenção coletiva leva a um compromisso conjunto com uma forma de ação ou pensamento, que pode estar relacionada a um projeto comum. Visto sob esta luz, podem fornecer razões para a ação "independentes de desejo" (SEARLE, 2001), em contraste com as intenções adaptativas, que são "dependentes de desejo".

e crenças individuais podem ser "lidas" como as normas institucionais para as atividades, de modo que outros possam fazer fortes suposições acerca dos estados mentais dos atores. As normas
parecem regular tanto o conteúdo dos estados mentais adequados
quanto a intenção de comunicá-los honestamente. Esta visão das
instituições se baseia na tese de Searle (1996) de que as instituições
são estabelecidas por intenções coletivas que impõem uma função social a alguma entidade ou ação; e que esta imposição e seu
funcionamento depende das condições de "fundo". Nestes casos,
uma das funções sociais é uma função da *Teoria da Mente Externa*
concernente ao conteúdo e à comunicação de estados mentais individuais; e as condições de fundo incluem funções adaptativas
relevantes e seus estados mentais encarnados.

Os arranjos institucionais, portanto, codificam e restringem
intenções individuais, limitando assim mudanças de intenções
coletivas (e intenções individuais relacionadas), por meio de processos de catraca. Isso torna os principais fenômenos culturais das
instituições (e suas intenções coletivas e padrões de intenções individuais associados) relativamente resistentes à mudança ao longo do tempo.

*Comunicação e cultura (2): A Teoria da Mente Externa e a recalibra-
gem do pensamento encarnado*

Ao comunicar uma teoria da mente externa em termos normativos, a cultura simbólica oferece a possibilidade de recalibrar
as relações entre aspectos descritivos das representações mentais
e emoções, motivações e outras qualidades. Existem dois tipos de
casos. Um deles é onde os componentes da representação permanecem fundamentalmente interligados, mas o aspecto afetivo é
aumentado ou diminuído. O segundo é onde o entrelaçamento
entre os aspectos descritivos e não descritivos de uma representação são alterados, rompendo a conexão em alguma medida ou
tornando-a contingente.

O primeiro caso é exemplificado pela hiperexpressão e pela
hipoexpressão que têm sido discutidas em conexão com regras
culturais de demonstração de emoções (p. ex., EKMAN, 2000). A

cultura não só oferece diferentes representações dessas relações, mas também diferentes meios ritualizados de gerenciá-las. A descoberta de que a cultura tem impacto sobre a tendência a se tentar adotar a perspectiva do outro, e o sucesso em fazê-lo (WU & KEYSAR, 2008), apoia esse argumento.

O segundo caso é exemplificado por nichos culturais que apoiam o desenvolvimento da cognição "fria" – isto é, onde as qualidades encarnadas da emoção e da motivação estão relativamente dissociadas das qualidades descritivas da representação, resultando em um pensamento que prioriza o "racional". Algumas representações culturais na Teoria da Mente Externa representam as conexões entre emoção e ação, ou entre motivação e ação, como menos intrínsecas do que em representações mentais totalmente encarnadas. Elas podem, ao invés disso, descrever essas conexões como *contingentes* em relação ao contexto ou às inferências acerca de causas de motivações, ou acerca de consequências; isto é, acerca dos fatores normativamente relevantes. O quadro normativo desses fatores na Teoria da Mente Externa pode, então, incentivar a dissociação dos aspectos descritivos e não descritivos das representações, levando a conexões mais *inferenciais* entre eles através de recompensas e castigos que incentivem a inibição de comportamentos e respostas afetivas que de outro modo poderiam estar mais ou menos automaticamente conectadas a crenças. Na verdade, apresentar contexto, motivação, afeto, conteúdo descritivo de crença, ação e consequências como separados parece consequência da tecnologia de um veículo importante para a cultura: a escrita. A natureza linear, sequencial dos sistemas de escrita torna praticamente impossível apresentar essas informações em paralelo ou como indissoluvelmente ligadas. A poesia tenta, mas ao fazê-lo suscita uma enorme indeterminação interpretativa. Dado que a escrita foi a principal fonte e repositório da cultura simbólica por mais de 500 anos, a presunção dessa dissociação é parte, pelo menos, da cultura ocidental nesse período, atingindo o seu ápice nas visões iluministas da racionalidade humana.

No entanto, a comunicação da Teoria da Mente Externa pela cultura simbólica não leva *inevitavelmente* à dissociação, à cognição "fria". De fato, alguns nichos culturais – por exemplo, meios de comunicação visual de massa – podem levar a uma *falta* de dissociação. A exposição repetida à violência no cinema, na televisão e em jogos de computador resulta indiscutivelmente em baixa regulação emocional, dessensibilização, hiperexpressividade etc. (p. ex., ANDERSON & BUSHMAN, 2002). O principal meio que conecta representações individuais e representações de mídia de massa pode ser a *imitação não inferencial* (p. ex., HURLEY, 2002): imitar tanto o comportamento quanto o estado emocional/motivacional/mental subjacente de um modelo. Nos meios de comunicação de massa visuais são apresentadas como indissoluvelmente associadas, e podem ser imitadas como tais, dado o funcionamento hipotético dos "neurônios-espelho" (p. ex. GALLESE, 2001).

Resumo e conclusões

Neste capítulo mostramos como as atuais explicações evolucionárias da comunicação, da transmissão cultural e da cognição podem se beneficiar das teorias e pesquisas acerca da cognição encarnada (tanto dos aspectos orientados para o exterior quanto para o interior). Sugerimos que a compreensão da mente como encarnada esteja conectada à cognição egocêntrica e à comunicação, que definem a cultura como meio para a resolução do problema adaptativo da "leitura" das mentes dos outros. O resultado sugere um relato mais fragmentado das conexões entre mente e cultura do que aqueles frequentemente considerados, gerando relações de interdependência entre ambas. Também sugere que caracterizar a cultura em termos de partilha de crenças é insuficiente, e que intenções normativas, coletivas são parte integrante da cultura. Isso torna mais difícil ver como abordagens evolucionárias poderiam se relacionar tanto com a mente quanto com a cultura separadamente uma da outra (em oposição a considerar sua evolução como um sistema interdependente)[3]. Parece, portanto, claro que precisamos construir sobre os desenvolvimentos recentes na

---

3. A abordagem atual explica por que muita cultura simbólica tem *conteúdo* relativo a crenças compartilhadas no contexto dos objetivos adaptativos. Outras abordagens explicam por que a cultura pode, em grande parte, *abranger* representações compartilhadas, mas não explicam realmente por que deva ser *sobre* as representações compartilhadas.

compreensão das interações entre genes, cultura e mente, ao expandirmos nossa concepção da mente para assimilarmos seus aspectos encarnados e sermos sensíveis às interdependências entre cada um desses componentes.

Parte III

ÁREAS APLICADAS E PRÁTICA

12
A RELIGIÃO COMO COMUNICAÇÃO

Edmund Arens

Palavras-chave: Ação comunicativa; comunidade; memória; narrativa; prática religioso-comunicativa; ritual; ação estratégica; realidade transcendente.

Introdução

As práticas da religião e da comunicação estão profundamente ligadas entre si. A religião faz uso de diferentes formas de comunicação, destinadas a revelar a realidade e criar a comunidade: oração e pregação, adoração e testemunho, leitura e escuta de textos sagrados, canto e partilha, discurso profético, prática ritual e reflexão teológica. Este capítulo procura contornar essa aparente variedade de formas de comunicação, perguntar se há qualidades de comunicação peculiares à religião. Por exemplo, será que a comunicação religiosa é essencialmente estratégica ou se trata de um meio de fazer avançar a compreensão e a comunidade? (Ou seja, um caso ou de ação estratégica ou de ação comunicativa, conforme discutido no cap. 6.) Será que o núcleo da comunicação religiosa é *expressivo* ou *eficaz* – para reiterar a distinção tratada no capítulo 3 – e, além disso, reiterando as preocupações do capítulo 4, será que a comunicação religiosa é, em última instância, predominantemente qualificada pelos seus *conteúdos* ou pelos seus *processos*? Esta é então a questão central deste capítulo: Será que a prática religiosa visa principalmente à manutenção e à legitimação das estruturas de comunicação existentes ou está mais voltada para a transformação? (Cf. cap. 2 sobre poder e empoderamento.)

Este capítulo segue as seguintes quatro etapas. Em primeiro lugar, seguindo Ninian Smart, diferentes tensões fundamentais religiosas são apresentadas. Em segundo lugar, três pontos de vista esclarecedores acerca da prática ritual são esboçados. A terceira etapa trata da religião e da ação comunicativa. Aqui o entendimento modificado de Jürgen Habermas acerca da sua inter-relação e relevância é exposto. Concluo apontando algumas formas significativas de prática religioso-comunicativa. O argumento central será que, como forma exemplar de ação comunicativa, a religião envolve a criação, a partilha e a replicação da comunidade.

Dimensões das tensões fundamentais

Em seu livro *Dimensions of the Sacred* [*As dimensões do sagrado*] (1996) Ninian Smart fornece uma anatomia impressionante das crenças do mundo. Em sua tentativa de chegar a uma fenomenologia transcultural das religiões do mundo ele esboça sete dimensões da prática religiosa. De acordo com Smart, a religião inicialmente envolve uma dimensão doutrinária ou filosófica, ou seja, está relacionada ou a doutrinas teológicas ou a ideias filosóficas. Em segundo lugar, uma dimensão ritual ou prática está implícita no fato de a religião envolver atividades como adoração, meditação, peregrinação, sacrifício, sacramental e rituais de cura. Um terceiro domínio é chamado de dimensão mítica ou narrativa: cada religião tem as suas próprias histórias a respeito de seus deuses, heróis fundadores ou primevos. O quarto aspecto refere-se à dimensão experimental ou emocional. Ele destaca tanto as experiências fundamentais dos fundadores quanto as experiências e emoções estimuladas por e emergentes em atividades espirituais e rituais dos crentes. A quinta dimensão tem a ver com obrigações e imperativos – esta é a dimensão ética ou legal. A sexta dimensão é sobre o componente social e organizacional, e se relaciona com os papéis de especialistas religiosos, o posicionamento social e os padrões de organização das religiões. Finalmente, uma sétima dimensão diz respeito às facetas materiais ou artísticas da prática religiosa; a religião se expressa em uma variedade de criações materiais e artísticas, por exemplo, templos, igrejas, mesquitas, mosteiros, estátuas, livros e ícones.

Como vimos no capítulo 5, a Teoria dos Atos de Fala fez alguns esclarecimentos importantes acerca da inter-relação da linguagem com a ação, ou da comunicação com a interação. O filósofo John

L. Austin introduziu esta abordagem da comunicação que foi posteriormente elaborada por John R. Searle. Foi Austin (1962) quem constatou que, na linguagem ordinária, as pessoas executam diversas ações ao falar. Ao proferir uma sentença um falante realiza o "ato locucionário" de dizer alguma coisa, e, ao mesmo tempo, ele ou ela geralmente realiza um "ato ilocucionário" que determina a direção intersubjetiva da locução. O ato ilocucionário decide se o enunciado é uma pergunta, um desejo, uma reclamação, um comando ou uma declaração etc. Enquanto o ato ilocucionário é realizado *ao* se dizer alguma coisa, o "ato perlocucionário" se refere aos efeitos indiretos que podem ser alcançados *por* se dizer alguma coisa. Austin tinha um interesse especial pelos atos de fala institucionais, como o batizar, o ordenar, o casar ou o dizer palavrões. Se esses atos forem realizados pelas pessoas competentes, no contexto certo, com o uso das palavras certas, eles atuam ou executam a ação e, assim, constituem um fato social. Searle (1969) elaborou a dupla estrutura dos atos de fala que contêm, por um lado, um aspecto proposicional ou um conteúdo proposicional, e, por outro lado, um aspecto em parte ilocucionário, que indica o que é feito no ato de fala e como isso será compreendido pelo ouvinte. Searle delineou as regras pelas quais os atos de fala são constituídos e regulados. Ele enfatizou a regra da sinceridade analisando os pressupostos e as obrigações do "prometer".

Com base nos conhecimentos obtidos pela semiótica pragmática, pela Teoria dos Atos de Fala, pelas teorias do texto, da comunicação e da ação, propus discernirmos cinco tensões fundamentais linguísticas (ARENS, 1994). Estas incluem uma dimensão intersubjetiva, uma objetiva, uma textual, uma contextual e uma intencional. A comunicação acontece entre indivíduos que se comunicam uns com os outros sobre alguma coisa. Isto significa que a comunicação implica, em primeiro lugar, indivíduos ou grupos que "fazem coisas com palavras" (AUSTIN, 1962), que se envolvem em relações sociais e, em segundo lugar, ao mesmo tempo articulam conteúdos proposicionais (SEARLE, 1969). Uma terceira dimensão da comunicação se refere aos *textos* ou outros *meios* utilizados no processo de comunicação. Além disso, os contextos locais e sociais da comunicação são relevantes. Finalmente, as intenções ou objetivos dos sujeitos envolvidos têm que ser levados em consideração.

Aplicando-se a primeira dimensão à comunicação religiosa, os *temas religiosos* pertinentes (aqueles que seguem a religião) têm que ser levados em conta. Eles compreendem, por um lado, autoridades religiosas, especialistas ou detentores de função; e, por outro lado, os seus destinatários, os leigos, os crentes comuns, grupos de apoio e comunidades. A segunda dimensão, dos *conteúdos religiosos*, inclui proposições ou afirmações acerca da **realidade transcendente**, especialmente de Deus ou deuses, acerca da realidade cósmica, sua origem e fim, acerca da criação e da salvação dos seres humanos e da humanidade. Estes conteúdos religiosos são codificados em histórias, credos, doutrinas, mandamentos etc. Em terceiro lugar, uma variedade de *textos ou mídias* são usados na comunicação religiosa: imagens e ícones, textos falados e escritos, sons e música etc. A Sagrada Escritura é um importante meio de comunicação, de distribuição e de repositório (SANDBOTHE, 2001) para muitas religiões. No entanto, o corpo humano e o ser humano são, provavelmente, o primeiro e o principal meio (FAULSTICH, 1997) como veículo para se experimentar e comunicar a religião – por exemplo, ajoelhar em oração. Em quarto lugar, *contextos religiosos* têm que ser levados em conta. Tratam-se de ambientes nos quais as práticas de comunicação religiosa acontecem: lugares sagrados, como templos, igrejas ou mesquitas, lugares de sepultamento e celebração, e também contextos sociais e culturais nos quais ocorre a comunicação religiosa. Tendo em vista a quinta dimensão, tem que se reconhecer que as intenções ou objetivos dos comunicadores religiosos são múltiplos.

Sujeitos religiosos têm claramente objetivos diferentes; sacerdotes estão inclinados a preservar e transmitir a herança religiosa, enquanto profetas costumam adotar uma atitude mais crítica em relação às tradições, condições e instituições existentes. Além disso, existem intenções implícitas nos atos de fala religiosos, como a oração e a pregação, o ritual e a liturgia. Além disso, menciono fins religiosos abrangentes no que diz respeito à adoração de Deus pelos crentes, à preservação do cosmos e à salvação dos seres humanos. Estes objetivos globais permitem uma diferenciação entre religiões teocêntricas, cosmocêntricas e antropocêntricas.

Visões da prática ritual

A comunicação religiosa é ritualizada de muitas maneiras, permitindo que o estudo dos rituais ofereça uma contribuição importante para o desdobramento da estrutura e da prática da religião. Três abordagens significativas do ritual serão esboçadas. Delineamos o trabalho do antropólogo Victor Turner, que estudou os rituais de passagem e os traços característicos do que chamou de "processo ritual" (TURNER, 1969). Turner determina três fases do processo ritual, nas quais as dimensões e significados religiosos dos rituais se tornam simultaneamente evidentes. Os ritos de passagem, em primeiro lugar, versam sempre sobre a remoção de alguém de uma determinada posição no grupo, comunidade ou sociedade. Em segundo lugar, versam sobre uma fase de transição na qual o sujeito do ritual já não tem o seu papel social antigo, abandonado, mas não tem ainda um novo *status*. Na terceira condição a passagem é realizada, um novo lugar ou *status* é alcançado, uma nova posição fixa dentro do grupo, comunidade ou sociedade é adquirida e ocupada. De acordo com Turner, a fase intermediária ou "marginal", que ele designa como "liminaridade", fornece a chave para a compreensão do processo ritual. Pessoas marginais não estão nem aqui nem lá; elas estão situadas entre as posições socialmente fixadas e não estão integradas à estrutura social. Desde essa perspectiva elas parecem forasteiras. No entanto, na condição de liminaridade algo fundamental acontece para os sujeitos rituais. Eles têm a experiência de uma forma alternativa de relações humanas que se opõe à estrutura social. Turner a chama de *communitas*. Enquanto a estrutura social representa um sistema hierarquizado de posições fixas, a *communitas* é uma comunhão não estruturada e relativamente indiferenciada de iguais. No estágio intermediário da falta de *status*, uma comunidade igualitária é vivida e praticada. A condição "marginal" da *communitas* espontânea, concreta, entra em oposição com o sistema de *status* da estrutura social regulada por normas. Para Turner, a qualidade religiosa da posição marginal em sociedades complexas é conservada nas *performances* e instituições religiosas. A qualidade de vida religiosa transicional aparece agora especialmente em ordens monásticas e comunidades que tentam institucionalizar a liminaridade ou a *communitas*.

A pesquisadora da religião, Catherine Bell, vê a ritualização como um ato criativo da produção e reprodução do passado (BELL, 1992). A ritualização, na sua opinião, representa um procedimento estratégico pelo qual o agente é dotado de competência ritual. Bell enfoca a relação entre ritual e poder: o ritual, ao mesmo tempo, tanto empodera quanto exerce poder. Em *Ritual: Perspectives and Dimensions* [Ritual: perspectivas e dimensões] (1997), Bell delineia características de atividades rituais: formalismo, tradicionalismo, invariância, governo, simbolismo sacral e *performance*. Encenações performáticas comunicam em diferentes níveis sensoriais. Elas adquirem dinamismo através do seu enquadramento. Este último permite-lhes criar um "mundo" próprio no qual os participantes estão envolvidos. Estando envolvidas na ritualização, de acordo com Bell, as pessoas não estão conscientes de que, de fato, (re)constroem tradições e significados. Elas se consideram criativas sem perceberem que, na maior parte do tempo, simplesmente respondem ao dado que ao mesmo tempo transmitem.

O antropólogo Roy Rappaport, em sua obra-prima *Ritual and Religion in the Making of Humanity* [*Ritual e religião na construção da humanidade*] (1999), considera que a tarefa fundamental do ritual seja gerar aceitação. Na medida em que isso acontece, o ritual "é *o* ato social básico*" (RAPPAPORT, 1999, p. 138). Ele sugere que, nos rituais, a codificação, a formalidade, a invariância e a *performance* andem juntas. (Isso se assemelha fortemente à discussão, no cap. 9, dos fenômenos simbólicos na comunicação; ou seja, a importância de convenções, papéis e atos performativos ou demonstrativos na tecedura do tecido social de uma determinada comunidade ou instituição.) Rappaport insiste que "ao se considerar o ritual como modo de comunicação algumas das suas características mais estranhas [...] se tornam claras" (1999, p. 50). Ele considera que os rituais estejam embutidos no que chama de "ordens litúrgicas". As ordens litúrgicas combinam componentes físicos e verbais. Os rituais são decretos multivocais. Além disso, as ordens litúrgicas sempre contêm algumas fórmulas que são colocadas em ordem hierárquica. As que ocorrem no pico de uma ordem litúrgica, na visão de Rappaport, consistem em profissões de fé extremamente invariantes. Ele chama esses credos de "Postulados do Mais Sagrado" (1999, p. 168). Eis o que é decisivo acerca da abordagem de

Rappaport: ela considera os postulados máximos como *produtos de atos performativos* – de modo que a verdade das ordens litúrgicas não é descoberta, mas, na verdade, constituída pela própria *performance*. Consequentemente, o que está em jogo aqui é a questão do poder criativo do ritual. Pela realização da ordem ritual ou litúrgica, a palavra divina e a ordem divina são criadas e estabelecidas. Portanto, o ritual religioso, para Rappaport, é criativo, performativo e produtivo. Ritual e religião desempenham um papel eminente "na construção da humanidade".

Religião e ação comunicativa

O filósofo Jürgen Habermas desenvolveu uma teoria comunicativa da ação abrangente e influente (conforme discutido no cap. 6) (HABERMAS, 1984a, 1987). De acordo com a sua abordagem normativa, baseada em reflexão filosófica e na reconstrução do núcleo da comunicação, a ação comunicativa é o modo "dialógico" original da comunicação e da interação humana. A ação comunicativa é a base cultural da vida humana e do viver junto, enquanto a ação instrumental é adequada para se lidar com os recursos naturais e com as condições materiais (embora muitas vezes também seja aplicada a outras pessoas, problematicamente, na visão de Habermas). A ação comunicativa é orientada pelo entendimento e pelo acordo intersubjetivo. Ela tanto visa fazer o falante e o ouvinte chegarem a um consenso, quanto articular um acordo dado ou pressuposto. Se o consenso for questionado ou perdido, a ação comunicativa será substituída pela ação estratégica, um modo de comunicação orientado para o sucesso de uma ou outra das partes. Habermas considera a ação estratégica como uma forma "monológica" deficiente de ação social na qual o outro não é reconhecido como um parceiro de comunicação, mas é usado apenas como instrumento ou ferramenta para alcançar os próprios objetivos individuais ou coletivos. No entanto, ele também afirma que um novo consenso possa ser alcançado pelo discurso argumentativo, uma forma de comunicação que aborda e discute explicitamente as diferentes pretensões de validade que estão implícitas e são suscitadas nos atos de fala de cada uma das partes. Essas pretensões de validade referem-se à verdade das proposições afirmadas, à retidão das relações entre os parceiros da comunicação e à veracidade do enunciado do falante. O discurso, na visão de Habermas, tem a estrutura formal de uma "situação de discurso ideal". Este tipo de comunicação livre, igual e sem restrições, por um lado, ultrapassa as capacidades da "comunidade de comunicação real". Mas, por outro lado, a "situação de fala ideal" ou "comunidade de comunicação ideal" fornece a meta da comunicação, à qual as instâncias de comunicação real podem aspirar, e em relação à qual podem ser avaliadas.

Na maior parte da sua obra, Habermas considerou que religião e comunicação irrestrita sejam incompatíveis. Na *Teoria do Agir Comunicativo* (1984a, 1987), ele desenvolveu uma teoria sofisticada da sociedade, da ação, da comunicação e da racionalidade ao lado de uma teoria rudimentar da religião. Ele então entendeu o desenvolvimento da religião em um quadro socioevolutivo (HABERMAS, 1984b). Sua posição continha a tese central da "linguistificação do sagrado" (HABERMAS, 1987, p. 77-111). Em suma: o discurso ou a comunicação substitui o sagrado. Segundo Habermas, cosmovisões religioso-metafísicas se tornam insustentáveis no processo de racionalização social e na formação de estruturas modernas de consciência; elas se tornam, como ele as chama, "obsoletas". O estágio de evolução social alcançado na Modernidade diferencia as dimensões da racionalidade moral-prática, outrora combinadas na religião, em justiça e moral sociais. Em sua opinião, a ética religiosa da fraternidade, cultivada especialmente na tradição judaico-cristã, entrou em "uma ética comunicativa destacada de sua fundação na religião de salvação" (HABERMAS, 1984, p. 242). Desse modo, a ética religiosa é tanto ultrapassada quanto conservada em uma forma secular.

Segundo Habermas, a prática religiosa não tinha apenas uma orientação ética, mas também uma forma ritual. Ela se tornou obsoleta quando transferiu suas funções de integração social e expressão para a ação comunicativa. A autoridade do sagrado foi substituída pela autoridade do consenso. Portanto, a ação comunicativa foi libertada de contextos normativos sagradamente protegidos. O resultado é que a religião pertence a um estágio ultrapassado da humanidade, que, entretanto, foi substituído pela Modernidade. No curso da modernização, a religião perdeu o seu conteúdo cognitivo, expressivo e prático-moral; foi transmutada em uma ética comunicativa. A comunicação livre e irrestrita assume, portanto, o antigo lugar da religião.

A religião na sociedade de hoje

A visão habermasiana da religião mudou significativamente nas últimas duas décadas. Isto tornou-se evidente em seu discurso no Prêmio da Paz de Frankfurt em "Fé e saber" (HABERMAS, 2005), em outubro de 2001. Em seu discurso, ele deixou claro que a religião não desapareceu da sociedade secular de hoje. Para ele, a dimensão ameaçadora da religião se tornou evidente com os ataques terroristas de 11 de setembro de 2001, quando a "tensão entre a sociedade secular e a religião explodiram" (2005, p. 327). No entanto, em contraste com um fundamentalismo que se tornou terrorista, também existem formas religiosas e comunidades religiosas que merecem a descrição "razoável". Habermas reconhece agora que as fronteiras entre razão secular e religiosa são mais fluidas do que inicialmente previsto. A "determinação dessas fronteiras em disputa deve, portanto, ser vista como uma tarefa cooperativa que requer que ambos os lados assumam a perspectiva do outro" (HABERMAS, 2005, p. 332).

Cooperação certamente pressupõe comunicação – na verdade, Habermas reitera que os recursos da religião e seu potencial semântico têm que ser traduzidos pela filosofia. Ele aceita, entretanto, que fé e conhecimento, religião e razão, teologia e filosofia não sejam simplesmente antípodas, dos quais um polo pertence ao futuro, enquanto o outro desapareceu do presente. Racionalidades seculares e religiosas estão inextricavelmente ligadas uma à outra; cada uma, de maneira recíproca, comunica algo acerca da outra, ambas se beneficiam da disputa produtiva com a outra. A religião, na visão modificada de Habermas, está, obviamente, ligada e tem a ver com a comunicação. "Desde o início, a voz de Deus chamando à vida se comunica dentro de um universo moralmente sensível" (2005, p. 336). Mesmo aqueles que, como o próprio Habermas, não acreditam nas premissas teológicas do conceito de criação, podem, no entanto, entender e aprovar algumas das suas consequências. O discurso entre as formas religiosas e seculares de comunicação concernem essencialmente a um acordo socialmente urgente acerca da prática humana.

Deve-se, no entanto, notar que Habermas se opõe decididamente a uma "exclusão injusta das religiões da esfera pública". Ele sustenta que o secular deva permanecer "sensível à força de articulação inerente às linguagens religiosas" (2005, p. 332). Inerente à religião é, portanto, um potencial comunicativo de inegável importância, especialmente na era pós-secular da globalização e da tecnologia genética, em ambas as quais formas agressivas de fundamentalismo (que podem procurar limitar a mudança tecnológica) e rápidas transformações científico-tecnológicas representam sérios desafios à que foi apelidada de nossa contemporânea "sociedade de risco". Dadas as diferenças aparentemente intransponíveis de mundos sociais e culturais que parecem não partilhar uma linguagem comum, e as posições polarizadas geradas pela possível produção biotecnológica da "natureza humana" (HABERMAS, 2003), começa-se a perceber que o potencial comunicativo da religião não é meramente um assunto privado. Pelo contrário, pertence ao domínio da comunicação pública e do discurso social – é parte da esfera pública (HABERMAS, 2008).

A religião como prática intersubjetiva

Dentro de uma abordagem comunicativa, sugiro que as seguintes afirmações possam ser feitas: a religião é em si mesma uma prática comunicativa constitutiva, que é genuinamente intersubjetiva e orientada para o acordo. Empiricamente, as religiões contêm e praticam formas "híbridas" de comunicação com diferentes combinações de elementos comunicativos e estratégicos. Dentro de determinada religião ocorre uma variedade de formas de comunicação, sob a forma dos atos de fala enunciados pelos seus membros. Estes atos de fala acompanham ações não linguísticas – por exemplo, gestos e outros tipos de comportamento (cf. o cap. 3 para as tensões fundamentais não verbais). Todas estas *performances* ou "fazeres" são incorporados a uma prática de vida abrangente. Essa prática de vida é realizada por parte – assim como dentro – de uma comunidade de comunicação. Comunidades religiosas de comunicação, nestas ações, dão expressão às suas obrigações e responsabilidades em relação à sua crença em uma realidade transcendente. E ao fazê-lo criam, mantêm, questionam e mudam a comunidade.

Se a orientação para o acordo representa o traço distintivo da ação comunicativa, então a própria prática religiosa pode ser vista como comunicativa – desde que se dirija a uma realidade na qual as pessoas não lidem umas com as outras estrategicamente, não funcionalizem e usem indevidamente o outro como um instrumento para os seus próprios propósitos (cf. Box 12.1). Embora pessoas, grupos e instituições factualmente religiosos muitas vezes ajam estrategicamente, de um ponto de vista normativo, a prática religiosa em sua forma "ideal" – que por adeptos (p. ex.) de abordagens empiristas é chamada de idealista – é completamente comunicativa. A ação religiosa genuína é orientada para uma realidade na qual as pessoas se reconhecem mutuamente, se associam e experimentam umas às outras em solidariedade, e ao fazê-lo agem em conjunto. A este caráter comunitário e orientado para o acordo da religião é conferido maior relevo quando contrastado com os motivos e funcionamentos de outras crenças "não naturais", como a magia. Enquanto a religião representa uma prática intersubjetiva, dependente de consenso e orientada para o acordo que se origina de comunidades e está ligada a elas, a magia tem uma tendência a modos estratégico-instrumentais e bastante monológicos de lidar com o "mundo" externo, social ou interno (THEISSEN & MERZ, 1998).

É importante notar que a ação comunicativo-religiosa não oferece apenas força retórica inspiradora (como Habermas às vezes propõe); em vez disso, ela também é semântica – desvela e nomeia uma realidade. Essa realidade para a vida humana e base para a convivência introduz uma dimensão semântica fundamental, qual seja a dimensão da promessa. Trata-se da promessa de uma libertação consoladora e reconciliadora da escravidão política, social, física e psíquica e da aderência da mortalidade. Em um tal discurso religioso e uma tal prática comum encontramos um excedente tanto semântico quanto prático-performativo. É claro que esse excedente pode ser traduzido em discurso filosófico, mas não pode ser transformado sem resíduo. No discurso e na ação comunicativo-religiosa, de acordo com o meu entendimento, há diferentes potenciais envolvidos: um *criativo*, ou seja, um potencial de desvelamento da realidade; um *inovador*, ou seja, um potencial de transformação da realidade; e um potencial *anamnésico* de memória e lembrança. Este último oferece um meio pelo qual uma determinada comunidade se torna consciente da realidade das vítimas da história e tenta lhes fazer justiça (PEUKERT, 1984; ARENS, 2007). Do ponto de vista das comunidades religiosas, essa ação religiosa inovador-anamnésica pode ser entendida como prática comunicativa da fé. A religião é realizada na prática comunicativa de pessoas que em suas ações comunicativas, comuns e críticas se comuniquem *com* ou comuniquem *acerca de* uma realidade – nas religiões teístas, com ou acerca de uma realidade chamada "Deus". Essa dimensão da prática comunicativa religiosa – sua capacidade de promover e estender os vínculos comunitários substantivos – ajuda a garantir que a religião seja mais do que meramente ópio para as massas, sendo ainda uma forma de prática social criativa, inovadora e anamnésica.

Box 12.1 Será que a religião é uma instância de comportamento estratégico?

Críticos da religião de origem marxista ou darwinista consideram a religião como um meio de comportamento ou comunicação estratégica. Karl Marx considerava a religião como uma expressão da miséria real e, ao mesmo tempo, como um protesto impotente e inútil contra essa miséria. Na religião o povo subjugado procurou consolo e alívio pela crença em uma vida melhor após a morte. A religião é, portanto, pensada como uma estratégia para reduzir a dor de dadas condições miseráveis, para torná-las mais suportáveis. Como a religião realmente não muda as condições sociais insuportáveis ou liberta as pessoas da condição de exploração, não se trata simplesmente de uma estratégia ineficaz; é, além disso, profundamente ideológica, um exemplo de falsa consciência. Eis por que Marx se refere à religião como o "ópio *do* povo". Lenin sublinhou que a religião é uma estratégia utilizada pelos poderes dominantes para manter sua posição predominante e para manter as massas sob controle. É por isso que ele chamou a religião de "ópio *para* o povo", qual seja uma droga para sedar as massas, para imobilizá-las e tornar impossível que se revoltem contra a sua exploração e opressão.

Concepções darwinistas veem a religião como uma estratégia evolucionária, um meio de se adaptar a um ambiente incontrolável. A religião visa a trazer ordem a um mundo caótico e hostil. Pelo sacrifício e pela submissão a forças naturais ou sobrenaturais, as chances de sobrevivência e reprodução biológicas crescem para a comunidade. Richard Dawkins afirma que "o gene egoísta" (DAWKINS, 1976) tem como objetivo maior a replicação e a reprodução, insistindo que tanto estimula quanto dirige o processo da evolução. Segundo ele, todos os organismos vivos, exceto os seres humanos, são dirigidos apenas pelos seus genes. No caso dos seres humanos, surge uma contrapartida cultural, o que ele chama de "meme". A replicação dos memes ocorre através da imitação (em grego: *mimesis*). Os memes são incutidos nas pessoas fundamentalmente pela educação. Para Dawkins, ideias e rituais religiosos pertencem aos memes mais perversos. A religião, juntamente com seu associado "o delírio Deus" – que tanto pode assumir uma forma ativa quanto uma forma passiva (DAWKINS, 2006) – é, portanto, vista como um subproduto da evolução. Dawkins considera a religião um complexo de memes altamente perigosos e a descreve como um "vírus". Nestes termos, a religião é entendida como intelectualmente obsoleta, moralmente repreensível e educacionalmente doentia. Na opinião de Dawkins, a educação religiosa pode ser rotulada como "doutrinação"; ele pensa que a religião leve ao fanatismo, ao fundamentalismo e ao absolutismo. É por isso que este vírus infeccioso, com a sua estratégia de se replicar e se espalhar, tem que ser combatido e erradicado pelo iluminismo ateu.

Outras abordagens evolucionárias da religião, como a de Pascal Boyer (2001), fornecem uma visão muito diferente, onde a religião tem origens naturais e é transmitida culturalmente, mas não está necessariamente preocupada exclusivamente com a comunicação estratégica. Para Boyer, a religião produz e estabiliza o comportamento socialmente propenso, por exemplo, a cooperação e a comunidade.

A prática religioso-comunicativa

As religiões monoteístas de origem abraâmica – judaísmo, cristianismo e islamismo – articulam duas formas básicas de prática religioso-comunicativa: o ato de testemunhar e de confessar (ARENS, 1995). O testemunhar aponta para a realidade de Deus da maneira mais pessoal; a realidade transcendente é tornada acessível através de uma ação autoenvolvente da testemunha. Em sua própria ação e por sua própria pessoa a testemunha revela e torna visível o que é de extrema importância e relevância. A testemunha atua como um "meio humano" (FAULSTICH, 1997). Ele ou ela dá testemunho e se comunica, a fim de convencer os outros acerca desta realidade. O testemunho ou é missionário, ou diaconal (no serviço do outro), ou profético, ou pático (acontecendo em sofrimento). No último caso, o testemunho (em grego: *martyria*) se torna martírio. Por um lado, para os crentes e as comunidades crentes, o martírio é frequentemente considerado o último ato de fé – dar a própria vida pela verdade e pelos outros; por outro lado, o martírio parece ser uma ação altamente ambivalente, como pode ser determinado na avaliação de ataques suicidas. Vistos de fora, parecem atos de falso fanatismo, como ações estratégicas extremas com o objetivo de produzir o maior número de vítimas possível.

O testemunho é, portanto, basicamente orientado para o acordo – visa a convencer. Isso contrasta com a confissão, que não visa a convencer; ao invés disso, expressa de bom grado uma convicção comum já reconhecida. Confessar envolve obter consenso, ou, antes, manifestá-lo e, assim, comunicá-lo; exige acordo, que se manifesta no texto confessional, por exemplo, o *Shema Israel* judaico, o *Shahada* muçulmano ou o Credo cristão (RAPPAPORT, 1999). O consenso e a comunalidade uma vez professados são atualizados nos atos de confessar ou professar. (Cf. cap. 9 para uma discussão sobre a dimensão pública da atividade confessional.)

Além dessas ações elementares de prática de fé, que são características das religiões monoteístas, várias outras formas de prática religioso-comunicativa podem ser rastreadas através de várias religiões. As religiões abraâmicas estão entremeadas por práticas de testemunho e confissão que funcionam de modo a se suportarem mutuamente e se sobreporem. Gostaria de apontar para cinco práticas humanas que ocorrem, embora não exclusivamente, em contextos religiosos e são realizadas por pessoas religiosas: as práticas de lembrar, narrar, celebrar, proclamar e partilhar.

O passado feito presente: lembrar

Lembrar é uma prática individual e coletiva fundamental que nos liga ao nosso passado pessoal e comunitário. Nossa memória forma, contém e comunica respostas para perguntas tais como: quem somos, de onde viemos, a que lugar pertencemos e o que constitui a nossa identidade. Como indivíduos, comunidades e sociedades somos incapazes de existir sem memória (RICOEUR, 2004). As religiões também dependem de tradições e práticas de lembrança, de fato a religião pode ser considerada "uma cadeia de memória" (HERVIEU-LÉGER, 2000). Isto está relacionado, em primeiro lugar, à memória biográfica, que constitui a nossa identidade pessoal, em segundo lugar à "memória comunicativa", que nos liga aos nossos contemporâneos, e, em terceiro lugar, também à "memória cultural" (ASSMANN, 2006). Nesta última, os eventos formativos e normativos do passado coletivo, que "não devem ser esquecidos", são preservados. A memória cultural de um grupo, sociedade ou religião é encenada, acima de tudo, em festas e celebrações rituais. Elas acontecem em tempos extraordinários em datas específicas. "Datas dão à história uma dimensão ritual: elas se tornam aniversários" (SMART, 1996, p. 160). A lembrança religiosa inclui a memória dos mortos e a memória daqueles que foram vítimas e sofreram injustamente. De acordo com a Teoria Crítica e a Teologia Política, não deve se restringir à memória da própria história, mas incluir toda a história do sofrimento. A lembrança torna-se assim *memoria passionis* (METZ, 2005) e é encenada como "solidariedade anamnésica" (PEUKERT, 1984).

A memória individual e coletiva pode, evidentemente, ser pervertida ao se enfocar "a história dos vencedores" (BENJAMIN, 2005), pode, como tal, ser utilizada com o fim de autoafirmação e autoelogio estratégicos, tornando-se, portanto, instrumento para fadar ao esquecimento ou denegrir os outros. Nestes casos, a provocadora e produtiva "memória perigosa" das figuras fundadoras, da verdadeira tradição ou da lembrança autêntica, muitas vezes reivindicada pelos profetas, se faz necessária.

Contar a história de Deus e as histórias da fé: narrar

As religiões não somente lembram os fundadores e figuras paradigmáticas de suas tradições religiosas; elas também contam suas ações formativas e normativas em histórias. Na verdade, um conteúdo fundamental de muitas dessas narrativas é o evento cósmico "no início", quando os deuses ou Deus criou o mundo. A origem da humanidade e da morte, assim como o início da própria tradição, são narrados e encenados em mitos e narrativas (SMART, 1996). Eles vão desde mitos de criação e mitos de tempos primevos a histórias fundacionais (ELIADE, 1985). Narrar desempenha sem dúvida um papel importante no desenvolvimento e manutenção tanto da identidade pessoal e social quanto da identidade religiosa. De certa forma, somos o que nos foi dito e o que dizemos aos nossos filhos, amigos, contemporâneos e companheiros de fé;

Bruner (1991) fala da "construção narrativa da realidade". Narrar, além disso, é um elemento importante nos processos educativos e terapêuticos (BRUNER, 2002); a análise da narrativa fornece uma ferramenta importante para a pesquisa social qualitativa (JOV-CHELOVITCH & BAUER, 2000).

A fé judaico-cristã tem uma "estrutura narrativa profunda" (METZ, 2005). A prática religioso-comunicativa envolve a narração de histórias de promessa, libertação, êxodo, fé e esperança. Através destas histórias o conteúdo semântico da religião é comunicado, preservado e transmitido. Narrar histórias de fé implica a sua interpretação e contextualização em relação a situações contemporâneas de comunicação e ação. Na verdade, a narração faz um convite a imaginar a situação presente à luz da história da fé e a agir de uma maneira particular. Contar a história de Deus e histórias de fé é, portanto, um excelente exemplo de prática religioso-comunicativa, porque a religião vive, permanece viva e é transmitida nestas histórias; seu conteúdo e intenções são lembrados e são atualizados por elas e nelas.

Festas e liturgias: celebrar

Outra forma de prática social e religioso-comunicativa, já mencionada, é a celebração (TURNER, 1982). O serviço a Deus ou culto no cristianismo e em outras religiões tem o caráter de celebração. A celebração litúrgica é uma poderosa expressão das experiências de comunidade dos participantes, da sua interconexão comunitária; trata-se de uma expressão e prática da *communitas* (DRIVER, 1991). A ação litúrgica cria, fortalece e transforma a comunidade (cf. Box 12.2). Isso nos permite destacar um tema que percorre este livro – tema que, aliás, mais uma vez enfatiza a importância de uma abordagem psicossocial da comunicação –, ou seja, a prioridade conferida, em vários tipos de comunicação, ao vínculo, à consubstanciação de laços comunitários e identidades (cf. p. ex., o cap. 7, sobre boatos e fofocas; o cap. 13, sobre comunicação em saúde; e o cap. 9, sobre aspectos simbólicos da comunicação).

É certo que a celebração ritual possa não apenas estabelecer *communitas*, mas também se tornar neuroticamente compulsiva, no sentido freudiano; ela pode degenerar em um ritualismo de pensamento mágico, sem vida e, portanto, tornar-se ação estratégica (BELL, 1992). A celebração litúrgica é constantemente ameaçada pela corrupção e pode se transformar em demonstração de poder religioso. Neste caso, suscita diferentes tipos de críticas. Essas críticas contestam ou a própria possibilidade e validade da ação litúrgica em geral, ou sua pretensão – como a crítica profética do culto – a "verdadeiro culto", a relação adequada das ações litúrgico-ritual e ético-comunicativa. No verdadeiro culto, as relações estratégicas de poder muitas vezes podem ser interrompidas e transgredidas. Uma participação e integração imaginativa em uma comunidade maior ou mesmo ilimitada de memória e esperança é experimentada e antecipada. Entende-se assim ter ocorrido uma abertura ou alargamento da agência. A celebração é uma prática religioso-comunicativa central, na qual a realidade salvífica e a ação transcendente de Deus é lembrada, atualizada, narrada, louvada e realizada.

Espalhar a boa notícia: proclamar

Uma outra forma de prática religioso-comunicativa é a proclamação. Através dela, conteúdo e significado religiosos são comunicados a fim de serem compartilhados. A proclamação torna conhecido o significado de uma religião, sendo, portanto, informativa. Isso acontece, é claro, no sentido de uma comunicação comprometida e evocativa, que pretende que os destinatários assumam como próprio o que é comunicado. A proclamação pode assumir a forma estratégica do proselitismo, ou seja, da tentativa de converter os outros à sua própria religião. De qualquer forma, ela enfatiza a pregação da mensagem religiosa prevalecente aos destinatários, tendo em conta a situação dos seus ouvintes, sendo assim capaz de ser frutífera. Há, portanto, um elemento missionário na proclamação ou no proselitismo: visa a persuadir as pessoas a uma religião ou – no caso das que já possuem convicção religiosa – a reforçar, defender, fortalecer ou aperfeiçoar essa convicção. É claro que a proclamação missionária pode degenerar em um instrumento estratégico. Essa distorção ocorre quando a proclamação é transformada em doutrinação, coerção e escravização.

Box 12.2 Componentes e variedades de liturgias

Liturgias são formas muito complexas de comunicação. Elas compreendem uma variedade de atos de fala, por exemplo, palestra, pregação, confissão de pecados e confissão da fé comum (ou seja, a recitação do Credo), oração, louvor e ação de graças. Elas contêm ainda uma série de gestos (p. ex., abençoar, fazer o sinal da cruz, bater no peito e curvar-se). Ao mesmo tempo, diferentes posturas são assumidas, como ficar de pé, ajoelhar-se ou sentar-se. Liturgias também incluem outros modos não verbais de comunicação e ação, por exemplo, ofertar, comer (comunhão) e andar (procissões). Na tradição cristã, diversas formas de expressão e celebração foram enfatizadas pelas várias igrejas e segmentos particulares de igreja. Em grandes igrejas, as liturgias parecem ser encenações sagradas multivocais e multimídia ou "peças sagradas" envolvendo textos sagrados, sons e imagens. Liturgias de grandes igrejas fazem uso de hinos, corais, água-benta, incenso, pão e vinho etc. Estes elementos estão entrelaçados com uma *performance* ritual opulenta e muitas vezes colorida que se comunica através de uma variedade de meios sensoriais e recorre a todos os sentidos humanos.

Na tradição católico-romana e na anglicana os componentes verbais da liturgia estão estreitamente ligados aos sacramentais: o serviço de oração é a primeira parte do culto, seguido por uma segunda parte da liturgia, chamada de "Eucaristia" ou "Ceia do Senhor". Nas igrejas reformadas, a liturgia parece bastante sóbria e intelectual; a principal ênfase está na comunicação verbal. A Palavra de Deus escrita, ensinada e apregoada "está no centro do culto, enquanto as partes corporais, relacionadas a movimento, expressivas e emocionais da ação e da interação litúrgica, foram restringidas. Esta restrição foi introduzida por razões teológicas, porque o culto tem sido considerado pelas igrejas reformadas em primeiro lugar como uma celebração da palavra e da ação salvadora de Deus. Consequentemente, o culto deve ser impedido de degenerar em práticas mágicas e numa exposição de obras humanas "farisaicas".

O fundamentalismo religioso usa a proclamação ou o proselitismo para os seus próprios fins. Neste caso, a estritamente tradicional "Palavra de Deus", tirada literalmente da "Sagrada Escritura", é proclamada contra o mundo moderno aparentemente sem Deus. O fundamentalismo está enraizado em comunidades rígidas a partir das quais persegue sua estratégia de proselitismo para obter influência e "reconquistar o mundo" (KEPEL, 1994).

Além do aspecto missionário – ou seja, da tentativa de converter outras pessoas – um outro momento importante da proclamação é encontrado nas religiões abraâmicas. Ele levou a sua qualificação como religiões *proféticas*. Na verdade, a proclamação profética é um elemento indispensável para o judaísmo, o cristianismo e o islamismo. O profeta é, antes de tudo, aquele que proclama a palavra e a vontade de Deus. A ação profética é realizada em atos de fala, ações simbólicas e subversivas. Os profetas bíblicos foram chamados de os inventores da crítica social; eles criticam sua comunidade, sobretudo, "de dentro" (WALZER, 1987). Eles levantam objeções críticas contra os poderes políticos e religiosos prevalecentes em nome de Deus. Eles intervêm nos "processos judiciais" de Deus com o mundo ou com os ídolos e tomam o lado de Deus. Para os profetas bíblicos, o lado de Deus é, ao mesmo tempo, o lado dos fracos, dos pobres, dos discriminados e dos excomungados. A prática profética revela a injustiça e a opressão social e religiosa, articulando a objeção de Deus contra elas. O anúncio profético também anuncia a promessa divina de uma nova ordem justa e benevolente. A prática profética compreende oposição e resistência à injustiça política, social, econômica e religiosa. No entanto, ela acompanha a condenação de insuportáveis "condições pecaminosas" com o "anúncio de um novo mundo" (COMBLIN, 1990).

Solidariedade, caridade e compaixão: compartilhar

Uma forma significativa de prática religioso-comunicativa é a partilha; este é um termo geral para o que, no cristianismo, é chamado de caridade ou *caritas*. Essa prática de benevolência, compaixão, piedade e solidariedade é fundamental para todas as religiões; ela pertence, em todos os lugares, ao cerne ético, comunicativo da religião. A prática da partilha cria, fortalece e transforma a comunidade de modos particulares. Todas as religiões têm suas ideias sobre como os bens da terra – os materiais, bem como os espirituais, os sociais e também os bens comuns – devem ser compartilhados (cf. Box 12.3).

De acordo com o teólogo alemão Norbert Mette (1994), a partilha não deve ser entendida "no sentido de uma conduta ocasional, mas sim como uma forma definida de viver e lidar com o outro. É a expressão de uma profunda consciência de solidariedade" (p. 182). Ela permite que as pessoas se envolvam mutuamente

Box 12.3 Com quem devemos compartilhar?

Para os muçulmanos, a prática da caridade (em árabe: *zakat*) é uma das principais obrigações religiosas. Ela pertence aos cinco "pilares do Islã". Pagar a taxa social obrigatória, dar esmolas, fazer caridade voluntária e compartilhar com os necessitados demonstra a solidariedade e o apego em relação à comunidade muçulmana global (árabe: *umma*). No budismo a benevolência, misericórdia ou compaixão (sânscrito: *karuna*) pertencem às características do Buda e são as virtudes decisivas dos budistas; o budismo estende a misericórdia a todos os seres vivos e pede compaixão por todas as criaturas. Tanto o judaísmo quanto o cristianismo reconhecem a obrigação de partilhar os bens da terra, ajudar os necessitados, ajudar os pobres, ser solidário com os fracos e estabelecer uma ordem social justa. Para o judaísmo a caridade (em hebraico: *zedaka*) não significa apenas dar esmolas, mas é considerada um atributo e uma atividade essencial do próprio Deus.

Apesar do seu apelo comum a compartilhar, as diferentes tradições religiosas não são unânimes quanto ao alcance e os limites da caridade e da solidariedade. Este continua a ser um debate tanto dentro como entre as religiões. Efetivamente, a partilha tem estado muitas vezes limitada à própria família, parentes ou irmãos na fé. Círculos religiosos exclusivistas e fundamentalistas combinam forte solidariedade e caridade para com os membros do grupo com hostilidade e agressão contra as pessoas de outras religiões que, para os fundamentalistas, não passam de incrédulos. No entanto, grandes fundadores de religiões do mundo e líderes religiosos como o Buda, os profetas do Antigo Testamento ou Jesus de Nazaré proclamaram e praticaram a compaixão, a solidariedade e a caridade ilimitadas, universais. Para Maomé, Alá é antes de tudo "o Clemente, o Misericordioso".

O valor dos bens espirituais das diferentes tradições religiosas pode ser descoberto no âmbito de encontros inter-religiosos. Ao participar do culto de outras tradições ou tomar parte nas celebrações comuns, através do diálogo cotidiano, e por meio do discurso teológico, as pessoas religiosas são capazes de conhecer, apreciar e, talvez, compartilhar, pelo menos em parte, a riqueza espiritual de outras religiões. Portanto, a pergunta "Com quem devemos partilhar?" pode ser respondida no nível espiritual através do desenvolvimento de modos de "universalidade interativa" inter-religiosa (ASKARI, 1991).

em uma prática de vida responsável, confiável e duradoura. "A partilha, assim entendida, é a forma mais radical de prática comunicativa, na qual aqueles envolvidos compartilham e participam" (METTE, 1994, p. 182).

A prática religioso-comunicativa da partilha também significa visar tanto a compreensão de outras religiões quanto a busca de um acordo com os participantes de outras religiões e crenças. Em muitos casos, ela inspira, e se espera que facilite, a possibilidade de encontros inter-religiosos. Na sua forma mais pura, pode-se dizer que resista a qualquer operação hegemônica, que exclua essas tendências dominantes, executando, em vez disso, um reconhecimento dos outros que seja capaz de ultrapassar fronteiras e transformar concepções estreitas ou restritas de si e do outro. A prática religioso-comunicativa da partilha é dirigida à experiência e à exploração mútua das possibilidades de comunicação inter-religiosa, à compreensão e ao acordo em face da realidade criativa, comunicativa e libertadora de Deus.

Conclusão

Este capítulo afirmou que religião é comunicação. Por um lado, a comunicação religiosa acontece em práticas rituais. Por outro lado, os rituais precisam ser incorporados a práticas comunicativas e críticas e precisam ser refletidos no horizonte das abordagens comunicativas. A Teoria Normativa da Ação Comunicativa desenvolvida com Habermas, pela sua nítida distinção entre ação comunicativa e estratégica, é um ponto de partida produtivo para se entender a religião como ação comunicativa. Aplicar a Teoria da Ação Comunicativa à religião nos permite desdobrar o conteúdo e os processos, as intenções e os objetivos da prática religioso-comunicativa, diferenciar entre as práticas de fé fundamentalmente comunicativas, relacioná-las umas às outras, mostrar que visam à compreensão e ao acordo, à comunidade e à solidariedade, e contrastá-las com as práticas estratégicas orientadas para o interesse ou proveito próprio.

13

CAMPANHAS DE SAÚDE MEDIADAS: DA INFORMAÇÃO À MUDANÇA SOCIAL

Catherine Campbell
Kerry Scott

Palavras-chave: Jornalismo cívico; ação coletiva; entretenimento educativo; pensamento crítico dialógico; comunicação em saúde; estratégias de comunicação em saúde; jornalismo de conversação; jornalismo de informação; abordagem CAC (Conhecimento + Atitudes = Comportamento); campanhas/comunicação de saúde mediadas; jornalismo em rede; capital social; espaços sociais transformadores; identidade social.

Introdução

Campanhas de comunicação em saúde procuram promover comportamentos saudáveis e construir comunidades saudáveis. Quais mecanismos sociopsicológicos são mais suscetíveis de conduzirem a comportamentos e comunidades saudáveis? Quais estratégias de comunicação em saúde são mais suscetíveis de facilitarem esses processos sociopsicológicos? Como os meios de comunicação podem ser mais bem utilizados para promover mudanças psicossociais que favoreçam a saúde dos indivíduos, das comunidades e das sociedades em geral nas quais estejam localizados, especialmente em relação aos grupos socialmente excluídos que sofrem a saúde mais precária?

Neste capítulo considera-se que a comunicação em saúde inclua qualquer forma de comunicação que vise empoderar as pessoas para assumirem o controle da sua saúde através da promoção de um ou mais dos seguintes procedimentos: mudança de comportamento em relação à saúde; acesso adequado de serviços e suporte relacionados à saúde; desenvolvimento de capital social favorável à saúde; facilitação de ação coletiva para enfrentar obstáculos à saúde; e o desenvolvimento de políticas sociais em saúde (nos níveis locais, nacionais e/ou globais de influência). Uma variedade de estratégias tem sido desenvolvida para cumprir estas metas. Estas incluem campanhas didáticas de educação sanitária que tenham como alvo grupos vulneráveis, com informações sobre riscos à saúde; abordagens de fortalecimento comunitário que busquem promover a participação social pela saúde em comunidades vulneráveis; e abordagens de defesa da saúde que tenham como alvo os poderosos decisores que têm o poder econômico e/ou político para enfrentar e transformar os ambientes sociais insalubres.

O primeiro objetivo deste capítulo é mapear a evolução das campanhas de comunicação em saúde desde as suas raízes na educação em saúde baseada na informação até abordagens de "fortalecimento comunitário" e "mudança social". A comunicação em saúde baseada na informação visa indivíduos, procurando convencê-los a mudarem seu comportamento facultando-lhes informações factuais sobre riscos à saúde. Abordagens de fortalecimento comunitário visam comunidades, buscando construir ambientes sociais "favoráveis à saúde" através da facilitação do diálogo de promoção da saúde e da participação social dos membros da comunidade (CAMPBELL & MURRAY, 2004; STEPHENS, 2008).

O segundo objetivo do capítulo é analisar o potencial de várias formas de comunicação em saúde mediada – incluindo o entretenimento educativo, o jornalismo cívico bem como a internet – para facilitar o desenvolvimento de contextos comunitários saudáveis. É emoldurado pela definição de saúde da Organização Mundial da Saúde como um estado de "bem-estar físico, mental e social, e não mera ausência de doença ou enfermidade". Especial atenção é dada ao potencial da comunicação mediada para ajudar as pessoas a enfrentarem várias ameaças à saúde e ao bem-estar, incluindo a violência de gênero no contexto do HIV/Aids, a pobreza infantil, os abusos de direitos humanos, o apoio a crianças com autismo e o câncer de mama.

Comunicação em saúde: da cognição social à ação coletiva

Historicamente, a promoção da saúde tem sido impulsionada por modelos de comportamento de "cognição social", buscando promover a mudança de comportamento através da mudança de conhecimento e atitudes das pessoas. Tais abordagens presumem que as intenções comportamentais relacionadas à saúde resultam das decisões dos indivíduos racionais, com base em informações seguras sobre os riscos à saúde. Essas abordagens são sustentadas por diferentes elaborações da abordagem CAC (Conhecimento + Atitudes = Comportamento). Este modelo afirma que se uma pessoa tem informações sobre um risco à saúde (como o câncer de pulmão), e uma atitude negativa em relação a ele (p. ex., o câncer de pulmão é algo ruim), ele ou ela vai formar a intenção de se comportar de uma maneira que reduza esse risco (p. ex., evitando cigarros), com a mudança de comportamento muitas vezes decorrendo de intenções de mudança de comportamento.

Tais abordagens veem os seres humanos como indivíduos racionais, capazes de fazerem escolhas comportamentais sensatas com base em informações seguras. Uma geração de comunicadores em saúde tem despejado dinheiro em programas de sensibilização baseados em informações, tais como campanhas de mídia, aconselhamento e oficinas para a construção de competências relacionadas à saúde, como a assertividade em relação à recusa de comportamentos de risco com drogas ilegais ou relações sexuais desprotegidas. Embora essas abordagens tenham tido algum sucesso em contextos limitados, em geral os resultados foram decepcionantes (OGDEN, 2007). Poucos fumantes, alcoólatras ou motoristas insensatos desconhecem os impactos potencialmente prejudiciais à saúde do seu comportamento, por exemplo.

Crossley (2000) aponta para três tipos de fatores que comprometem a suposição de que as pessoas necessariamente tomarão decisões racionais e bem-informadas sobre a sua saúde: fatores inconscientes, normas entre pares socialmente construídas e desigualdades de poder decorrentes de relações sociais, como gênero e pobreza (cf. Box 13.1). Neste contexto, existe um crescente reconhecimento das limitações da promoção de saúde tradicional em favor de abordagens de fortalecimento comunitário e participação social, que enfocam não só a educação das pessoas sobre os riscos à saúde, mas também a facilitação dos tipos de participação social mais suscetíveis de capacitá-los para resistir aos impactos de influências sociais insalubres. Um crescente corpo de evidências mostra que a participação – em grupos comunitários, associações de voluntários e vida cívica e política, assim como redes informais de amigos, vizinhos ou família – pode ser uma poderosa influência positiva sobre a saúde e o bem-estar (WALLACK, 2003).

Box 13.1 Por que as pessoas conscientemente se envolvem em comportamentos prejudiciais à saúde?

Três conjuntos de fatores levam as pessoas a se envolverem em comportamentos pouco saudáveis, mesmo quando estão na posse de informação factual precisa sobre os riscos à saúde e como evitá-los. O primeiro são os *fatores inconscientes* – externos à consciência racional e consciente do indivíduo – que, no entanto, exercem uma profunda influência sobre o seu comportamento. Pesquisas revelaram que homens *gays* socialmente isolados na Noruega são mais propensos a se envolverem em relações sexuais desprotegidas do que seus pares mais socialmente conectados, com o contato pele a pele simbolizando as necessidades não satisfeitas de intimidade. O comer em excesso às vezes pode ser impulsionado por necessidades não satisfeitas de amor e carinho. Algumas mulheres jovens usam a estratégia de comer pouco para aumentar sua sensação de controle sobre suas vidas. O segundo conjunto de fatores refere-se às *normas socialmente negociadas entre pares*. Embora os níveis de consumo de cigarros estejam caindo entre muitos grupos no Reino Unido, estão aumentando entre os adolescentes na Escócia, onde fumar é muitas vezes um critério fundamental para a admissão em determinados círculos de amizade. A influência dos pares muitas vezes leva ao abuso de drogas ilícitas e álcool. Finalmente, *relações de poder socialmente estruturadas* minam a probabilidade das pessoas se envolverem em comportamentos saudáveis. Gênero, pobreza e isolamento social tornam o fumar uma opção comportamental atraente para muitas mães solteiras na Inglaterra, lutando para lidar com as demandas esmagadoras das suas vidas diárias. A construção social da masculinidade muitas vezes leva os homens a ignorarem os sinais precoces de problemas de saúde, e a retardarem o acesso a serviços de saúde vitais quando a doença ameaça. A combinação de pobreza e dependência econômica de homens leva muitas mulheres africanas a se envolverem em relações sexuais desprotegidas, apesar do conhecimento seguro do HIV/Aids e de um profundo desejo de evitar a infecção.

Veja Crossley (2000) e as referências aí elencadas para uma explicação dessa pesquisa.

A abordagem da mudança de comportamento individual da comunicação em saúde geralmente negligencia os benefícios para a saúde de formas participativas de comunicação. Neste contexto, uma nova geração de comunicadores em saúde está procurando compreender os caminhos psicossociais entre participação e saúde, e a melhor maneira de os facilitar.

Além de oferecer os benefícios intrinsecamente saudáveis do apoio social (BERKMAN, 1984), a participação social é saudável porque liga as pessoas em redes de comunicação que elas podem usar para desenvolver compreensões críticas das circunstâncias sociais e psicológicas que colocam o seu bem-estar em risco. Neste capítulo é dito que essas redes fornecem "espaços sociais transformadores", ou seja, configurações sociais de apoio nas quais as pessoas são capazes de se envolver em um diálogo crítico com pares de confiança e que, idealmente, levam ao desenvolvimento de entendimentos contestáveis de obstáculos a sua saúde e bem-estar, e estratégias para combatê-los nos níveis individual, comunitário ou mesmo macrossocial. Em circunstâncias ideais, tais entendimentos críticos inspiram e capacitam as pessoas para renegociarem coletivamente as normas sociais que motivam o seu comportamento e se envolverem em formas de ativismo pessoal ou de grupo que desafiam ativamente as circunstâncias que colocam sua saúde em risco.

Desigualdades sociais e saúde

Várias desigualdades sociais conectadas têm um impacto negativo sobre a saúde. Em muitos contextos sociais, aqueles com o acesso mais limitado ao poder econômico e político são também os menos saudáveis. Dentro deste contexto, as políticas sociais redistributivas – que aumentam o acesso das pessoas aos recursos econômicos e ao reconhecimento social e/ou político – são muitas vezes vistas como uma condição necessária para reduzir o fosso entre ricos e pobres, e no melhoramento da saúde de grupos que tenham acesso limitado ao poder social em contextos específicos, incluindo mulheres, crianças, idosos e pessoas com deficiência (WHO, 2008).

No entanto, as elites sociais raramente desistem voluntariamente do poder econômico ou político na ausência de demandas assertivas e vociferantes de grupos menos poderosos. Infelizmente, as mesmas pessoas que devem fornecer este "empurrão de baixo" assertivo e vociferante, muitas vezes têm oportunidades e recursos limitados para fazê-lo. Além disso, a pobreza e outras formas de marginalização muitas vezes fomentam um sentimento de impotência e fatalismo entre os excluídos. Antes que membros de grupos socialmente excluídos sejam capazes de exigir mudanças substanciais nas relações sociais desiguais que comprometem sua saúde, eles precisam ver a si mesmos como agentes ativos capazes de atuar positivamente para melhorar suas vidas e aumentar o seu controle sobre sua saúde e bem-estar (GAVENTA & CORNWALL, 2001). Neste contexto, este capítulo examina a forma como a comunicação em saúde pode melhor facilitar o desenvolvimento de "espaços de transformação social" nos quais os membros de grupos sociais marginalizados possam participar dos tipos de comunicação, diálogo e ação que facilitem o desenvolvimento de identidades confiantes e empoderadas, e equipar as pessoas para assumirem um melhor controle de suas vidas e da sua saúde.

Arcabouço teórico

Ser humano é dialogar com os outros no desafio permanente de dar sentido às nossas vidas. Através da comunicação construímos as identidades sociais que regem o nosso comportamento e experiência, e negociamos as "receitas de vida" que dirigem nossas ações e moldam nossa saúde e bem-estar. A perspectiva interacionista simbólica (MEAD, 1962) enfatiza o papel da interação social e do diálogo na construção das identidades sociais que influenciam as possibilidades e restrições de comportamento disponíveis para nós. Estas estão muitas vezes associadas à nossa filiação ou posição dentro de grupos sociais hierárquicos. O pressuposto subjacente aos argumentos apresentados neste capítulo é o de que a comunicação em saúde é eficaz na medida em que oferece oportunidades para as pessoas renegociarem essas identidades de maneiras que melhorem sua saúde e as empoderem. Para melhorarem sua saúde, as pessoas precisam se envolver em reflexão crítica e diálogo, desenvolver novos *insights* sobre a maneira como as relações sociais desiguais limitam suas chances de vida e saúde, e conceber estratégias através das quais possam começar a resistir a esses impactos negativos.

Comunicação e poder

Dentro de sociedades desiguais há uma tendência irresistível a que as relações desiguais de poder se perpetuem, com as possibilidades e os resultados de comunicação tendendo a reforçarem a posição de grupos sociais dominantes na grande maioria das interações sociais (este é um tema presente também na crítica de Habermas à ação estratégica em oposição à ação comunicativa, cf. cap. 6). Um mecanismo através do qual isso acontece consiste em grupos sociais marginalizados ficarem presos em entendimentos autolimitantes do seu lugar no mundo e do seu potencial para a ação – formas de "poder-saber" (FOUCAULT, 1980) que muitas vezes levam ao fatalismo e à passividade.

No entanto, em princípio, o exercício do poder sempre anda de mãos dadas com a possibilidade de resistência (FOUCAULT, 1980; cf. tb. HOOK, 2007). Foucault fala da "microcapilaridade" do poder. Ao invés de ser uma força monolítica, o poder opera através de um conjunto complexo de "rituais meticulosos" (FOUCAULT, 1975). Uma vez que a comunicação é um meio fundamental através do qual os rituais meticulosos de poder são continuamente encenados e reencenados, sempre existe a possibilidade de que, em circunstâncias sociais ideais, grupos de atores marginalizados possam desenvolver a intuição, a atitude e a confiança para recusarem-se a se envolverem em estilos e atos de comunicação que os prejudiquem ou enfraqueçam. A chave para este processo de recusa é o processo de reformulação de suas identidades sociais e o sentido associado de seu lugar no mundo de maneiras que desafiam as relações sociais negativas que comprometem sua dignidade e bem-estar (cf. o cap. 7 para uma discussão sobre o papel da comunicação na formação de identidades sociais). As tarefas enfrentadas pelos comunicadores em saúde preocupados em desafiar as hierarquias sociais que levam a desigualdades na saúde é prover "espaços sociais transformadores" para o desenvolvimento dessa resistência.

Da comunicação didática à comunicação participativa

Uma geração de avaliações de programa sugere que as abordagens de promoção da saúde baseadas em informação, discutidas acima, tiveram um impacto extremamente limitado sobre o comportamento de suas audiências (WALLACK, 2003). A informação é muitas vezes um determinante muito fraco de mudança de comportamento, principalmente entre grupos sociais marginalizados, cuja liberdade para controlar seu comportamento pode ser limitada por condições sociais mais amplas, como a pobreza ou o gênero.

Além disso, os indivíduos não são "vasos vazios" que possam ser "preenchidos" com novas informações. Todo pensamento humano assume a forma de um processo de diálogo – uma forma comunicativa, poderíamos dizer – o processo de debate ou argumento e contra-argumento, conduzido tanto internamente quanto entre indivíduos (BILLIG, 1996). Em sua explicação "da sociedade pensante", Billig argumenta que as pessoas estão envolvidas, individual ou coletivamente, em um processo constante de ponderação de diferentes pontos de vista. As pessoas avaliam constantemente novas fontes de conhecimento, tanto em termos de pressupostos, hábitos, costume, ideologia e tradição preexistentes quanto também em termos das motivações, muitas vezes contraditórias, que influenciam o seu comportamento enquanto se movem de um ambiente social para o seguinte.

Comportamentos relacionados à saúde não são simplesmente o resultado de conhecimento e habilidades individuais distribuídos a audiências passivas por comunicadores em saúde ativos. Eles estão aninhados dentro de estruturas sociais complexas nas quais as pessoas coletivamente se apropriam e constroem novos significados, identidades e possibilidades de comportamento de um momento a outro em resposta aos desafios que enfrentam em suas vidas. Por esta razão, a comunicação em saúde eficaz precisa facilitar situações que constituam um microcosmo da "sociedade pensante", incentivando públicos-alvo a participarem dos processos de diálogo e de debate por meio dos quais identidades e possibilidades comportamentais são criadas e recriadas.

Construir espaços sociais transformadores

Como podem os tipos de espaços sociais mais favoráveis ao diálogo empoderador ser melhor caracterizados? Fraser (1990) argumenta que, em sociedades desiguais, a esfera pública tende a ser dominada por homens em vez de mulheres, e por ricos, em vez de pobres, e a fornecer um espaço limitado para as minorias étnicas exercerem influência (cf. o cap. 4 para mais informações sobre o tema da influência social). Grupos marginalizados tendem a não ter confiança, habilidades e legitimidade social para fazerem avançar suas necessidades e interesses. Por esta razão, ela postula o conceito de "contrapúblicos", que se refere a espaços seguros separados, nos quais grupos marginalizados podem se retirar para desenvolver e "ensaiar" os tipos de argumentos críticos que acabarão se introduzindo na esfera pública dominante, como parte do projeto de desafiar o poder de grupos dominantes e exigir a sua quota de poder social simbólico e material.

Quais processos psicossociais precisam ocorrer dentro desses espaços "contrapúblicos", desses grupos marginalizados mais bem equipados para fazerem exigências eficazes pelo reconhecimento social? Paulo Freire (2005) responde a essa pergunta com seus conceitos de pensamento e práxis críticos dialógicos, através dos quais as pessoas são capazes de refletir e transformar seus conhecimentos existentes de si mesmas e do seu lugar no mundo, e agir para melhorar as suas condições de vida (cf. o cap. 2 para um relato mais detalhado da obra de Freire). É através dessa reflexão que grupos excluídos são capazes de desconstruir seu conhecimento autolimitante existente e desenvolver compreensões de como os seus pressupostos são moldados por relações de poder opressivas e por visões de mundo que suportam os interesses das classes sociais dominantes.

Essa reflexão informa o desenvolvimento de novas formas de dar sentido ao mundo, e mais entendimentos empoderadores das possibilidades de relações sociais alternativas. Idealmente, o diálogo participativo e a reflexão também levam a um melhor senso de confiança na própria capacidade de mudar as próprias circunstâncias sociais, assim como à identificação de pontos fortes, habilidades e capacidades individuais e grupais existentes de contribuir para a luta pela mudança social. A identificação dos pontos fortes e habilidades é parte integrante da formulação coletiva de planos de ação viáveis para desafiar relações sociais limitantes. Finalmente, e idealmente, o diálogo eficaz leva à identificação de redes de apoio potenciais com as quais comunidades marginalizadas podem contar para lhes permitir colocar esses planos de ação em prática.

Este último ponto é baseado na ideia de que agrupamentos marginalizados são muitas vezes incapazes de lidar com as configurações sociais que comprometem sua saúde sem uma ajuda significativa de pessoas de fora que tenham o poder econômico e político para ajudá-los a alcançar seus objetivos. Bourdieu (1986) argumenta que o acesso limitado ao capital social (que ele define como redes duradouras de relacionamentos entre grupos socialmente vantajosos) é um fator-chave na perpetuação da pobreza e de outras formas de desvantagem social, impedindo as pessoas de melhorarem as suas condições de vida. Facilitar o desenvolvimento da "construção de pontes de capital social" – ligando comunidades de saúde vulnerável a atores e agências externos com o poder de apoiá-las na melhoria da saúde, do bem-estar e de oportunidades de vida – deve ser um aspecto fundamental de qualquer programa de comunicação em saúde que vise fortalecer a capacidade dos grupos excluídos suportarem ou melhorarem o impacto das relações sociais prejudiciais sobre as suas vidas. Um dos principais desafios atualmente enfrentados pelos comunicadores em saúde é desenvolver melhores entendimentos de como as estratégias de comunicação podem facilitar a ligação entre comunidades marginalizadas e pessoas e instituições externas poderosas e apoiadoras (p. ex., profissionais de saúde ou de assistência social, líderes políticos e decisores políticos, agentes econômicos poderosos, várias redes de apoio locais, nacionais e globais).

Uma crescente literatura científica aponta para ligações entre capital social e saúde. Além da "construção de pontes de capital social" discutida acima, a saúde positiva também tem sido associada à "vinculação do capital social", entendida como normas e redes de solidariedade e apoio mútuo dentro de comunidades marginalizadas. Em vista de provas das ligações entre ambas as formas de capital social e de saúde, Wallack (2003) argumenta que um dos principais desafios enfrentados por comunicadores em saúde é desenvolver estratégias de comunicação "fortalecedoras da comunidade" que vão além da simples transmissão de informações relacionadas à saúde, buscando também facilitar o desenvolvimento de vínculos e a construção de pontes de capital social em suas comunidades-alvo. Este é um dos temas principais deste livro, conectar perspectivas teóricas tão diversas quanto a psicanálise (cap. 9), a Teoria das Representações Sociais (cap. 7), e noções de ação comunicativa (cap. 6 e 11), ou seja, a ideia de que um dos aspectos mais fortes da mudança comunicativa reside na construção de laços sociais, na criação de redes comunitárias e na promoção de vínculos horizontais.

O restante deste capítulo discute as várias formas de comunicação mediada à luz da sua capacidade de facilitar os processos de diálogo crítico, reflexão e construção de capital social pela melhoria da saúde descritos acima.

A grande mídia

Não há dúvida de que a grande mídia (televisão comercial e pública, jornais e rádio projetados para atingirem grandes audiências) desempenha um papel fundamental no fornecimento, para quem possa acessá-la, de informações sobre os riscos à saúde, bem como no fornecimento de aconselhamento sobre estratégias de mudança de comportamento individual. No entanto, como já argumentei, embora a informação seja uma condição necessária para a mudança de comportamento, não é suficiente. Até que ponto estes meios de comunicação facilitam espaços sociais transformadores, nos quais as pessoas sejam capazes de iniciar um diálogo sobre a sua saúde e as desigualdades e/ou pressões que as favorecem ou prejudicam?

De acordo com Hodgetts e Chamberlain (2006), os principais meios de comunicação tendem a abordar a saúde de uma perspectiva individualista e biomédica. Notícias e anúncios relacionados com a saúde enquadram esmagadoramente a saúde como uma questão biomédica. Eles tendem a situar a responsabilidade pela mudança no indivíduo doente, mascarando o papel crucial desempenhado por ambientes sociais desiguais na formação da saúde e evitando que muitos membros de grupos desfavorecidos se envolvam em comportamentos de promoção da saúde. Além disso, a mídia muitas vezes favorece histórias sensacionalistas de doenças, focando nos problemas de saúde de mulheres de jogadores de futebol ou estrelas *pop* ao invés de localizar a ocorrência e a distribuição da saúde no contexto de debates políticos e de políticas públicas mais amplos. Desta forma, a grande mídia reduz a compreensão e o apoio do público para a necessidade de resolver muitos problemas de saúde por meio de mudança social redistributiva.

Outra limitação da comunicação tradicional em saúde decorre de sua natureza orientada por especialistas. Os grupos socialmente excluídos, além de suportarem a maior carga de doenças, também carecem de poder simbólico ou "voz" – o poder de contribuírem com seus pontos de vista nos debates que moldam compreensões públicas de realidades locais e desafios sociais. Na grande mídia, jornalistas e especialistas em saúde decidem o que conta como problema de saúde e como grupos marginalizados serão apresentados ao público (essa ideia se conecta com muitos debates discutidos no campo da divulgação científica, cf. o cap. 15). Grupos marginalizados tendem a ter profissionais de saúde e membros do governo como "porta-vozes" ao invés de terem a oportunidade de falarem por si próprios. Eles têm pouca influência sobre a maneira como são representados na mídia, geralmente situados como alvos passivos de aconselhamento e ajuda, muitas vezes entrincheirando o seu próprio senso de impotência e fatalismo. Excluir suas perspectivas da criação de mensagens de mídia pode levar a uma cobertura incorreta, não representativa e tendenciosa das questões. Além disso, essa exclusão, muitas vezes, leva a mensagens de promoção da saúde que não conseguem entrar em ressonância com as vivências do grupo-alvo e que são, em última análise, ineficazes.

Examinando como a mídia pode desempenhar um papel mais positivo na promoção dos interesses de saúde de grupos marginalizados, Hodgetts e Chamberlain (2007) distinguem entre um "jornalismo de informação" e um "jornalismo de conversação", com o último abrindo maiores possibilidades para a facilitação do diálogo sobre a saúde, o posicionamento da saúde como uma questão tanto social quanto individual, bem como a inclusão das vozes dos marginalizados na formação de representações de saúde e relações sociais relevantes para a saúde. Um "jornalismo de conversação" abandona o conceito do jornalista como observador imparcial e neutro segurando um espelho objetivo da realidade. Em vez disso, vê o jornalista como um colaborador que trabalha com representantes do público leigo para produzir histórias que reflitam uma gama de vozes mais ampla do que a da classe média a partir da qual a maioria dos jornalistas e leitores de jornais são oriundos. Esse "jornalismo de conversação" abre a possibilidade de compreensões da saúde mais socialmente contextualizadas, e um posicionamento das questões de saúde como controvertidas e socialmente construídas, e não como o reflexo de "fatos" biomédicos incontroversos. Esta forma de jornalismo favorece o aumento das interações entre jornalistas, seus públicos tradicionais e os grupos sociais que formam o tema de reportagens ou documentários. Ao invés de simplesmente ver as pessoas como consumidores de mídia e propagandas, o jornalista colaborativo as vê como cidadãos com participação nos principais debates sociais, políticos e econômicos que moldam as relações sociais em que vivem.

Quais estratégias os comunicadores em saúde podem usar para situar representações de saúde correntes como questões individuais e biomédicas dentro de compreensões mais amplas da estruturação social da saúde e da doença? Como podem trazer agrupamentos sociais marginalizados para um envolvimento mais ativo na formação de representações midiáticas das suas vidas? Como a comunicação em saúde poderia incentivar grupos socialmente excluídos a verem-se como especialistas em suas próprias vidas, assim como cidadãos e agentes capazes de atuarem de forma a aumentarem seu acesso a uma boa saúde? As seções a seguir se concentram em alguns exemplos de estratégias de mídia que têm procurado enfrentar esses desafios.

Entretenimento educativo

O entretenimento educativo [*edutainment*] envolve a colocação intencional de conteúdo educacional no entretenimento comunicado através de televisão, rádio, música ou teatro (SINGHAL & ROGERS, 2002). Esta abordagem da comunicação em saúde constitui um compromisso entre duas posições extremas: a dos que acreditam que os meios de comunicação devem transmitir informações precisas sobre saúde livres de interesses comerciais ou de ideologias deformadoras, e a dos que argumentam que a função da mídia é fazer dinheiro e entreter os espectadores.

A novela da televisão sul-africana *Soul City* é um excelente estudo de caso de um programa com apelo de massa – com média de até 14 milhões de telespectadores no horário nobre da televisão. *Soul City* tem como objetivo aumentar a reflexão crítica do público e dialogar sobre HIV/Aids, tratamento antirretroviral e saúde sexual de modo a servir como trampolim para a renegociação de normas sexuais prejudiciais à saúde, bem como promover o desenvolvimento de um ambiente social que seja favorável à mudança de comportamento relacionado à saúde. Abaixo, a quarta temporada da série *Soul City* é tomada como foco da discussão. A quarta temporada da série *Soul City* busca lidar com a violência de gênero, cujos sobreviventes correm maior risco de contrair e desenvolver HIV/Aids (USDIN et al., 2002).

A investigação de pré-produção descobriu que a maioria dos sul-africanos considera a violência doméstica como assunto privado, no qual as pessoas de fora não devem intervir. O programa especificamente procurou contestar essa visão, posicionando a violência como resultado de desigualdades de gênero socialmente estruturadas, e fornecendo ao público maneiras pelas quais podem responder e intervir. O programa trabalhou duro para modelar oportunidades comportamentais para a ação. Assim, por exemplo, um episódio retratou pessoas ignorando um homem bater em sua mulher. Mais tarde, ela se levantou em uma reunião da comunidade e acusou os outros de terem permitido conscientemente que o abuso continuasse. Mais tarde, quando o marido novamente tentou lhe bater, os moradores cercaram o casal e bateram panelas, parando o homem. A lógica subjacente a esta demonstração de agência comunitária consistia em sugerir que todos tinham a capacidade de desafiar esta prática e modelar modos pelos quais possam fazê-lo.

Um número de linha direta de violência doméstica foi incorporado ao programa, tendo como alvo tanto as vítimas quanto outras pessoas preocupadas. O enredo também modelava várias opções para os sobreviventes: por exemplo, sair de casa e chamar a polícia. Mostrava estas duas opções funcionando bem e mal para que as mulheres tivessem uma consciência realista das possíveis consequências da ação. Para os agressores, o programa procurou desenvolver o pensamento crítico da violência como escolha feita pelos homens, em vez de uma resposta inevitável para sentimentos de raiva.

Alguns dos objetivos da série foram informados por ideais de defesa da saúde (cf. Box 13.2), uma abordagem da comunicação em saúde que tem por objetivo identificar poderosos atores econômicos e políticos, e gestores públicos que tenham o poder de criar mais ambientes sociais promotores de saúde. A este respeito, a série também foi usada para sensibilizar o público para o lento progresso do governo sul-africano em implementar uma Lei de Violência Doméstica. Marchas públicas foram organizadas de modo a coincidirem com o programa. Oficinas paralelas foram realizadas para os jornalistas melhorarem a qualidade das suas reportagens sobre violência doméstica, e materiais de treinamento foram desenvolvidos para a polícia chamada a intervir em casos de abuso.

Box 13.2 A defesa da saúde – Mirando no "vazio de poder"

A defesa da saúde é uma abordagem que considera a falta de saúde como resultado de um "vazio de poder" ao invés de um "vazio de informação" (WALLACK, 1994). Estratégias buscam convencer pessoas poderosas a promoverem ambientes sociais favoráveis à saúde através de campanhas para:

• Pressionar políticos a desenvolverem políticas e orçamentos que promovam o acesso aos cuidados de saúde por parte de grupos marginalizados e reduzir a discriminação contra as mulheres, os idosos e as pessoas com deficiência.

• Incentivar as empresas farmacêuticas a reduzirem os custos de medicamentos que salvam vidas nos países pobres.

A ampla participação da audiência em primeira mão na produção do programa foi mínima em comparação com estratégias de mídia alternativas, como o jornalismo cívico discutido abaixo. No entanto, o último necessariamente opera em uma escala muito menor em comunidades individuais. Além disso, enquanto a participação em primeira mão por membros do público na elaboração de mensagens do programa é ideal, na realidade, projetos participativos de saúde e desenvolvimento muitas vezes têm dificuldade em envolver os membros mais marginalizados da comunidade, especialmente as mulheres, que podem ficar presas em casa devido a responsabilidades domésticas ou a outras restrições a sua liberdade de movimento baseadas no gênero. Estratégias de entretenimento educativo dessa natureza oferecem um meio de alcançar esses grupos. Além disso, o formato de entretenimento tem o poder de atrair os espectadores (p. ex., os abusadores do sexo masculino) que poderiam resistir a esforços explícitos no sentido de levá-los a pensarem criticamente sobre o seu comportamento.

O jornalismo cívico

Várias formas de jornalismo cívico (também chamado de jornalismo público e jornalismo cidadão) envolvem a colaboração de jornalistas e membros do público na construção de produtos de mídia. Assim como a *Soul City*, esta abordagem também busca gerar reflexão crítica sobre o impacto das estruturas sociais sobre a saúde, como o primeiro passo para uma ação política para combater as desigualdades na saúde. Essa consciência é vista como necessária para combater o individualismo da reportagem tradicional em que os pobres e os marginalizados são injustamente estigmatizados como sofrendo de problemas de saúde devido a fatores individuais, tais como mau comportamento, irresponsabilidade geral ou falta de motivação, mascarando as circunstâncias sociais que os impedem de serem saudáveis. Também procura incentivar membros de grupos excluídos a dialogarem entre si sobre a sua saúde, bem como dar-lhes voz nos debates públicos sobre como remover os obstáculos ao seu bem-estar e os envolver em esforços para desafiar e renegociar a maneira como são representados.

Muitos jornalistas cívicos colaboram com grupos marginalizados, não só na produção de notícias, mas também na promoção do seu envolvimento na participação social por meio da formação de políticas públicas e processos políticos democráticos. Além de incluírem as vozes da comunidade no processo de produção de notícias, também se espera que sejam ativos na comunidade, convocando reuniões públicas e trabalhando com os cidadãos para pensarem em maneiras mais eficazes de resolver os problemas e avançar os interesses da comunidade (WALLACK, 2003).

A América Latina tem uma rica tradição de colaboração cidadão-profissional em projetos de mídia, incluindo rádio, imprensa, dança, pinturas murais, fantoches, megafones e teatro. Esses projetos tendem a estar fundamentados em princípios freireanos de interação democrática, dignidade e solidariedade, em comunidades anteriormente incapacitadas por alienação, passividade ou silêncio. A Radio Estrella del Mar (REM), fundada pelo bispo católico Juan Luis Ysern, é um programa radiofônico dirigido de acordo com esses princípios através de uma parceria entre emissoras profissionais e membros da comunidade local (RODRIGUEZ, 2003). A REM é uma rede de seis estações de rádio comunitárias no sul do Chile, uma região isolada que interessava ao governo Pinochet por causa dos seus ricos recursos naturais. Ysern procurou construir uma consciência básica do valor desses recursos, assim como a capacidade e a confiança da população local para tomar decisões em seu próprio benefício sobre quais propostas de mineração aceitar e quais rejeitar. Seu pressuposto inicial, também presente em Freire, foi o de que o objetivo da comunicação é a construção coletiva de sentido e não a transmissão de informação. A estação possui fóruns de discussão sobre temas como identidade social, cultura, comunicação, empoderamento e democracia. Enfatizando o processo em detrimento do produto, busca construir interações de memória e comunidade entre gerações para alimentar reflexões comunitárias sobre o papel que podem desempenhar na tomada do controle de suas vidas e futuros.

Hodgetts e colegas realizaram vários estudos procurando criar um papel para o jornalismo cívico na Nova Zelândia. Tentaram promover entendimentos públicos de saúde como questão política, técnica e biomédica para dar aos pobres um maior papel na configuração de como são vistos na sociedade em geral, assim como uma voz mais forte nos debates sobre como enfrentar as desigualdades sociais que lhes são prejudiciais (HODGETTS & CHAMBERLAIN, 2007). Eles desafiam a tendência dos meios de comunicação a construírem um público de consumidores, em vez de cidadãos voltados para a comunidade, interessados em compartilhar, cuidar e promover o bem comum. Um estudo (BARNETT & HODGETTS, 2007) relata as atividades do grupo Ação Contra a Pobreza Infantil, que pretendia desafiar representações negativas dominantes de pais desprovidos de recursos. O trabalho do grupo analisou relatórios da mídia sobre a pobreza infantil, com destaque para a separação conceitual entre os pobres trabalhadores (representados como "merecedores"), e os pobres desempregados (representados como "indignos"), o que não conseguiu levar em conta o ciclo de pobreza que aprisionou muitas famílias. Também desafiou estereótipos midiáticos de pessoas pobres que gastam seus escassos recursos em cigarros e jogos de azar, em vez de gastá-los com os filhos. O grupo convocou reuniões com pais de crianças em situação de pobreza, os quais, dada a oportunidade, defenderam-se enfaticamente, refutando alegações de que eram pais indiferentes, e apresentando-se como cidadãos moralmente dignos lutando contra circunstâncias difíceis.

Comunicação em rede

A internet é cada vez mais considerada uma ferramenta de comunicação em saúde sustentável, dialógica e inclusiva de vozes marginalizadas. Considera-se que forneça possibilidades sem precedente para leigos participarem da construção de representações midiáticas de seus mundos, dialogarem sobre questões políticas e sociais de interesse e mobilizarem a ação coletiva para desafiar injustiças sociais.

Qualquer uma dessas oportunidades está obviamente estritamente limitada aos dois bilhões relativamente privilegiados dos sete bilhões de cidadãos do mundo que estão atualmente on-line (*Internet World Stats*, 2009). Além disso, certos níveis de "instrução midiática" são necessários para as pessoas fazerem o melhor uso do potencial da internet. No entanto, o que pode oferecer àqueles que têm a sorte de terem o acesso e a instrução necessários? Beckett (2008) está entusiasmado com o potencial da esfera pública em rede agir como uma força de mudança social positiva. Ele argumenta que a internet está reunindo um público diversificado e cada vez mais sofisticado, interessado em participar na formação de suas próprias representações e de suas próprias vidas. Sua pesquisa na Europa Ocidental sugere que os jovens e as minorias étnicas estejam cada vez menos interessados em estilos de comunicação de televisão ou jornal tradicionais, incluindo a sua interpretação restritiva da política em termos de atividades e debates em torno de parlamentos e partidos políticos tradicionais. Essas abordagens são rejeitadas por não refletirem a diversidade de vozes que constituem cada vez mais a esfera pública global. Um número crescente de pessoas está mais interessado em saber sobre o mundo através de agregados on-line de notícias, amigos e redes sociais do que pela televisão ou jornais. Ao abandonarem as formas tradicionais de comunicação pública em favor de diversas mídias digitais e via satélite, elas tendem a ser altamente tecnicamente hábeis em encontrar informações que ressoem melhor com os seus próprios interesses sociais e preocupações culturais.

Neste contexto, Beckett descreve um modelo de "jornalismo em rede" que envolve um alto grau de interação entre os meios de comunicação e o público na produção da notícia, uma abordagem que fornece um ponto de partida útil para se pensar em maneiras mais colaborativas de usar os meios de comunicação para promover a participação social facilitadora da saúde. Esta abordagem vê a notícia como o resultado de elevados níveis de cooperação e engajamento entre jornalista e leitor. Na fase inicial, uma notícia seria feita a partir de material gerado publicamente de uma forma praticamente sem processamento. No entanto, o que começa como um relatório sobre um evento (p. ex., um incêndio de fábrica) poderia evoluir para outra história (p. ex., sobre condições de trabalho inseguras), à medida que uma gama maior de pessoas (p. ex., trabalhadores de fábricas, dirigentes sindicais, consultores de saúde industrial) se envolvem na construção da história do evento. Neste modelo o jornalista atua como facilitador e mediador entre os participantes de uma rede de construção de história, ao invés de simplesmente como autor representando o evento em questão. Este modelo ilustra ainda a distinção de Hodgetts entre um "jornalismo de informação" e um "jornalismo de conversação ou colaboração".

Comunicação on-line com o paciente

Sites de saúde e fóruns de discussão on-line (trocas de mensagens, periódicos, listas de e-mails e blogs) para os que lidam com deficiência ou doença crescem constantemente em popularidade. Algumas pesquisas os descrevem como uma fonte positiva de apoio, solidariedade e ativismo – como profundamente empoderadores para pais de crianças autistas, por exemplo. A comunicação através da internet fornece a muitos pais uma oportunidade vital para desenvolverem representações significativas e construtivas da condição profundamente complexa e estigmatizada do autismo, muitas vezes perante a insuficiência dos sistemas de saúde e educação em oferecerem aos seus filhos os tipos de apoio e compreensão de que precisam. No entanto, outra literatura sobre o papel da internet pinta um quadro mais complexo. Orgad (2006) pondera essas complexidades em sua discussão sobre o uso da internet por mulheres com câncer de mama.

Muito tem sido escrito sobre a maneira pela qual tratamentos e abordagens biomédicas negligenciam as necessidades emocionais e espirituais dos pacientes com câncer por meio de um enfoque excessivo em seus tumores e complicações físicas, deixando muitos pacientes sentirem-se alienados e sem apoio, com implicações potencialmente muito negativas para a sua saúde (CROSSLEY, 2000). As descobertas de Orgad sugerem que mulheres com acesso a comunicação on-line muitas vezes a consideram uma ferramenta inestimável para aprenderem a lidar com o câncer de mama e para gerarem apoio vital de semelhantes. Muitas mulheres têm utilizado a comunicação on-line para compartilharem experiências e se comunicarem com outras em narrativas de vida construídas em parceria, nas quais começam a emoldurar suas experiências de modos a que lhes sejam significativas. Através deste processo, são capazes de recuperar um senso de controle sobre suas vidas, um componente vital de cura psicológica.

No entanto, Orgad argumenta que essas possibilidades positivas são limitadas pelas tensões e contradições inerentes à comunicação on-line, bem como pelas restrições impostas por estruturas sociais mais amplas. O "anonimato desencarnado" da comunicação on-line permite aos usuários compartilharem histórias pessoais com um alto nível de abertura, mas também cria relações caracterizadas pela distância, que evitam o "preço emocional" cobrado pelo "toma lá dá cá" das interações convencionais no mundo real (ORGAD, 2006, p. 20). A estrutura e a forma da comunicação on-line com o paciente podem aumentar a sensação de fechamento e controle, mas também podem restringir as histórias a uma fórmula predeterminada e limitante. Orgad descobriu que postagens on-line tendem a ser construídas dentro de regras não escritas, ditando que essas histórias devam centrar-se na esperança, no otimismo, no sucesso e na sobrevivência, desestimulando os *scripts* que não se encaixem, tais como histórias de desespero, raiva, morte e descontentamento social mais amplo.

Outra restrição da comunicação on-line, particularmente relevante para as preocupações deste capítulo, é sua contribuição para aquilo a que Orgad se refere como "a privatização das experiências de doença" – a construção da doença como um drama predominantemente intimista, individual e doméstico. Através de uma contenção efetiva das vozes dos pacientes dentro dos espaços anônimos e desencarnados da internet, a comunicação on-line do paciente reduz a possibilidade das experiências e questões dos pacientes serem ouvidas off-line por formuladores de políticas, profissionais de saúde e outros do público em geral, onde poderiam ter efeitos sociais e políticos mais amplos.

As possibilidades muito difundidas da comunicação em rede para a saúde e a mudança social são limitadas de muitas maneiras. Embora a comunicação pela internet certamente abra algumas possibilidades de aumentar o poder das pessoas comuns de enquadrarem debates sobre a sua saúde e bem-estar, essas oportunidades estão limitadas àqueles que têm acesso a esta forma de comunicação. Elas podem ser moldadas e restringidas por poderosas e limitantes representações sociais da realidade social, da saúde e da cura – que surgem quer de formas dominantes de poder-saber na sociedade em geral, quer de grupos dominantes dentro do próprio site da internet, como demonstra o estudo de caso de Orgad. Existe ainda o preocupante risco de a internet fragmentar as audiências. Perante o grande volume de material on-line, o público pode se tornar segmentado em grupos que acessem apenas sites que representem os seus interesses particulares, sem networking ou compromisso suficiente entre diferentes sites da internet. Além disso, a ascensão controversa de sites potencialmente prejudiciais à saúde, tais como os sites "pró-ana" (sites que suportam estilos de vida anoréxicos), nos quais meninas anoréxicas trocam dicas sobre como burlar a vigilância parental ou hospitalar de sua dieta e comportamento, levanta uma série de questões complexas acerca do que constitui o empoderamento relacionado à saúde e sobre o papel da internet nesse processo.

Conclusão

Há um crescente interesse nos potenciais efeitos que as abordagens de "fortalecimento comunitário" possam ter em oferecerem oportunidades para as pessoas desenvolverem uma consciência crítica das raízes sociais de muitas ameaças à saúde, assim como de redes unificadoras e conciliadoras de solidariedade e apoio na promoção da saúde, como o primeiro passo para se trabalhar coletivamente pela transformação social em prol da melhoria na saúde. Este capítulo foi estruturado por um arcabouço conceitual que traça alguns dos caminhos psicossociais entre a participação social e a saúde, com base no argumento de Paulo Freire (2005) de que a mudança de comportamento individual sustentável e de longo prazo é mais provável de ocorrer quando as pessoas trabalham coletivamente para entenderem e combaterem as circunstâncias sociais que colocam sua saúde em risco. Neste contexto, várias formas de comunicação mediada foram examinadas, destacando o seu potencial de oferecerem "espaços sociais transformadores" para a reflexão crítica, o diálogo e a construção de capital social. Em circunstâncias ideais, a reflexão, o diálogo e o trabalho em rede permitem que as pessoas desenvolvam *insights* acerca das relações entre desigualdades sociais e problemas de saúde, uma maior sensação de agência para desafiar os impactos negativos das desigualdades sociais e fortes redes que possam facilitar a ação nos níveis individuais, comunitários e – idealmente – até mesmo macrossociais.

O ideal é que o desenvolvimento desse diálogo, agência e solidariedade abra caminho para as mudanças políticas e econômicas necessárias para se *desafiar* as relações sociais desiguais que colocam a saúde das pessoas desfavorecidas em risco. No entanto, a mudança social em grande escala é muitas vezes um processo de longo prazo, cujo resultado não é, de maneira alguma, certo. Uma medida provisória paralela pode ser a de grupos de saúde vulnerável trabalhando em conjunto para desenvolver modos praticamente viáveis de *melhorar* os impactos de relações sociais negativas sobre a saúde ao invés de mudá-las.

Poucas das estratégias descritas acima foram formalmente avaliadas, e este capítulo procurou mapear os mecanismos psicossociais subjacentes a seus impactos potenciais ao invés de se envolver com a literatura de avaliação de programa. É particularmente difícil avaliar esses programas, dados os dois tipos de desafios enfrentados pelos comunicadores em saúde que veem seu papel como mais do que simplesmente o de transmitir informações, buscando também facilitar as formas de diálogo, empoderamento e construção de capital social que se acredita ter impacto sobre a saúde. O primeiro grande desafio é o de desenvolver *insights* mais detalhados e refinados acerca das vias complexas e de múltiplas camadas entre estratégias de comunicação e processos de mudança individual e social. O segundo desafio consiste em desenvolver ferramentas de pesquisa e projetos de pesquisa que sejam capazes de identificar e rastrear os tipos de processos individuais e sociais complexos e de múltiplas camadas que discutimos neste capítulo. Estes são muitas vezes imprevisíveis e podem se estender por períodos de tempo mais longos do que os disponíveis para o avaliador médio de programa, bem como assumir formas e rotas complexas e indiretas para a mudança em favor da saúde, que não sejam imediatamente evidentes. Além disso, os caminhos entre comunicação e saúde podem assumir diferentes formas em diferentes contextos locais. Nesse contexto, Auerbach et al. (2009) argumentam que programas de comunicação em saúde complexos terão muitas vezes necessidade de serem orientados por quadros e modelos que tenham "plausibilidade sociológica", ao invés de serem apoiados por evidências quantificáveis do tipo que seria preferível nos modelos de mudança de comportamento mais lineares, de causa e efeito, de entrada e saída subjacentes à pesquisa tradicional de avaliação de saúde pública, por exemplo.

Apesar das excepcionais dificuldades em fornecer uma base de prova para as abordagens da saúde fundadas no fortalecimento comunitário e na mudança social, a prova das ligações entre as desigualdades sociais e os problemas de saúde é inegável. Além disso, dentro do campo dos "determinantes sociais da saúde" internacionais há um reconhecimento muito difundido de que a luta contra as desigualdades na saúde é provavelmente um processo infinitamente complexo e de longo prazo, e envolve ação cuidadosa e concertada em várias frentes, desde o nível microlocal ao global (OMS, 2008). É neste contexto que o conceito de "espaços sociais transformadores" tem muito a oferecer àqueles que procuram promover abordagens de fortalecimento comunitário da saúde. Sozinhas, campanhas pontuais de comunicação em saúde não são suscetíveis de constituírem uma "fórmula mágica" capaz de enfrentar a interface complexa de fatores inconscientes, normas de pares e desigualdades sociais discutidos no Box 13.1. Entretanto, os esforços pacientes e continuados dos comunicadores em saúde ativistas – com direcionamento cuidadoso de esforços tanto para as comunidades marginalizadas quanto para os atores poderosos, cujas decisões têm impacto em suas vidas – constituem um importante nível de influência em um processo de mudança social de longo prazo e com vários níveis para reduzir as desigualdades na saúde.

Agradecimentos

Alice Clarfelt, Flora Cornish, Angela Curtis, Elaine Douglas, Andrew Gibbs, Jing Jing Liu, Barbara Osborne e Warren Parker forneceram comentários valiosos ao nosso primeiro rascunho.

14

A PSICOLOGIA SOCIAL DA COMUNICAÇÃO POLÍTICA

Matthew C. Nisbet
Lauren Feldman

Palavras-chave: Definição de agenda; deliberação; enquadramento; efeito da mídia hostil; efeito da lacuna de conhecimento; público mesquinho; polarização; confiança política; preparação; opinião pública; confiança social.

Introdução

A comunicação política é formalmente definida como a troca de informações, mensagens e símbolos entre instituições, funcionários eleitos, grupos sociais, meios de comunicação e cidadãos, com implicações para o equilíbrio de poder na sociedade (McLEOD; KOSICKI & McLEOD, 2007). Em um artigo recente, resumindo o estado do campo, Bennett e Iyengar (2008) investigam a pesquisa sobre a psicologia social da comunicação política em várias tradições intelectuais. Uma vertente, como observam, está estreitamente vinculada aos primeiros sociólogos do século XX, como Gabriel Tarde e Paul Lazarsfeld. Esses pioneiros inspiraram pesquisa sobre como conversações e contextos comunitários interpessoais moldam as escolhas de notícias, opiniões, decisões políticas e participação dos indivíduos (cf. tb. o cap. 4 sobre influência social). Teóricos como John Dewey, Jurgen Habermas e Niklas Luhmann contribuíram significativamente para a forma como o exame desses processos pode ser avaliado no contexto de uma visão idealizada da deliberação e da participação pública, enquanto chamaram a atenção para importantes desequilíbrios de poder (cf. tb. a discussão do cap. 6 sobre a ação comunicativa). Uma terceira tradição influente deriva do trabalho de teóricos como Murray Edelman,

Harold Blumer e Erving Goffman. O foco desses estudiosos sobre como a linguagem e os símbolos políticos levam à definição e interpretação seletiva das questões políticas e problemas sociais ancora a pesquisa contemporânea sobre enquadramento e influência da mídia (cf. tb. o cap. 7 sobre a Teoria das Representações Sociais). Outra importante vertente de pesquisa decorre da revolução cognitiva na psicologia social, com as teorias gerais de processamento de informação e persuasão aplicadas ao estudo da comunicação política (como no cap. 4, sobre influência social).

Este capítulo analisa e integra várias destas grandes vertentes de conhecimento. Uma ênfase específica, semelhante a outros capítulos deste texto, é que, quando se trata das perspectivas para facilitar a mudança social na sociedade, a comunicação política raramente é um campo de jogo nivelado. Mesmo nas democracias mais vibrantes, funcionários do governo e grupos de interesse poderosos são frequentemente capazes de controlar notícias e a atenção do público para questões políticas fundamentais e, ao mesmo tempo, defini-las de maneiras vantajosas. No entanto, a aplicação de teorias desenvolvidas a partir desta pesquisa é também o ponto de partida para criar as condições políticas que podem catalisar mudanças sociais e uma participação pública mais ampla, lidando com problemas sociais e injustiças e reconstruindo a confiança pública. Em todos os países, a mídia e os sistemas políticos mudaram drasticamente e continuarão a evoluir de maneiras inesperadas. Apesar destas mudanças, as várias décadas de pesquisa analisadas neste capítulo oferecem um conjunto de orientações de como se comunicar sobre problemas e questões complexos; como estruturar apresentações de mídia; como projetar mensagens estrategicamente; e como alcançar de maneira eficaz e empoderar os cidadãos.

A comunicação política, a mídia e as percepções públicas

Mesmo hoje, muitos funcionários públicos, comentaristas e jornalistas ainda definem o público em termos excessivamente idealizados e imprecisos. Essa perspectiva ainda dominante concebe a opinião e o comportamento públicos como consistindo de julgamentos individuais feitos acerca de uma questão, um candidato ou líder de governo após deliberação consciente e bem-informada. O componente-chave deste pressuposto é que o público em geral possui tanto a motivação quanto a capacidade de compreender as complexidades dos debates políticos e estabelecer conexões entre suas preferências e as posições específicas de candidatos e funcionários (historicamente, pressuposto semelhante tem moldado a comunicação em saúde, cf. cap. 14).

No entanto, a maior parte das evidências da literatura sobre a opinião pública considera que o público seja geralmente mais "mesquinho" do que plenamente informado. Se uma pessoa estiver escolhendo uma figura política ou comprando um carro, a pesquisa em psicologia social mostra que os indivíduos sejam muito mais propensos a se "satisfazerem" do que a "otimizarem" o seu uso da informação, baseando-se na heurística disponível como meio para processar nova informação, formar atitudes e tomar decisões (FISKE & TAYLOR, 1991). Especificamente em relação a opiniões e comportamentos políticos, o público mesquinho tende a confiar em atalhos ideológicos e de identidade social, tais como a religião, e nas informações que lhes estejam mais prontamente disponíveis através dos meios de comunicação e de fontes interpessoais (NISBET, 2005; POPKIN, 1991). Como resultado, ao invés de persuadir diretamente ou mudar a direção das preferências do público, muito da influência da comunicação política ocorre *indiretamente*, ativando e intensificando preferências e visões existentes. De fato, há alguns cidadãos que mudam de opinião durante o curso de uma campanha, mas estes chamados "vira-casaca" raramente são os idealizados eleitores bem-informados e deliberativos. Em vez disso, descobriu-se que as pessoas que mudam suas preferências são as menos bem-informadas, as menos atentas e as menos politicamente sofisticadas.

Dada a natureza de como o público mesquinho forma opiniões e toma decisões, o poder na política mais geralmente gira em torno do controle da mídia e da atenção do público para diferentes questões enquanto simultaneamente define – ou enquadra – estas questões de maneiras seletivas. Ao definir a agenda das questões que o público considera mais importantes, a mídia de notícias molda os critérios que o público utiliza para avaliar candidatos, líderes e instituições. Além disso, ao enquadrar questões estrategicamente em torno de certas dimensões de um debate, em detrimento de outras considerações, a mídia de notícias e vários atores políticos criam histórias causais para o público sobre quem ou o que pode estar na raiz de um problema e o que deve ser feito em termos de opções e ações políticas.

Definição de agenda: moldar as prioridades do público. Um dos achados mais comuns na comunicação política é a capacidade de os meios de comunicação direcionarem o foco do público para certas questões em detrimento de outras. A mídia "pode não ser bem-sucedida na maioria das vezes em dizer às pessoas o que pensar", notoriamente observou Bernard Cohen em 1963, "mas é incrivelmente bem-sucedida em dizer a seus leitores sobre o que pensar" (p. 13). Pesquisas posteriores sobre o efeito da "definição de agenda" sobre a mídia forneceram provas contundentes de que as questões retratadas na mídia moldam as prioridades temáticas do público. Ao dar atenção a algumas questões em detrimento de outras, a mídia influencia o que o público percebe como mais urgente e mais importante (IYENGAR & KINDER, 1987; McCOMBS & SHAW, 1972; McCOMBS, 2007). Mesmo quando mudanças no sistema de mídia e em campanhas políticas ao longo da última década criaram muito mais notícias e escolhas de informações para os cidadãos, pesquisas de opinião pública continuam a mostrar uma correlação quase direta de um para um entre os temas que dominam a agenda de notícias em geral e a atenção pública (cf., p. ex., o *Pew News Index*, 2009).

Pesquisadores explicam a influência da definição de agenda da mídia por meio de um modelo baseado em memória de formação de opinião, o qual presume que: (a) algumas questões ou peças de informação sejam mais acessíveis na mente de uma pessoa do que outras; (b) a opinião seja em grande medida uma função de quão facilmente acessíveis são estas determinadas considerações; e (c) a acessibilidade seja principalmente uma função de "o quanto" ou "quão recentemente" uma pessoa foi exposta a estas determinadas considerações (KIM; SCHEUFELE & SHANAHAN, 2002; SCHEUFELE, 2000). Em questionários, por exemplo, quando indivíduos são solicitados a descreverem as questões que mais os preocupam, procuram rapidamente em toda a sua memória de curto prazo, e são mais propensos a recorrerem àquelas questões mais imediatamente salientes e, portanto, facilmente lembradas. Pesquisas demonstram que a acessibilidade é tipicamente uma função direta da exposição de notícia: quanto mais atenção um indivíduo presta em notícias em geral ou em uma notícia em particular, é tanto mais provável que suas percepções sigam a agenda de questões retratadas nas notícias ou na escolha de notícias específicas preferidas dos indivíduos.

Preparação: Porque o foco das notícias é importante. Os efeitos da definição de agenda da mídia são importantes porque "preparam" as avaliações públicas. As questões que recebem a cobertura mais pesada nas notícias não são inesperadamente os padrões pelos quais o público tende a avaliar um candidato, um partido político, instituições ou uma corporação (IYENGAR & KINDER, 1987). Psicologicamente, os efeitos da preparação derivam do modelo de formação de opinião baseado na memória discutido anteriormente. Por exemplo, quando os eleitores são convidados, no âmbito de uma campanha, a avaliarem os candidatos e partidos concorrentes, se a segurança nacional for um foco dominante na cobertura jornalística do momento, então o público, em média, está mais propenso a conferir peso a esta questão em detrimento de outras questões. Sob estas condições, os eleitores são mais suscetíveis a favorecerem o candidato que seja percebido como o mais capaz de lidar com a segurança nacional. Se a atenção dos noticiários muda para um problema diferente, então os critérios de avaliação aplicados pelos eleitores também são susceptíveis de mudar, e sob essas condições um candidato diferente pode ganhar nas urnas (SCHEUFELE, 2000).

Pesquisas sobre preparação oferecem claras implicações para estratégias de comunicação e iniciativas que possam buscar alcançar mudança social na sociedade. Candidatos, funcionários eleitos e empresas têm uma forte noção intuitiva, se não formal, de como a mídia de notícias pode preparar avaliações públicas. Portanto, se uma organização ou grupo é capaz de suscitar a atenção dos noticiários para uma questão, políticos e instituições poderosas são mais propensos a tomarem medidas acerca destas questões a fim de protegerem sua imagem pública. A preparação da mídia também ajuda a explicar por que as grandes corporações têm investido pesadamente em campanhas de responsabilidade social.

Ao longo da última década, com o aumento da atenção dos noticiários para questões como a mudança climática, o comércio e práticas trabalhistas justos, as empresas reconhecem agora que os consumidores estão mais propensos a conferirem maior peso ao seu registro social percebido nestas questões. Como resultado, empresas como a British Petroleum e a Wal-Mart têm combinado mudanças reais na prática corporativa com campanhas publicitárias, midiáticas e de marca para promover os seus registros ambientais e trabalhistas.

Enquadramento: Definir sentido e soluções. A mídia de notícias e os estrategistas políticos não somente têm a capacidade de moldar as prioridades do público, mas também muitas vezes "enquadram" a atenção em torno de apenas certas dimensões de uma questão complexa, ignorando outras. Quando um funcionário eleito ou jornalista "enquadra" um assunto, eles comunicam por que o assunto é importante; quem ou o que pode ser responsável; e o que deve ser feito em termos de ação (ENTMAN, 1993; GAMSON & MODIGLIANI, 1989). Os quadros são um aspecto inevitável da comunicação política. São usados pelo público como um "esquema interpretativo" para darem sentido e discutirem uma questão; por jornalistas para condensarem eventos complexos em reportagens interessantes e atraentes; pelos decisores políticos para definirem as opções de políticas e tomarem decisões; e por especialistas para se comunicarem com públicos mais amplos (SCHEUFELE, 1999). (Cf. tb. a discussão do cap. 7 sobre a Teoria das Representações Sociais e também a discussão sobre esquema no cap. 5, Teoria Pragmática, cognição e relações sociais.)

Em termos de explicações psicológicas da influência do enquadramento, o modelo de aplicabilidade de Price e Tewksbury (1997) argumenta que um quadro de mensagem só é eficaz se for relevante – ou "aplicável" – a um esquema interpretativo existente específico adquirido através de processos de socialização ou de outros tipos da aprendizagem social. Especificamente, um assunto foi enquadrado com êxito quando há um ajuste entre a linha de raciocínio que uma mensagem ou história noticiada sugere acerca de um assunto e a presença dessas associações mentais existentes em um determinado público. Alternativamente, se um quadro estabelece conexões que não sejam pertinentes a algo que um segmento do público já valorize ou entenda, então a mensagem é suscetível de ser ignorada ou desprovida de significado pessoal (SCHEUFELE & TEWKSBURY, 2007).

Complementando essas explicações psicológicas, sociólogos como William Gamson promoveram uma explicação "construtivista social" do enquadramento. De acordo com esta pesquisa, a fim de dar sentido a questões políticas, os cidadãos usam como recursos os quadros disponíveis na cobertura da mídia, mas integram estes pacotes aos quadros forjados por meio da experiência pessoal ou de conversações. Quadros de mídia podem ajudar a definir os termos do debate entre os cidadãos, mas raramente, ou nunca, determinam exclusivamente a opinião pública. Ao invés disso, como participante de um "concurso de quadros", um pacote interpretativo pode ganhar influência, porque ressoa com a cultura popular ou uma série de eventos, se ajusta a rotinas ou práticas de mídia, e/ou é fortemente patrocinado pelas elites (GAMSON, 1992; PRICE; NIR & CAPELLA, 2005).

Nas conversas cotidianas, na cobertura jornalística e em mensagens estratégicas, o significado latente de um quadro é frequentemente traduzido instantaneamente por tipos específicos de dispositivos de enquadramento, tais como *slogans*, metáforas, frases de efeito, gráficos e alusões a história, cultura e/ou literatura (GAMSON, 1992). Por exemplo, no Reino Unido e na Europa, o Greenpeace tem usado o termo *frankenfood* para redefinir a biotecnologia de alimentos em termos de riscos e consequências desconhecidos, ao invés do foco, promovido pela indústria, na resolução do problema da fome no mundo ou na adaptação às mudanças climáticas. Da mesma forma, nos Estados Unidos, antievolucionistas cunharam o *slogan* "ensine a controvérsia", que instantaneamente sinaliza sua interpretação preferida de que existem fendas na Teoria da Evolução e que o ensino de explicações rivais para a origem da vida é realmente uma questão de liberdade intelectual (NISBET, 2009b).

Talvez nenhuma outra área da pesquisa em comunicação política tenha recebido mais atenção e aplicação profissional direta do que o enquadramento. Durante a última década, os estudiosos acadêmicos têm se juntado a agências governamentais, organizações sem fins lucrativos e advogados para examinar como problemas de políticas públicas aparentemente intratáveis, tais como a pobreza ou as alterações climáticas, estão atualmente enquadradas no discurso político, e como novos quadros de referência podem catalisar uma mais ampla atenção, compreensão e ação do público (cf. Box 14.1 para a discussão sobre as mudanças climáticas). Este processo começa com técnicas de pesquisa de público, tais como entrevistas aprofundadas, questionários e análise de conteúdo de mídia que identificam sistematicamente as metáforas, exemplos e estruturas mentais que o público, jornalistas e especialistas usam para entender, discutir e fazer escolhas sobre o assunto. Esta pesquisa então informa agências governamentais, organizações, instituições especializadas e produtores de mídia acerca da melhor maneira de alcançar grupos específicos dentro do público em geral, de construir a confiança e adaptar seus esforços de comunicação para motivar uma maior atenção, compreensão e participação (cf. FRAME-WORKS INSTITUTE, 2009; NISBET, 2009b para visões gerais).

Box 14.1 Enquadramento e mudanças climáticas

Análises de levantamentos retratam o público americano, em sua maior parte, como ainda muito dividido e descomprometido em relação às alterações climáticas, apesar do esmagador acordo dos especialistas quanto à urgência do problema. Os defensores de ação política sobre mudanças climáticas – incluindo ambientalistas, líderes políticos e alguns cientistas – têm procurado reunir apoio entre os americanos enquadrando a questão em termos de um iminente desastre ambiental ou "crise climática". Para traduzir prontamente a sua interpretação preferida, esses defensores têm contado com descrições vívidas de impactos climáticos específicos, incluindo devastações por furacão e famosas cidades debaixo d'água devido a um futuro aumento do nível do mar. Em um importante exemplo, a publicidade para o documentário de Al Gore sobre os efeitos das mudanças climáticas, *Uma verdade inconveniente*, dramatizava as mudanças climáticas como um monstro Frankenstein ambiental, incluindo uma nuvem de fumaça em forma de furacão expelida de uma chaminé no pôster do filme e um *trailer* dizendo ao público para esperar pelo "filme mais aterrorizante que você jamais verá". No entanto, essa linha de comunicação foi efetivamente ressignificada pelos céticos da mudança climática como "alarmismo" liberal. Este desafio – tornado mais fácil porque o alvo do ridículo (Gore) era uma figura partidária – rapidamente acionou uma contrainterpretação de persistente incerteza científica e as heurísticas de partidarismo e preconceito da mídia liberal. O resultado é um público inseguro quanto à base científica da mudança climática provocada pelo homem e ambivalente em relação às ações políticas propostas (NISBET, 2009a).

Para gerar um maior engajamento do público em geral em relação às mudanças climáticas, especialistas em comunicação têm sugerido que as mensagens sobre a questão precisam se afastar de uma ênfase exclusiva no desastre ambiental e incluir novos quadros que sejam pessoalmente relevantes e aceitáveis para segmentos mais amplos e diversificados de americanos. Com o tempo, esses novos significados para a mudança climática, afirmam os especialistas, provavelmente serão motivações fundamentais para a participação do público e, eventualmente, a ação política.

Uma estratégia sugerida é enquadrar as mudanças climáticas não apenas como uma questão ambiental, mas também como um problema de saúde pública, chamando atenção para as ligações cientificamente bem compreendidas com a asma, alergias, doenças infecciosas e os riscos para a saúde de eventos como ondas de calor ou graves inundações. Uma ênfase na saúde pública também afasta a visualização das mudanças climáticas de regiões, povos e animais remotos do Ártico para vizinhanças e lugares mais socialmente imediatos, como subúrbios e cidades. Pesquisas envolvendo entrevistas aprofundadas com segmentos representativos dos americanos revelam que, quando a mudança climática é apresentada como um problema de saúde – com informações então fornecidas a respeito de ações políticas climáticas que também levarão a benefícios de saúde –, este reenquadramento do problema é respondido positivamente por um amplo leque ideológico de entrevistados (MAIBACH; NISBET; AKERLOF & BALDWIN E DIAO [no prelo]).

Conhecimento, engajamento cívico e jornalismo

O jornalismo e as estratégias de campanha não apenas têm influências indiretas e sutis sobre nossas percepções através de processos tais como definição de agenda, preparação e enquadramento, mas também são importantes fontes de aprendizagem informal por parte do público. Em todos os países, uma cidadania engajada e experiente em assuntos públicos é amplamente idealizada como crítica de um sistema político plenamente funcional. Nessa tradição, o conhecimento político é a cola que une a cultura cívica. Como Delli Carpini e Keeter (1996) avaliam, os indivíduos com maiores níveis de conhecimento político são, em média, mais tolerantes politicamente, apoiam mais fortemente princípios democráticos, são mais propensos a participarem da política e são mais capazes de estabelecerem conexões entre suas preferências políticas e seu apoio a candidatos políticos específicos.

O efeito da lacuna de conhecimento. Dada a importância do conhecimento político, estudiosos têm dedicado atenção considerável a como e em que condições os indivíduos aprendem sobre política a partir do jornalismo. Em uma implicação importante para o engajamento cívico, as taxas de aprendizagem através dos meios de comunicação parecem ser substancialmente diferentes entre segmentos de público. Especificamente, há evidências de um persistente **efeito da lacuna de conhecimento**, pelo qual a informação da mídia é mais facilmente adquirida por segmentos da população com maior *status* socioeconômico (SSE) e mais educação (TICHENOR; DONOHUE & OLIEN, 1970). Uma vez que a atenção jornalística a um problema social ou campanha política aumenta ao longo do tempo, ela serve para ampliar – não estreitar – lacunas entre ricos de informação e pobres de informação, sendo este último segmento desproporcionalmente composto por indivíduos de menor *status*. Além disso, dadas as fortes conexões entre conhecimento e formas de participação, estudos demonstram que essas lacunas de informação também levam a lacunas correlacionadas de participação (EVELAND & SCHEUFELE, 2000). A realidade do fenômeno da lacuna de conhecimento, portanto, reforça diferenças de recursos e participação relacionadas ao *status quo* na sociedade, e apresenta desafios ao uso do jornalismo para catalisar a mudança social.

Por que é mais fácil para membros de grupos socialmente desfavorecidos aprender sobre assuntos políticos a partir da mídia de notícias? Por um lado, seus níveis existentes de hábitos de conhecimento e de mídia aumentam a facilidade e eficiência com que podem processar e aprender novas informações (PRICE & ZALLER, 1993). Diferenças individuais na motivação também desempenham um papel. De acordo com vários estudiosos, as disparidades de conhecimentos são causadas por diferenças na utilidade de informação percebida: segmentos de maior SSE consideram notícias e informação sobre assuntos públicos mais relevantes e atraentes e, portanto, prestam-lhes mais atenção (KWAK, 1999).

A estrutura do sistema de mídia de determinado país também contribui para disparidades de conhecimento. Por exemplo, nas comparações entre países, pesquisadores descobrem que o modelo voltado para o mercado do sistema de mídia norte-americano produz níveis mais baixos de conhecimento de notícias difíceis e lacunas de conhecimento mais amplas do que são encontrados em países europeus que utilizam um modelo de serviço público

(CURRAN; IYENGAR; LUND & SALOVAARA-MORING, 2009; IYENGAR; HAHN; BONFADELLI & MARR, 2009). Na Finlândia, na Dinamarca e no Reino Unido, por exemplo, a programação de notícias com financiamento público vai ao ar durante o horário nobre noturno da televisão e em vários intervalos de tempo, tornando-a mais acessível – às vezes de modo incidental – para um público mais amplo; em contraste, nos Estados Unidos, redes de televisão comerciais transmitem notícias no começo e no final da noite, e reservam o horário nobre para conteúdo de entretenimento (CURRAN et al., 2009). Assim, o consumo de notícias nos Estados Unidos está mais claramente restrito aos grupos com suficiente motivação ou preferência por assuntos públicos.

Outro fator relacionado à lacuna de conhecimento, especialmente em termos de compreensão do público de questões altamente técnicas e complexas, é o nível de controvérsia política. A análise de dados de pesquisa feita por Bonfadelli e Bauer (2002) descobriu que, em países europeus com maiores níveis de controvérsia política sobre biotecnologia, a cobertura de notícias sobre o tema se expande para além de apenas publicações da elite para incluir a cobertura da imprensa sensacionalista e da televisão, ampliando a audiência de notícias sobre o tema e diminuindo assim as lacunas no conhecimento. Mas havia um fator-chave relacionado. Especificamente, em países que tiveram uma maior paridade entre cidadãos quanto ao SSE, a controvérsia serviu para diminuir as diferenças de conhecimento entre os cidadãos. Mas em países com maiores desigualdades de SSE, a controvérsia teve pouco impacto sobre as lacunas no conhecimento em todos os segmentos do público. Bonfadelli e Bauer argumentam que em países com maior disparidade de SSE, organizações de notícias "guetizam" a cobertura para apenas a elite, mesmo sob condições de controvérsia política, com outros canais de mídia prestando muito menos atenção ao tema, diminuindo as oportunidades de aprendizagem entre segmentos com SSE mais baixo.

Aprendizagem através de tipos de mídia. Além de ganhos diferenciais na aprendizagem por *status* social, os estudos também se têm centrado nas diferenças no potencial de engajamento cívico entre os usuários de notícias impressas, radiodifundidas e on-line. A leitura de jornais e revistas, em particular, tem sido tradicionalmente associada a maiores níveis de engajamento cívico. Estudos descobriram que leitores de jornais e revistas tendem a ter um senso de comunidade e identidade nacional mais forte, e uma rede de conexões sociais em geral mais rica (McLEOD et al., 1996). A cobertura jornalística também é muito boa para identificar questões temáticas mais amplas ou problemas de potencial interesse que possam exigir a ação ou o envolvimento do cidadão (STAMM; EMIG & HESSE, 1997). Através de meios semelhantes, o consumo de fontes de programas televisivos de qualidade relacionados a assuntos públicos também foi considerado ter impacto positivo sobre estas dimensões do engajamento cívico, embora em menor grau do que o uso do jornalismo impresso (SCHEUFELE; NISBET & BROSSARD, 2004).

Embora estas conclusões a respeito dos efeitos da mídia tradicional estejam bem documentadas, ainda há visões divergentes quanto ao modo como o uso da internet pode moldar uma participação e influência mais ampla do público na sociedade. Especificamente, muitos estudiosos temem que a internet provavelmente reforce ao invés de modificar padrões tradicionais de efeitos de comunicação política, aumentando as lacunas entre os países ricos e os países pobres em recursos, e ao mesmo tempo exacerbando clivagens baseadas em ideologia ou identidade política. A conclusão é que, no nível social, a internet provavelmente promove estruturas de poder baseadas no *status quo* e no impasse político, e pode realmente aumentar ainda mais as disparidades no engajamento cívico (DIMAGGIO; HARGITTAI; CELESTE & SHAFER, 2004; NISBET & SCHEUFELE, 2004; NORRIS, 2001).

Diversos fatores que podem explicar os efeitos de reforço da internet. Em primeiro lugar está a maneira deplorável como o público normalmente usa a mídia. Como explicado anteriormente neste capítulo, a disponibilidade de informações não leva necessariamente ao uso dessas informações. Os cidadãos que optam por tirar proveito de fontes de informação política baseadas na internet são suscetíveis de serem caracterizados por seus recursos pessoais – incluindo tempo, dinheiro e habilidades tecnológicas – assim como por sua motivação, incluindo confiança e sentimentos de eficácia (NORRIS, 2001). Considere-se também que o conteúdo on-line mais influente e amplamente consumido ainda é produzido por organizações tradicionais de notícias, grandes empresas de mídia, poderosos grupos de interesse e agências ou instituições governamentais. Estas entidades mantêm um controle desproporcional sobre a agenda de questões consideradas e discutidas on-line, influenciam de forma desproporcional a maneira como estas questões são enquadradas, e apesar dos apelos por que se faça o contrário, continuam a atender às audiências de alto SSE. Esta realidade não deve mudar tão cedo, apesar do aumento da capacidade através de blogs e outras aplicações digitais para indivíduos e meios de comunicação independentes transmitirem informações. Mesmo enquanto o sistema de mídia evolui rapidamente, estudos constataram que a cobertura jornalística tradicional – distribuída em versão impressa e on-line – ainda permanece no centro da ecologia da notícia e da informação, servindo como principal fonte de reportagens originais sobre problemas e debates políticos, com as reportagens jornalísticas conduzindo a agenda e a discussão em notícias na TV a cabo, blogs e outras novas mídias (cf. KNIGHT, 2009 para uma discussão sobre o tema).

Embora pesquisas apontem para os muitos problemas e barreiras à aprendizagem mais ampla a partir da mídia sobre política, esses mesmos estudos sugerem várias iniciativas que podem reduzir as disparidades entre as audiências. Em primeiro lugar, como Eveland (2003) sugere, seja a mídia impressa, televisionada ou on-line, é importante pensar sobre como os atributos que variam através destes meios podem facilitar diferentes modos de aprendizagem e ganho de conhecimento. Como ele descreve, dimensões como a interatividade, o controle de usuário, a estrutura narrativa e a textualidade precisam ser cuidadosamente analisadas por pesquisadores e produtores de mídia, com cada um desses atributos potencialmente facilitando uma maior aprendizagem por parte de um público mais vasto.

Em segundo lugar, olhando para o futuro, Bennett (2007) e outros têm argumentado que, a fim de ampliar a rede de aprendizagem informal, os produtores de mídia precisam considerar uma nova geração de audiências que chega ao conteúdo de assuntos públicos com expectativas muito diferentes. Especificamente, audiências mais jovens têm um conjunto de questões prioritárias diverso do de seus colegas mais velhos, com uma maior preferência por temas focados mais globalmente, como meio ambiente, pobreza ou direitos humanos, e muito menos interesse em cobertura motivada por conflito que enfoque clivagens ideológicas tradicionais. O público mais jovem também espera que a sua mídia de assuntos públicos seja "participativa", o que significa que querem poder comentar ativamente, recomendar, compartilhar e contribuir com a cobertura; e querem informação direta sobre como podem se tornar politicamente envolvidos no assunto. (Cf. tb. discussão sobre o jornalismo participativo na comunicação em saúde no cap. 14.)

Em terceiro lugar, outros estudiosos defenderam um maior investimento em programas escolares que oferecem um currículo em "instrução mediática de educação cívica" para alunos oriundos de meios socioeconômicos mais desfavorecidos. Pesquisas mostram que a participação em um currículo de instrução mediática de educação cívica promove o aumento do uso de notícias pelo estudante em casa e mais debates sobre política com seus pais. Como resultado, as evidências indicam que estes tipos de programas não só aumentam a atenção e a aprendizagem do aluno sobre política, mas tem influências semelhantes sobre os seus pais de SSE inferiores (McDEVITT & CHAFFEE, 2000).

Deliberação política e interações sociais. Se há muitos limites e preconceitos no conhecimento público de política, então qual exatamente deve ser o papel do público no processo de tomada de decisão? O governo e outras organizações deveriam consultar o público acerca de questões políticas? E o que poderia servir de modelo para fazê-lo?

Teóricos participativos e deliberativos defendem a ampliação do papel cívico dos cidadãos comuns os envolvendo diretamente em deliberações sobre políticas públicas (BARBER, 1984; FISHKIN, 1995; MATTHEWS, 1994). Espera-se que a deliberação, quando assume a forma de discussão fundamentada e compreensiva, aumente a tolerância em relação a pontos de vista opostos, aprofunde a consciência e o entendimento de suas próprias preferências políticas, aumente a participação na vida cívica e política, promova uma maior eficácia e confiança social, e aumente a eficiência e a eficácia da política (para uma revisão, cf. DELLI CARPINI; COOK & JACOBS, 2004).

Vários estudiosos têm investigado o impacto da deliberação sobre a opinião pública e o engajamento cívico, reunindo cidadãos para falarem sobre questões públicas em ambientes controlados, tanto em "pesquisas deliberativas" frente a frente (FISHKIN & LUSKIN, 1999) quanto on-line (PRICE & CAPELLA, 2002). Esses estudos descobriram que as deliberações formais sobre questões políticas podem aumentar o conhecimento sobre política, melhorar a qualidade da opinião pública e promover atitudes e comportamentos coerentes com a participação política. Além disso, a conversação política cotidiana, informal, como ocorre espontaneamente entre cidadãos comuns, está associada a resultados semelhantemente positivos, como a qualidade da opinião, a participação cívica e política, e o conhecimento político (NISBET & SCHEUFELE, 2004; SCHEUFELE; NISBET & BROSSARD, 2004).

Quando características específicas do ambiente de discussão são examinadas mais de perto, no entanto, surgem resultados que podem temperar esse otimismo. O desacordo político, que está no cerne da maioria das definições de democracia deliberativa, pode na verdade servir para dissuadir as pessoas de participarem de exercícios deliberativos (HIBBING & THEISS-MORSE, 2002). Além disso, quando o desacordo é arejado, qualquer benefício que tenha para aumentar a tolerância política e fomentar opiniões mais informadas pode ser compensado pelo seu potencial para induzir a ambivalência e a inação política (MUTZ, 2006).

A ideia de que a discussão política contribuirá para opiniões mais fundamentadas é contestada pela própria tendência sociopsicológica à polarização de grupo, que ocorre quando membros de um grupo, após o debate sobre algum tema, avançam na direção de um ponto mais extremo no sentido da opinião inicial assumida pelo grupo (MOSCOVICI, 1985a). A polarização de grupo é problemática na medida em que leva diversos grupos sociais a adotarem pontos de vista cada vez mais extremos e opostos, interferindo assim na capacidade de se chegar a um acordo acerca de soluções para problemas coletivos (cf. tb. o cap. 4).

A polarização de grupo é uma preocupação crescente do ambiente on-line. Cass Sunstein (2001) é quem mais tem se manifestado acerca dessas preocupações, argumentando que a internet torna mais fácil para os indivíduos se exporem seletivamente a pontos de vista da mesma opinião, e, portanto, o potencial para a polarização de grupo e extremismo é exacerbada on-line. A discrepância entre a visão de Sunstein (2001) do ambiente de discussão on-line e as descobertas mais otimistas de Price e Cappella (2002) em relação ao valor da deliberação on-line reflete uma diferença importante entre o *potencial* democrático de deliberação – tanto em ambientes on-line quanto face a face – e como realmente se desenrola no mundo real. Quando as condições são favoráveis – sejam essas condições o propósito da deliberação, o tipo de participantes envolvidos ou as regras que regem as interações – a deliberação pode oferecer substanciais benefícios democráticos. O que Sunstein nos lembra, no entanto, é que essas condições nem sempre são realizáveis no mundo real da conversação política.

Avaliações públicas do sistema político e a mídia de notícias

As campanhas de mídia e comunicação não apenas influenciam as escolhas, a aprendizagem e o discurso públicos, mas também desempenham um papel influente na formação da confiança pública nas instituições e nos concidadãos. Como discutido nesta seção, isso tem implicações significativas para a capacidade dos cidadãos de trabalharem cooperativamente para resolverem problemas sociais.

Confiança política e social. Entre as percepções-chave moldadas pelo jornalismo e por campanhas políticas estão a confiança social e a confiança política. Descrita como a "canja de galinha da vida social", a confiança social é a crença de que o mundo é um lugar geralmente benigno, e que as outras pessoas estão geralmente bem motivadas (USLANER, 2000). A confiança social ajuda a aliviar as preocupações que as pessoas podem ter de que os outros na sociedade simplesmente perseguem estritamente os seus próprios interesses em vez de trabalharem por um bem maior. A confiança política complementa a confiança social, assegurando aos indivíduos que as instituições e os seus funcionários trabalham por um bem comum, que os serviços públicos são confiáveis e receptivos, e que, se necessário, o governo pode intervir de forma eficaz quando os problemas são tão grandes que ultrapassam a capacidade de indivíduos ou organizações resolvê-los por conta própria (NEE & INGRAM, 1998). Ambas as formas de confiança capacitam os indivíduos na sociedade para trabalharem em conjunto, para considerarem certas expectativas ou resultados como previsíveis e para construírem sentimentos abrangentes de solidariedade e identidade.

Infelizmente, ao longo das duas últimas décadas, em diferentes contextos nacionais, tem havido um notável declínio na confiança social e política, de um modo geral. Uma série de fatores são responsáveis pelo declínio geral na confiança, incluindo escândalos que impulsionam uma perda de confiança pública, uma ausência de esforços na construção efetiva de confiança por parte de grandes instituições, e a crescente complexidade e diversidade das sociedades modernas. Os pesquisadores, no entanto, também observam que, conforme a cobertura de notícias, especialmente pela televisão, tem cada vez mais coberto a política em termos de conflito e estratégia de ganho a qualquer custo, este enfoque estilístico promoveu um cinismo generalizado do público quanto às intenções e aos objetivos das autoridades eleitas (CAPPELLA & JAMIESON, 1997; MUTZ, 2006). Nos Estados Unidos, um número crescente de meios de comunicação conservadores atacou abertamente instituições governamentais e promoveu o medo de grupos sociais forasteiros, como imigrantes ou muçulmanos, provavelmente minando a confiança política e social, de um modo geral (JAMIESON & CAPPELLA 2007). Outros pesquisadores apontam que a grande atenção que os telejornais conferem ao crime mina a confiança social entre as comunidades, enquanto o uso da mídia de entretenimento desloca oportunidades que os cidadãos possam ter de se conectarem uns aos outros (PUTNAM, 2000; MORGAN; SHANAHAN & SIGNORELLI, 2008). No entanto, outros estudiosos afirmam que nem todos os meios de comunicação são iguais em relação à confiança política e social, e contestam as evidências diretas de uma influência de deslocamento temporal (MOY & PFAU, 2000). De acordo com essa linha de pesquisa, o uso de notícias de qualidade sobre assuntos públicos – especialmente a leitura de jornais – promove a confiança política e social, reforçando as conexões dos leitores com as instituições e seus membros comunitários (SHAH; KWAK & HOLBERT, 2001; SHAH; YOON & McLEOD, 2001).

Como soluções para a diminuição da confiança política nas democracias, tanto pesquisadores quanto profissionais têm advertido quanto à necessidade de novos tipos de iniciativas baseadas no diálogo que tragam uma diversidade de cidadãos para um contato direto com funcionários do governo e suas instituições (EINSIEDEL, 2008; McCOMAS, 2006; YANKELOVICH, 1991). Eles também têm enfatizado o uso de ferramentas de mídia digital para aumentar a transparência do governo e para patrocinar a interação direta dos cidadãos. Outros apontaram para a necessidade de pesquisas sobre o reenquadramento efetivo de como o papel do governo é discutido em relação a grandes problemas, como a pobreza, explicações que também combatem o livre-mercado como alternativa governamental (NISBET, 2009b).

Confiança na mídia e percepções de parcialidade. Se os meios de comunicação contribuíram para uma perda de confiança no governo, os jornalistas e suas organizações de notícias também sofreram o seu próprio declínio significativo na percepção do público. Nos cenários nacionais há uma crença cada vez mais difundida em várias formas de parcialidade da mídia. Nos Estados Unidos, ao longo das últimas duas décadas, a crença dominante acerca da parcialidade da imprensa é a de que os meios de comunicação tradicionais favorecem causas liberais e candidatos políticos. No entanto, quando os investigadores realizam análises de conteúdo para procurar padrões sistemáticos de viés partidário na cobertura das eleições, em todos os estudos são incapazes de encontrar evidências definitivas (D'ALESSIO & ALLEN, 2000). Se cientistas sociais, utilizando as melhores ferramentas disponíveis, acham difícil observar provas concretas de viés liberal, por que as crenças entre o público são tão difundidas? Além disso, nos cenários e assuntos do país, o que explica a diferença entre percepções subjetivas da parcialidade da imprensa e indicadores objetivos em relação à cobertura?

Box 14.2 Percepções da parcialidade da imprensa – O conflito israelo-palestino

O efeito da mídia hostil foi demonstrado pela primeira vez de maneira confiável por Vallone et al. (1985) no contexto das notícias sobre o conflito no Oriente Médio entre israelenses e palestinos. Estudantes de graduação da Universidade de Stanford, que se autoidentificavam como pró-árabes, pró--israelenses, ou neutros em relação à questão do conflito israelo-palestino, foram recrutados para participarem de um estudo experimental. Os sujeitos viram uma seleção da cobertura jornalística da rede americana detalhando os acontecimentos que levaram a um massacre de palestinos, em 1982, por um grupo de milícia libanesa e as questões da responsabilidade de Israel pelo que se passou em seguida. Os resultados mostraram que os alunos que se declararam pró-Israel viram a notícia como tendenciosa *contra* Israel, enquanto os estudantes pró-árabes viram a notícia como tendenciosa em *favor* de Israel. Portanto, ambos os grupos consideraram a cobertura jornalística hostil à sua própria posição, enquanto espectadores neutros perceberam a cobertura como relativamente equilibrada.

O que pode explicar essas percepções discrepantes? De acordo com Vallone et al. (1985), quando os indivíduos estão fortemente envolvidos em um problema – seja o conflito israelo-palestino, as mudanças climáticas ou o casamento *gay* – eles tendem a ver essa questão em termos de preto *ou* branco. A notícia objetiva, no entanto, ao representar ambos os lados de uma questão controversa, retrata a questão em um tom de cinza (ou seja, como tanto preto *quanto* branco). Assim, aos olhos dos partidários, dar a fatos de ambos os lados igual peso constitui uma parcialidade hostil. Além desta explicação *avaliativa*, Vallone et al. (1985) também fornecem evidências de uma explicação *perceptual* para o efeito da mídia hostil, na qual os partidários realmente veem estímulos completamente diferentes. Este último mecanismo, muitas vezes chamado de "categorização seletiva", surgiu, em pesquisa recente, como a explicação mais bem fundamentada para o efeito da mídia hostil (SCHMITT; GUNTHER & LIEBHART, 2004).

A percepção de mídia hostil presenteia organizações de notícias e jornalistas profissionais com um trabalho quase impossível, uma vez que mesmo uma cobertura justa, equilibrada de questões controversas será percebida como tendenciosa e antagônica por membros dos grupos que estiverem sendo cobertos. Percepções de cobertura de notícias hostil também podem contribuir para uma desconfiança mais ampla da mídia e de instituições governamentais e, com isso, minar a fé no processo democrático. Tsfati e Cohen (2005) demonstraram essas relações em um estudo realizado entre colonos judeus israelenses na muito disputada Faixa de Gaza. Na época do estudo, em 2004, o governo israelense havia proposto um plano segundo o qual os colonos judeus seriam realocados e as Forças de Defesa Israelenses retiradas de Gaza. Uma pesquisa entre os colonos judeus que enfrentam deslocamento de Gaza revelou que eles viam a cobertura de notícias como fornecendo um tratamento injusto, negativo do seu grupo, apesar de uma análise de conteúdo ter demonstrado um tratamento relativamente equilibrado – mesmo positivo (SHEAFER, 2005; cf. TSFATI & COHEN, 2005). Além disso, as percepções de mídia hostil dos colonos foram associadas a uma confiança enfraquecida nos meios de comunicação israelenses como um todo e na democracia israelense, bem como às sérias intenções dos colonos de usarem a violência para resistirem à sua possível realocação.

Em pesquisas sobre a percepção da mídia de notícias, a credibilidade é entendida como uma avaliação subjetiva, influenciada pelo fundo partidário ou ideológico da audiência e pelas alegações de parcialidade que pudessem emanar de fontes confiáveis, como comentadores políticos ou amigos da mesma opinião. No contexto dos Estados Unidos, estas alegações estão tipicamente focadas em um viés liberal denunciado por elites conservadoras, e reforça uma crença generalizada entre o público de tendência conservadora (WATTS; DOMKE; SHAH & FAN, 1999). O público, então, normalmente não avalia o conteúdo da história pelos seus próprios méritos, mas sim com base em noções preconcebidas sobre a mídia de notícias – muitas vezes decorrentes da tendência dos jornalistas em muitas histórias a cobrirem e refletirem acerca do seu próprio potencial viés liberal. Vários outros estudos também sugerem que as expectativas de parcialidade dos indivíduos em uma fonte de notícias ou na mídia, em geral, são suscetíveis de influenciar suas percepções de parcialidade na cobertura de notícias (ARPAN & RANEY, 2003; BAUM & GUSSIN, 2007).

Talvez o mais crucial fator determinante da percepção de parcialidade no jornalismo, no entanto, seja a medida em que a cobertura de notícias é vista como discordando dos próprios pontos de vista de uma pessoa. Indivíduos que tenham fortes convicções a respeito de um assunto tendem a ver o seu próprio lado como sendo mais um produto de uma análise objetiva e de preocupações normativas, e menos influenciado por ideologia, do que os pontos de vista do outro lado (ROBINSON; KELTNER, WARD & ROSS, 1995). Esta tendência humana se traduz diretamente em julgamentos sobre a mídia. Em uma série de estudos, quando a públicos de notícias que aderem a lados opostos sobre uma questão é apresentada a mesma cobertura jornalística do tema para avaliarem, ambos consideram esta cobertura idêntica como tendenciosa a favor do outro lado (GUNTHER & SCHMITT, 2004; VALLONE et al., 1985). O fenômeno é comumente referido como o "efeito da mídia hostil". Pesquisadores acreditam que a explicação para este efeito da mídia hostil seja uma categorização seletiva: partidários opostos acessam, processam e recordam conteúdo idêntico de uma apresentação de notícias, mas mentalmente categorizam e rotulam os mesmos aspectos de uma história de maneira diferente – como hostis à sua própria posição (SCHMITT; GUNTHER & LIEBHART, 2004).

O efeito da mídia hostil original presume que a cobertura de notícias seja intrinsecamente equilibrada. Uma percepção *relativa* de mídia hostil (GUNTHER; CHRISTEN; LIEBHART & CHIA, 2001) relaxa essa suposição, o que a torna aplicável a notícias inclinadas a favor ou contra determinada questão. Na presença do efeito da mídia hostil relativo, apoiadores e opositores de uma determinada questão percebem vieses em uma direção consistente (ou seja, inclinando-se para um lado), mas cada grupo percebe a cobertura como significativamente mais desfavorável a sua própria posição do que a do outro grupo. Em outras palavras, os partidários percebem *menos* parcialidade na cobertura de notícias inclinada a apoiar a sua visão do que seus oponentes do outro lado da questão.

Curiosamente, então, enquanto a implicação do efeito da mídia hostil original é um público partidário percebendo a parcialidade da mídia onde não havia nenhuma e, portanto, rejeitando potencialmente informações úteis, as implicações do efeito da mídia hostil relativo são um pouco diferentes. O importante aqui é que os partidários vão deixar de reconhecer distorções nas notícias que *são, de fato,* tendenciosas, em casos nos quais a parcialidade seja congruente com suas opiniões preexistentes. Esta parcialidade contra a parcialidade das notícias é preocupante. A confiança dos americanos em fontes de notícias tornou-se profundamente polarizada nos últimos anos – com os republicanos, por exemplo, atribuindo mais credibilidade à conservadora Fox News e menos à maioria das outras organizações de notícias do que os democratas (PEW RESEARCH CENTER, 2008). Em outros países, percepções semelhantes de um viés de esquerda ou de direita nas notícias – ou, alternativamente, um preconceito em relação à identidade nacional ou étnica – existe.

Em cada contexto, conforme as notícias – especialmente na TV a cabo e on-line – são difundidas com quantidades crescentes de opinião e ideologia, isso pode tornar ainda mais fácil para os partidários validarem suas convicções políticas pessoais aceitando sem questionamentos informações que se harmonizam com as suas opiniões enquanto rejeitando informações que defendam o outro lado. Assim, o efeito da mídia hostil relativo pode não só refletir as divisões partidárias em percepções de notícias, mas também pode contribuir para uma maior polarização de atitudes e conhecimento políticos nos vários sistemas políticos.

Conclusão

Os resultados da pesquisa sobre comunicação política podem tornar muito fácil simplesmente criticar a mídia de notícias, as campanhas e o público. Na verdade, o campo tem um aspecto infeliz de "ciência sombria": quanto mais as coisas mudam em campanhas políticas ou no sistema de mídia, mais parecem permanecer as mesmas em relação ao reforço de desequilíbrios de poder, clivagens ideológicas e alienação pública. No entanto, esta pesquisa não deve ser considerada estritamente como uma acusação direta da interação entre a mídia e os nossos sistemas políticos, mas sim como um recurso poderoso para se trabalhar pela mudança social.

Para que isso aconteça, no entanto, é preciso haver muito mais colaborações e conexões entre pesquisadores teóricos e profissionais. Os acadêmicos têm a obrigação de traduzir e articular as implicações de sua pesquisa de modo a poderem servir de modelo para alunos orientados profissionalmente que queiram inclinar o campo de jogo da comunicação a favor da mudança social dentro de suas comunidades, países ou transnacionalmente. Esta pesquisa também pode ajudar a esclarecer jornalistas e líderes políticos acerca das normas, da ética e dos objetivos da comunicação política, enfocando suas práticas e estratégias em relação aos fatores que promovem um sistema político funcional. Em todos os países, iniciativas desenvolvidas a partir da fundação da teoria e da pesquisa serão necessárias para restaurar e manter a fé pública no governo e nos meios de comunicação.

15
A COMUNICAÇÃO DE CIÊNCIA

Jane Gregory

Palavras-chave: Trabalho de delimitação; modelo de déficit; modelo dominante; divulgação científica; engajamento público; compreensão pública de ciência.

> Verdadeiros descendentes de Prometeu, os escritores de ciência tomam o fogo do Olimpo científico, dos laboratórios e das universidades, e o trazem até as pessoas (William Laurence, jornalista do *New York Times*, 1943).

> [...] Se o Reino Unido quiser tirar o máximo proveito das oportunidades para a criação de riqueza e melhoria da qualidade de vida oferecidas pela descoberta científica e pelo desenvolvimento tecnológico, é fundamental que o desenvolvimento de novas abordagens aproxime cientistas e o público em um diálogo construtivo para explorar questões emergentes (Escritório de Ciência e Inovação do Governo do Reino Unido, 2006).

> Cientistas e engenheiros podem mudar o mundo, mas primeiro precisam superar seu grave "problema de *marketing*" (Cofundador do Google, Larry Page, 2007).

Introdução

Um estereótipo comum do cientista é o de alguém afastado da sociedade e isolado de seus valores (HAYNES, 1994; HOWARD, 2007). No entanto, a ciência moderna raramente gera conhecimento e produtos a partir desses indivíduos: em vez disso, trata-se de um empreendimento coletivo, organizado através de colaboração e competição entre grupos que podem ser multidisciplinar e geograficamente dispersos (WAGNER, 2009). As normas profissionais da comunidade científica exigem que conhecimento e prática estejam abertos ao escrutínio, que sejam realizados sem preconceito e amplamente compartilhados (MERTON, 1968). Portanto, a ciência é, idealmente, uma atividade pública, e o sigilo, a propriedade privada e o conhecimento pessoal são as marcas do conhecimento inválido. Os cientistas atuam não tanto por meio de uma profissão, vinculados, por exemplo, por uma acreditação comum, nem como uma carreira, vinculados por habilidades comuns, mas como uma comunidade na qual uma grande diversidade de saberes, práticas, objetos e pessoas é mantida junta pela comunicação. (A ideia de uma comunidade formada pela comunicação é um dos temas centrais deste livro; cf., p. ex., a discussão do cap. 12 sobre a religião como comunicação e a discussão do cap. 7 sobre como as representações de comunidades marginalizadas podem reforçar identidades ameaçadas.) De acordo com o sociólogo da ciência John Ziman, "a instituição social fundamental da ciência é [...] o seu sistema de comunicação" (ZIMAN, 1984, 2002).

A extensão e os limites desta comunidade formada pela comunicação são uma preocupação central em estudos de ciências (SHINN & WHITLEY, 1985; COLLINS, 1981; GIERYN, 1995, 1999; LEWENSTEIN, 1995; HILGARTNER, 1990; WAGNER, 2009). A comunidade científica ocupa espaço social, consome recursos e contribui com ideologias e produtos para uma sociedade que os pode dar e receber com diferentes graus de entusiasmo. A negociação entre ciência e sociedade pela licença da ciência para a prática estende a comunidade científica às esferas da política, dos negócios e da vida cotidiana, borrando a tradicional distinção entre a comunicação profissional entre cientistas e a comunicação pública com não cientistas (HILGARTNER, 1990; WAGNER, 2009). No entanto, a expressão "comunicação de ciência" geralmente se refere a essa comunicação pública, dos cientistas para os leigos, do conteúdo cognitivo da ciência; e seus produtos são rotulados de "divulgação científica".

Definição de divulgação científica

Como é a divulgação científica?

Autores, editores e leitores convergem na formação do caráter da divulgação científica. Ao contrário das comunicações científicas profissionais, a divulgação científica tende a ser produzida por indivíduos e não por grupos; e também afirma ser a mais atual, ou dar a entender o futuro, enquanto a ciência profissional reconhece a sua própria obsolescência iminente. A ciência profissional "contribui" ou "dá um passo"; a divulgação científica já sabe a resposta. Ela dispensa dados detalhados, gráficos e referências a outras obras que tipifiquem a comunicação científica profissional, e escondem essa evidência do esforço humano para falar como que com a voz da própria natureza (FAHNESTOCK, 1993; BUCCHI, 2004).

A natureza não nos diz o que fazer, tampouco a comunicação de ciência: a este respeito é diferente, por exemplo, da comunicação em saúde (cf. cap. 13) e da comunicação de risco, ambas destinadas a orientar o comportamento e a tomada de decisão em contextos particulares. A divulgação científica pode ser meramente espetacular ou surpreendente (uma qualidade por vezes chamada de "genial"): não precisa ser significativa ou compreensível. Bucchi (2004) identifica a ideia de ciência como sendo complicada demais como concepção generalizada da comunicação de ciência, se não pura e simples ideologia; os cientistas são, portanto, muito inteligentes. Bucchi remete esta ideologia ao início do século XX, quando a súbita expansão da indústria jornalística na Europa coincidiu com a crise científica da "nova física", e os cientistas trabalharam para explicar a Teoria da Relatividade e a mecânica quântica para leigos na imprensa popular. A metáfora da "tradução" é frequentemente usada para descrever esse trabalho, e oferece oportunidades para tradutores qualificados, tais como jornalistas.

A ideologia do "cientista brilhante" constrói conjuntamente a do leigo menos brilhante ou ignorante. Jurdant (1993) observa que os textos de divulgação científica são muitas vezes explícitos sobre o que se presume que o leitor não saiba, ou aquilo acerca do que esteja equivocado, como preâmbulo para a redução da ignorância e a correção de equívocos. Espera-se que os leigos

Box 15.1 Comunicação popular e profissional

Este box compara um livro profissional com um livro popular produzidos por membros de uma comunidade de conhecimento de cientistas especializados. O mesmo nome aparece nas duas capas: Peter Irving é um consultor gastroenterologista em início de carreira em um hospital universitário de Londres (2010). Ele publicou extensivamente em revistas e jornais. Em 2006, foi coeditor do livro *Dilemas clínicos na Doença Inflamatória Intestinal*: "orientações baseadas em evidências para responder a mais de 60 questões clínicas controvertidas [...] proporcionando respostas rápidas, mas detalhadas [...] para todos os profissionais de saúde envolvidos no atendimento a pacientes com DII [...]" (IRVING et al., 2006). Em 2008, Irving foi coautor de *Doença Inflamatória Intestinal: os fatos*. "Oferece conselhos práticos [...] em um estilo claro e acessível, escrito pelas principais autoridades no campo [...] escrito principalmente para quem sofre [...] discute abordagens modernas dos problemas [...] e fornece um guia concreto, baseado em evidências e atualizado, para a doença" (LANGMEAD & IRVING, 2008).

Estado epistêmico Data	"Dilemas" 2006	"Fatos" 2008
Estilo literário	"Rápido, mas detalhado".	"Claro e acessível".
Modo discursivo	Controvérsia, questões, especulação.	Autoridade, respostas, instrução ("diretamente dos especialistas").
Público leitor	Profissionais	Leigos
Proporção de Vendas (*rankings* da Amazon)	1	10
Autores contribuintes	100	4
Referências	1.200	0
Pontos de exclamação	Muito poucos	Muitos
Tabelas e gráficos numéricos	Sim	Não
Ilustrações	Diagramas e fotografias	Desenhos
Âmbito reivindicado	Modesto, parcial: "selecionado com vista a cobrir muitas das áreas".	Ambicioso, completo: "todas as informações que você precisa".
Horizonte temporal	"Inevitavelmente, o livro em breve se tornará desatualizado".	"Moderno [...] atualizado".

sejam surpreendidos pelas revelações da divulgação científica; e eles são lembrados disso por um monte de pontos de exclamação (!). Assim, a comunicação de ciência tem, muitas vezes, uma dimensão moral ou normativa: presume que o público saiba pouco *e deva saber mais* sobre ciência. Isso tem sido caracterizado como "modelo de déficit" da compreensão pública da ciência – onde o déficit insatisfatório no conhecimento do público se dá em comparação com o que os cientistas sabem, e pode ser "consertado" pela comunicação de ciência.

Jurdant (1969) também observa uma ideologia mais ampla da comunicação de ciência: é cientificista e trabalha para anunciar os valores fundamentais da ciência: o empirismo, o reducionismo, o materialismo, o hipotético-dedutivismo, a confiabilidade das declarações de verdade científica e a autoridade dos que as fazem. Jurdant também caracteriza a divulgação científica como a autobiografia da ciência: trata-se da história que a ciência conta sobre si mesma. A ciência se comunica com os leigos como idealizada e ideologicamente imaculada, apesar dos compromissos inevitáveis da prática cotidiana. A divulgação científica, portanto, assim como a história pública da ciência, muitas vezes melhora e arruma os aspectos cientificistas da ciência; por exemplo, estabelecendo linhas diretas entre experiência e descoberta quando o caminho possa ser sinuoso, ou colocando em público fatos em primeiro plano quando dilema e controvérsia possam caracterizar o ambiente profissional. Latour (1987) caracteriza isso como a "face de Jano" epistemológica da ciência, contrastando relações internas e externas. Alguns cientistas mantêm uma rivalidade com sociólogos construtivistas da ciência devido à exploração dos sociólogos, fora dos limites da comunidade científica, das contingências epistemológicas do conhecimento científico (PINCH, 2001).

O que faz a comunicação de ciência?

Explícito no discurso dos cientistas sobre a comunicação de ciência está um compromisso com ideais iluministas do conhecimento como bem público; e compartilhá-lo dá à ciência valor como cultura (GREGORY & MILLER, 1998). Eles argumentam que a divulgação científica pode ser um conhecimento útil, e que a epistemologia científica fornece habilidades para a resolução de problemas cotidianos. Para popularizadores da esquerda política, a comunicação de ciência também empodera indivíduos e nações (p. ex. CROWTHER, 1967); desde uma perspectiva mais conservadora, a divulgação científica exibe um mundo natural ordenado, submetido a leis, enfatizando-se a estabilidade (p. ex., POLANYI, 1962).

Box 15.2 As funções da divulgação científica

- Prática: conhecimentos transferíveis e habilidade de resolver problemas.
- Política: poder, ordem e estabilidade.
- Esclarecimento: entretenimento, educação e cultura.
- Publicidade: ideologia e mercantilização do produto.
- Trabalho de delimitação: estabelecer a autoridade através de identidade e diferença.
- Reflexividade: explicar a si mesmo.
- Relações públicas: gestão de reputação e construção comunitária.

A comunicação de ciência também serve a fins profissionais para os cientistas (SHINN & WHITLEY, 1985; NELKIN, 1995; SHORTLAND & GREGORY, 1991; GREGORY & MILLER, 1998). Quando os cientistas comunicam ciência, eles podem obter satisfação individual, recompensas materiais e fama, e podem melhorar a sua própria compreensão do assunto. Alguns cientistas usam as infraestruturas de comunicação da esfera pública para melhorar a comunicação com os seus próprios colegas e com outros especialistas. Mas também contribuem para a tarefa maior de estabelecer e manter um espaço para a ciência no mapa cultural e social (GIERYN, 1999). O *ethos* coletivo da ciência significa que cientistas individuais estão sempre agindo como representantes de sua comunidade, e, portanto, são obrigados além de seus interesses pessoais. A pressão dos pares por que se cumpra esta obrigação foi identificada por Dornan (1990) como as "regras não escritas" da comunicação de ciência. Estas exigem que, antes de entrar na esfera pública, o cientista deva primeiro ter uma reputação como pesquisador credível, e suas pesquisas já devem ter sido publicadas na literatura profissional; a atividade de popularização não deve diminuir ou ter prioridade sobre a atividade de pesquisa, e deve se manter claramente dentro de sua própria área de especialização; deve abster-se de criticar a ciência ou, de alguma maneira, prejudicar a sua imagem; e deve evitar opiniões extremadas.

Essas regras contribuem para os muitos modos pelos quais a comunicação de ciência faz o que Gieryn chama de "trabalho de delimitação" (GIERYN, 1983, 1999). O trabalho de delimitação é a interação social realizada para conferir identidade e diferença, e para incorporar as relações sociais que emergem dessas diferentes identidades. Os cientistas, como outros profissionais especializados, fornecem conhecimentos e aplicações à sociedade em troca de recursos profissionais e pessoais. Diferentemente do que acontece com a maioria dos outros profissionais especializados (p. ex., advogados ou mecânicos de automóveis), o seu trabalho é realizado longe do olhar do público, e, portanto, o consentimento com o financiamento desses recursos é negociado através da representação da ciência na esfera pública. Deve haver uma comunidade leiga para a ciência, de modo a que a comunidade profissional mereça o adjetivo e tudo o que implica. Assim, o público é deliberadamente exposto à ciência de maneiras que reforçam a necessidade social da ciência, e que enfatizam a especialidade do seu conhecimento e profissionais, legitimando as necessidades e os produtos dos cientistas.

A divulgação científica, então, é, de muitas maneiras, pura publicidade. Quando um monarca empreende publicidade com ostentação de insígnias, o poder material retorna ao palácio ao final do passeio. O conhecimento científico, no entanto, é um bem imaterial: o professor ainda o possui, mas o público também o leva para casa. No início do século XIX, quando os cientistas haviam sido recentemente identificados e fundado a sua profissão, temores acerca das massas empoderadas nas democracias em evolução cristalizaram em uma tensão persistente entre uma exibição de conhecimento que fosse tanto esotérico o bastante para os cientistas merecerem o *status* de especialistas quanto claramente valioso e significativo o bastante para ganhar a atenção do público e gerar estima. Esta tensão é refletida no cenário clássico da divulgação científica no qual as fronteiras sociais são mantidas enquanto o conhecimento é exibido. A diferença e/ou a separação entre o cientista e o leigo pode ser enfatizada pela arquitetura da sala de aula do século XIX (muitas vezes com a barreira física da bancada de laboratório entre o palestrante e o público), ou pelas convenções linguísticas contemporâneas ou mesmo estilos de vestimenta (como o jaleco branco do médico de hospital, que precisa de um identificador bastante óbvio, já que, excepcionalmente entre os cientistas, ele ou ela rotineiramente interage com os leigos) (GREGORY & MILLER, 1998; FAHNESTOCK, 1993; LaFOLLETTE, 1990). Isto mantém o público perto, mas não perto demais – o que Gieryn chama de "proteção" em sua classificação do trabalho de delimitação: um grupo segura o outro, mas à distância de um braço, de modo a enfatizar a separação, mas ao mesmo tempo explorar a proximidade (GIERYN, 1995).

Box 15.3 **Estudo de caso de divulgação científica: Fred Hoyle**

O Prof. Fred Hoyle é meu herói. Entendo apenas cerca de uma em cada dez palavras do que ele diz, mas [...] ele é um homem a ser admirado extravagantemente (*Daily Express*, 1965).

O cosmologista britânico Fred Hoyle (1915-2001) publicou trabalhos acadêmicos a partir da década de 1930 e de divulgação científica a partir da de 1940. Ele escreveu romances e contos de ficção científica, um roteiro e um libreto, e muitos artigos de jornais e revistas. Ele deu palestras no rádio e muitas entrevistas a jornalistas, e foi um nome familiar durante os anos de 1950 e de 1960. Fez duas grandes contribuições científicas. A primeira foi uma cosmologia chamada de Teoria do Estado Estacionário (1948), que sempre foi controversa e que foi rejeitada depois de 25 anos em favor da Teoria do *Big-bang*. Hoyle vigorosamente popularizou a Teoria do Estado Estacionário em uma variedade de meios de comunicação. A segunda realização de Hoyle foi a Teoria da Formação dos Elementos em Estrelas. Este trabalho foi imediatamente acolhido e celebrado pelos colegas, e Hoyle nunca o popularizou. Portanto, Hoyle só popularizou o seu próprio trabalho quando não obteve elogios em sua esfera profissional.

Mais tarde, Hoyle desenvolveu uma teoria biológica do universo. Foi gradualmente marginalizada na imprensa profissional, e, posteriormente, floresceu na esfera pública. A crítica mais estridente que atraiu durante sua carreira foi de biólogos, em resposta às suas popularizações de ideias biológicas consideradas além da esfera de sua competência.

A ficção científica de Hoyle muitas vezes contém as primeiras, mas altamente elaboradas, versões das suas ideias científicas impopulares. Nos romances, seus colegas acharam essas ideias interessantes e dignas de discussão; quando, mais tarde, essas mesmas ideias apareceram na literatura profissional (expressas em termos experimentais e decoradas com etiquetas de novidade), os colegas rejeitaram tanto as ideias quanto Hoyle. A ficção serviu, portanto, como uma "casa segura" fora das regras da ciência profissional.

Nos pontos mais altos da carreira popular de Hoyle, suas citações na literatura profissional foram mínimas; e pontos de alta atividade de populari-zação coincidiram não com realização científica ou produtividade, mas com as campanhas de Hoyle na esfera política por recursos institucionais. Que as obras populares de Hoyle tenham sido amplamente compradas, lidas e apre-ciadas por leigos foi tanto incidental para a sua motivação quanto essencial para a sua exploração da esfera pública.

Fonte: Gregory, 2003a, 2005.

Box 15.4 Estudo de caso de divulgação científica: a psicologia evolucionária

A psicologia evolucionária emergiu como um rótulo para uma nova con-figuração acadêmica na década de 1990. Baseando-se na sociobiologia, no darwinismo social e na neurociência, entre outras áreas, ela aplicou as ideias neodarwinianas acerca da história evolucionária dos seres humanos a pro-blemas em psicologia. Depois de alguma atividade acadêmica inicial, a divul-gação científica forneceu um espaço para a definição e apresentação desta nova atividade, e, uma vez aí constituída, a psicologia evolucionária floresceu na literatura profissional, "engrandecida" pela sua digressão pública.

Cientistas que se tornaram "visíveis" através de obras populares torna-ram-se assuntos da mídia, com jornalistas cobrindo sua atividade profissio-nal. Uma série de palestras públicas na London School of Economics gerou eventos de notícias. Editores levados pelo *boom* da divulgação científica produziram livros e publicidade para livros. Na esfera pública, acadêmicos, inclusive aqueles fora do paradigma neodarwiniano, e outros comentaristas, como jornalistas políticos, se envolveram com questões de psicologia evolu-cionária, expandindo e diversificando o seu âmbito e gerando controvérsia.

O trabalho de delimitação esteve ativo em muitas frentes, por exemplo, separando o novo campo da psicologia evolucionária de tentativas acadêmi-cas anteriores nos mesmos problemas, e no que diz respeito à extensão da psicologia evolucionária como ciência na implementação de políticas acerca de problemas sociais, como o estupro e a discriminação de gênero. Os cien-tistas sociais resistiram à invasão do seu território pelos cientistas trabalhan-do o limite a partir da outra direção, afirmando os seus conhecimentos sobre os mesmos problemas sociais em livros populares e artigos de jornal.

Jornalistas escreveram artigos para leigos, como artigos sobre namoro para revistas femininas. Acadêmicos em psicologia evolucionária, que popu-larizaram seu trabalho, relataram que, embora não tivessem ideia de quem lê suas explicações populares, eles as escreveram para outros acadêmicos e líderes de opinião.

Fonte: Cassidy, 2005, 2006.

O modelo dominante da comunicação de ciência

Em 1990, Hilgartner identificou um disseminado e culturalmente dominante modelo de comunicação de ciência (HILGARTNER, 1990). Nesta "visão dominante", a comunicação de ciência é representada por um modelo linear no qual os cientistas enviam informações ao público, seja diretamente ou através de mediadores, tais como jornalistas. No entanto, ao contrário do clássico modelo emissor-transmissor-receptor (McQUAIL, 1987), o modelo de Hilgartner também expressa relações sociais: é vertical, com os cientistas no topo. Como a única fonte de informação, os cientistas controlam tanto a sua qualidade quanto o seu fluxo. Eles estabelecem o "padrão ouro" epistêmico, e passam pepitas selecionadas de conhecimento de alta qualidade para os jornalistas que devem prestar as informações da maneira mais fiel possível. O destino final deste conhecimento é um público receptivo, mas passivo, na base da pirâmide epistêmica (a expressão clássica da comunicação de ciência para o público é que se trata de "descer ao seu nível"). O papel do jornalista como mediador mantém uma separação entre cientistas e o público, e permite que o jornalista sirva de bode expiatório para falhas de comunicação, como concepções públicas equivocadas ou falta de interesse político (HILGARTNER, 1990).

Hilgartner observa que este modelo é ao mesmo tempo grosseiramente simplificado e um recurso político sofisticado. A esfera pública está aberta a todos, e a comunicação de ciência é tão visível para outros cientistas quanto o é para leigos; o modelo dominante negligencia esse tráfego comunicativo tanto entre cientistas na esfera pública quanto de leigos para cientistas. A separação que o modelo implica entre comunicação pública e profissional, ao invés disso, argumenta Hilgartner, é um *continuum* de comunicações, com pedidos de bolsa, editoriais de revistas e boletins de pesquisa ocupando uma posição intermediária, em torno da qual as fronteiras são móveis e implantadas taticamente pelos muitos profissionais que povoam o espaço entre a ciência e o público. E os jornalistas não são os transmissores de alta-fidelidade dos primeiros modelos de engenharia: eles selecionam, enquadram, interpretam, representam, desafiam e especulam. No entanto, o valor político do modelo dominante reside exatamente na sua separação retórica da comunicação pública do conhecimento científico epistemicamente puro:

> Um conceito de pureza requer um de contaminação, e a noção de popularização reforça uma visão idealizada de conhecimento genuíno, objetivo, cientificamente certificado. Além disso, a visão dominante estabelece o conhecimento científico genuíno como reduto exclusivo de cientistas; políticos e o público só conseguem apreender representações simplificadas (HILGARTNER, 1990).

Portanto, os cientistas são os árbitros de quais formas e itens de divulgação científica são legítimos, porque a divulgação científica boa, útil ou de aprimoramento de imagem pode ser reconhecida como *ciência*, e qualquer conhecimento comprometido pela sua excursão pela esfera pública pode ser rejeitado como meramente *popular*, e sua culpa imputada aos intermediários. A ciência permanece intocada, enquanto, ao mesmo tempo, os cientistas podem explorar as qualidades "rápidas e sujas" da esfera pública para obter ganho profissional de maneiras que seriam inadequadas na esfera profissional. Por exemplo, podem falar através das estreitas fronteiras disciplinares da imprensa profissional, e piadas, zombaria e ideias bizarras encontram todas espaço entre o público – e podem ser efetivamente repudiadas se conveniente quando o cientista retorna à esfera profissional na privacidade do laboratório (COLLINS & PINCH, 1979; GREGORY, 2003a).

O trabalho de delimitação da legitimação e da desacreditação que a comunicação de ciência realiza torna a popularização uma atividade de risco para os cientistas. Carreiras podem ser promovidas por uma popularização legítima, e encolhidas por transgressões, com tais categorizações sendo aplicadas de maneira inconsistente e *post hoc*: as "regras não escritas" são aplicadas por conveniência política. As sanções podem incluir a exclusão da comunicação profissional, de modo que "excomunhão" é uma descrição apropriada do castigo (GOODELL, 1977; GREGORY, 2003a).

O campo acadêmico da comunicação de ciência

História

Contingências históricas e locais aplicam-se aos limites entre divulgação científica legítima e transgressora: no Reino Unido, a década de 1950 proporcionou um ambiente positivo para a divulgação científica; os anos de 1960 não tanto; e os anos de 1970 foram bastante arriscados, com a bandeira mantida hasteada por alguns poucos "cientistas visíveis" (BAUER et al., 1995; GOODELL, 1977). Os cientistas retiraram-se da esfera pública, que se tornou um espaço combativo para jornalistas e outros mediadores. Novos movimentos sociais surgiram para os direitos humanos, o meio ambiente, a saúde e a guerra, muitas vezes desafiando a autoridade científica com visões de mundo alternativas – que, nos termos do modelo dominante, os cientistas poderiam, então, ignorar como irrelevantes para a ciência (GREGORY & MILLER, 1998). Em 1969, o editor do *New England Journal of Medicine*, Franz Inglefinger, afirmou que nenhuma investigação poderia ser publicada em seu jornal se já houvesse sido exposta em público, e a prática se espalhou. Para os cientistas, que precisavam de publicações para assegurarem suas carreiras, e para os quais a interação com os jornalistas poderia ser preocupante, esta "Regra Inglefinger" forneceu um alívio bem-vindo das pressões da esfera pública (NELKIN, 1995).

O interesse acadêmico na comunicação de ciência foi esporádico e disperso antes da década de 1980. Na França, questões de *"la culture scientifique"* são uma característica de longa data do discurso sociológico e cultural (LASZLO, 1993; JURDANT, 1969, 1993; CARO, 1993); nos Estados Unidos, cursos de comunicação de ciência surgiram nas faculdades agrícolas para apoiarem a implementação de novas tecnologias agrícolas durante a Grande Depressão dos anos de 1930. No mundo inteiro, a comunicação de risco emergiu como um discurso técnico na década de 1970, em resposta a atritos sociais em torno da implantação de tecnologias, como a energia nuclear e as vacinações. Na década de 1980, cientistas do mundo anglófono e em outros lugares institucionalizaram preocupações crescentes com os custos de sua retirada da esfera pública, e exortaram-se mutuamente a se comunicarem com o público (p. ex., ROYAL SOCIETY, 1985). O frenesi subsequente da atividade da comunicação de ciência tem sido caracterizado como um novo movimento social: o movimento pela compreensão pública da ciência (CPC), ou, como se tornou conhecido nos Estados Unidos, a alfabetização científica. O movimento CPC foi dominado, pelo menos explicitamente, pela ideia de que o objetivo da comunicação de ciência é transferir conhecimento para o público (GREGORY & LOCK, 2008; LOCK, 2009).

Pesquisa

O movimento CPC deu um impulso à pesquisa em comunicação de ciência, especialmente em três áreas: conhecimentos e atitudes dos leigos sobre ciência; relações entre leigos e especialistas; e a quantidade e o caráter da cobertura midiática da ciência.

• Conhecimentos e atitudes do público

Pesquisas sobre o conhecimento e as atitudes do público em relação à ciência demonstram repetidamente que os leigos acertam muito poucas questões factuais sobre ciência (GREGORY, 2003b; BAUER, 2008). Isso alimentou o fogo sob a abordagem do "défice" da comunicação de ciência, apesar de pesquisas realizadas antes e depois de campanhas do movimento CPC mostrarem pouca diferença nos níveis de conhecimento do público sobre ciência. Lewenstein identificou que mais comunicação sobre ciência supostamente leva não apenas a um maior conhecimento entre o público, mas também a atitudes mais positivas em relação à ciência (LEWENSTEIN, 1993); análises de dados de pesquisa demostram que este não seja necessariamente o caso (BAUER, 2008). Estudos também demonstram que atitudes para com a ciência são raramente monolíticas: um indivíduo pode ser muito positivo em relação à terapia genética, mas se opor fortemente a alimentos geneticamente modificados, por exemplo (BAUER & GASKELL, 2002).

A controvérsia também versou sobre a adequação de pesquisas para medir a compreensão pública da ciência (BAUER, 2008), talvez em parte porque os resultados de pesquisas tendem a mostrar um público imune aos esforços do movimento CPC.

• A especialidade dos leigos

Em contraste com a pesquisa de opinião, a pesquisa qualitativa tem explorado as interações entre indivíduos ou pequenos grupos de leigos e especialistas (IRWIN & WYNNE, 1996). Ela identifica que, em áreas da ciência que lhes sejam relevantes e significativas, os leigos podem se tornar altamente especializados, e desenvolver as competências para se envolverem com fontes profissionais e empregarem ferramentas profissionais (IRWIN & WYNNE, 1996; EPSTEIN, 1996. Cf. tb. COLLINS & EVANS, 2007; DJURODIE, 2003). A pesquisa psicossocial explora o espaço que se caracteriza como vazio no modelo do déficit e aí encontra um mundo complexo e animado de representações pessoais e sociais da ciência, onde significados e símbolos da ciência e da tecnologia compartilhados possibilitam e expressam atitudes e respostas dos leigos (cf. cap. 7. Cf. tb. JOVCHELOVITCH, 2007; BAUER & GASKELL, 2002). Pesquisadores como Wynne e Stocking observam que a ignorância em relação à ciência pode ser ativamente construída e empregada por leigos de maneiras sofisticadas para fins sociais: por exemplo, no local de trabalho, a ignorância técnica pode ser um sinal de respeito por um colega especialista, e um paciente que não queira informações sobre o seu tratamento pode estar demonstrando confiança nas suas instituições de saúde (IRWIN & WYNNE, 1996; STOCKING, 1998).

• A cobertura midiática da ciência

Um tema forte no movimento CPC é uma preocupação com o fato de a cobertura midiática da ciência ser considerada escassa, sensacionalista e imprecisa (GREGORY & MILLER, 1998). Pesquisas analisaram histórias particulares de mídias de massa (como o "gene *gay*" ou a fusão a frio, ou temas como risco), assim como tendências mais amplas, de longo prazo na cobertura (p. ex., MILLER, 1995; LEWENSTEIN, 1995; HORNIG, 1993; BAUER et al., 1995); também exploram a produção de ciência nos meios de comunicação, observando a prática e os valores jornalísticos, assim como a utilização de fontes (HANSEN, 1994; ALLAN, 2002, 2009; BAUER & BUCCHI, 2009). A maioria dos estudos versa sobre noticiários e mídia impressa, embora alguns observem o conteúdo de ciência da televisão (GÖPFERT, 1996; HANSEN & DICKIN-SON, 1992).

Em geral, essa pesquisa demonstra que a quantidade de conteúdo científico nos meios de comunicação é maior do que as evidências sugerem, com variações coerentes com as pressões habituais sobre o espaço de notícias. Ciências e tecnologias específicas vêm e vão na cobertura de notícias, de acordo com o interesse político ou de negócios, ou com a relevância na esfera pública de um modo mais geral: por exemplo, Bauer observou a "medicalização" da mídia do Reino Unido, com as ciências biomédicas emergentes como o discurso público dominante das ciências do final do século XX (BAUER, 1998). Na TV, a história natural domina a cobertura de ciência, prestando-se facilmente a filmes (GÖPFERT, 1996; LEON, 2007).

Sobre a questão da precisão das notícias sobre ciência, "preciso" tornou-se um termo contestado. Queixosos sobre este ponto tendem a se referir à literatura profissional como o "padrão ouro"; pesquisas sugerem que o que seja identificado como imprecisão em reportagens sobre ciência fosse entendido como "ângulo", entre jornalistas, ou como "enquadramento", entre estudiosos da mídia, – isto é, ênfase dos aspectos de uma história que sejam os mais apropriados para o seu meio de comunicação de notícias e público, e sua reformulação em uma retórica apropriada (ALLAN, 2002, 2009).

Novos modelos, novos entendimentos

Todas as três áreas de pesquisa problematizam o modelo dominante e o do défice. Os estudos qualitativos de interação leigo-especialista elaboraram o "modelo contextual", no qual um conhecimento científico pessoalmente relevante, construído localmente, é gerado mais através da experiência de vida e do interesse pessoal do que a partir das emissões de cientistas. O modelo contextual, embutido nas relações sociais, define a ciência não apenas como conhecimento, mas também como uma instituição social, de modo que questões de autoridade, confiança e valores são significativas (IRWIN & WYNNE, 1996).

419

As deficiências identificadas por Hilgartner no "modelo dominante" foram diversas vezes abordadas. O *continuum* que falta é modelado por Bucchi (2004), cujo modelo consiste em uma série de lentes de diâmetro decrescente. A maior lente representa a comunicação entre especialistas; elas então diminuem ao longo do *continuum*, onde representam, por exemplo, materiais de treinamento, até a última, a menor lente, que é a comunicação pública. Bucchi explica:

> O objetivo é enfatizar a crescente solidez e simplificação adquiridas por um fato científico, nível após nível, até tornar-se como um navio em uma garrafa: para ser admirado pela sua perfeição, mas é impossível se relacionar com seus componentes originais (BUCCHI, 2004).

Lewenstein (1995) quebra o molde linear e considera as dimensões multidirecionais da comunicação de ciência e a versatilidade e independência dos seus atores. Seu estudo detalhado das alegações da "fusão a frio", de 1989, mostra não só o público e os jornalistas, mas também cientistas, desempenhando várias funções, interagindo em muitas direções e com uma variedade de meios de comunicação, coletando e transmitindo informações e comentários sobre ciência. Este "modelo de rede" mostra uma esfera complexa de interações na qual redes de instituições, ideias e atores produzem ciência e comunicação de ciência. A mídia de massa fornece a infraestrutura na qual essa variedade de comunicações pode proliferar, mas Lewenstein salienta:

> O modelo sugere que a análise do papel dos meios de comunicação na ciência não pode ser realizada isoladamente, mas deve ser uma análise da complexidade das interações entre todas as mídias (LEWENSTEIN, 1995).

O modelo de rede de Lewenstein é coerente com desenvolvimentos na principal corrente dos estudos de comunicação, no qual modelos de rede dominam a nossa compreensão das infraestruturas e comportamentos das comunicações contemporâneos, com a internet borrando funções e gêneros (LUHMANN, 1995; CASTELLS, 2000). Estas redes ligam o laboratório à revista ao comunicado de imprensa ao jornal à internet ao laboratório; ou o experimento mental à discussão de rádio ao filme de ficção científica a um departamento corporativo de pesquisa e desenvolvimento à TV comercial; e prosperam porque seus produtos são, em algum momento, consumidos em massa em um mercado global. A maioria das formas de vida coletiva nas sociedades tecnológicas tira proveito dessas redes, a ciência entre elas. Mas as redes estão abertas a diversos interesses, afastando-se assim o controle absoluto exercido por cientistas sobre a imagem pública da ciência, e tornando-se inevitável algum controle social mais amplo, não apenas da representação da ciência, mas também da própria ciência (WAGNER, 2009).

Gêneros de divulgação científica

A comunicação científica acontece em muitos meios de comunicação e fóruns populares, alguns dos quais só recentemente chamaram a atenção dos estudiosos. Em parte, a divulgação científica sofre com o descaso acadêmico oferecido a muitas formas de "baixa" cultura: filmes B, a "imprensa marrom" e feiras assombrosas entre elas (KIRBY, 2009; SCHMIDT KJAERGAARD, 2009). Estudos de comunicação de ciência sobre divulgações como estas também sofrem com a ênfase da comunicação de ciência na transferência de conhecimentos, e não se espera que desenhos animados, quadrinhos de super-heróis e jogos de computador sejam capazes de fazê-lo (LOCKE, 2005). O modelo dominante permite que esses gêneros sejam classificados como versando sobre outra coisa que não ciência.

Livros de divulgação científica têm recebido alguma atenção (TURNEY, 2007; LEWENSTEIN, 2009); o mesmo aconteceu com filmes relacionados a ciência (JONES, 1998; 2001; KIRBY, 2009; FLICKER, 2003). Imagens e estereótipos da ciência têm sido estudados, embora a mídia visual apresente desafios semelhantes aos pesquisadores de comunicação de ciência como o fazem aos estudantes de outras imagens (NIEMAN, 2001; HOWARD, 2007; FLICKER, 2003). A ficção científica tem sido mais estudada como gênero literário do que como forma de divulgação científica (LUCKHURST, 2005; ROBERTS, 2005).

Museus de ciência têm sido estudados como ambientes de comunicação de ciência (BICKNELL & FARMELO, 1993; SCHIE-

LE, 2008). O problema da representação da ciência através da sua cultura material tem sido particularmente controverso. Ao mesmo tempo, centros de ciência interativos, que usam modelos físicos que os visitantes podem usar para recriar experiências que ilustram princípios científicos têm sido criticados por descontextualizarem a ciência, separando-a tanto da história quanto da sociedade (GREGORY & MILLER, 1998). Estes centros de ciência costumam ser curriculares e prosperam graças a visitas escolares financiadas pelo Estado. São um bom exemplo de onde comunicação de ciência e educação formal interagem, e seu trabalho é muitas vezes rotulado como "educação informal".

Um gênero emergente para comunicadores de ciência profissionais é o comunicado de imprensa. Através dos anos de 1990, as instituições científicas desenvolveram uma valorização dos benefícios da cobertura da mídia, e encontraram formas de profissionalizar suas interações com os jornalistas. Agora, muito poucos institutos de pesquisa na Europa não têm uma assessoria de imprensa (GÖPFERT, 2007), que normalmente trabalha em estreita colaboração com as revistas que publicam pesquisas dos seus cientistas, coordenando os comunicados de imprensa e respeitando os embargos. Portanto, uma publicação em um jornal esotérico também pode significar uma exposição nos meios de comunicação de massa para um autor que traz, assim, o seu trabalho, a sua instituição e o seu jornal à atenção dos líderes de opinião, dos decisores políticos e do público, sem precisar sair do laboratório. O prestígio das revistas é agora medido, pelo menos em parte, pela quantidade de cobertura da mídia que são capazes de atrair.

O jornalismo baseado na internet que surge dos comunicados de imprensa de revistas internacionais de alto prestígio passou a dominar a reportagem de ciência, dando à cobertura de ciência uma uniformidade em meios de comunicação que, tradicionalmente, têm prosperado por serem diferentes uns dos outros. Esta homogeneidade preocupa alguns críticos que veem esta entrada gerencial de assessorias de imprensa como uma ameaça ao potencial democrático do jornalismo (GÖPFERT, 2007; KIERNAN, 2006; TRENCH, 2009). Ao mesmo tempo, a pesquisa científica é cada vez mais realizada em instituições privadas, como empresas, e suas notícias não são divulgadas em comunicados de imprensa a fim de protegê-las da concorrência; por isso está completamente isenta do escrutínio jornalístico (GREGORY et al., 2007).

Do "défice" ao "diálogo"

No século XXI, a comunicação de ciência está se adaptando a um mundo no qual as novas tecnologias de comunicação estão prejudicando as relações sociais hierárquicas tradicionais em favor de redes horizontais espontâneas e dinâmicas. Ao mesmo tempo, na Europa pós-Guerra Fria, a tendência política a escapar da dicotomia esquerda-direita em favor de uma abordagem baseada numa "terceira via" definiu o contexto para novas abordagens de muitos aspectos da vida social, inclusive as relações entre ciência e sociedade (ADONIS & MULGAN, 1994; GIDDENS, 1998). Um princípio importante da "terceira via" no Reino Unido foi o reforço da interação democrática entre o público e os políticos, e uma abordagem disso tem consistido em reconfigurar a comunicação de ciência como "consulta", "compromisso público" e "diálogo".

Nesta abordagem dialógica da comunicação de ciência, a ciência se torna um assunto de negociação entre grupos de interesse, dos quais apenas um compreende os próprios especialistas: no diálogo, o potencial não é tanto o de uma parte específica ter influência sobre outra, mas de todas as partes causarem e estarem sujeitas a mudança (cf. cap. 2). O conteúdo canônico da ciência não está aberto a negociação, ou a ser modificado por leigos; em vez disso, o diálogo se refere a questões políticas, valores e preferências pessoais. (Há semelhanças aqui com a visão de Vygotsky acerca da orientação educacional [cf. cap. 1], onde esse tipo de diálogo compartilhado [mediação] é necessário na aprendizagem, embora a validade dos próprios conceitos científicos não esteja aberta a questionamento.) A interação médico-paciente não consiste tanto em um médico dizer a um paciente acerca da sua condição e qual tratamento receberá quanto em médico e paciente partilharem sua experiência da condição clínica do paciente, e o paciente usar fontes públicas, como a internet, e de ambos resolverem juntos quais opções de tratamento possam ser melhores. Esta situação pode ser desconfortável: as fronteiras que delimitam a ciência do público, palestrantes de ouvintes, e a ciência profissional da comunicação de ciência, têm sido trabalhadas a partir de ambos os lados, e muitos interesses são servidos em mantê-las exatamente onde estão. Assim, apesar do potencial democrático da comunicação dialógica (um tema presente nos cap. 2 e 6), e assim como a comunicação tradicional de ciência, a agenda é invariavelmente definida pelos atores mais poderosos; e os participantes correm o risco de encontrarem um processo de definição de agenda e facilitação que mais parece gestão de máfia do que cidadania melhorada. Para alguns críticos, estes exercícios, que são muitas vezes rotulados como "compromisso público", são uma forma educada, mas diminuída de democracia comparados aos protestos de rua e às campanhas populares que são muitas vezes concebidos para prevenir (ELAM & BERTILSSON, 2003; LEVIDOW, 2007; LEZUAN & SONERYD, 2007). Este aspecto gerencial explica por que os compromissos públicos muitas vezes são organizados e experimentados como exercícios de relações públicas (BEDER, 1999; GREGORY et al., 2008).

Um foco importante do compromisso público patrocinado pelo governo do Reino Unido tem sido as tecnologias próximas do mercado, como a nanotecnologia e o cultivo de organismos geneticamente modificados (STILGOE, 2007; THORPE & GREGORY, 2010). Em um mercado global, com uma economia dependente de inovação, o público serve não apenas como os trabalhadores dos primórdios da era industrial, mas também como consumidores de produtos, e como cidadãos de uma comunidade global na qual as inovações e a ciência que as produz devem ser acomodadas. O compromisso público com as tecnologias emergentes lhes dá "um lugar na vida" (LAZZARATO, 1996), transformando a possível ciência futura em senso comum, e tanto os mercados quanto os públicos emergem prontos para a inovação. Através de conversas, promessas de novas tecnologias se tornam, elas mesmas, produtos, e, suscitando esperanças e medos, fazem um trabalho afetivo para envolver os leigos com a ciência (THORPE & GREGORY, 2010). Este trabalho afetivo desloca a racionalidade do discurso cientificista tradicional e dispensa conteúdos cognitivos, tais como fatos; e é feito com mais força pelos meios de comunicação e gêneros que empregam imagem visual e trilha sonora. (Esta dimensão afetiva da comunicação não deve ser ignorada; cf. o cap. 10 sobre retórica e o cap. 11 sobre a Teoria da Evolução.) Mellor

(2009) o inclui entre os "pressupostos da divulgação científica" quando defende o potencial da análise semiótica na pesquisa sobre comunicação de ciência.

Esta situação está longe dos contextos representados pelo modelo dominante de comunicação de ciência e pelo modelo do défice da compreensão pública da ciência. Os cientistas não se distinguem dos leigos no compromisso público: eles também são cidadãos da economia da inovação; e sua experiência não é tão especial quando o diálogo incide não sobre o conteúdo de conhecimento da ciência, mas sobre emoções, valores e promessas. Inovação exige e cria mudança social, e diálogo envolve interação social, de modo que compromissos públicos acerca de tecnologias emergentes são fornecidos por cientistas sociais. Quando as fortunas da economia da inovação estão em jogo, a comunicação de ciência não versa sobre a ciência, mas sobre a sociedade (THORPE & GREGORY, 2010).

Conclusões

Neste ponto, vale a pena dar outra olhada nas citações do início deste capítulo. Desde meio século atrás, as palavras do jornalista científico William Laurance resumem o "modelo dominante" da comunicação de ciência, projetando os cientistas como deuses no alto de uma montanha, cujo "fogo" os escritores de ciência "desceram até o povo". Este modelo está profundamente enraizado na cultura científica e continua sendo, para os cientistas, o "senso comum" da comunicação de ciência. Na virada do século XXI, porém, no mundo anglófono, pelo menos, os deuses tinham sido persuadidos a deixarem sua montanha para descerem até as pessoas comuns, pelo menos ocasionalmente, para entrar em comunicação dialógica com o público, especialmente sobre questões políticas de significado econômico; e os cientistas, muitos agora no setor comercial, estão adotando – e exortando uns aos outros a adotarem – estratégias de comunicação de estilo corporativo, como relações públicas. A comunicação de ciência não mudou tanto quanto se diversificou: não versa apenas sobre a transferência dos fatos da ciência dos cientistas para os leigos, a fim de alcançarem configurações específicas de relações sociais; versa também sobre abordagens diretas das relações sociais da ciência, sem recurso ao conteúdo fatual, através do conteúdo afetivo de mensagens sobre o valor, as promessas e os usos da ciência. O afeto viaja facilmente nos meios de comunicação, e é mais favorável ao consumo de massa do que os fatos. Na "sociedade em rede", onde as redes funcionam em "banda larga", em vários modos, e funções e limites são tênues, a comunicação de ciência serve não apenas aos interesses tradicionais da ciência como profissão, mas também aos interesses de governos, empresas e instituições de mídia; bem como àqueles do público que, como legitimadores, sujeitos, clientes e cidadãos de uma sociedade científica também inscrevem e enquadram uma cultura científica popular emergente que continua variamente a desafiar, explorar e desfrutar da hegemonia epistemológica e ideológica dos cientistas sobre o mundo natural.

GLOSSÁRIO

Abordagem CAC (Conhecimento + Atitudes = Comportamento): Trata-se do modelo implícito de comportamento saudável subjacente a muitas campanhas de saúde baseadas em informação: consiste na suposição de que se uma pessoa tiver informação acerca de um risco para a saúde e uma atitude negativa em relação a isso, ele/ela formará a intenção de se comportar de maneira a reduzir esse risco, com mudança de comportamento muitas vezes seguida de intenções de mudança de comportamento.

Ação coletiva: Forma de ativismo na qual grupos de pessoas trabalham em conjunto para melhorar, desafiar ou resistir a impactos de circunstâncias sociais individuais, comunitárias ou mais amplas que coloquem sua saúde em risco.

Ação comunicativa: Termo usado por Habermas para referir-se a um modo "dialógico" de comunicação orientado para o entendimento e o acordo intersubjetivo. Para ele, a ação comunicativa é a base da existência humana cooperativa. Visa chegar a um consenso entre o falante e o ouvinte, ou sublinha e articula um dado acordo. A ação comunicativa pode ser amplamente entendida como toda interação linguisticamente mediada, na qual os participantes buscam conjuntamente compreensão mútua.

Ação estratégica: Conceito desenvolvido por Habermas para se referir a um modo instrumental de comunicação orientado para a obtenção de vantagem pessoal. Para ele, a ação estratégica é uma forma "monológica" deficiente de ação social na qual o outro não é reconhecido como parceiro de comunicação, mas é apenas usado como ferramenta para alcançar os próprios objetivos. A ação estratégica pode ser entendida em sentido amplo como qualquer interação linguisticamente mediada na qual pelo menos um participante seja movido por cálculos egocêntricos de sucesso direcionados para efeitos perlocutórios.

Acomodação: Na psicologia do desenvolvimento, acomodação refere-se à operação cognitiva na qual novas experiências não podem ser simplesmente assimiladas pelas estruturas de entendimento existentes, mas necessitam da construção de estruturas completamente novas. Em estudos de influência social, acomodação refere-se ao processo no qual a maioria aceita a opinião da minoria, resultando em uma alteração ou inovação do pensamento dominante.

Adaptação: Característica de uma espécie, herdada e desenvolvida de maneira confiável, que evoluiu através da seleção natural, porque ajudou a resolver (direta ou indiretamente) um problema de sobrevivência e/ou reprodução durante o período de sua evolução.

Adoção de perspectiva: Processo cognitivo, psicológico e social no qual interlocutores compreendem que os outros têm mentes e perspectivas próprias que precisam ser reconhecidas e consideradas. A adoção de perspectiva é central no desenvolvimento do *self*, da mente e da comunidade.

Aprendizagem ideal: Para Vygotsky, a única aprendizagem que é verdadeiramente uma aprendizagem produtiva acontece antes do desenvolvimento. Ou seja, a aprendizagem *leva* ao desenvolvimento. Uma criança não precisa estar cognitivamente já desenvolvida para aprender; em vez disso, a própria aprendizagem leva ao desenvolvimento cognitivo. Este tipo de aprendizagem ocorre na zona de desenvolvimento proximal, através da mediação.

Aquiescência [*compliance*]: Ato de ceder a uma expectativa normativa com base em sua legitimidade ou para evitar consequências negativas.

Argumentação deliberativa: Um dos três gêneros da retórica clássica, as declarações deliberativas estão preocupadas com o futuro e se dirigem a uma audiência de tomadores de decisão que vá tomar ou, pelo menos legitimar, uma decisão. O objetivo nas declarações deliberativas é exortar ou dissuadir um curso de ação futuro.

Argumentação judicial: Um dos três gêneros de retórica clássica, as declarações judiciais estão preocupadas com acontecimentos passados; a retórica judicial acusa e/ou defende perante um juiz ou um júri na busca por justiça.

Argumento: Característica do *logos* na retórica clássica, consistente no alcance de uma conclusão convincente com base em dedução ou indução.

Assimilação: Nos termos da psicologia do desenvolvimento, assimilação refere-se à operação cognitiva de instalação de novas experiências em estruturas de entendimento existentes. Em estudos de influência social, a assimilação refere-se ao processo pelo qual uma minoria aceita a opinião da maioria e junta-se ao pensamento dominante.

Atitude: Relação psicológica com um determinado objeto de conhecimento. É medida pelo posicionamento avaliativo de uma pessoa em uma escala em relação a um objeto de atitude. A aplicação de valores abstratos a um objeto concreto resulta em uma atitude. Atitudes incluem uma imagem de, e uma disposição a se aproximar do objeto ou evitá-lo.

Atos de fala: Os atos praticados através da fala; nas obras de Austin, Searle e Habermas a noção de atos de fala refere-se ao fato de as nossas elocuções serem ações, ou seja, quando dizemos algo *fazemos* alguma coisa.

Audiência: Grupo receptor ou destinatário de uma determinada comunicação. O estudo da retórica salienta que este grupo tem certas expectativas e características, e que a audiência é, em muitos aspectos, efetivamente uma projeção do falante.

Autoapresentação: Esforços que os indivíduos fazem para regular seu comportamento a fim de criar (geralmente) impressões positivas nos outros. A autoapresentação torna-se importante especialmente durante encontros com outras pessoas cujas opiniões contam.

Besteira: A comunicação informal que não esteja preocupada com o valor de verdade do enunciado – alguém que se envolve em uma partilha de besteiras o faz sem se preocupar com a veracidade do que está dizendo (FRANKFURT, 2005). A besteira não é deliberada ou necessariamente falsa, porque nem verdade nem falsidade são necessárias.

Boato: Cadeia de transmissão de ideias que tenta interpretar um objeto, evento ou problema ambíguo ou provocador de ansiedade,

429

que contenha conteúdo não verificado e carregado de emoção, gerado coletivamente através de modos de comunicação informal.

Campanhas de saúde, mediadas: Esforços para apoiar comportamentos saudáveis e comunidades saudáveis, utilizando-se meios de comunicação, como rádio, televisão, imprensa e internet.

Capital social: Rede durável de relações intergrupais socialmente vantajosas.

Codificação-decodificação: No estudo das representações, codificação-decodificação refere-se ao processo circular pelo qual a comunicação de massa é imprimida com significados (códigos) e lida através dos significados importantes para diferentes audiências. Muitas vezes existe uma "falta de ajuste" entre os processos de codificação (ou a produção de comunicações) e decodificação (a recepção e interpretação das comunicações). Ambos os processos se alimentam, e, às vezes, desafiam-se mutuamente. A codificação-decodificação ocorre em diferentes gêneros comunicativos:

Difusão: Anexar novas ideias a conhecimento familiar de uma maneira aparentemente neutra, caracterizada pela inteligência cética. Poucas tentativas óbvias de confirmar ou negar novas ideias são feitas.

Propagação: Associação do desconhecido a crenças particulares estabelecidas por autoridades centrais (como a Igreja). Funciona como um sistema de acomodação, já que novas ideias são adaptadas para se adequarem às práticas correntes de grupos particulares.

Propaganda: Trata-se da manipulação ideológica de novas ideias de modo a apoiar e defender os interesses políticos e a identidade de determinado grupo (como um partido político) e assim denegrir as crenças e os valores de outros.

As noções de codificação e decodificação também são importantes em uma tradição muito diferente da psicologia social, ou seja, o estudo da comunicação não verbal. As noções de codificação e decodificação aqui chamam atenção para como os indivíduos percebem, interpretam ou entendem comportamentos não verbais ou comunicação e como indivíduos expressam comportamentos não verbais.

Comportamento não verbal: Uma ampla gama de comportamentos corporais que podem ser interpretados como mensagens ou atos comunicativos; o comportamento não verbal inclui o uso do rosto e dos olhos, da voz e de todo o corpo, assim como a utilização corporal do espaço e do tempo.

Composição: Uma das cinco faculdades da retórica clássica, a composição refere-se à estrutura do discurso persuasivo e ao fator de continuidade através do começo, meio e fim de um discurso público ou de um escrito.

Comprometimento público: Uma forma dialógica de comunicação de ciência na qual especialistas e leigos negociam os valores, as promessas e as aplicações da ciência.

Comunicação egocêntrica: Trata-se da ideia de que as pessoas não tentam regularmente levar em conta os estados mentais das outras pessoas durante uma conversa, e que, mesmo quando tentam fazê-lo, não são muito bem-sucedidas. Isto contrasta com a capacidade de pensar sobre essas coisas de maneira reflexiva, separadamente do processo de comunicação.

Comunicação em saúde: Formas de comunicação que capacitam as pessoas para assumirem o controle da sua saúde, através da promoção de um ou mais dos seguintes procedimentos: mudança para comportamento saudável, acesso adequado de serviços e suporte relacionados com a saúde, desenvolvimento de capital social que promova a saúde, facilitação de ação coletiva para eliminar obstáculos à saúde e desenvolvimento de políticas sociais em saúde (nos níveis local, nacional e/ou global de influência).

Comunicação fática: Formas aparentemente redundantes de comunicação nas quais nenhuma informação é aprendida, nenhum novo conhecimento adquirido, mas que, todavia, funcionam para manter ou ampliar um vínculo social, manter canais de comunicação abertos e eficazes.

Comunicação não verbal: Processo através do qual uma pessoa simula o significado na mente de outra pessoa através de um comportamento não verbal. Tão logo outra pessoa interpreta esse comportamento como mensagem, e lhe atribui significado, o comportamento não verbal se torna comunicação não verbal.

Comunidade: Pressuposto da vida humana, que tanto é permitida quanto moldada por uma variedade de práticas de comunicação. Segundo Habermas, a "comunidade comunicativa real", onde a comunicação, a ação e a interação cotidianas acontecem,

431

tem que ser diferenciada da "comunidade comunicativa ideal" ou da "situação de fala ideal". Esta última fornece tanto a meta da comunicação livre, igual e sem restrições quanto o critério para a avaliação da comunicação fatual ou real.

Conceitos científicos (escolarizados): Conceitos abstratos que se aprende através da instrução (como no caso de ambientes escolares formais), não devem ser confundidos com os conceitos espontâneos que derivam da experiência cotidiana. "Científico" aqui se refere não ao conteúdo temático, mas sim a conceitos (como os de geometria ou física) que é preciso ter sido ensinado para se adquirir.

Confiança política: Crença em que funcionários do governo e instituições relacionadas trabalham pelo bem comum, que os serviços públicos são confiáveis e ágeis, e que, se necessário, o governo pode intervir efetivamente quando os problemas forem tão grandes que ultrapassem a capacidade de indivíduos ou organizações resolvê-los por conta própria.

Confiança social: Crença de que o mundo é um lugar geralmente benigno e que as outras pessoas são geralmente bem motivadas. A confiança social ajuda a aliviar preocupações que os indivíduos tenham de que outros na sociedade simplesmente perseguem seus próprios interesses estritos em vez de trabalharem para um bem maior, e, portanto, é necessária para o comportamento e a ação coletivos.

Conformidade: Ato, de um indivíduo ou de um grupo, de mudar uma percepção, opinião, atitude, crença e/ou comportamento para se alinhar a opiniões, atitudes, crenças e comportamentos predominantes de um grupo dominante (influência majoritária).

Conscientização: Desenvolvimento da consciência crítica ou do pensamento crítico (traduzido do português *conscientização*), no qual a consciência se estende além da apreciação dos fatos a sua avaliação crítica dentro de um sistema de relações. A conscientização não pode ser alcançada individualmente, mas apenas através de um processo social – o diálogo.

Construção de nicho cultural: Os seres humanos ocupam um nicho ecológico especial – um "nicho cultural". A construção de nicho se refere aos processos através dos quais organismos constroem e modificam seus ambientes e, assim, alteram as pressões de seleção às quais os seus descendentes estão expostos. Como os processos culturais operam mais rápido do que a seleção natural, tem-se argumentado que a cultura tem aumentado consideravelmente a capacidade de construção de nicho dos seres humanos e tem desempenhado um papel fundamental na evolução humana.

Contextos comunitários promotores de saúde: Ambientes sociais que permitem e apoiam a probabilidade de que os membros da comunidade se comportem de maneiras que promovam a saúde.

Contraintuição mínima: Representações que sejam amplamente intuitivas ou esquemáticas, mas que incorporem a negação de uma expectativa específica associada a uma categoria. Porque são apenas minimamente contraintuitivas (ou seja, não bizarras ou maximamente contraintuitivas), geram alta atividade interpretativa. A incerteza nessas representações pode ser resolvida por emoções relevantes. Boyer (2003) sugeriu que tais representações são a marca registrada das crenças religiosas; sugerimos que padrões semelhantes também podem estar em jogo no boato.

Conversão: Em teorias da influência social, conversão refere-se à mudança de crenças, opiniões, cognições, comportamentos ou costumes por membros de um grupo dominante para se alinharem com uma minoria.

Crença: Proposição, declaração ou doutrina mantida por um ou mais indivíduos.

Cultura: (1) Na tradição das representações sociais, cultura refere-se a um amplo conjunto de valores, ideias e práticas (ou seja, uma rede de representações) que define um determinado grupo ou comunidade, como a comunidade britânica ou uma comunidade estudantil. A cultura é, portanto, produzida e defendida nas práticas comunicativas. (2) Em pesquisas sobre comunicação não verbal, a forma dominante de cultura exibida é a "cultura nacional" (p. ex., as culturas britânica, norte-americana, japonesa). A comunicação intercultural, intracultural ou transcultural ocorre entre indivíduos de diferentes culturas nacionais. É importante salientar, no entanto, que há variações técnicas de comunicação, tais como a subcultural (diferentes grupos que partilham características de uma cultura geral) e a interétnica (indivíduos da mesma raça, mas de diferentes etnias). (3) Desde uma perspectiva evolucionária, a cultura é um conjunto adquirido e padronizado de crenças, práticas e artefatos amplamente partilhado por um grupo ou comunidade, disseminado em grupos etários ou colegiais, e transmitido com variação limitada através das gerações. A cultura simbólica pode, portanto, atuar como um recurso externo ou off-line para a cognição, que serve como meio de alcançar fins adaptativos relativos a relações sociais.

Definição de agenda: Ao dar atenção a algumas questões em detrimento de outras, a mídia influencia o que o público percebe como sendo os problemas sociais mais prementes e mais importantes.

Deixa, signos e sinais: Os animais (inclusive os humanos) comunicam-se de três maneiras principais. As deixas estão associadas a qualidades duradouras do fenótipo de uma espécie, projetadas para serem informativas, e não impõem qualquer custo imediato para o animal. Os signos são respostas contingentes para aspectos do ambiente, projetados para serem informativos, podem ser ligados ou desligados, e têm um custo para o organismo. Os sinais, ao contrário das deixas e dos signos, não têm o objetivo de transmitirem informação, mas são tratados como informativos pelos outros.

Deliberação: Discussão fundamentada e de mente aberta da qual se espera que aumente a tolerância em relação aos pontos de vista opostos, aprofunde a consciência e a compreensão das próprias preferências políticas, aumente a participação na vida cívica e política, promova uma maior eficácia e confiança social, e aumente a eficiência e a eficácia das decisões políticas.

Desvio: No estudo da influência social, desvio refere-se a um ato ou comportamento que viola as normas de grupo prevalecentes.

Diálogo: conversa recíproca entre dois ou mais atores que implica uma contínua comunicação mútua na qual *ambos* os atores aprendem e são modificados pelo processo (em oposição ao *antidiálogo*, que se caracteriza por monólogo, relações verticais, manipulação, objetificação, invasão cultural e domesticação, ao invés de transformação). Para Freire, o diálogo consiste em "dedicar-se à constante transformação da realidade" (1974/2005, p. 104).

Diferença cultural: Trata-se da construção ideológica de diferenças entre culturas. Frequentemente leva a estereótipos sobre "nós" e "eles" e a avaliações que apresentam certas culturas como superiores. Na prática, quando examinamos as diferenças culturais, muitas vezes descobrimos que existem mais semelhanças do que diferenças entre as culturas, e por isso é difícil separar culturas como sendo distintas.

Discurso cheio: Tipo de discurso capaz de produzir efeitos inconscientes imprevistos de verdade e efetuar mudanças nos falantes. Mais especificamente, o discurso cheio transforma o falante no ato de fala, e usualmente envolve aspectos daquilo "que não se tinha a intenção de dizer". Não só o discurso cheio estabelece uma nova relação com a verdade, ele também estabelece uma *nova ordem de relacionamento entre eu e meus outros/Outros interlocutores.*

Discurso fundador: Trata-se do "efeito de emparelhamento" de formas recíprocas de nomeação que envolvem a interdependência dos atos de fala, como no caso de se proferir "você é minha esposa", que me localiza em um papel e uma posição simbólica em relação à pessoa da qual estou falando. É importante ressaltar que essas formas de autodesignação implicam sempre referência a um outro, e ao Outro.

Discurso laudatório: Um dos três gêneros da retórica clássica, declarações laudatórias estão preocupadas sobretudo com o presente. Ao celebrar, elogiar ou censurar dados acontecimentos ou pessoas, o falante agrada (entretém) ou reforça as aspirações (discurso moral, conduta de honra) da sua audiência.

Discurso vazio: A função imaginária primordial do discurso vazio é afirmar e comprovar imagens que o sujeito tem de si mesmo, para mobilizar defesas contra ouvir o que se revelaria demasiadamente perturbador. Trata-se de uma maneira de emprestar consistência a um ego; a fala aqui é um projeto de construção de si imaginária. A capacidade de construir imagem do discurso vazio afasta o sujeito de verdades difíceis e introduz distorções sistêmicas nas comunicações do sujeito.

Divulgação científica: Consiste nos produtos de comunicação de ciência; isto é, da comunicação de ciência para leigos.

Doxa: Opinião ou parecer não fundamentado; consciência da presença de coisas ou fenômenos sem uma percepção crítica deles (em oposição ao *logos*, conhecimento baseado em evidências e reflexão).

Educação: Para Freire, a educação é "comunicação e diálogo" (1974/2005, p. 126), e requer que ambos os interlocutores no processo (o educador e o educando) busquem o conhecimento, em vez de simplesmente uma pessoa estender a informação para a outra. O papel do educador é "tentar avançar na direção de uma nova maneira de pensar, tanto no educador quanto no educando, através da relação dialógica entre ambos" (FREIRE, 1974/2005, p. 112).

Efeito da lacuna de conhecimento: Trata-se da tendência da informação dos meios de comunicação a ser mais facilmente adquirida por segmentos da população com maior nível socioeconômico e mais educação.

Efeito de mídia hostil: Tendência dos indivíduos que sintam fortemente a respeito de uma questão a verem a cobertura da mídia sobre essa questão – independentemente do seu conteúdo objetivo – como tendenciosa ou "hostil" em relação a sua posição.

Egocêntrico/egocentrismo: Nos termos da psicologia do desenvolvimento, o termo "egocêntrico" refere-se à incapacidade das crianças de verem o mundo a partir da perspectiva de outra pessoa. Egocentrismo mais geralmente se refere a uma disposição mental que resulta em uma incapacidade de levar em conta a perspectiva dos outros. Uma má comunicação entre os interlocutores pode resultar de uma "falta egocêntrica".

Engano: Comunicação de informação errada ao receptor a fim de alcançar fins específicos benéficos para o comunicador e possivelmente custosos para o receptor.

Enquadramento: Trata-se da tendência dos meios de comunicação e dos atores políticos a se concentrarem em apenas certas dimensões de uma questão complexa, ignorando outras. Este "enquadramento" seletivo comunica por que a questão é importante; quem ou o que pode ser responsabilizado; e o que deveria ser feito em termos de ação.

Entretenimento educacional: Inserção intencional de conteúdo educacional em entretenimento comunicado através de meios de comunicação, incluindo televisão, rádio, música ou teatro.

Epidemiologia cultural: Teoria segundo a qual a propagação de ideias culturais é análoga ao contágio de doenças. As ideias mais contagiosas podem ter qualidades psicológicas específicas, que suscitam níveis elevados de atividade interpretativa, uma vez que são inferencialmente indeterminadas. Estão mais propensas a serem comunicadas e retidas (SPERBER, 1996).

Esfera pública: A arena das sociedades modernas onde as posições majoritárias e minoritárias são projetadas e a influência mútua é exercida e protegida nos termos da "liberdade de expressão" constitucional.

Espaços sociais de transformação: Ambientes sociais de apoio nos quais as pessoas são capazes de se envolverem em um diálogo crítico com colegas de confiança – que, idealmente, levam ao desenvolvimento de entendimentos acionáveis de obstáculos a sua saúde e bem-estar, e estratégias para combatê-los nos níveis individual, comunitário ou macrossocial.

Esquema: Representação mental de informações padrão sobre um tipo de pessoa, objeto, situação ou evento. Considera-se que a sua utilização no pensamento envolva um rápido processo de categorização para relacionar uma instância específica de uma pessoa, objeto ou situação ao seu tipo geral e resultar em inferências sobre essa instância com base nas propriedades padrão do tipo. O processamento esquemático suporta uma forma de economia cognitiva, mas pode gerar erros e distorções.

Estilo: Uma das características da composição e do arranjo retóricos. Noções de estilos regulam o uso de *tropos* e discurso figurativo.

Estratégias de comunicação em saúde: Incluem campanhas de educação sanitária didáticas que têm como alvo grupos vulneráveis com informações sobre riscos à saúde; abordagens de fortalecimento comunitário que visam promover a participação social pela saúde em comunidades vulneráveis; e abordagens de defesa da saúde que têm como alvo decisores poderosos que tenham poder econômico e/ou político para enfrentar e transformar ambientes sociais insalubres.

Ethos: Um dos meios clássicos da retórica, o *ethos* incide sobre a credibilidade do orador. A credibilidade do orador convence com base na personalidade e/ou competências (prudência, boa vontade e virtudes) que encarnam as aspirações da comunidade moral a qual ele ou ela se dirige.

Extensão: Trata-se da transferência de conhecimento e habilidades científicas. Freire, ao criticar os programas de extensão rural no Brasil, considera a extensão como equivalente à invasão cultural através da imposição de uma visão particular do mundo.

Fofoca: Caso ou gênero especial de boato, no qual as pessoas trocam pontos de vista avaliativos potencialmente infundados sobre uma parte ausente, muitas vezes impulsionados por motivações emocionais, com a função de promover o controle social normativo e comparação social em geral.

Funções cognitivas elementares: Funções cognitivas inatas que partilhamos com os animais, compostas pelos processos "naturais" de atenção reativa, memória associativa e pensamento sensório-motor.

Funções cognitivas superiores: Funções cognitivas exclusivamente humanas, que se originam na interação social e são produtos de mediação. Vygotsky reúne aqui "processos de controle dos meios externos de desenvolvimento cultural e cognição, por exemplo, a linguagem, a escrita, a contagem" e processos tais como "atenção seletiva, memória lógica, formação de conceito" (VYGOTSKY, apud RIEBER & ROBINSON, 2004, p. 550).

Gênero: Padrão rotineiro de comunicação que tem regras implícitas, culturalmente sancionadas, que regem a maneira adequada de se envolver nesse tipo de comunicação, com quem e com quais consequências.

Gerenciamento de impressão: Consiste nas táticas e estratégias que os indivíduos adotam para alcançar uma autoapresentação positiva (p. ex., vestir-se adequadamente para uma entrevista de emprego).

Identidade social: Os aspectos do autoconceito de uma pessoa que surgem a partir de sua associação a vários grupos sociais.

Identidade: Consciência que um indivíduo tem de quem seja em relação aos outros ao seu redor. Incorpora simultaneamente um sentimento de pertença e conhecimento compartilhado e um senso de diferença e individualidade. Diferentes formas de identidade e, portanto, diferentes tipos de grupos sociais levam a diferentes gêneros comunicativos.

Ideologia: Sistema de representações hegemônicas que sustentam a ordem cultural dominante. É, portanto, útil examinar as maneiras pelas quais as práticas comunicativas operam ideologicamente através da manipulação sistemática de conhecimento a serviço do poder e da defesa de relações sociais desiguais.

Ilocução: É o ato realizado ao dizer alguma coisa (p. ex., fazer um pedido de desculpas, uma observação, uma aposta, uma promessa etc.). Ao invés de enfocar o conteúdo do que foi dito, estamos aqui preocupados com o que o ato de dizer alguma coisa faz, como uma situação é alterada em virtude do ato de fala.

Imaginário: Trata-se do domínio da intersubjetividade interindividual que serve o ego e funciona para consolidar as imagens que os sujeitos usam para se justificarem. O imaginário tanto é caracterizado pelo amor-próprio do ego quanto por um potencial ilimitado para a rivalidade e o conflito agressivo.

Imitação: Trata-se do processo de copiar as ações de outra pessoa, tanto no comportamento quanto na intenção.

Influência informacional: Influência provocada através de novas informações. A influência informacional é contrastada com a influência normativa.

Influência normativa: Influência provocada através do recurso a normas e ameaça de sanções dentro de um determinado grupo. A influência normativa é contrastada com a influência informacional.

Influência social: Termo genérico para todas as modalidades pelas quais uma pessoa ou um coletivo permite e restringe as crenças, valores, atitudes, opiniões ou comportamentos dos outros, sem o uso de violência, autoridade externa ou suborno. A influência social é frequentemente identificada com um "poder suave".

Inovação: Em estudos da influência social, inovação refere-se a uma nova crença, opinião, atitude ou comportamento que tenha sido introduzido em um sistema social onde não existia anteriormente.

Intenção coletiva: Intenções conjuntas ou coletivas situam mais de um indivíduo como sujeito ou agente de uma atividade ou crença (p. ex., "pretendemos"), e têm uma qualidade normativa, que compromete os membros do "nós" a agir ou pensar de uma maneira acordada. A relação entre intenções coletivas e intenções individuais é questão de debate.

Internalização: Trata-se da reconstrução psicológica de uma ação ou operação externa. Uma vez que esta operação cognitiva tenha ocorrido, processos internos podem ser externalizados na ação.

Interpretação carregada de afeto: A ideia de que a representação e a interpretação de significados estão imbuídas de, e são guiadas por estados emocionais e motivacionais.

Intersubjetividade: Trata-se do espaço relacional entre as pessoas.

Invenção: Uma das cinco faculdades da retórica clássica, a invenção ou criatividade é crucial para se encontrar os melhores meios possíveis de persuasão em qualquer dada situação. Classicamente, a invenção inclui as três provas básicas do *logos*, do *ethos* e do *pathos*.

Jogos de linguagem: Trata-se do conjunto de regras informais, cotidianas, embutido na linguagem comum utilizada por falantes de qualquer comunidade. A noção foi introduzida por Wittgenstein para resolver o problema do significado na linguagem ordinária. O significado de palavras ou proposições só pode ser entendido em relação aos jogos de linguagem que orientam os contextos da vida real no qual as palavras são usadas.

Jornalismo cívico (também chamado de jornalismo público e jornalismo cidadão): Estilo jornalístico no qual as notícias são produzidas através da colaboração de jornalistas e membros do público.

Jornalismo de conversação: Estilo jornalístico que concebe a comunicação como o desenvolvimento de interpretações socialmente construídas de situações complexas e multifacetadas. O ideal é que tais construções resultem de diálogo e de colaboração entre os jornalistas e uma ampla gama de partes interessadas, incluindo não só os profissionais de saúde, líderes e formuladores de políticas, mas também as vozes de grupos marginalizados tradicionalmente excluídos da esfera pública dominante, em particular contextos sociais. Esta abordagem é frequentemente associada com uma ênfase sobre os determinantes sociais e políticas de saúde.

Jornalismo de informação: Estilo jornalístico que concebe a reportagem como a apresentação neutra e isenta de valores de fatos objetivos. Questões de saúde tendem a ser enquadradas principalmente como preocupações individuais, muitas vezes no contexto de compreensões biomédicas de saúde e doença.

Jornalismo, em rede: Trata-se da construção de notícias através da colaboração de jornalistas profissionais e leigos – possibilitada principalmente pela tecnologia digital, tais como fóruns on-line de opinião, blogs e sites de compartilhamento de vídeo.

Liderança: Em estudos de influência social, liderança refere-se ao exercício de autoridade e direção por um indivíduo ou grupo sobre um grupo social maior.

Locução: Trata-se do ato de dizer algo (ou seja, fazer um enunciado). Na Teoria dos Atos de Fala, locução se refere à dimensão constativa de um ato de fala, que é o conteúdo de um determinado ato de fala, que descreve um estado de coisas no mundo.

Logos: Um dos meios clássicos da retórica, *logos* diz respeito à força de um argumento desenvolvido, quer sob a forma de dedução a partir de premissas plausíveis ou sob a forma de indução a partir de um exemplo, ou de tipo histórico ou ficcional. O foco no *logos* decorre da ideia de uma retórica científica.

Maioria: Trata-se do grupo social numericamente maior ou dominante em um sistema social.

Méconnaissance: Trata-se das distorções sistemáticas pelas quais o ego ouve com base no que já é "conhecido" por, ou do que é reflexo dos, seus próprios interesses. A *méconnaissance* implica a função imaginária da *compreensão imediata,* a atribuição de significados egocentrados como principais meios de compreensão.

Mediação: Conceito fundamental na Teoria do Desenvolvimento Cognitivo de Vygotsky, a mediação refere-se a uma atividade estruturada, que auxilia na transformação das funções cognitivas elementares em funções cognitivas superiores. É por meio da mediação que se é capaz de se apropriar de ferramentas psicológicas, tais como conceitos científicos ou "escolarizados", que alguém seria incapaz de desenvolver por conta própria. Para Cole, a mediação se refere ao "duplo processo de formar e ser formado através da cultura" (1996, p. 103).

Memória: Uma capacidade cognitiva que constitua a base da identidade humana no nível pessoal e coletivo. Algumas teorias culturais fazem uma distinção entre "memória comunicativa" e "memória cultural". Enquanto a primeira está perto da vida cotidiana e é estabelecida pela comunicação recíproca, esta última se refere aos acontecimentos e experiências essenciais do passado coletivo de uma comunidade ou sociedade. A memória é ativada, atualizada e realizada em atos de lembrança.

Metacognição: Trata-se do processo de pensar sobre o pensar. Flavell (1976) o descreve da seguinte maneira: "A metacognição refere-se ao conhecimento de alguém a respeito dos seus próprios processos cognitivos ou de qualquer coisa relacionada a eles, por exemplo, as propriedades relevantes para a aprendizagem de informações ou dados. Por exemplo, estou me envolvendo em metacognição se perceber que estou tendo mais dificuldade em aprender A do que B; se parecer-me que eu deveria checar C antes de aceitá-lo como fato" (232 p.). Flavell argumentou que a metacognição explica por que crianças de diferentes idades lidam com tarefas de aprendizagem de maneiras diferentes; ou seja, desenvolveram novas estratégias para pensar.

Metáfora: Substituição de uma palavra (alvo) por outra (fonte), pela qual as conotações da fonte são transferidas para o alvo. Exemplo: "Ela é uma rosa inglesa". Ela não é uma rosa, literalmente falando, mas eu, assim, sugiro que ela tenha características de uma rosa.

Método de reprodução em série: Método de investigar o boato associado a Stern (1902) e Bartlett (1932), em que uma cadeia de participantes comunica uma história de "boca a orelha", de modo que o primeiro participante conta a história para o segundo, o segundo, então, conta o que pensa que ouviu para o terceiro, e assim por diante. Há tipos confiáveis de distorção da história original através da cadeia de transmissão.

Metonímia: Uso de uma palavra que esteja em associação com outra; por exemplo, uma parte pelo todo. Exemplo: "Londres decidiu hoje retomar relações diplomáticas com um ex-inimigo". Aqui "Londres" substitui "o governo britânico".

Minoria: O grupo social, em um sistema social, que é numericamente menor ou percebido como tendo um *status* secundário em relação à maioria.

Modelo de código: Modelo de comunicação que presume que semântica e pragmática envolvam associações automáticas, livres de contexto, entre palavras e significados. Suporta a ideia de que a linguagem oferece uma "conduta" para a transferência de significado idêntico do falante para o ouvinte.

Modelo de déficit: Modelo de compreensão pública da ciência no qual baixos níveis de conhecimento de ciência por parte dos leigos (em comparação com os níveis de conhecimento entre cientistas profissionais) devem ser corrigidos, seja através da educação formal ou através da comunicação de ciência.

Modelo dominante: Um modelo de comunicação de ciência estruturado por uma hierarquia vertical na qual os cientistas, no topo, dispensam conhecimento "puro" para os jornalistas abaixo, que, em seguida, o transmitem fielmente a um público receptivo. A expressão clássica do modelo dominante é aquela em que os cientistas falam de ciência para o público, "descendo ao seu nível".

Modelo inferencial: Modelo de comunicação que presume que a pragmática e algumas ou todas as semânticas surgem de processos inferenciais, não automáticos, que dependem do contexto para o seu funcionamento.

Mundo da vida: Trata-se do repositório de convicções tomadas como certas, pressuposições coletivas e comportamentos constitutivos do horizonte comum que permite à comunicação ocorrer.

Narrativa: A narração de histórias é uma forma importante de comunicação e ação para os indivíduos, que permite uma compreensão do passado e conserva suas histórias e tradições relevantes. Indivíduos e comunidades desenvolvem e articulam uma consciência de identidade pela qual imaginam e preveem seu futuro.

Bruner fala de uma "construção narrativa da realidade". A análise narrativa é usada como método de pesquisa social qualitativa.

Normalização: Trata-se do processo de tornar uma crença, atitude, opinião ou comportamento no padrão esperado. O surgimento e a fixação de normas constituem um grupo com um quadro de referência para ação futura.

Normas: Padrões de conduta, inclusive comportamentos, opiniões, crenças e atitudes que um grupo espera de seus membros. Tais normas desempenham um papel importante na constituição e representação de um grupo. Normas são expectativas de conduta relativamente estáveis em face de uma violação fatual.

Obediência: Ato realizado de acordo com as ordens de uma pessoa de prestígio e autoridade.

Opinião pública: Sentimentos, preferências, atitudes e/ou comportamentos de um grupo de cidadãos, geralmente medida como o resultado agregado de respostas individuais a questionários representativos. Técnicas de medição formais adicionais incluem grupos focais e entrevistas qualitativas. No discurso político, a opinião pública também é comumente referenciada em termos do resultado de eleições; formas de protesto social; representações na cobertura de notícias; formas de expressão on-line, tais como blogs; comportamento de consumidores e tendências de mercado; e opiniões expressas em reuniões públicas ou através de cartas, telefonemas e e-mails para os funcionários eleitos.

Orador: Trata-se do falante, do narrador ou do ator que se dirige a uma audiência exibindo certas características e competências (virtudes, *persona*). Em muitos casos, muitas vezes o que se percebe como características do falante são efetivamente projeções da plateia.

Oratória (ou eloquência): Uma das cinco faculdades clássicas da retórica clássica. No final dos tempos romanos, a eloquência era a característica definidora da retórica (Quintiliano).

Os "três mosqueteiros de retórica": Referência a um romance romântico francês, onde os três personagens principais representam os meios de persuasão retórica, *logos*, *ethos* e *pathos*, trabalhando em conjunto sob o lema: "Um por todos e todos por um". A busca pelo melhor equilíbrio entre os três meios de persuasão define uma definição aristotélica de racionalidade retórica.

Outro: Trata-se do terceiro ponto em qualquer diálogo, o ponto extrassubjetivo de referência que torna a comunicação possível e funciona como ponto de recurso e conhecimento. O Outro, além disso, funciona como uma coleção acumulada de convenções e leis sociais, como a personificação da autoridade das "regras do jogo".

Pathos: Um dos meios clássicos da retórica, o *pathos* concerne à psicologia da audiência – suas expectativas, características e emoções – e a como pode ser eficazmente influenciada. Um foco no *pathos* define a tradição sofista de retórica: persuadir satisfazendo as emoções e fraquezas da audiência.

Pensamento crítico dialógico: Processo através do qual as pessoas se envolvem em debate e discussão sobre as raízes sociais dos desafios individuais de suas vidas e como estes poderiam ser melhor desafiados ou resistidos.

Perlocução: O que é realizado ao se dizer alguma coisa; na Teoria dos Atos de Fala, refere-se ao resultado ou consequência do enunciado sobre crenças, emoções e ações dos ouvintes ou do falante (p. ex., surpreender, convencer, enfadar, divertir alguém).

Persuasão: Trata-se do processo de induzir uma pessoa a adotar uma determinada crença, atitude ou opinião através de quaisquer meios não violentos. A retórica é classicamente chamada de a arte da persuasão.

Poder suave: Trata-se do exercício e da influência do poder simbólico que não implica o uso de força, coerção e suborno. O poder suave é frequentemente identificado com modalidades de influência social.

Polarização: Ocorre quando membros de um grupo, após um debate sobre algum tema, avançam para um ponto mais extremo em relação à opinião inicial adotada pelo grupo. Na política, a polarização é problemática na medida em que leva diversos grupos sociais a adotarem pontos de vista cada vez mais extremos e opositivos, interferindo na capacidade de se chegar a um acordo acerca de soluções para problemas coletivos.

Pragmática: A importância atribuída ao uso da linguagem, derivada através do exame das intenções dos falantes e do contexto do enunciado.

Prática religioso-comunicativa: Trata-se da noção de que a religião é melhor entendida como um modo de vida, em vez de como uma visão de mundo, e que a religião acontece em várias formas de comunicação e ação. Ao fazer uso de formas linguísticas de comunicação, dentre outras, a ação religiosa é realizada em atos de fala e outros tipos de comportamento.

Práxis: Reflexão crítica e ação informada, encenada no mundo para produzir mudança. Para Freire, reflexão sem ação leva a tagarelice ou verbalismo; ação sem reflexão resulta em uma ação pela ação ou um ativismo desinformado. Na opinião de Freire os seres humanos – que trabalham, possuem pensamento-linguagem, atuam e são capazes de reflexão sobre si mesmos e sobre suas ações – são seres de práxis (1974/2005, p. 102).

Preparação: Ao definir a agenda de questões que o público considera mais importantes, a mídia de notícias moldar os critérios que o público utiliza para avaliar candidatos, líderes e instituições.

Pretensões de validade: Para Habermas, a cada ato de fala com conteúdo proposicional requer validação em um contexto intersubjetivo. Atos de fala suscitam pretensões de validade que precisam ser resgatadas de maneira argumentativa e aceitas em mútuo entendimento. Essas pretensões referem-se a três dimensões: a verdade das proposições, a correção normativa das interações, e a sinceridade e a autenticidade dos falantes individuais.

Problematização: Processo dialético de análise de situações concretas e das experiências de interlocutores-sujeitos participantes, no qual os sujeitos analisam criticamente as relações e estruturas do seu mundo e, ao fazê-lo, desenvolvem em conjunto novos conhecimentos com os quais agir sobre o mundo.

Propaganda: Trata-se da manipulação ideológica de ideias para apoiar e defender os interesses políticos de um determinado grupo (como um partido político).

Público avaro: Referência a um público que confia em seus pontos de vista preexistentes e nas informações que lhe estejam mais prontamente disponíveis através dos meios de comunicação e fontes interpessoais para formar opiniões e tomar decisões políticas.

Questão: A problemática à qual respostas são propostas em formas retóricas de discurso. A questão diz respeito ao que está em jogo na comunicação e envolve tanto o falante quanto o público. Uma dada resposta pode ser para uma pergunta diferente, implícita. Para cada afirmação, portanto, perguntamos: Qual foi a pergunta? Se as perguntas e as respostas combinarem, a persuasão é tipicamente alcançada.

Questionamento: Abordagem da educação baseada no método socrático clássico de fazer perguntas e facilitar o diálogo aberto através de respostas. Por meio do questionamento, as pessoas "desenvolvem seu poder de perceber criticamente *a maneira como existem* no mundo *com o qual* e *no qual* se encontram; passam a ver o mundo não como uma realidade estática, mas como uma realidade em processo, em transformação" (FREIRE, 1970, p. 56 – grifo no original).

Realidade transcendente: As pessoas religiosas acreditam que exista uma realidade além do nosso mundo empírico. As religiões ou concebem esta realidade que transcende o mundo como um Deus pessoal a quem os crentes podem se dirigir ou como poderes impessoais além do alcance dos seres humanos.

Regras de demonstração: Regras culturalmente determinadas sobre quais comportamentos não verbais são apropriados para serem demonstrados. Estas dizem respeito sobretudo à expressão emocional (p. ex., felicidade, raiva, tristeza), apesar de toda a gama de comportamentos não verbais estar submetida a regras de demonstração. Em muitas culturas, as regras de demonstração estão associadas aos gêneros.

Representação social: Sistema de valores, ideias e práticas comuns que permite às pessoas entenderem-se umas às outras e comunicarem-se acerca de problemas semelhantes. Também envolve certo grau de interpretação subjetiva que leva a diferenças na compreensão, diferenças de opinião, e, portanto, na motivação para se comunicarem.

Existem diferentes tipos de representações:

Representações dominantes-hegemônicas apoiam a ordem cultural dominante, defendem os interesses dos poderosos e saturam o senso comum.

Representações negociadas ocorrem onde o leitor/espectador desenvolve uma reinterpretação complexa que confirma, desenvolve *e* resiste a discursos dominantes de acordo com as condições locais.

Representações opositivas estão em oposição direta às representações dominantes e, assim, criticam as crenças e discursos tradicionais.

Resistência: Os modos pelos quais o intercâmbio comunicativo permite que representações dominantes sejam desafiadas, rejeitadas ou transformadas; por exemplo, através da articulação de representações opositivas. Uma perspectiva sociopsicológica examina os processos psicológicos que permitem a resistência (p. ex., a representação) e os gêneros de comunicação que também podem facilitar a resistência (p. ex., determinados diálogos comunitários).

Retórica: Cf. Persuasão.

Ritual: Atividade comunitária altamente formalizada e estritamente regulamentada, realizada em ocasiões especiais. Os rituais são muitas vezes parte de celebrações e cerimônias, e podem marcar pontos e passagens importantes na vida pessoal ou social.

Simbólico: O simbólico denota o funcionamento efetivo de costumes e instituições coletivas. Inclui o funcionamento da linguagem e de sistemas diferenciais relacionados (a rede de papéis, leis e costumes sociais), que funcionam não por referência ao significado, de símbolos, mas com base em como localizam sujeitos, gerando as coordenadas simbólicas que permitem tais sujeitos assumirem posições na realidade social.

Situação retórica: Contexto que consiste em uma questão premente (exigência, questão), uma determinada audiência, um falante com caráter e competências, e uma janela de oportunidade (*kairós*) para exercer influência.

Teoria da Implicatura Conversacional: Teoria pragmática que propõe que os ouvintes façam inferências (implicaturas) acerca do significado de um falante, com base no pressuposto de que o falante está tentando seguir um princípio de cooperativismo, mesmo que não pareça que o esteja fazendo.

Teoria da Mente (TM): Trata-se da capacidade de interpretar, prever e explicar o comportamento dos outros em termos dos seus estados mentais subjacentes; por exemplo, objetivos, intenções, desejos e crenças.

Teoria da Relevância: Uma teoria pragmática que propõe que a interpretação seja regida por um princípio de relevância, o que sugere que o ouvinte deva equilibrar o grau de esforço cognitivo necessário contra a extensão de efeitos ou inferências cognitivas. Na maioria dos casos, menos esforço e mais efeitos indicam maior relevância.

Teoria dos Atos de Fala: Teoria pragmática que propõe que o uso da linguagem por si só gera ou constitui ações no mundo social.

Trabalho de delimitação: Atividade que identifica a diferença, e estabelece a compreensão do significado e das consequências práticas dessa diferença, entre grupos diferentes. Na comunicação de ciência, normalmente estabelece a diferença entre peritos com autoridade e não peritos submetidos a essa autoridade.

Tropos: Figuras de linguagem, como metáforas ou metonímia. Os *tropos* expandem a capacidade de expressão linguística através do uso não literal de palavras e expressões.

Zona de desenvolvimento proximal (ZDP): Ao tentar resolver um problema com a ajuda de um "outro" mais competente, este é o espaço que se abre entre você e a pessoa que o está ajudando. É o espaço em que a mediação pode acontecer. Não se trata de um espaço literal, mas sim de um espaço figurativo no qual acontece o aprendizado ideal. Como Kozulin (1990) o coloca, a ZDP "designa essas funções psicológicas que estão em processo de desenvolvimento e que são suscetíveis de serem ignoradas se o foco estiver exclusivamente no desempenho da criança desassistida" (p. 170).

REFERÊNCIAS

ABELSON, R.P. (1981). "The Psychological Status of the Script Concept". *American Psychologist*, 36, p. 715-729.

ABRIC, J.C. (1993). "Central System, Peripheral System: Their Function and Roles in the Dynamic of Social Representations". *Papers in Social Representations*, 2 (2), p. 75-78.

ACHEBE, C. (1966). *A Man of the People*. Essex: Heineman.

ADONIS, A. & MULGAN, G. (1994). "Back to Greece: The Scope for Direct Democracy". *Demos Quarterly*, 3, p. 1-28.

AHMAD, W.I.U. (1993). *"Race" and Health in Contemporary Britain*. Buckingham: Open University Press.

ALEXANDER, C. (2000). *The Asian Gang:* Ethnicity, Identity, Masculinity. Oxford: Berg.

_____ (1996). *The Art of Being Black:* The Creation of Black British Youth Identities. Oxford: Oxford University Press.

ALLAN, S. (2009). "Making Science Newsworthy: Exploring the Conventions of Science Journalism". In: HOLLIMAN, R.; THOMAS, J.; SMIDT, S.; SCANLON, E. & WHITELEGG, E. (eds.). *Investigating Science Communication in the Information Age:* Implications for Public Engagement and Popular Media. Oxford: Oxford University Press.

_____ (2002). *Media, Risk and Science*. Buckingham/Filadélfia: Open University Press.

ALLPORT, G. & POSTMAN, J. (1947a). "An Analysis of Rumor". *Public Opinion Quarterly*, 10, p. 501-517.

_____ (1947b). *The Psychology of Rumor*. Nova York: Henry Holt.

ALTARRIBA, J.; BASNIGHT, D.M. & CANARY, T.M. (2003). "Emotion Representation and Perception across Cultures". In: LONNER, W.J.; DINNEL, D.L.; HAYES, S.A. & SATTLER, D.N. (eds.). *Online Readings in Psychology and Culture* [Unit 4, Chapter 5]. Bellingham/Washington: Center for Cross-Cultural Research/Western Washington University [Disponível em http://www.wwu.edu/~culture].

AMNESTY INTERNATIONAL USA (AIUSA) (2002). *Threat and Humiliation:* Racial Profiling, National Security and Human Rights in the United States. Aiusa.

ANDERSON, C.A. & BUSHMAN, B.J. (2002). "The Effects of Media Violence on Society". *Science*, 295 (5.564), p. 2.377-2.379.

APPERLY, I.A.; RIGGS, K.; SIMPSON, A.; SAMSON, D. & CHIAVARINO, C. (2006). "Is Belief Reasoning Automatic?" *Psychological Science*, 17 (10), p. 841-844.

APPIAH, K.A. (2006). *Cosmopolitanism:* Ethics in a World of Strangers. Princeton: Princeton University Press.

ARENDT, H. (1963). *Eichmann in Jerusalem:* A Report on the Banality of Evil. Nova York Viking.

ARENS, E. (2007). *Gottesverständigung:* Eine kommunikative Religionstheologie. Friburgo: Verlag Herder.

_____ (1995). *Christopraxis:* A Theology of Action. Mineápolis, MN: Fortress Press.

_____ (1994). *The Logic of Pragmatic Thinking:* From Peirce to Habermas. Atlantic Highlands, NJ: Humanities Press.

ARGYLE, M. (1975). *Bodily Communication.* Nova York International Universities Press.

ARISTOTLE (2007). *On Rhetoric* – A Theory Of Civic Discourse. Oxford: Oxford University Press [Intr. de G.A. Kennedy].

_____ (1991). *The Art of Rhetoric.* Harmondsworth: Penguin.

ARONSON, E.; WILSON, T.D. & AKERT, R.M. (1999). *Social Psychology.* 3. ed. Nova York: Longman.

ARPAN, L.M. & RANEY, A.A. (2003). "An Experimental Investigation of News Source and the Hostile Media Effect". *Journalism and Mass Communication Quarterly*, 80, p. 265-281.

ASCH, S.E. (1952/1987). *Social Psychology.* Oxford: Oxford University Press.

ASKARI, H. (1991). *Spiritual Quest:* An Inter-Religious Dimension. Pudsey: Seven Mirrors.

ASSMANN, J. (2006). *Religion and Cultural Memory.* Stanford, CA: Stanford University Press.

ATRAN, S. (2002). *In Gods we Trust:* The Evolutionary Landscape of Religion. Oxford: Oxford University Press.

_____ (1999). "Itzaj Maya Folk Biology". In: MEDIN, D. & ATRAN, S. (eds.). *Folk Biology*. Cambridge, MA: MIT Press.

_____ (1990). *Cognitive Foundations of Natural History:* Towards an Anthropology of Science. Cambridge: Cambridge University Press.

ATRAN, S. & NORENZAYAN, A. (2004). "Religion's Evolutionary Landscape: Counterintuition, Commitment, Compassion, Communion". *Behavioral and Brain Sciences*, 27, p. 713-770.

ATTIA, S. (2010). Londres: London School of Economics [Tese de doutorado].

AUERBACH, J.; PARKHURST, J.; CACERES, C. & KELLER, K. (2009). *Addressing Social Drivers of HIV/Aids:* Some Conceptual, Methodological and Evidentiary Considerations. Boston: Aids2031 Social Drivers Working Group.

AUGOUSTINOS, M. & RIGGS, D. (2007). "Representing 'Us' and 'Them': Constructing White Identities in Everyday Talk". In: MOLONEY, G. & WALKER, I. (eds.). *Social Representations and Identity:* Content, Process and Power. Basingstoke: Palgrave Macmillan.

AUNGER, R.A. (ed.) (2000). *Darwinizing Culture:* The Status of Memetics as a Science. Oxford University Press.

AUSTIN, J.L. (1979). *Philosophical Papers*. Oxford: Clarendon Press.

_____ (1962). *How to Do Things with Words*. Oxford: Oxford University Press.

AVIS, M. & HARRIS, P. (1992). "Belief-Desire Reasoning among Baka Children: Evidence for a Universal Conception of Mind". *Child Development*, 62, p. 460-477.

BACH, K. (1994). *Thought and Reference*. Londres: Oxford University Press.

BAILEY, W.; NOWICKI, S. & COLE, S.P. (1998). "The Ability to Decode Nonverbal Information in African American, African and Afro-Caribbean, and European American Adults". *Journal of Black Psychology*, 24 (4), p. 418-431.

BAKHTIN, M.M. (1981). *The Dialogic Imagination:* Four Essays. Austin: University of Texas Press.

BARBER, B. (1984). *Strong Democracy:* Participatory Politics for a New Age. Berkeley: University of California Press.

BARGH, J.A.; CHEN, M. & BURROWS, L. (1996). "Automaticity of Social Behavior: Direct Effects of Trait Construct and Stereotype

Activation on Action". *Journal of Personality and Social Psychology*, 71, p. 230-244.

BARKOW, J.H. (1992). "Beneath New Culture is Old Psychology: Gossip and Social Stratification". In: BARKOW, J.H.; COSMIDES, L. & TOOBY, J. (eds.). *The Adapted Mind:* Evolutionary Psychology and the Generation of Culture. Oxford: Oxford University Press.

_____ (1975). "Prestige and Culture: A Biosocial Interpretation (and Replies)". *Current Anthropology*, 16, p. 553-576.

BARLEY, S. & KUNDA, G. (1992). "Design and Devotion: Surges of Rational and Normative Ideologies of Control in Managerial Discourse". *Administrative Science Quarterly*, 37 (3), p. 363-399.

BARNETT, A. & HODGETTS, D. (2007). "Child Poverty and Government Policy". *Journal of Community & Applied Social Psychology*, 17 (4), p. 296-312.

BARNLUND, D.C. (1975). "Communicative Styles of Two Cultures: Public and Private Self in Japan and the United States". In: KENDON, A.; HARRIS, R.M. & KEY, M.R. (eds.). *Organization of Behaviour in Face-to-Face Interaction*. The Hague: Mouton.

BARON, R.A. & BYRNE, D. (1994). *Social Psychology:* Understanding Human Interaction. 7. ed. Boston: Allyn and Bacon.

BARRETT, H.C. & KURZBAN, R. (2006). "Modularity in Cognition: Framing the Debate". *Psychological Review*, 113, p. 628-647.

BARRETT, J.L. (2008). "Coding and Quantifying Counterintuitiveness in Religious Concepts: Theoretical and Methodological Reflections". *Method & Theory in the Study of Religion*, 20 (4), p. 308-338.

BARRICK, M.R.; DAY, D.V.; LORD, R.G. & ALEXANDER, R.A. (1991). "Assessing the Utility of Executive Leadership". *The Leadership Quarterly*, 2, p. 9-22.

BARSALOU, L.W. (2008). "Grounded Cognition". *Annual Review of Psychology*, 59, p. 617-645.

_____ (1983). "Ad hoc Categories". *Memory & Cognition*, 11, p. 211-227.

BARTHES, R. (1968). *Elements of Semiology*. Nova York: Hill and Wang.

_____ (1964). "L' ancienne rhetorique – aide memoire". *Communication*, 16, p. 254-337.

BARTLETT, F.C. (1932). *Remembering:* A Study in Experimental and Social Psychology. Londres: Cambridge University Press.

_____ (1928). "An Experimental Repeated Reproduction". *Journal of General Psychology*, 1, p. 54-63.

_____ (1923). *Psychology and Primitive Culture*. Londres: Cambridge University Press.

BATEL, S. & CASTRO, P. (2009). "A Social Representations Approach to the Communication between Different Spheres: An Analysis of the Impacts of Two Discursive Formats". *Journal for the Theory of Social Behaviour*, vol. 39, n. 4, p. 415-433.

BATESON, G. (1972). *Steps to an Ecology of Mind*. Nova York: Ballantine Books.

BATESON, G. & HINDE, R.A. (eds.) (1976). *Growing Points in Ethology*. Cambridge: Cambridge University Press.

BAUER, M.; DURANT, J.; RAGNARSDOTTIR, A. & RUDOLPHSDOTTIR, A. (1995). "Science and Technology in the British Press, 1946-1990". *London Science Museum Technological Reports*, 1, p. 3-40.

BAUER, M.W. (2008a). "Social Influence by Artefacts". *Diogenes*, 55, p. 68-83.

_____ (2008b). "Survey Research and the Public Understanding of Science". In: TRENCH, B. & BUCCHI, M. (eds.). *Handbook of Public Communication of Science and Technology*. Nova York: Routledge, p. 111-130.

_____ (1998). "The Medicalisation of Science News: From the 'Rocket-Scalpel' to the 'Gene-Meteorite' Complex". *Social Science Information*, 37 (4), p. 731-751.

_____ (1997). "Towards a Functional Analysis of Resistance". In: BAUER, M.W. (ed.). *Resistance to New Technology* – Nuclear Power, Information Technology, Biotechnology. Cambridge, Cambridge University Press, p. 393-418.

_____ (1991). "Resistance to Change – a Monitor of New Technology". *Systems Practice*, 4 (3), p. 181-196.

BAUER, M.W. & BONFADELLI, H. (2002). "Controversy, Media Coverage and Public Knowledge". In: BAUER, M.W. & GASKELL, G. (eds.). *Biotechnology:* The Making of a Global Controversy. Cambridge: Cambridge University Press.

BAUER, M.W. & GASKELL, G. (2002). *Biotechnology:* The Making of a Global Controversy. Cambridge: Cambridge University Press.

BAUER, M.W. & GREGORY, J. (2007). "From Journalism to Corporate Communication in Post-War Britain". In: BAUER, M.W. & BUCCHI, M. (eds.). *Journalism, Science, and Society:* Science Communication between News and Public Relations. Londres: Routledge.

BAUER, R.A. (1964). "The Obstinate Audience: The Influence Process from the Point of View of Social Communication". *American Psychologist*, 19, p. 319-328.

BAUM, M.A. & GUSSIN, P. (2007). "In the Eye of the Beholder: How Information Shortcuts Shape Individual Perceptions of Bias in the Media". *Quarterly Journal of Political Science*, 3, p. 1-31.

BAUMANN, G. (1996). *Contesting Culture:* Discourses of Identity in Multi-Ethnic London. Cambridge: Cambridge University Press.

BAUMEISTER, R.F.; ZHANG, L. & VOHS, K.D. (2004). "Gossip as Cultural Learning". *Review of General Psychology*, 8, p. 111-121.

BECHTEL, W. (1988). *Philosophy of Science:* An Overview for Cognitive Science. Hillsdale, NJ: Erlbaum.

BECHTEL, W. (ed.) (1986). *Integrating Scientific Disciplines*. Dordrecht: Martinus Nijhoff.

BECHTEL, W. & HAMILTON, A. (2007). "Reductionism, Integration, and the Unity of the Sciences". In: KUIPERS, T. (ed.). *Philosophy of Science:* Focal Issues [Vol. 1 de *Handbook of the Philosophy of Science*). Nova York: Elsevier.

BECKETT, C. (2008). *Supermedia:* Saving Journalism so it can Save the World. Chichester: Blackwell.

BEDER, S. (1999). "Public Participation or Public Relations?" – With commentaries by G. McDonell and B. Selinger. In: MARTIN, B. (ed.). *Technology and Public Participation*. [Australia]: Science and Technology Studies, University of Wollongong, p. 169-192.

BELCH, G.E. & BELCH, M.A. (2004). *Advertising and Promotion:* An Integrated Marketing Communications Perspective. 6. ed.). Nova York: McGraw-Hill/Irwin.

BELL, C. (1997). *Ritual:* Perspectives and Dimensions. Oxford: Oxford University Press.

_____ (1992). *Ritual Theory, Ritual Practice*. Oxford: Oxford University Press.

BENEDICTUS, L. (2005). "Every Race, Colour, Nation and Religion on Earth". *The Guardian*, 14/08/2009 [Disponível em http://www. guardian.co.uk/uk/2005/jan/21/britishidentity1].

BENHABIB, S. (2002). *The Claims of Culture:* Equality and Diversity in the Global Era. Princeton: Princeton University Press.

BENJAMIN, W. (2005). "Theses on the Philosophy of History". In: MENDIETA (ed.). *The Frankfurt School on Religion:* Key Writings by the Major Thinkers. Milton Park: Routledge, p. 265-273.

BENJAMIN JR., L.T. & SIMPSON, J.A. (2009). "The Power of the Situation: The Impact of Milgram's Obedience Studies on Personality and Social Psychology". *American Psychologist*, 64, p. 12-19.

BENNETT, J.M. (1993). "Cultural Marginality: Identity and Issues in Intercultural Training". In: PAIGE, R.M. (ed.). *Education for the Intercultural Experience*. Yarmouth, ME: Intercultural Press, p. 109-136.

BENNETT, L. (2007). "Relief in Hard Times: A Defense of Jon Stewart's Comedy in an Age of Cynicism". *Critical Studies in Mass Communication*, 24 (3), p. 278-283.

BENNETT, W.L. & IYENGAR, S. (2008). "A New Era of Minimal Effects? – The Changing Foundations of Political Communication". *Journal of Communication*, 58, p. 707-731.

BERGER, P. (1974). *Pyramids of Sacrifice:* Political Ethics and Social Change. Londres: Penguin.

BERGER, P. & LUCKMANN, T. (1966a). *The Social Construction of Reality:* A Treatise in the Sociology of Knowledge. Nova York: Anchor Books.

_____ (1966b). *The Social Construction of Reality*. Londres: Penguin Books.

BERGMANN, J.R. (1993). *Discreet Indiscretions:* The Social Organization of Gossip. Nova York: Aldine.

BERKMAN, L. (1984). "Assessing the Physical Health Effects of Social Networks and Social Support". *Annual Review of Public Health*, 5, p. 413-432.

BERMUDEZ, J.L. (2002). "The Domain of Folk Psychology". In: O'HEAR, A. (ed.). *Minds and Persons*. Cambridge: Cambridge University Press.

BICKNELL, S. & FARMELO, G. (1993). *Museum Visitor Studies in the 90s*. Londres: Science Museum.

BILLIG, M. (1996). *Arguing and Thinking*. Cambridge: Cambridge University Press.

BIRD, S.R. (2009). *Light, Bright and Damned Near White*. Westport: Praeger.

BITZER, L. (1968). "The Rhetorical Situation". *Philosophy and Rhetoric*, 1, 1-14. [Republicado em LUCAITES, J.L.; CONDIT, C.M. & CAUDILL, S. (eds.) (1999) *Contemporary Rhetorical Theory*. Nova York: Guildford Press, p. 217-225].

BLACKBURN, J. (2000). "Understanding Paulo Freire: Reflections on the Origins, Concepts, and Possible Pitfalls of his Educational Approach". *Community Development Journal*, 35, p. 3-15.

BLASS, T. (2009). "From New Haven to Santa Clara: A Historical Perspective on the Milgram Obedience Experiments". *American Psychologist*, 64, p. 37-45.

_____ (2004). *The Man who Shocked the World:* The Life and Legacy of Stanley Milgram. Nova York: Basic Books.

BLUM-KULKA, S.; DANET, B. & GERSON, R. (1985). "The Language of Requesting in Israeli Society". In: FORGAS, J. (ed.). *Language and Social Situation*. Nova York: Springer.

BOCHNER, S. (1982). "The Social Psychology of Cross-Cultural Relations". In: BOCHNER, S. (ed.). *Cultures in Contact:* Studies in Cross-Cultural Interaction. Oxford: Pergamon.

BODENHAUSEN, G.V.; SHEPPARD, L.A. & KRAMER, G.P. (1994). "Negative Affect and Social Judgment: The Differential Impact of Anger and Sadness". *European Journal of Social Psychology*, 24, p. 45-62.

BOEHM, C. (1993). "Egalitarian Behaviour and Reverse Dominance Hierarchy (and Replies)". *Current Anthropology*, 34, p. 227-254.

BOONE, J.L. (2000). "Status Signaling, Social Power, and Lineage Survival". In: DIEHL, M.W. (ed.). *Hierarchies in Action:* Cui Bono? Carbondale, Il.: Southern Illinois University, p. 84-110.

BORDIA, P. (1996). "Studying Verbal Interaction on the Internet: The Case of Rumor Transmission Research". *Behavior Research Methods, Instruments, & Computers*, 28, p. 148-151.

BORDIA, P. & DiFONZO, N. (2004). "Problem Solving in Social Interactions on the Internet: Rumor As Social Cognition". *Social Psychology Quarterly*, 67 (1), p. 33-49.

BORDIA, P.; DiFONZO, N. & CHANG, A. (1999). "Rumor as Group Problem-Solving: Development Patterns in Informal Computer-Mediated Groups". *Small Group Research*, 30, p. 8-28.

BOURDIEU, P. (1994). *Language and Symbolic Power*. Cambridge: Polity Press.

_____ (1986). "The Forms of Capital". In: RICHARDSON, J. (ed.). *Handbook of Theory and Research for the Sociology of Education*. Nova York: Greenwood, p. 241-248.

BOWER, G.H. (1981). "Mood and Memory". *American Psychologist*, 36, p. 129-148.

BOYD, R. & RICHERSON, P.J. (1985). *Culture and the Evolutionary Process*. Chicago, IL: University of Chicago Press.

BOYER, P. (2001a). *Religion Explained:* The Human Instincts that Fashion Gods, Spirits and Ancestors. Londres: Vintage.

458

_____ (2001b). *Religion Explained:* The Evolutionary Origins of Religious Thought. Nova York: Basic Books.

_____ (2000). "Natural Epistemology or Evolved Metaphysics? – Developmental Evidence for Early-Developed, Intuitive, Category-Specific, Incomplete, and Stubborn Metaphysical Presumptions". *Philosophical Psychology*, 13, p. 277-297.

_____ (1994a). *The Naturalness of Religious Ideas.* Londres: University of California Press.

_____ (1994b). "Cognitive Constraints on Cultural Representations: Natural Ontologies and Religious Ideas". In: HIRSCHFELD, L.A. & GELMAN, S. (eds.). *Mapping the Mind:* Domain Specificity in Cognition. Cambridge: Cambridge University Press.

_____ (1993). *Cognitive Aspects of Religious Symbolism.* Cambridge: Cambridge University Press.

BRAET, A.C. (1992). "Ethos, Pathos and Logos in Aristotle's Rhetoric: A Re-Examination". *Argumentation*, 6, 307-320.

BRAITHWAITE, C.A. (1999). "Cultural Uses and Interpretations of Silence". In: GUERRERO, L.K.; DeVITO, J.A. & HECHT, M.L. (eds.). *The Nonverbal Communication Reader:* Classic and Contemporary Readings. Prospect Heights, IL: Waveland Press, p. 163-172.

BREWER, M.B. (1988). "A Dual Process Model of Impression Formation". In: WYER, R. & SCRULL, T. (eds.). *Advances in Social Cognition*. Vol. 1. Nova York: Erlbaum.

BROWN, P. & LEVINSON, S. (1987). *Politeness:* Some Universals in Language Usage. Cambridge: Cambridge University Press.

_____ (1986). *Politeness.* Cambridge: Cambridge University Press.

BRUNER, J.S. (2002). *Making Stories:* Law, Literature, Life. Nova York: Farrer, Strauss and Giroux.

_____ (1991). "The Narrative Construction of Reality". *Critical Inquiry*, 18 (1), p. 1-21.

BUCCHI, M. (2004). *Science in Society:* An Introduction to Social Studies of Science. Londres: Routledge.

BUEHLER, K. (1990/1934). *Theory of Language:* The Representational Function of Language. Amsterdã/Filadélfia: John Benjamins [Trad. de Donald F. Goodwin; Intr. de Achim Eschbach].

BULLER, D.J. (2005). *Adapting Minds*. Cambridge, MA: MIT Press.

BURGER, J.M. (2009). "Replicating Milgram: Would People still Obey Today?" *American Psychologist*, 64, p. 1-11.

BUSS, D. (1999). *Evolutionary Psychology:* The New Science of the Mind. Boston, MA: Allyn & Bacon.

CALHOUN, C. (ed.) (1992). *Habermas and the Public Sphere*. Cambridge, MA: MIT Press.

CAMPBELL, C. (2004). "Health Psychology and Community Action". In: MURRAY, M. (ed.). *Critical Health Psychology*. Basingstoke: Palgrave Macmillan.

_____ (2003). *Letting them Die:* Why HIV Prevention Programmes Fail. Oxford: James Currey.

CAMPBELL, C. & JOVCHELOVITCH, S. (2000). "Health, Community and Development: Towards a Social Psychology of Participation". *Journal of Community and Applied Social Psychology*, 10, p. 255-270.

CAMPBELL, C. & MURRAY, M. (2004). "Community Health Psychology: Promoting Analysis and Action for Social Change". *Journal of Health Psychology*, 9 (2), p. 187-196.

CAMPBELL, C.; NAIR, Y. & MAIMANE, S. (2007). "Building Contexts that Support Effective Community Responses to HIV/Aids: A South African Case Study". *American Journal of Community Psychology*, 39, p. 347-363.

CAPPELLA, J.N. & JAMIESON, K.H. (1997). *Spiral of Cynicism:* The Press and the Public Good. Nova York: Oxford University Press.

CAPRARIELLO, P.A.; CUDDY, J.C. & FISKE, S.T. (2009). "Social Structure Shapes Cultural Stereotypes and Emotions: A Causal Test of the Stereotype Content Model". *Group Processes and Intergroup Behavior*, 12, p. 147-155.

CARASSA, A. & COLOMBETTI, M. (2009). "Joint Meaning". *Journal of Pragmatics*, 41 (9), p. 1.837-1.854.

CARLSON, W.S. (1991). "Questioning in Classrooms: A Sociolinguistic Perspective". *Review of Educational Research*, 61, p. 157-178.

CARO, P. (1993). *La roue des science*. Paris: Albin Michel.

CARRUTHERS, P. (2006). *The Architecture of the Mind:* Massive Modularity and the Flexibility of Thought. Oxford: Oxford University Press.

CASSIDY, A. (2006) "Evolutionary Psychology as Public Science and Boundary Work". *Public Understanding of Science*, 15, p. 175-205.

_____ (2005). "Popular Evolutionary Psychology in the UK: An Unusual Case of Science in the Media?" *Public Understanding of Science*, 14, p. 115-141.

CASTELLS, M. (2000). *The Rise of the Network Society*. Nova York: Wiley/Blackwell.

CAZDEN, C.B. (1986). "Classroom Discourse". In: WITTROCK, M.C. (ed.). *Handbook of Research on Teaching:* A Project of the American Educational Research Association. Nova York: Macmillan, p. 432-463.

CHAIKEN, S.; WOOD, W. & EAGLY, A.H. (1996). "Principles of Persuasion". In: HIGGINS, E.T. & KRUGLANSKI, A.W. (eds.). *Social Psychology:* Handbook of Basic Principles. Nova York: Guilford Press.

CHEMERS, M.M. (2001). "Leadership Effectiveness: An Integrative Review". In: HOGG, M.A. & TINDALE, R.S. (eds.). *Blackwell Handbook of Social Psychology:* Group Processes. Oxford: Blackwell, p. 283-310.

CHENEY, D. & SEYFARTH, R. (1990). *How Monkeys See the World:* Inside the Mind of Another Species. Chicago, IL: University of Chicago Press.

CHRISTIANS, C. & TRABER, M. (eds.) (1997). *Communication Ethics and Universal Values*. Thousands Oaks, CA: Sage Publications.

CIALDINI, R.B.; BORDEN, R.J.; THORNE, A.; WALKER, M.; FREEMAN, S. & SLOAN, L. (1976). "Basking in Reflected Glory: Three (Football) Field Studies". *Journal of Personality and Social Psychology*, 34, p. 366-375.

CIESLIK, A. & VERKUYTEN, M. (2006). "National, Ethnic and Religious Identities: Hybridity and the case of the Polish Tatars". *National Identities*, 8 (2), p. 77-93.

CLARK, A. (1999). "An Embodied Cognitive Science?" *Trends in Cognitive Science*, 9, p. 345-351.

_____ (1997). *Being There*. Cambridge: MIT Press.

CLARK, H.H. (1996). *Using Language*. Cambridge: Cambridge University Press.

CLORE, G.L. & HUNTSINGER, J.R. (2007). "How Emotions Inform Judgment and Regulate Thought". *Trends in Cognitive Science*, 11, p. 393-399.

CLORE, G.L. & STORBECK, J. (2006). "Affect as Information about Liking, Efficacy, and Importance". In: FORGAS, J. (ed.). *Affect in Social Thinking and Behavior*. Nova York: Psychology Press.

COHEN, B. (1963). *The Press and Foreign Policy*. Princeton, NJ: Princeton University Press.

COLLINS, H. & PINCH, T. (1979). "The Construction of the Paranormal: Nothing Unscientific is Happening". In: WALLIS, R. (ed.). *On the*

Margins of Science: The Social Construction of Rejected Knowledge. Keele, UK: University of Keele Press [*Sociological Review*, monograph n. 27].

COLLINS, H.M. (1981). "The Role of the Core-Set in Modern Science: Social Contingency with Methodological Propriety in Science". *History of Science*, 19, p. 6-19.

COLLINS, H.M. & EVANS, R.J. (2007). *Rethinking Expertise*. Chicago, IL: The University of Chicago Press.

COMBLIN, J. (1990). *Retrieving the Human:* A Christian Anthropology. Maryknoll, NY: Orbis Books.

COMMISSION FOR RACIAL EQUALITY/ETHNOS (2005). *Citizenship and Belonging:* What is Britishness? Londres: Commission for Racial Equality.

CONNOLLY, P. (1998). *Racism, Gender Identities and Young Children:* Social Relations in a Multi-Ethnic, Inner-City Primary School. Londres: Routledge.

CONVERSE, B.A.; LIN, S.; KEYSAR, B. & EPLEY, N. (2008). "In the Mood to Get Over Yourself: Mood Affects Theory-of-Mind Use". *Emotion*, 8, p. 725-730.

CORBETT, E.P.J. (1999). *Classical Rhetoric for the Modern Student*. Oxford: Oxford University Press.

CORNISH, F. (2004a). *Constructing an Actionable Environment:* Collective Action for HIV Prevention among Kolkata Sex Workers. Londres: London School of Economics [Tese de doutorado].

_____ (2004b). "Making "Context" Concrete: A Dialogical Approach to the Society-Health Relation". *Journal of Health Psychology*, 9, p. 281-294.

CORNO, L. & SNOW, R.E. (1986). "Adapting Teaching to Individual Differences among Learners". In: MERLIN, C. & WITTROCK (ed.). *Handbook of Research on Teaching*. 3. ed. Nova York: Macmillan.

COUNSELMAN, E. (1991). "Leadership in a Long-Term Leaderless Women's Group". *Small group Research*, 22, p. 240-257.

COWEN, T. (2002). *Creative Destruction:* How Globalization is Changing the World's Cultures. Princeton, NJ: Princeton University Press.

CRANACH, M. (1996). "Towards a Theory of the Acting Group". In: WITTE, E. & DAVIS, J. (eds.). *Understanding Group Behaviour* – Vol. 2: Small Group Processes and Personal Relations. Nova Jersey: Lawrence Erlbaum.

_____ (1986). "Leadership as a Function of Group Action". In: GRAUMANN, C.F. & MOSCOVICI, S. (eds.). *Changing Conceptions of Leadership*. Nova York: Springer, p. 115-134.

CROCKER, J. (1999). "Social Stigma and Self-Esteem: Situational Construction of Self-Worth". *Journal of Experimental Social Psychology*, 35, p. 89-107.

CROSSLEY, M. (2000). *Rethinking Health Psychology*. Buckingham: Open University Press.

CROWTHER, J.G. (1967). *Science in Modern Society*. Londres: Cresset.

CURRAN, J.; IYENGAR, S.; LUND, A.B. & SALOVAARA-MORING, I. (2009). "Media System, Public Knowledge and Democracy". *European Journal of Communication*, 24, p. 5-26.

CURTIN, P. (ed.) (1972). *Africa and the West: Intellectual Responses to European Culture*. Wisconsin: University of Wisconsin Press.

D'ALESSIO, D. & ALLEN, M. (2000). "Media Bias in Presidential Elections: A Meta-Analysis". *Journal of Communication*, 50 (4), p. 133-156.

DAMASIO, A. (1995). *Descartes' Error*. Oxford: Oxford University Press.

D'ANDRADE, R. (1995). *The Development of Cognitive Anthropology*. Cambridge: Cambridge University Press.

D'ANDRADE, R.G. (1992). "Schemas and Motivation". In: D'AN-DRADE, R.G. & STRAUSS, C. (eds.). *Human Motives and Cultural Models*. Cambridge: Cambridge University Press.

DANIELS, H. (2001). *Vygotsky and Pedagogy*. Nova York: Routledge.

DARDEN, L. & MAULL, N. (1977). "Interfield Theories". *Philosophy of Science*, 44, p. 43-64.

DAVIES, B. (2007). "Grice's Cooperative Principle: Meaning and Rationality". *Journal of Pragmatics*, 39, p. 2.308-2.331.

DAVYDOV, V.V. (1982). "The Psychological Structure and Contents of the Learning Activity in School Children". In: GLASER, R. & LOMPSCHER, J. (eds.). *Cognitive and Motivational Aspects of Instruction*. Berlim: Deutscher Verlag der Wissenschaften.

_____ (1975). "Logical and Psychological Problems of Elementary Mathematics as an Academic Subject". *Soviet Studies in the Psychology of Learning and Teaching Mathematics*, 7, p. 55-108.

DAWKINS, R. (2006). *The God Delusion*. Londres: Bantam Press.

_____ (1976). *The Selfish Gene*. Oxford: Oxford University Press.

DEAUX, K. & WILEY, S. (2007). "Moving People and Shifting Representations: Making Immigrant Identities". In: MOLONEY, G. & WALKER, I. (eds.). *Social Representations and Identity: Content, Process and Power*. Basingstoke: Palgrave Macmillan.

DE BACKER, C.; NELISSEN, M.; VYNCKE, P.; BRAECKMAN, J. & McAndrew, F. (2007). "Celebrities: From Teachers to Friends: A Test of Two Hypotheses on the Adaptiveness of Celebrity Gossip". *Human Nature*, 18 (4), p. 334-354.

DELLI CARPINI, M.X.; COOK, F.L. & JACOBS, L. (2004). "Public Deliberation, Discursive Participation and Citizen Engagement: A Review of the Empirical Literature". *Annual Review of Political Science*, 7, p. 315-344.

DELLI CARPINI, M.X. & KEETER, S. (1996). *What Americans Know About Politics and Why it Matters*. New Haven, CT: Yale University Press.

DENNETT, D.C. (2000). "Making Tools for Thinking". In: SPERBER, D. (ed.). *Metarepresentations*. Oxford: Oxford University Press.

DE SAUSSURE, F. (1959). *Course in General Linguistics*. Nova York: McGraw Hill.

DEUTSCH, M. & GERRARD, H.B. (1955). "A Study of Normative and Informational Social Influences upon Individual Judgment". *Journal of Abnormal and Social Psychology*, 51, p. 629-636.

DE WAAL, F. (1998). *Chimpanzee Politics*. Baltimore, MD: John Hopkins University.

DHESI, J. (2009). *Made to Stick? –* Exploring the Potentials of a Cognition and Culture Account of Social Group Stereotypes. Londres: London School of Economics [Tese de doutorado].

DIAZ, R.M.; NEAL, C.J. & AMAYA-WILLIAMS (1993). "The Social Origins of Self-Regulation". In: MOLL, L. (ed.). *Vygotsky and Education:* Instructional Implications and Applications of Sociohistorical Psychology. Cambridge: Cambridge University Press, p. 127-152.

DiFONZO, N. & BORDIA, P. (2000). "How Top PR Professionals Handle Hearsay: Corporate Rumors, their Effects, and Strategies to Manage them". *Public Relations Review*, 26, p. 173-190.

_____ (1998). *How Top PR Professionals Handle Hot Air: Types of Corporate Rumors, their Effects, and Strategies to Manage them*. Gainesville, FL: Institute for Public Relations.

DiFONZO, N.; BORDIA, P. & ROSNOW, R.L. (1994). "Reining in Rumors". *Organizational Dynamics*, 23, p. 47-62.

DIJKSTERHUIS, A. & BARGH, J.A. (2001). "The Perception-Behavior Expressway: Automatic Effects of Social Perception on Social Behavior". In: ZANNA, M.P. (ed.). *Advances in Experimental Social Psychology*. São Diego: Academic Press, p. 1-40.

DILLON, J.T. (1988). *Questioning and Teaching:* A Manual of Practice. Londres: Croom Helm.

_____ (1986). "Student Questioning and Individual Learning". *Educational Theory*, 36 (4), p. 333-341.

DiMAGGIO, P.; HARGITTAI, E.; CELESTE, C. & SHAFER, S. (2004). "Digital Inequality: From Unequal Access to Differentiated Use". In: NECKERMAN, K.M. (ed.). *Social Inequality*. Nova York: Russell Sage Foundation, p. 355-400.

DJURODIE, B. (2003). "Limitations of Public Dialogue about Science and the Rise of the New "Experts'". *Critical Review of International Social and Political Philosophy*, 6 (4), p. 82-92.

DOI, T. (1971). *The Anatomy of Dependency* – The Key Analysis of Japanese Behavior. Tóquio: Kodansha.

DOISE, W. & PALMONARI, A. (1984). *Social Interaction and Individual Development*. Cambridge/Paris: Cambridge University Press/Maison des Sciences de l'Homme.

DORNAN, C. (1990). "Some Problems in Conceptualizing the Issue of "Science and the Media'". *Critical Studies in Mass Communication*, 7, p. 48-71.

DRIVER, T.F. (1991). *The Magic of Ritual:* Our Need for Liberating Rites that Transform Our Lives and Our Communities. São Francisco, CA: Harper.

DUNBAR, R. (1998). *Grooming, Gossip, and the Evolution of Language*. Cambridge, MA: Harvard University Press.

DURKHEIM, É. (1898). "Representations indivuelles et representations collectives". *Revue de Metaphysique et de Morale*, 6, p. 273-302.

DUVEEN, G. (2008). "Social Actors and Social Groups: A Return to Heterogeneity in Social Psychology". *Journal for the Theory of Social Behaviour*, 34 (4), p. 369-374.

_____ (2000). "The Power of Ideas". In: MOSCOVICI, S. *Social Representations:* Explorations in Social Psychology. Cambridge: Polity Press.

_____ (1994). "Children as Social Actors: A Developmental Perspective on Social Representations". In: GUARESCHI, P. & JOVCHELOVITCH, S. (eds.). *Textos em representações sociais*. Petrópolis: Vozes.

DUVEEN, G. & LLOYD, B. (1990). *Social Representations and the Development of Knowledge*. Cambridge: Cambridge University Press.

_____ (1986). "The Significance of Social Identities". *British Journal of Social Psychology*, 25, p. 219-230.

465

EAGLY, A.H. & CHAIKEN, S. (1993). *The Psychology of Attitudes*. São Diego, CA: Harcourt Brace Jovanovich.

_____ (1984). "Cognitive Theories of Persuasion". In: BERKOWITZ, L. (ed.). *Advances in Experimental Social Psychology*. Nova York: Academic Press, p. 268-359.

ECO, U. (1976). *A theory of Semiotics*. Bloomington: Indiana University Press.

EDELMAN, M.S. & OMARK, D.R. (1973). "Dominance Hierarchies in Young Children". *Social Science Information*, 12, p. 103-110.

EGGINS, S. & MARTIN, J.R. (1997). "Genres and Registers of Discourse". In: VAN DIJK, T.A. (ed.). *Discourse as Structure and Process*. Londres: Sage.

EGGINS, S. & SLADE, D. (1997). *Analyzing Casual Conversation*. Londres: Cassell.

EIBL-EIBESFELDT, I. (1970). *Ethology:* The Biology of Behaviour. Nova York: Holt, Rinehart & Winston.

EISENBERGER, N.I.; LIEBERMANN, M.D. & WILLIAMS, K.D. (2003). "Does Rejection Hurt? – An fMRI Study of Social Exclusion". *Science*, 302, p. 290-292.

EINSIEDEL, E. (2008). "Public Engagement and Dialogue: A Research Review". In: BUCCHI, M. & SMART, B. (eds.). *Handbook of Public Communication on Science and Technology*. Londres: Routledge, p. 173-184.

EKMAN, P. (2003). *Emotions Revealed:* Recognizing Faces and Feelings to Improve Communication and Emotional Life. Nova York: Henry Holt and Company.

EKMAN, P. & FRIESEN, W.V. (1986). "A New Pan Cultural Expression of Emotion". *Motivation and Emotion*, 10, p. 159-168.

ELAM, M. & BERTILSSON, M. (2003). "Consuming, Engaging and Confronting Science: The Emerging Dimensions of Scientific Citizenship". *European Journal of Social Theory*, 6 (2), p. 233-251.

ELIADE, M. (1985). *A History of Religious Ideas*. 3 vol. Chicago, IL: University of Chicago Press.

ELIAS, J. & MERRIAM, S. (1980). *Philosophical Foundations of Adult Education*. Huntington, NY: Krieger Publishing.

ELLSWORTH, E. (1989). "Why Doesn't this Feel Empowering? – Working through the Repressive Myths of Critical Pedagogy". *Harvard Educational Review*, 59, p. 297-324.

EMLER, N. (1994). "Gossip, Reputation and Social Adaptation". In: GOODMAN, R. & BEN ZE'EV, A. (eds.). *Good Gossip*. Kansas: Kansas University Press.

ENGESTRÖM, Y. (1991). "Non scolae sed vitae discimus: Toward Overcoming the Encapsulation of School Learning". *Learning and Instruction*, 1, p. 243-259.

_____ (1990). *Learning, Working and Imagining Twelve Studies in Activity Theory*. Helsinki: Orienta-Konsultit Oy.

_____ (1989). "The Cultural-Historical Theory of Activity and the Study of Political Repression". *International Journal of Mental Health*, 17 (4), p. 29-41.

_____ (1987). *Learning by Expanding:* An Activity-Theoretic Approach to Developmental Research. Helsinki: Orienta-Konsultit Oy.

ENTMAN, R.M. (1993). Framing: Toward Clarification of a Fractured Paradigm". *Journal of Communication*, 43 (4), p. 51-58.

EPLEY, N.; MOREWEDGE, C.K. & KEYSAR, B. (2004). "Perspective Taking in Children and Adults: Equivalent Egocentrism but Differential Correction". *Journal of Experimental Social Psychology*, 40 (6), p. 760-768.

EPSTEIN, S. (1996). *Impure Science:* Aids, Activism, and the Politics of Knowledge. Berkeley, CA: University of California Press.

ESHUN, E. (2005). *Black Gold of the Sun:* Searching for Home in England and Africa. Londres: Penguin Books.

EVANS, D. (1996). *An Introductory Dictionary of Lacanian Psychoanalysis*. Londres/Nova York: Routledge.

EVELAND JR., W.P. (2003). "A Mix of Attributes Approach to the Study of Media Effects and New Communication Technologies". *Journal of Communication*, 53 (3), p. 395-410.

EVELAND JR., W.P. & SCHEUFELE, D.A. (2000). "Connecting News Media Use with Gaps in Knowledge and Participation". *Political Communication*, 17 (3), p. 215-237.

EVELAND JR., W.P. & SHAH, D.V. (2003). "The Impact of Individual and Interpersonal Factors on Perceived News Media Bias". *Political Psychology*, 24, p. 101-117.

FACUNDO, B. (1984). *Freire Inspired Programs in the United States and Puerto Rico:* A Critical Evaluation. Washington, DC: Latino Institute.

FAHNESTOCK, J. (1993). "Accommodating Science: The Rhetorical Life of Scientific Facts". In: McRAE, W. (ed.). *The Literature of*

Science – Perspectives on Popular Scientific Writing. Athens, GA: University of Georgia Press.

FARMER, P. (2003). *Pathologies of Power:* Health, Human Rights and the New War on the Poor. Berkeley: University of California Press.

FAUBERT, M.; LOCKE, D.; SPRINTHALL, N. & HOWLAND, W. (1996). "Promoting Cognitive and Ego Development of African--American Rural Youth: A Program of Deliberate Psychological Education". *Journal of Adolescence*, 19, p. 533-543.

FAUCHEUX, C. & MOSCOVICI, S. (1967). "Le style de comportement d'une minorité et son influence sur les réponses d'une majorité". *Bulletin du C.E.R.P.*, 16, p. 337-360.

FAULSTICH, W. (1997). *Das Medium als Kult* – Von den Anfängen bis zur Spätantike (8. Jahrhundert). Göttingen: Vandenhoek & Ruprecht.

FELDMAN, M.W. & CAVALLI-SFORZA, L.L. (1976). "Cultural and Biological Evolutionary Processes, Selection for a Trait under Complex Transmission". *Theoretical Population Biology*, 9, p. 238-259.

FIGUEROA, E. & PATRICK, P.L. (2002). "Kiss-Teeth". *American Speech*, 77 (4), p. 383-397.

FISHBEIN, M.; MIDDLESTADT, S. & HITCHCOCK, P. (1994). "Using Information to Change Sexually Transmitted Disease-Related Behaviors: An Analysis Based on the Theory on the Theory of Reasoned Action". In: DICLEMENTE, R. & PETERSON, J. (eds.). *Preventing Aids:* Theories and Methods of Behavioural Interventions. Nova York: Plenum Press.

FISHKIN, J.S. (1995). *The Voice of the People:* Public Opinion and Democracy. New Haven, CT: Yale University Press.

FISHKIN, J. & LUSKIN, R. (1999). "Bringing Deliberation to the Democratic Dialogue". In: McCOMBS, M. & REYNOLDS, A. (eds.). *A Poll with a Human Face:* The National Issues Convention Experiment in Political Communication. Mahwah, NJ: Lawrence Erlbaum, p. 3-38.

FISKE, S.T. (1998). "Stereotyping, Prejudice, and Discrimination". In: GILBERT, D.T.; FISKE, S.T. & LINDZEY, G. (eds.). *The Handbook of Social Psychology*. Nova York: McGraw-Hill.

FISKE, S.T. & TAYLOR, S.E. (1991). *Social Cognition*. Nova York: McGraw-Hill.

FITCH, K.L. (1998). *Speaking Relationally:* Culture, Communication and Interpersonal Connection. Nova York: Guilford Press.

FLICK, U. (1998). "Everyday Knowledge in Social Psychology". In: FLICK, U. (ed.). *The Psychology of the Social*. Cambridge: Cambridge University Press, p. 41-59.

FLICKER, E. (2003). "Between Brains and Breasts – Women Scientists in Fiction Film: On the Marginalization and Sexualization of Scientific Competence". *Public Understanding of Science*, 12, p. 307.

FODOR, J.A. (2001). *The Mind Doesn't Work That Way*. Cambridge, MA: MIT Press.

_____ (2000). *The Modularity of the Mind*. Cambridge, MA: MIT Press.

FOUCAULT, M. (1981). *Power/Knowledge:* Selected Interviews and Other Writings 1972-1977. Nova York: Pantheon Books.

_____ (1980). *Power/Knowledge*. Nova York: Pantheon Books.

_____ (1975). *Discipline and Punish:* The Birth of the Prison. Nova York: Random House.

_____ (1973). *The Birth of the Clinic:* An Archaelogy of Medical Perception. Nova York: Pantheon Books.

FRAMEWORKS INSTITUTE (2009). *Strategic Frame Analysis* [Disponível em http://people-press.org/news-interest/ – Acesso em 12/10/2009].

FRANK, A.W. (2005). "What is Dialogical Research, and why Should we do it?" *Qualitative Health Research*, 15, p. 964-974.

FRANKFURT, H.G. (2005). *On Bullshit*. Princeton, NJ: Princeton University Press.

FRANKS, B. (2003). *Negation and Doubt in Religious Representations:* Context-Dependence, Emotion and Action. New England Institute/ Conference on Cognitive Science and Religious Beliefs [Paper].

FRANKS, B. & BRAISBY, N. (1997). "Concepts in Action: The Evolutionary Role of Concepts and Similarity". In: RAMSCAR, M.; HAHN, U.; CAMBOUROPOLOS, E. & PAIN, H. (eds.). *Proceedings of SimCat 97:* Interdisciplinary Workshop on Similarity and Categorisation. Edinburgo: Edinburgh University.

_____ (1990). "Sense Generation or how to Make a Mental Lexicon Flexible". *Proceedings of the 12th Annual Conference of the Cognitive Science Society*. Cambridge, MA: MIT Press.

FRASER, N. (1990). "Rethinking the Public Sphere: A Contribution to the Critique of Actually Existing Democracy". *Social Text*, 25 (26), p. 56-80.

FREIRE, P. (2005). *Education for Critical Consciousness*. Nova York: Seabury Press.

_____ (1998). *Pedagogy of Freedom:* Ethics, Democracy and Civic Courage. Oxford: Rowman & Littlefield Publishers.

_____ (1985). *The Politics of Education*. Nova York: Bergin and Garvey.

_____ (1978). *Pedagogy in Progress:* The Letters to Guinea Bissau. Nova York: The Seabury Press.

_____ (1970). *Pedagogy of the Oppressed*. Middlesex: Penguin Education.

FRIDLUND, A.J. (1994). *Human Facial Expression:* An Evolutionary View. São Diego, CA: Academic Press.

FROST, D. & ZELNICK, B. (2007). *Frost/Nixon*. Londres: Pan-Macmillan.

GALISON, P. (1998). *Image and Logic*. Chicago: University of Chicago Press.

GALLACHER, S. (2001). "The Practice of Mind: Theory, Simulation or Interaction?" *Journal of Consciousness Studies*, 8, p. 83-107.

GALLESE, V. & GOLDMAN, A. (1999). "Mirror Neurons and the Simulation Theory of Mind-Reading". *Trends in Cognitive Sciences*, 12, p. 493-501.

GALLIMORE, R. & THARP, R. (1993). "Teaching Mind in Society: Teaching, Schooling and Literate Discourse". In: MOLL, L. (ed.). *Vygotsky and Education:* Instructional Implications and Applications of Sociohistorical Psychology. Cambridge: Cambridge University Press, p. 175-205.

GAMBLE, T.K. & GAMBLE, M.W. (2003). *The Gender Communication Connection*. Boston: Houghton Mifflin.

GAMSON, W.A. (1992). *Talking Politics*. Nova York: Cambridge University Press.

GAMSON, W.A. & MODIGLIANI, A. (1989). "Media Discourse and Public Opinion on Nuclear Power: A Constructionist Approach". *American Journal of Sociology*, 95, p. 1-37.

GÄRDENFORS, P. (2008). "Evolutionary and Developmental Aspect of Intersubjectivity". In: LILJENSTRÖM, H. & ÅRHEM, P. (eds.). *Consciousness Transitions* – Phylogenetic, Ontogenetic and Physiological Aspects. Amsterdã: Elsevier.

GASKELL, G. (2001). "Attitudes, Social Representations and Beyond". In: DEAUX, K. & PHILOGENE, G. (eds.). *Social Representations*: Introductions and Explorations. Oxford: Blackwell.

GAVENTA, J. & CORNWALL, A. (2001). "Power and Knowledge". In: REASON, P. & BRADBURY, H. (eds.). *Handbook of Action Research*. Londres: Sage.

GELMAN, S.A. & HIRSCHFELD, L.A. (1999). "How Biological is Essentialism?" In: MEDIN, D.L. & ATRAN, S. (eds.). *Folkbiology*. Cambridge, MA: MIT Press.

GIDDENS, A. (1998). *The Third Way:* The Renewal of Social Democracy. Cambridge: Polity Press.

GIERYN, T. (1999). *Cultural Boundaries of Science:* Credibility on the Line. Chicago, IL: Chicago University Press.

_____ (1995). "Boundaries of Science". In: JASANOFF, S.; MARKLE, G.E.; PETERSEN, J.C. & PINCH, T. (eds.). *Handbook of Science and Technology Studies*. Thousand Oaks, CA: Sage.

GIGERENZER, G. (2007). *Gut Feelings*. Nova York: Viking.

GILBERT, D.T.; FISKE, S.T. & LINDZEY, G. (eds.) (1998). *Handbook of Social Psychology*. 4. ed. Nova York: McGraw-Hill, Vol. 2, p. 357-411.

GILBERT, M. (1989). *On Social Facts*. Princeton, NJ: Princeton University Press.

GILROY, P. (2004). *After Empire:* Multiculture or Postcolonial Melancholia. Londres: Routledge.

GIL-WHITE, F.J. (2001). "Are Ethnic Groups 'species' to the Human Brain? – Essentialism in our Cognition of some Social Categories". *Current Anthropology*, 42 (4), p. 515-554.

GINNEKEN VAN, J. (1992). *Crowds, Psychology and Politics, 1871-1899*. Cambridge: Cambridge University Press.

GLADWELL, M. (2000). *The Tipping Point:* How Little Things can make a Big Difference. Boston: Little Brown.

GOFFMAN, E. (1967). "On Face-Work: An Analysis of Ritual Elements in Social Interaction". *Interaction Ritual:* Essays on Face-to-Face Behaviour. Nova York: Random House.

_____ (1959). *The Presentation of Self in Everyday Life*. Nova York: Doubleday.

_____ (1956). "Embarrassment and Social Organization". *American Journal of Sociology*, 62, p. 264-271.

GOODELL, R. (1977). *The Visible Scientists*. Boston: Little, Brown.

GOODY, E. (1998). "Social Intelligence and the Emergence of Roles and Rules". *Proceedings of the British Academy*, 97, p. 114-147.

GÖPFERT, W. (2007). "The Strength of PR and the Weakness of Science Journalism". In: BAUER, M. & BUCCHI, M. (eds.). *Science Communication in the 21st Century:* Between Journalism and Public Relations. Londres: Routledge, p. 215-226.

_____ (1996). "Scheduled Science: TV Coverage of Science, Technology, Medicine and Social Science and Programming Policies in Britain and Germany". *Public Understanding of Science*, 5 (4), p. 361-374.

GRAEBNER, W. (1986). "The Small Group and Democratic Social Engineering, 1900-1950". *Journal of Social Issues*, 42, p. 137-154.

GRANTHAM, T. (2004). "Conceptualizing the (Dis)Unity of Science". *Philosophy of Science*, 71, p. 133-155.

GREENE, J. (1990). "Topics in Language and Communication". In: ROTH, I. (ed.). *Introduction to Psychology*. Vol 2. Hove: The Open University.

GREENHALGH, T.; ROBB, N. & SCAMBLER, G. (2006). "Communicative and Strategic Action in Interpreted Consultations in Primary Health Care: A Habermasian Perspective". *Social Science and Medicine*, 63, p. 1.170-1.187.

GREGORY, J. (2005). *Fred Hoyle's Universe*. Oxford: Oxford University Press.

_____ (2003a). "Popularisation and Excommunication of Fred Hoyle's 'life-from-space' Theory". *Public Understanding of Science*, 12, p. 25-46.

_____ (2003b). "Understanding 'Science and the Public'". *Journal of Commercial Biotechnology*, 10 (2), p. 131-139.

GREGORY, J.; AGAR, J.; LOCK, S.J. & HARRIES, S. (2008). "Public Engagement in the Private Sector: A New Form of Public Relations?" In: BAUER, M. & BUCCHI, M. (eds.). *Science Communication in the 21st Century:* Between Journalism and Public Relations. Londres: Routledge, p. 203-214.

GREGORY, J. & LOCK, S.J. (2008). "The Evolution of 'Public Understanding of Science' in the UK". *Sociology Compass*, 2 (4), p. 1.252-1.265.

GREGORY, J. & MILLER, S. (1998). *Science in Public:* Communication, Culture and Credibility. Nova York: Plenum.

GRICE, H.P. (1989). *Studies in the Way of Words*. Cambridge, MA: Harvard University Press.

_____ (1975). "Logic and Conversation". In: COLE, P. & MORGAN, J.L. (eds.). *Syntax and Semantics:* Speech Acts. Vol. 3. Nova York: Academic.

GUARESCHI, P.A. & JOVCHELOVITCH, S. (2004). "Participation, Health and the Development of Community Resources in Southern Brazil". *Journal of Health Psychology*, 9, p. 311-322.

GUDYKUNST, W.B. (1988). "Culture and Intergroup Processes". In: BOND, M.H. (ed.). *The Cross-Cultural Challenge to Social Psychology*. Newbury Park, CA: Sage.

GUDYKUNST, W.B.; GAO, G.; SCHMIDT, K.L.; NISHIDA, T.; BOND, M.H.; WANG, G. & BARRACLOUGH,. R.A. (1992). "The Influence of Individualism-Collectivism, Self-Monitoring and Predicted Outcome Value on Communication in Ingroup and Outgroup Relationships". *Journal of Cross-Cultural Psychology*, 23, p. 196-213.

GUDYKUNST, W.B.; TING-TOOMEY, S. & NISHIDA, T. (1996). *Communication in Personal Relationships across Cultures*. Thousand Oaks, CA: Sage Publications.

GUENTHNER, S. & KNOBLAUCH, H. (1995). "Culturally Patterned Speaking Practices: The Analysis of Communicative Genres". *Pragmatics*, 5, p. 1-32.

GUNTHER, A.C.; CHRISTEN, C.T.; LIEBHART, J. & CHIA, S. (2001). "Congenial Public, Contrary Press, and Biased Estimates of the Climate of Opinion". *Public Opinion Quarterly*, 65, p. 295-320.

GUNTHER, A.C. & SCHMITT, K. (2004). "Mapping Boundaries of the Hostile Media Effect". *Journal of Communication*, 54, p. 55-70.

HABERMAS, J. (2008). *Between Naturalism and Religion*. Cambridge: Polity Press.

_____ (2005). "Faith and Knowledge". In: MENDIETA, E. (ed.). *The Frankfurt School on Religion:* Key Writings by the Major Thinkers. Milton Park: Routledge, p. 327-337.

_____ (2004). "Public Space and the Political Public Sphere – the Biographical Roots of Two Motives in my Thought". *The Kyoto Lecture* [Disponível em http://www.johnkeane.net/pdf_docs/teaching_sources/habermas_Kyoto_lecture_Nov_2004.pdf].

_____ (2003). *The Future of Human Nature*. Cambridge: Polity Press.

_____ (1998/1988). "Actions, Speech Acts, Linguistically Mediated Interactions, and the Lifeworld". *On the Pragmatics of Communication*. Cambridge: Polity Press, p. 215-255.

_____ (1998/1981). "Social Action, Purposive Activity, and Communication". *On the Pragmatics of Communication*. Cambridge: Polity Press, p. 105-182.

_____ (1998/1976). "What is Universal Pragmatics?" *On the Pragmatics of Communication*. Cambridge: Polity Press, p. 21-103.

_____ (1995/1976). "Moral Development and Ego Identity". *Communication and the Evolution of Society*. Cambridge: Polity Press, p. 69-94.

_____ (1990). *The Theory of Communicative Action:* Reason and the Rationalisation of Society. Cambridge: Polity Press.

_____ (1989a). *The Structural Transformation of the Public Sphere:* An Inquiry into a Category of Bourgeois Society. Cambridge: Polity Press.

_____ (1989b). *The Theory of Communicative Action:* Life World and System, A Critique of Functionalist Reason. Cambridge: Polity Press.

_____ (1987). *Theory of Communicative Action* – Vol. II: The Critique of Functionalistic Reason. Cambridge: Polity Press.

_____ (1984a). *Theory of Communicative Action* – Vol. I: Reason and Rationalization of Society. Cambridge: Polity Press.

_____ (1984b). *Communication and the Evolution of Society*. Cambridge: Polity Press.

_____ (1982). *Theorie des kommunikativen Handelns*. 2 vol. Frankfurt: Suhrkamp.

HALL, S. (1997). *Representation:* Cultural Representations and Signifying Practices. Londres: Sage.

_____ (1993). "Encoding, Decoding". In: DURING, S. (ed.). *The Cultural Studies Reader*. Londres/Nova York: Routledge.

_____ (1991). "Old and New Identities: Old and New Ethnicities". In: KING, A.D. (ed.). *Culture, Globalisation and the World-System:* Contemporary Conditions for the Representation of Identity. Basingstoke: Macmillian.

_____ (1988). "New Ethnicities". In: MERCER, K. (ed.). *Black Film, British Cinema*. Londres: Institute for Contemporary Arts, p. 27-31.

_____ (1981). "The Determinations of News Photographs". In: COHEN, S. & YOUNG, J. (eds.). *The Manufacture of News:* Social Problems, Deviance and the Mass Media. Londres: Constable.

_____ (1980). "Encoding/Decoding". In: CENTRE FOR CONTEMPORARY CULTURAL STUDIES (ed.). *Culture, Media, Language:* Working Papers in Cultural Studies, 1972-1979. Londres: Hutchinson, p. 128-138.

HALLIDAY, M.A.K. (1993). "On the Language of Physical Science". In: HALLIDAY, M.A.K. & MARTIN, J.R. (eds.). *Writing Science*. Briston: The Falmer Press.

HANSEN, A. (1994). "Journalistic Practices and Science Reporting in the British Press". *Public Understanding of Science*, 3 (2), p. 111-134.

HANSEN, A. & DICKINSON, R. (1992). "Science Coverage in the British Mass Media: Media Output and Source Input". *Communications*, 17 (3), p. 365-378.

HARDMAN, J. (2008). *New Technology, New Pedagogy:* An Activity Theory Analysis of Pedagogy with Computers. Cape Town: University of Cape Town [Tese de doutorado].

_____ (2007). "Towards a Methodology for Using Activity Theory to Explicate the Pedagogical Object in a Primary School Mathematics Classroom". *Outlines*, 1, p. 53-69.

_____ (2005a). "An Exploratory Case Study of Computer Use in a Primary School Mathematics Classroom: New Technology New Pedagogy?" *Perspectives in Education*, 23 (4), p. 1-13.

_____ (2005b). "Activity Theory as a Framework for Understanding Teachers' Perceptions of Computer Usage at a Primary School Level in South Africa". *South African Journal of Education*, 25 (4), p. 258-265.

_____ (2004). *How do Teachers Use Computers to Teach Mathematics?*, p. 1-26 [Khanya project report].

_____ (2000). *The Epistemology of Questioning*. Durban: University of Natal [Dissertação de mestrado].

HARRIS, R. (2006). *New Ethnicities and Diaspora Identities*. Oxford: The State and Ethnic Definition Conference [Paper].

HASAN, R. (1992). "Speech Genre, Semiotic Mediation and the Development of Higher Mental Functions". *Language Sciences*, 14 (4), p. 489-528.

HASELTON, M.G. & NETTLE, D. (2006). "The Paranoid Optimist: An Integrative Evolutionary Model of Cognitive Biases". *Personality and Social Psychology Review*, 10 (1), p. 47-66.

HAUSER, M.D. (2005). "Moral Ingredients: How we Evolved the Capacity to do the Right Thing". In: LEVINSON, S.C. & JAISSON, P. (eds.). *Evolution and Culture*. Cambridge, MA: MIT Press.

_____ (1997). *The Evolution of Communication*. Cambridge, MA: MIT Press.

HAUSER, M.D.; CHOMSKY, N. & FITCH, W.T. (2002). "The Faculty of Language: What Is It, Who Has It, and How Did It Evolve?" *Science*, 298, p. 1.569-1.579.

HAYAKAWA, S.I. (1978). *Through the Communication Barrier*. Nova York: Harper and Row.

HAYNES, R.D. (1994). *From Faust to Strangelove:* Representations of the Scientist in Western Literature. Baltimore, MD: The Johns Hopkins University Press.

HEDEGAARD, M. (1998). "Situated Learning and Cognition: Theoretical Learning and Cognition". *Mind, Culture and Activity*, 5 (2), p. 114-126.

HEIDEGGER, M. (1927). *Being and Time*. Londres: SCM Press [Trad. de J. Macquarrie e E. Robinson].

HERVIEU-LÉGER, D. (2000). *Religion as a Chain of Memory*. New Brunswick, NJ: Rutgers University Press.

HIBBING, J.R. & THEISS-MORSE, E. (2002). *Stealth Democracy:* Americans Beliefs about how Government should Work. Nova York: Cambridge University Press.

HICKSON, M.L.; STACKS, D.W. & MOORE, N.-J. (2004). *Nonverbal Communication:* Studies and Applications. Los Angeles, CA: Roxbury.

HILGARTNER, S. (1990). "The Dominant View of Popularization: Conceptual Problems, Political Uses". *Social Studies of Science*, 20, p. 519-539.

HIRSCHFELD, L.A. (2001). "On a Folk Theory of Society: Children, Evolution and Mental Representations of Social Groups". *Personality and Social Psychology Review*, 5 (2), p. 106-116.

_____ (1996). *Race in the Making:* Cognition, Culture, and the Child's Construction of Human Kinds. Cambridge, MA: MIT Press.

HIRSCHFELD, L.A. & GELMAN, S.A. (eds.) (1994). *Mapping The Mind:* Domain-Specificity in Culture and Cognition. Nova York: Cambridge University Press.

HOCHSCHILD, A.R. (2003). *The Managed Heart:* The Commercialization of Human Feeling. Berkeley, CA: University of California Press.

HODGETTS, D. & CHAMBERLAIN, K. (2007). "Constructing Health News: Possibilities for a Civic-Oriented Journalism". *Health*, 12 (1), p. 43-66.

_____ (2006). "Developing a Critical Media Research Agenda for Health Psychology". *Journal of Health Psychology*, 11, p. 317-327.

HOFFE, O. (2003). *Aristotle*. Albânia, NY: State University of New York Press.

HOGG, M.A. (2007). "Social Psychology of Leadership". In: KRU-GLANSKI, A.W. & HIGGINS, E.T. (eds.). *Social Psychology:* A Handbook of Basic Principles. 2. ed. Nova York: Guilford.

HOLDCROFT, D. (1979). "Speech Acts and Conversation". *The Philosophical Quarterly*, 29, p. 125-141.

HOLLAND, D. & QUINN, N. (eds.) (1987). *Cultural Models in Language and Thought*. Cambridge: Cambridge University Press.

HOLLIDAY, A.; HYDE, M. & KULLMAN, J. (2004). *Inter-Cultural Communication:* An Advanced Resource Book. Nova York: Routledge.

HONNETH, A. & JOAS, H. (eds.) (1991). *Communicative Action:* Essays on Jürgen Habermas' The Theory of Communication Action. Cambridge: Polity.

HOOK, D. (2007). *Foucault, Psychology and the Analytics of Power*. Londres/Nova York: Palgrave Macmillan.

HOOKS, B. (1993). "Speaking about Paulo Freire – The Man, His Work". In: McLAREN, P. & LEONARD, P. (eds.). *Paulo Freire:* A Critical Encounter. Nova York: Routledge.

HORNIG, S. (1993). "Reading Risk: Public Response to Print Media Accounts of Technological Risk". *Public Understanding of Science*, 2 (2), p. 95-109.

HORTON, R. (1993). *Patterns of Thought in Africa and the West:* Essays on Magic, Religion and Science. Cambridge: Cambridge University Press.

HOUSE OF LORDS SELECT COMMITTEE ON SCIENCE AND TECHNOLOGY (2000). *Science and Society*. Londres: HMSO.

HOVLAND, C.I. (1959). "Reconciling Conflicting Results Derived from Experimental and Survey Studies of Attitude Change". *The American Psychologist*, 14, p. 8-17.

HOVLAND, C.I.; JANIS, I.L. & KELLEY, H.H. (1953). *Communication and Persuasion:* Psychological Studies of Opinion Change. New Haven: Yale University Press.

HOVLAND, C.I. & WEISS, W. (1951). "The Influence of Source Credibility on Communication Effectiveness". *Public Opinion Quarterly*, 15 (4), p. 635-650.

HOWARTH, C. (2009a). "'I hope we won't have to understand racism one day': Researching or Reproducing 'race' in Social Psychological Research?" *British Journal of Social Psychology*, 45, p. 65-86.

_____ (2009b). "Towards a Visual Social Psychology of Identity and Representation: Photographing the Self, Weaving the Family in a Multicultural British Community". In: REAVEY, P. (ed.). *Visual Psychologies:* Using and Interpreting Images in Qualitative Research. Londres: Routledge.

_____ (2007). "'It's not their fault they have that skin colour, is it?' Young British Children and the Possibility for Contesting Racialising Representations". In: MOLONEY, G. & WALKER, I. (eds.). *Social Representations and Identity:* Content, Process and Power. Londres: Palgrave Macmillan.

_____ (2006a). "A Social Representation is not a Quiet Thing: Exploring the Critical Potential of Social Representations Theory". *British Journal of Social Psychology*, 45, p. 65-86.

_____ (2006b). "Race as Stigma: Positioning the Stigmatized as Agents, Not Objects". *Journal of Community & Applied Social Psychology*, 16, p. 442-451.

_____ (2004). "Representation and Resistance in the Context of School Exclusion: Reasons to be Critical". *Journal of Community and Applied Social Psychology*, 14, p. 356-377.

_____ (2002a). "'So, you're from Brixton?' The Struggle for Recognition and Esteem in a Multicultural Community". *Ethnicities*, 2 (2), p. 237-260.

_____ (2002b). "Identity in Whose Eyes? – The Role of Representations in Identity Construction". *Journal of the Theory of Social Behaviour*, 32, p. 2.

HUMPHREY, N.K. (1976). "The Social Function of the Intellect". In: BATESON, P.P.G. & HINDE, R.A. (eds.). *Growing Points in Ethology*. Cambridge: Cambridge University Press, p. 303-317.

HUMPHREYS, P. & BREZILLON, P. (2002). "Combining Rich and Restricted Languages in Multimedia: Enrichment of Context for Innovative Decisions". In: ADAM, F.; BREZILLON, P.; HUMPHREYS, P. & POMEROL, J.C. (eds.). *Decision Making and Decision Support in the Internet Age*. Cork: Oaktree Press.

HURLEY, S. (2006). "Bypassing Conscious Control: Media Violence, Unconscious Imitation, and Freedom of Speech". In: POCKETT, S.; BANKS, W. & GALLAGHER, S. (eds.). *Does Consciousness Cause Behavior?* – An Investigation of the Nature of Volition. Cambridge, MA: MIT Press.

HUSSERL, E. (1970). *The Crisis of the European Sciences and Transcendental Phenomenology*. Evanston: Northwestern University Press.

HUTCHINS, E. (1995). *Cognition in the Wild*. Cambridge, MA: The MIT Press.

HUTTO, D.D. (2004). "The Limits of Spectatorial Folk Psychology". *Mind & Language*, 19, p. 548-573.

ICHHEISER, G. (1949). "Misunderstandings in Human Relations: A Study in False Social Perception". *American Journal of Sociology*, 55 (supl.), p. 1-72.

IGOU, E.R. & BLESS, H. (2005). "The Conversational Basis for the Dilution Effect". *Journal of Language and Social Psychology*, 24, p. 25-35.

INTERNET WORLD STATS (2009). *Usage and Population Statistics* [Disponível em http://www.internetworldstats.com/stats.htm – Acesso em 09/09/2009].

IRVING, P.; RAMPTON, D. & SHANAHAN, F. (2006). *Clinical Dilemmas in Inflammatory Bowel Disease*. Oxford: Blackwell.

IRWIN, A. & WYNNE, B. (1996). *Misunderstanding Science?:* The Public Reconstruction of Science and Technology. Cambridge: Cambridge University Press.

IYENGAR, S.; HAHN, K.; BONFADELLI, H. & MARR, M. (2009). '"Dark areas of ignorance' Revisited: Knowledge in Switzerland and the United States". *Communication Research*, 36, p. 341-358.

IYENGAR, S. & KINDER, D. (1987). *News that Matters:* Television and American Public Opinion. Chicago: University of Chicago Press.

JAKOBSON, R. (1960). "Linguistics and Poetics". In: SEBEOK, T. (ed.). *Style in Language*. Cambridge, MA: MIT Press, p. 350-377.

JAMES, W. (1890). *The Principles of Psychology*. Nova York: Holt.

JANIS, I.L. (1972). *Victims of Groupthink:* A Psychological Study of Foreign Policy Decisions and Fiascoes. Boston, MA: Houghton Mifflin.

JANIS, I.L. & HOVLAND, C.I. (1959). "An Overview of Persuasibility Research". In: HOVLAND, C.I. & JANIS, I.L. (eds.). *Personality and Persuasibility*. New Haven, CT: Yale University Press, p. 1-26.

JANIS, I.L. & MANN, L. (1977). *Decision Making*. Nova York: Free Press.

JENKINS, H. (2006). *Convergence Culture:* Where Old and New Media Collide. Nova York: New York University Press.

JODELET, D. (1991). *Madness and Social Representations*. Hemel Hempstead: Harvester Wheatsheaf.

JOLLY, A. (1966). "Lemur Social Behaviour and Primate Intelligence". *Science*, 153, p. 501-506.

JONES, R.A. (2001). '"Why can't you scientists leave things alone?' – Science Questioned in British Films of the Post-War Period (1945-1970)". *Public Understanding of Science*, 10, p. 365-382.

_____ (1998). "The Scientist as Artist: A Study of The Man in the White Suit and Some Related British Film Comedies of the Postwar Period (1945-1970)". *Public Understanding of Science*, 7, p. 135-147.

JONES, T. (2009). "I Delve into a Character's Physicality". *The Guardian and Observer Guides to Performing*, part 1, p. 34.

JOSEPHS, R.A.; NEWMAN, M.L.; BROWN, R.P. & BEER, J.M. (2003). "Status, Testosterone, and Human Intellectual Performance: Stereotype Threat as Status Concern". *Psychological Science*, 14, p. 158-163.

JOVCHELOVITCH, S. (2007). *Knowledge in Context:* Representations, Community and Culture. Londres: Routledge.

JOVCHEVOLITCH, S. & BAUER, M.W. (2000). "Narrative Interviewing". In: BAUER, M.W. & GASKELL, G.D. (eds.). *Qualitative Researching with Text, Image, and Sound:* A Practical Handbook for Social Research. Londres: Sage, p. 57-74.

JURDANT, B. (1993). "Popularisation as the Autobiography of Science". *Public Understanding of Science*, 2, p. 365-373.

_____ (1969). "Vulgarisation scientifique et ideologie". *Communications*, 14, p. 150-161.

KAPFERER, J.N. (1990). *Rumors:* Uses, Interpretations, and Images. New Brunswick, NJ: Transaction.

KARPOV, Y. (2003). "Vygotsky's Doctrine of Scientific Concepts; its Role for Contemporary Education". In: KOZULIN, A.; GINDIS, B.; AGEYEV, V.S. & MILLER, S.M. (eds.). *Vygotsky's Educational Theory in Cultural Context*. Cambridge: Cambridge University Press, p. 65-82.

KASHIMA, Y. (2000). "Recovering Bartlett's Social Psychology of Cultural Dynamics". *European Journal of Social Psychology*, 30 (3), p. 383-403.

KELLERMAN, B. (2004). *Bad Leadership:* What it is, how it Happens, why it Matters. Cambridge, MA: Harvard Business School Press.

KELTNER, D. & HAIDT, J. (2000). "Social Functions of Emotions at Four Levels of Analysis". In: PARROT, W.G. (ed.). *Emotions in Social Psychology:* Essential Readings. Hove: Psychology Press, p. 175-184.

KELTNER, D.; HAIDT, J. & SHIOTA, M.N. (2006). "Social Functionalism and the Evolution of Emotion". In: SCHALLER, M.; SIMPSON, J.A. & KENRICK, D.T. (eds.). *Evolution and Social Psychology*. Nova York: Psychology Press, p. 115-142.

KEPEL, G. (1994). *The Revenge of God:* The Resurgence of Islam, Christianity and Judaism in the Modern World. Cambridge: Polity Press.

KEYSAR, B. (2007). "Communication and Miscommunication: The Role of Egocentric Processes". *Intercultural Pragmatics*, 4, p. 71-84.

KEYSAR, B. & BARR, D.J. (2002). "Self Anchoring in Conversation: Why Language Users do not do what they 'should'". In: GILOVICH, T.; GRIFFIN, D.W. & KAHNEMAN, D. (eds.). *Heuristics and Biases:* The Psychology of Intuitive Judgment. Cambridge: Cambridge University Press.

KENNEDY, G.A. (1998). *Comparative Rhetoric:* An Historical and Cross--Cultural Introduction. Nova York, NY: Oxford University Press.

_____ (1980). *Classical Rhetoric and its Christian and Secular Tradition from Ancient to Modern Times*. Chapel Hill: University of Southern Carolina Press.

KEYSAR, B. (2008). "Egocentric Processes in Communication and Miscommunication". In: KECSKES, I. & MEY, J. (eds.). *Intention, Common Ground and the Egocentric Speaker-Hearer*. Berlin: Mouton de Gruyter.

KEYSAR, B. & HENLEY, A.S. (2002). "Speaker's Overestimation of their Effectiveness". *Psychological Science*, 13, p. 207-212.

KEYSAR, B.; LIN, S. & BARR, D.J. (2003). "Limits on Theory of Mind Use in Adults". *Cognition*, 89, p. 25-41.

KIERNAN, V. (2006). *Embargoed Science*. Champaign, IL: University of Illinois Press.

KILHAM, W. & MANN, L. (1974). "Level of Destructive Obedience as a Function of Transmitter and Executant Roles in the Milgram Obedience Paradigm". *Journal of Personality and Social Psychology*, 29, p. 696-702.

KIM, S.; SCHEUFELE, D.A. & SHANAHAN, J.E. (2002). "Agenda-Setting, Priming, Framing and Second-Levels in Local Politics". *Journalism & Mass Communication Quarterly*, 79, p. 7-25.

KIMMEL, A.J. & KEEFER, R. (1991). "Psychology Correlates of the Acceptance and Transmission of Rumors about Aids". *Journal of Applied Social Psychology*, 21, p. 1.608-1.628.

KIRBY, D.A. (2008). "Cinematic Science: The Public Communication of Science and Technology in Popular Film". In: TRENCH, B. & BUCCHI, M. (eds.). *Handbook of Public Communication of Science and Technology*. Nova York: Routledge, p. 67-94.

KITCHER, P. (2003). "Infectious Ideas: Some Preliminary Explorations". *Mendel's Mirror* – Philosophical Reflections on Biology. Oxford: Oxford University Press, p. 212-232.

KNAPP, R.H. (1944). "A Psychology of Rumor". *Public Opinion Quarterly*, 8, p. 22-37.

KNIGHT COMMISSION ON THE INFORMATION NEEDS OF COMMUNITIES (2009). *Informing Communities:* Sustaining Democracy in the Digital Age [Disponível em http://www.report.knightcomm.org].

KNOWLES, E.S. & RINER, D.D. (2007). "Omega Approaches to Persuasion: Overcoming Resistance". In: PRATKANIS, A.R. (ed.). *The Science of Social Influence*. Nova York: Psychology Press, p. 83-114.

KONDO, D.K. (1990). *Crafting Selves:* Power, Gender and Discourses of Identity in a Japanese Workplace. Chicago: University of Chicago Press.

KRAUSZ, E. (1971). *Ethnic Minorities in Britain*. Londres: Granada Publishing.

KRONBERGER, N. & WAGNER, W. (2007). "Inviolable versus Alterable Identities: Culture, Biotechnology and Resistance". In: MOLONEY, G. & WALKER, I. (eds.). *Social Representations and Identity:* Content, Process and Power. Londres: Palgrave Macmillan.

KWAK, N. (1999). "Revisting the Knowledge Gap Hypothesis: Education, Motivation, and Media Use". *Communication Research*, 26, p. 385-413.

LACAN, J. (2006). *Écrits the First Complete Edition in English*. Nova York/Londres: W.W Norton & Company [Trad. de Bruce Fink].

LaFOLLETTE, M.C. (1990). *The One Culture Making Science Our Own:* Public Images of Science 1910-1955. Chicago: University of Chicago Press.

LAKOFF, R. (1975). *Language and Women's Place*. Nova York: Harper and Row.

_____ (1973). "Logic of Politeness or Minding your P's and Q's". In: COLUM, C. (ed.). *Papers from the Ninth Regional Meeting of Chicago Linguistic Society*. Chicago: Chicago Linguistic Society.

LAKOFF, G. & JOHNSON, M. (1999). *Philosophy in the Flesh:* The Embodied Mind and its Challenge to Western Thought. Nova York: Basic Books.

_____ (1980). *Metaphors we Live by*. Chicago: University of Chicago Press.

LALAND, K.N.; ODLING-SMEE, F.J. & FELDMAN, M.W. (2001). "Cultural Niche Construction and Human Evolution". *Journal of Evolutionary Biology*, 14, p. 22-33.

LANGMEAD, L. & IRVING, P. (2008). *The Facts: Inflammatory Bowel Disease*. Oxford: Oxford University Press.

LASZLO, P. (1993). *La vulgarisation scientifique*. Paris: Flammarion.

LATANÉ, B. & WOLFE, S. (1981). "The Social Impact of Majorities and Minorities". *Psychological Review*, 88, p. 438-453.

LATOUR, B. (1987). *Science in Action:* How to Follow Scientists and Engineers through Society. Cambridge, MA: Harvard University Press.

LAVE, J. (1988). *Cognition in Practice*. Cambridge: Cambridge University Press.

LAZZARATO, M. (1996). "Immaterial Labor". In: VIRNO, P. & HARDT, M. (eds.). *Radical Thought in Italy*. Mineápolis, MN: Minnesota University Press, p. 132-146.

LeBARON, M. (2003a). "Cross-Cultural Communication". In: BURGESS, G. & BURGESS, H. (eds.). *Beyond Intractability*. Boulder: CL: University of Colorado [Conflict Research Consortium] [Disponível em http://www.beyondintractability.org/essay/cross-cultural_communication – Acesso em jul./2003].

_____ (2003b). *Bridging Cultural Conflicts:* A New Approach for a Changing World. São Francisco: Jossey Bass.

Le BON, G. (1896/2006). *The Crowd:* A Study of the Popular Mind. West Valley City, UT: Waking Lion Press.

LEECH, G.N. (1983). *Principles of Pragmatics*. Londres: Longman.

_____ (1966). *English in Advertising:* A Linguistic Study of Advertising in Great Britain. Londres: Longman.

LEFFLER, A.; GILLESPIE, D.L. & CONATY, J.C. (1982). "The Effects of Status Differentiation on Nonverbal Behaviour". *Social Psychology Quarterly*, 45 (3), p. 153-161.

LEIGH, T.W. & RETHANS, A.J. (1983). *Experiences with Script Elicitation within Consumer Decision-Making Contexts: Advances in Consumer Research* – Thirteenth Annual Conference. São Francisco: Association for Consumer Research, p. 667-772.

LEKTORSKY, V.A. (1990). *Activity Theory:* Theories, Methodology and Problems. Orlando, FL: Paul M. Deutsch.

LEÓN, B. (2007). *Science on Television:* The Narrative of Scientific Documentary. Londres: Pantaneto Press.

LEONTIEV, A.N. (1981). "The Problem of Activity in Psychology". In: WERTSCH, J.V. (ed.). *The Concept of Activity in Soviet Psychology.* Armonk, NY: M.E. Sharpe.

LESLIE, A.M.; FRIEDMAN, O. & GERMAN, T.P. (2004). "Core Mechanisms in 'Theory of Mind'". *Trends in Cognitive Sciences*, 8, p. 528-533.

LESLIE, A.M.; GERMAN, T.P. & POLLIZI, P. (2005). "Belief-Desire Reasoning as a Process of Selection". *Cognitive Psychology*, 50, p. 45-85.

LEVENSON, R.W.; EKMAN, P.; HEIDER, K. & FRIESEN, W.V. (1992). "Emotion and Autonomic Nervous System Activity in the Minangkabau of West Sumatra". *Journal of Personality and Social Psychology*, 62, p. 972-988.

LEVIDOW, L. (2007). *Democratising Technology Choices?* – European Public Participation in Agbiotech Assessments. International Institute for Environment and Development [IIED Gatekeeper Series, n. 135, dez. [Disponível em http://www.iied.org/NR/agbioliv/gatekeepers].

LEVINSON, S.C. (2005). "Introduction: The Evolution of Culture in Microcosm". In: LEVINSON, S.C. & JAISSON, P. (eds.). *Evolution and Culture*. Cambridge, MA: MIT Press.

_____ (1983). *Pragmatics*. Cambridge: Cambridge University Press.

LÉVI-STRAUSS, C. (1976). *Tristes Tropiques*. Londres: Penguin.

LEVITT, B. & MARCH, M.G. (1988). "Organisational Learning". *Annual Review of Sociology*, 14, p. 319-340.

LEWENSTEIN, B.V. (2009). "Science Books Since 1945". In: NORD, N.P.; RUBIN, J.S. & SCHUDSON, M. (eds.). *The Enduring Book: Print Culture in Postwar America*. Chapel Hill: University of North Carolina Press, p. 347-360.

_____ (1995). "From Fax to Facts: Communication in the Cold Fusion Saga". *Social Studies of Science*, 25, p. 403-436.

_____ (1992). "Public Understanding of Science in the United States after WWII". *Public Understanding of Science*, 1, p. 45-68.

LEWIN, K. (1947). "Frontiers in Group Dynamics". *Human Relations*, 1, p. 5-42.

LEWIS, J. (1994). "The Meaning of Things: Audiences, Ambiguity, and Power". In: CRUZ, J. & LEWIS, J. (eds.). *Viewing, Reading, Listening:* Audiences and Cultural Reception. Boulder: Westview Press.

LEZUAN, J. & SONERYD, L. (2007). "Consulting Citizens: Technologies of Elicitation and the Mobility of Publics". *Public Understanding of Science*, 16, p. 279-297.

LIAKOPOULOS, M. (2000). "Argumentation Analysis". In: BAUER, M.W. & GASKELL, G. (eds.) *Qualitative Researching with Text, Image and Sound* – A Practical Handbook. Londres: Sage, p. 152-171.

LOCK, S.J. (2009). *Lost in Translations*: Discourses, Boundaries and Legitimacy in the Public Understanding of Science in the UK. Londres: University of London [Tese de doutorado].

LOCKE, S. (2005). "Fantastically Reasonable: Ambivalence in the Representation of Science and Technology in Super-Hero Comics". *Public Understanding of Science*, 14, p. 25-46.

LORD, R. & HALL, R. (2003). "Identity, Leadership Categorization, and Leadership Schema". In: VAN KNIPPENBERG, D. & HOGG, M.A. (eds.). *Leadership and Power:* Identity Processes in Groups and Organizations. Londres: Sage, p. 48-64.

LORD, R.G.; BROWN, D.J. & HARVEY, J.L. (2001). "System Constraints on Leadership Perceptions, Behavior and Influence: An Example of Connectionist Level Processes". In: HOGG, M.A. & TINDALE, R.S. (eds.). *Blackwell Handbook of Social Psychology:* Group Processes. Oxford: Blackwell, p. 283-310.

LOWERY, S.A. & DeFLEUR, M.L. (1995). *Milestones in Mass Communication Research* – Media Effects. 3. ed. Londres: Longman Publishers.

LUCAITES, J.L.; CONDIT, C.M. & CAUDILL, S. (eds.) (1999). *Contemporary Rhetorical Theory:* A Reader. Nova York: The Guilford Press.

LUCKHURST, R. (2005). *Science Fiction*. Londres: Polity.

LUCKMANN, T. (1992). "On the Communicative Adjustment of Perspectives, Dialogue and Communicative Genres". In: WOLD, A. (ed.). *The Dialogical Alternative:* Towards a Theory of Language and Mind. Oslo: Scandinavian University Press.

LUHMANN, N. (1995). *Social Systems*. Stanford, CA: Stanford University Press.

_____ (1990). "The Improbability of Communication". *Essays on Self-Reference*. Nova York: Columbia University Press.

485

LURIA, A.R. (1976). *Cognitive Development:* Its Cultural and Social Foundations. Cambridge, MA: Harvard University Press [Trad. de M. Cole].

MAIBACH, E.W.; NISBET, M.C.; BALDWIN, P.; AKERLOF, K. & DIAO, G. (2010). "Reframing climate change as a public health issue: An exploratory study of public reactions". *BMC Public Health,* 10 (299).

MALLE, B.F. & HODGES, S.D. (eds.) (2005). *Other Minds:* How Humans Bridge the Divide between Self and Other. Nova York: The Guilford Press.

MANTELL, D.M. (1971). "The Potential for Violence in Germany". *Journal of Social Issues,* 27, p. 101-112.

MARKOVÁ, I. (2007). "Social Identities and Social Representations: How are they related?" In: MOLONEY, G. & WALKER, I. (eds.). *Social Representations and Identity:* Content, Process and Power. Londres: Palgrave Macmillan.

_____ (2003). *Dialogicality and Social Representations:* The Dynamics of Mind. Cambridge: Cambridge University Press.

_____ (2000). "Amédée or How to Get Rid of it: Social Representations from a Dialogical Perspective". *Culture and Psychology,* 6 (94), p. 419-460.

MARKUS, H. & KITAYAMA, S. (2000). "The Cultural Construction of Self and Emotion: Implications for Social Behaviour". In: PARROT, W.G. (ed.). *Emotions in Social Psychology:* Essential Readings. Hove: Psychology.

_____ (1991). "Culture and the Self: Implications for Cognition, Emotion and Motivation". *Psychological Review,* 98, p. 224-253.

MARROU, H.I. (1984). "Education and Rhetoric". In: FINLEY, M.I. (ed.). *The Legacy of Greece.* Oxford: Oxford University Press, p. 185-201.

MARSDEN, P.S. (1998). *Operationalising Memetics* – Suicide, the Werther Effect, and the Work of David P. Phillips. Bélgica: Namur [15th International Congress on Cybernetics].

MARSDEN, P.S. & ATTIA, S. (2005). "A Deadly Contagion?" *The Psychologist,* 18, p. 152-155.

MARTIN, J.N. & NAKAYAMA, T.K. (2005). *Intercultural Communication in Contexts.* Londres: McGraw-Hill.

MARX, K. (1968). "The Eighteenth Brumaire of Louis Napoleon". In: MARX, K. & ENGELS, F. (eds.). *Selected Works.* Londres: Lawrence and Wishart.

MATSUMOTO, D.; CONSOLACION, T.; YAMADA, H.; SUZUKI, R.; FRANKLIN, B.; PAUL, S.; RAY, R. & UCHIDA, H. (2002). "American-Japanese Cultural Differences in Judgments of Emotional Expressions of Different Intensities". *Cognition and Emotion*, 16, p. 721-747.

MATTHEWS, D. (1994). *Politics for the People*: Finding a Responsible Public Voice. Chicago: University of Chicago Press.

MAYNARD SMITH, J. & HARPER, D. (2003). *Animal Signals*. Oxford: Oxford University Press.

MAYO, P. (1999). *Gramsci, Freire and Adult Education*. Nova York: Palgrave Macmillan.

McCAFFERY, J. (2005). "Using Transformative Models of Adult Literacy in Conflict Resolution and Peacebuilding Processes at Community Level: Examples from Guinea, Sierra Leone and Sudan". *Compare*, 35, p. 443-462.

McCAULEY, R.N. (2000). "The Naturalness of Religion and the Unnaturalness of Science". In: KEIL, F. & WILSON, R. (eds.). *Explanation and Cognition*. Cambridge: MIT Press.

McCOMAS, K.A. (2001). "Theory and Practice of Public Meetings". *Communication Theory*, 11, p. 36-55.

McCOMBS, M.E. (2005). "The Agenda-Setting Function of the Press". In: OVERHOLSER, G. & JAMIESON, K.H. (eds.). *The Press*. Nova York: Oxford University Press, p. 156-168.

McDEVITT, M. & CHAFFEE, S. (2000). "Closing Gaps in Political Communication and Knowledge". *Communication Research*, 27, p. 259-292.

McCOMBS, M.E. & SHAW, D. (1972). "The Agenda-Setting Function of the Mass Media". *Public Opinion Quarterly*, 36, p. 176-185.

McGUIRE, W.J. (1986). "The Vissicitudes of Attitudes and Similar Representational Constructs in 20th Century Psychology". *European Journal of Social Psychology*, 16, p. 89-130.

McGUIRE, W.J. & PAPAGEORGIS, D. (1962). "The Effects of Forewarning in Developing Resistance to Persuasion". *Public Opinion Quarterly*, 26, p. 24-34.

McLEOD, D.M.; KOSICKI, G.M. & McLEOD, J.M. (2002). "Resurveying the Boundaries of Political Communications Effects". In: BRYANT, J. & ZILLMANN, D. (eds.). *Media Effects:* Advances in Theory and Research. 2. ed. Hillsdale, NJ: Erlbaum, p. 215-267.

McLEOD, J.M.; GUO, Z.; DAILY, K.; STEELE, C.A.; HUANG, H.; HOROWITZ, E. & CHEN, H. (1996). "The Impact of Traditional and Nontraditional Media Forms in the 1992 Presidential Election". *Journalism & Mass Communication Quarterly*, 73, p. 401-416.

McQUAIL, D. (1987). *Mass Communication Theory:* An Introduction. Londres: Sage.

MEAD, G.H. (1962). *Mind, Self and Society*. Chicago: University of Chicago Press.

MEEUS, W. & RAAIJMAKERS, Q. (1986). "Administrative Obedience as a Social Phenomenon". In: DOISE, W. & MOSCOVICI, S. (eds.). *Current Issues in European Social Psychology*. Vol. 2. Cambridge: Cambridge University Press, p. 183-230.

MELLOR, F. (2009). "Image-Music-Text of Popular Science". In: HOLLIMAN, R.; THOMAS, J.; SMIDT, S.; SCANLON, E. & WHITELEGG, E. (eds.). *Investigating Science Communication in the Information Age:* Implications for Public Engagement and Popular Media. Oxford: Oxford University Press.

MERCER, N. (2005). "Sociocultural Discourse Analysis: Analysing Classroom Talk as a Social Mode of Thinking". *Journal of Applied Linguistics*, 1 (2), p. 137-168.

MERCER, N. & FISHER, E. (1997a). "Scaffolding through Talk". In: WEGERIF, R. & SCRIMSHAW, P. (eds.). *Computers and Talk in the Primary Classroom*. Clevedon: Multilingual Matters, p. 196-211.

MERLEAU-PONTY, M. (1962). *Phenomenology of Perception*. Londres: Routledge Kegan.

MERTON, R. (1968). *Social Theory and Social Structure*. Nova York: Free Press.

METEYARD, L. & VIGLIOCCO, G. (2008). "The role of Sensory and Motor Information in Semantic Representation". In: CALVO, P. & GOMILLA, A. (eds.). *Elsevier Handbook of Embodied Cognition*. Amsterdã: Elsevier.

METTE, N. (1994). "(Religions-)Pädagogisches Handeln". In: ARENS, E. (ed.). *Gottesrede – Glaubenspraxis:* Perspektiven theologischer Handlungstheorie. Darmstadt: Wissenschaftliche Buchgesellschaft, p. 164-184.

METZ, J.B. (2005). *Faith in History and Society:* Toward a Practical Fundamental Theology. Nova York: Herder & Herder.

MEYER M. (2010). The Brussels School of Rhetoric: from the New Rhetoric to Problematology. *Philosophy and Rhetoric*, 43 (4), p. 403-429.

_____ (2008). *Principia Rhetorica* – Une theorie generale de l'argumentation. Paris: Fayard.

_____ (2004a). *Rhetoric*. Paris: PUF [Que sais-je?].

_____ (2004b). *Perelman* – Le renouveau de la rhetorique. Paris: PUF.

_____ (1994). *Rhetoric, Language and Reason*. Nova York, NY: Pennsylvania State University Press.

MIIKE, Y. (2004). "Rethinking Humanity, Culture and Communication: Asiacentric Critiques and Contributions". *Human Communication*, 7, p. 69-82.

MILGRAM, S. (1974). *Obedience to Authority*. Londres: Tavistock.

MILLER, D. (1995). "Introducing the "Gay Gene": Media and Scientific Representations". *Public Understanding of Science*, 4 (3), p. 269-284.

MILLER, G. (2002). *The Mating Mind*. Nova York: Heineman.

MILLIKAN, R.G. (2004). "On Reading Signs: Some Differences between Us and the Others". In: KIMBROUGH OLLER, D. & GRIEBEL, U. (eds.). *Evolution of Communication Systems:* A Comparative Approach. Cambridge, MA: MIT Press.

_____ (1996). "Pushmi-Pullyu Representations". In: TOMBERLIN, J. (ed.). *Philosophical Perspectives*. Vol. IX. Atascadero, CA: Ridgeview Publishing [Reimpresso em MAY, L. & FRIEDMAN, M. (eds.). *Mind and Morals*. Cambridge, MA: MIT Press].

_____ (1993). *White Queen Psychology and Other Essays for Alice*. Cambridge, MA: MIT Press.

MODOOD, T. (2004). "Defined by Some Distinctly Hyphenated Britishness". *Times*, 03/09.

MOLL, L.C. & GREENBERG, J.B. (1993). "Creating Zones of Possibilities: Combining Social Contexts for Instruction". In: MOLL, L. (ed.). *Vygotsky and Education:* Instructional Implications and Applications of Sociohistorical Psychology. Cambridge: Cambridge University Press, p. 319-348.

MOLONEY, G. (2007). "Social Representations and the Politically Satirical Cartoon: The Construction and Reproduction of the Refugee and Asylum-Seeker Identity". In: MOLONEY, G. & WALKER, I. (eds.). *Social Representations and Identity:* Content, Process and Power. Londres: Palgrave Macmillan.

MORGAN, M.; SHANAHAN, J. & SIGNORELLI, N. (2009). "Growing up with Television: Cultivation Processes". In: BRYANT, J. &

OLIVER, M.B. (eds.). *Media Effects:* Advances in Theory and Research. 3. ed. Hillsdale, NJ: Erlbaum, p. 17-33.

MORRISON, T.; CONAWAY, W.A. & BORDEN, G.A. (1994). *Kiss, Bow or Shake Hands:* How to do Business on 60 Countries. Holbrook, MA: Adams Media Corporation.

MOSCOVICI, S. (2001). "Why a Theory of Social Representations?" In: DEAUX, K. & PHILOGENE, G. (eds.). *Social Representations:* Introductions and Explorations. Oxford: Blackwell.

_____ (2000). *Social Representations:* Explorations in Social Psychology. Cambridge: Polity Press.

_____ (1998). "Social Consciousness and its History". *Culture and Psychology*, 4 (3), p. 411-429.

_____ (1985a). "Social Influence and Conformity". In: LINDZEY, G. & ARONSON, A. (eds.). *Handbook of Social Psychology*. Vol. 2. 3. ed. Nova York: Random House, p. 347-412.

_____ (1985b). *The Age of the Crowd*. Cambridge: Cambridge University Press.

_____ (1984). "The Phenomenon of Social Representations". In: FARR, R. & MOSCOVICI, S. (eds.). *Social Representations*. Cambridge: Cambridge University Press, p. 3-69.

_____ (1976). *Social Influence and Social Change*. Londres: Academic Press.

_____ (1973). "Foreword". In: HERZLICH, C. (ed.). *Health and Illness:* A Social Psychological Analysis. Londres: Academic Press.

_____ (1961/2008). *Psychoanalysis:* Its Image and its Public. Cambridge: Polity Press [Publicado primeiramente em *La psychanalyse, son image et son public*. Paris: Presses Universitaires de France].

MOSCOVICI, S. & DUVEEN, G. (2000). *Social Representations:* Explorations in Social Psychology. Nova York: New York University Press.

MOSCOVICI, S. & MARKOVÁ, I. (2000). "Ideas and their Development: A Dialogue between Serge Moscovici and Ivana Marková". In: MOSCOVICI, S. (ed.). *Social Representations*. Cambridge: Polity.

MOY, P. & PFAU, M. (2000). *With Malice towards All? –* The Media and Public Confidence in Democratic Institutions. Westport, CT: Praeger.

MUGNY, G. (1982). *The Power of Minorities*. Londres: Academic Press.

MURPHY, G.L. (2002). *The Big Book of Concepts*. Cambridge, MA: MIT Press.

MUTZ, D.C. (2006). *Hearing the Other Side:* Deliberative versus Participatory Democracy. Nova York: Cambridge University Press.

NAZROO, J.Y. (1997). *The Health of Britain's Ethnic Minorities.* Londres: Policy Studies Institute.

NEE, V. & INGRAM, P. (1998). "Embeddedness and Beyond: Institutions, Exchange, and Social Structure". In: BRINTON, M. & NEE, V. (eds.). *The New Institutionalism in Sociology.* Stanford, CA: Stanford University Press, p. 19-45.

NELKIN, D. (1995). *Selling Science.* Nova York: Freeman.

NEWMAN, F. & HOLZMAN, L. (1993). *Lev Vygotsky:* Revolutionary Scientist. Nova York: Routledge.

NIEMAN, A. (2000). *The Popularisation of Physics:* Boundaries of Authority and the Visual Culture of Science. Bristol: University of the West of England [Tese de doutorado].

NISBET, M.C. (2009). "Communicating Climate Change: Why Frames Matter to Public Engagement". *Environment,* 51 (2), p. 12-23.

_____ (2009b). "Knowledge into Action: Framing the Debates Over Climate Change and Poverty". In: D'ANGELO, P. & KUYPERS, J. (eds.). *Doing News Framing Analysis:* Empirical, Theoretical, and Normative Perspectives. Nova York: Routledge, p. 46-83.

_____ (2005). "The Competition for Worldviews: Values, Information, and Public Support for Stem Cell Research". *International Journal of Public Opinion Research,* 17 (1), p. 90-112.

NISBET, M.C. & SCHEUFELE, D.A. (2004). "Political Talk as a Catalyst for Online Citizenship". *Journalism & Mass Communication Quarterly,* 81 (4), p. 877-896.

NISBETT, R.E. & NORENZAYAN, A. (2002). "Culture and Cognition". In: MEDIN, D. & PASHLER, H. (eds.). *Stevens' Handbook of Experimental Psychology.* Vol. II. 3. ed. Nova York: John Wiley & Sons.

NOELLE-NEUMANN, E. (1990). "The Theory of Public Opinion: The Concept of the Spiral of Silence". *Communication Yearbook,* 14, p. 256-287.

NORRIS, P. (2001). *A Digital Divide:* Civic Engagement, Information Poverty, and the Internet in Democratic Societies. Nova York: Cambridge University Press.

NOVINGER, T. (2001). *Intercultural Communication.* Austin, TX: University of Texas Press.

NUTBEAM, D. & HARRIS, E. (1998). *Theory in a Nutshell:* A Practitioner's Guide to Commonly used Theories and Models in Health Promotion. Sydney: University of Sydney.

NYE, J.S. (2004). *Soft Power:* The Means to Success in World Politics. Nova York: Public Affairs.

_____ (1990). *Bound to Lead:* The Changing Nature of American Power. Nova York: Basic Books.

NYSTRAND, M.; WU, L.; GAMORAN, A.; ZEISER, S. & LONG, D. (2003). "Questions in Time: Investigating the Structure and Dynamics of Unfolding Classroom Discourse". *Discourse Processes*, 35 (2), p. 135-198.

OAKSFORD, M.; MORRIS, F.; GRAINGER, B. & WILLIAMS, J.M.G. (1996). "Mood, Reasoning, and Central Executive Processes". *Journal of Experimental Psychology:* Learning, Memory, and Cognition, 22 (2), p. 476-492.

ODLING-SMEE, F.J.; LALAND, K.N. & FELDMAN, M.W. (2003). *Niche Construction:* The Neglected Process in Evolution. Princeton, NJ: Princeton University Press [Monographs in Population Biology, 37].

OGDEN, J. (2007). *Health Psychology:* A Textbook. Buckingham: Open University Press.

OKUN, B.F.; FRIED, J. & OKUN, M.L. (1999). *Understanding Diversity* – A Learning as Practice Primer. Pacific Grove, CA: Brooks/Cole Publishing.

OLIVEIRA, D.R. & DOMINICE, P. (1974). *Freire, Illich: The Pedagogy of the Oppressed* – The Oppression of Pedagogy. Genebra: Institute of Cultural Action.

OLSON, D.R.; ASTINGTON, J.W. & HARRIS, P. (eds.) (1998). *Developing Theories of Mind*. Cambridge: Cambridge University Press.

ORBE, M. (1998). *Constructing Co-Cultural Theory:* An Explication of Culture, Power and Communication. Thousand Oaks, CA: Sage.

ORGAD, S. (2006). "Patient Users and Medical Websites". *LSE Research Online* [Disponível em http://eprints.lse.ac.uk/2518 – Acesso em 09/09/2009].

ORIGGI, G. & SPERBER, D. (2000). "Evolution, Communication and the Proper Function of Language". In: CARRUTHERS, P. & CHAMBERLAIN, A. (eds.). *Evolution and the Human Mind:* Language, Modularity and Social Cognition. Cambridge: Cambridge University Press.

ORWELL, G. (1946). "Politics and the English Language". *Horizon*, 13 (76), p. 252-265.

PAICHELER, G. (1988). *The Psychology of Social Influence*. Cambridge: Cambridge University Press.

PAINTER, D. (2008). "The Voice Devoid of any Accent: Language, Subjectivity and Social Psychology". *Subjectivity*, 23, p. 174-187.

PALINCSAR, A.S. (1986). "The Role of Dialogue in Providing Scaffolded Instruction". *Educational Psychologist*, 26, p. 73-98.

PALTRIDGE, B. (1997). *Genre, Frames and Writing in Research Settings*. Amsterdã: Benjamins.

PARFITT, T. (2004). "The Ambiguity of Participation: A Qualified Defence of Participatory Development". *Third World Quarterly*, 25, p. 537-556.

PARSONS, T. (1963). "On the Concept of Social Influence". *The Public Opinion Quarterly*, 27, p. 37-62.

PATTERSON, M.L. (2001). "Toward a Comprehensive Model of Non-Verbal Communication". In: ROBINSON, W.P. & GILES, H. (eds.). *The New Handbook of Language and Social Psychology*. Londres: John Wiley & Sons.

PAVLIDOU, T.S. (2000). "Telephone Conversations in Greek and German: Attending to the Relationship Aspects of Communication". In: SPENCER-OATLEY, H. (ed.). *Culturally Speaking:* Managing Rapport through Talk across Cultures. Londres: Continuum, p. 121-140.

PECHER, D.; ZEELENBERG, R. & BARSALOU, L.W. (2003). "Verifying Properties from Different Modalities for Concepts Produces Switching Costs". *Psychological Science*, 14, p. 119-124.

PENDLETON, S.C. (1998). "Rumor Research Revisited and Expanded". *Language & Communication*, 1 (18), p. 69-86.

PERELMAN, C. (1989). *Rhetorics*. Bruxelas: Université de Bruxelles.

PERELMAN, C. & OLBRECHTS, L. (1958/1988). *A Treatise of Argumentation:* The New Rhetoric. 5. ed. Bruxelas: Université de Bruxelles.

PERRET-CLERMONT, A.-N. (1980). *Social Interaction and Cognitive Development in Children*. Londres: Academic Press [European Monographs in Social Psychology].

PESTRE, D. (2008). "Challenges for the Democratic Management of Technoscience: Governance, Participation and the Political Today". *Science as Culture*, 17 (2), p. 101-119.

PETTY, R.E. & CACIOPPO, J.T. (1986a). *Communication and Persuasion:* Central and Peripheral Routes to Attitude Change. Nova York: Springer.

_____ (1986b). "The Elaboration Likelihood Model of Persuasion". In: BERKOWITZ, L. (ed.). *Advances in Experimental Social Psychology.* Nova York: Academic Press, p. 123-205.

_____ (1981). *Attitudes and Persuasion:* Classic and Contemporary Approaches. Dubuque, IA: Brown.

PEUKERT, H. (1984). *Science, Action and Fundamental Theology:* Toward a Theology of Communicative Action. Cambridge, MA: MIT Press.

Pew News Index (2009) [Disponível em http://people-press.org/news -interest/ – Acesso em 12/10/2009].

PEW RESEARCH CENTER (2008). *Key News Audiences Now Blend Online and Traditional Sources,* 17/08. [Disponível em http://people-press. org/report/444/news-media – Acesso em 03/06/2009].

PHILOGÈNE, G. (2001). "From Race to Culture: The Emergence of African American". In: DEAUX, K. & PHILOGENE, G. (eds.). *Social Representations:* Introductions and Explorations. Oxford: Blackwell.

PINCH, T. (2001). "It's a Conversation!" In: LABINGER, J. & COLLINS, H.M. (eds.). *The One Culture?* – A Conversation about Science. Chicago: University of Chicago Press.

PINKER, S. (2007). *The Stuff of Thought.* Londres/Nova York: Allen Lane.

_____ (1997). *How the Mind Works.* Nova York: Norton.

PLATO (1994). *Gorgias.* Oxford: Oxford University Press.

POLANYI, M. (1962). "The Republic of Science: Its Political and Economic Theory". *Minerva,* 1, p. 54-74.

POPKIN, S. (1991). *The Reasoning Voter:* Communication and Persuasion in Presidential Campaigns. Chicago: University of Chicago Press.

PORTER, R.E. & SAMOVAR, L.A. (eds.) (1988). *Intercultural Communication:* A Reader. 5. ed. Belmong: Wadsworth Publishing Company.

POULAKOS, J. (1999). "Toward a Sophistic Definition of Rhetoric". In: LUCAITES, J.L.; CONDIT, C.M. & CAUDILL, S. (eds.) *Contemporary Rhetorical Theory.* Nova York: Guildford Press, p. 25-34.

POVINELLI, D.J. & VONK, J. (2003). "Chimpanzee Minds: Suspiciously Human?" *Trends in Cognitive Science,* 7, p. 157-160.

PRICE, V. & CAPPELLA, J.N. (2002). "Online Deliberation and its Influence: The Electronic Dialogue Project in Campaign 2000". *IT and Society,* 1, p. 303-328.

PRICE, V.; NIR, L. & CAPELLA, J.N. (2005). "Framing Public Discussion of Gay Civil Unions". *Public Opinion Quarterly*, 69 (2), p. 179-212.

PRICE, V. & TEWKSBURY, D. (1997). "News Values and Public Opinion: A Theoretical Account of Media Priming and Framing". In: BARETT, G.A. & BOSTER, F.J. (eds.). *Progress in Communication Sciences:* Advances in Persuasion. Vol. 13. Greenwich, CT: Ablex, p. 173-212.

PRICE, V. & ZALLER, J. (1993). "Who Gets the News? –Alternative Measures of News Reception and their Implications for Research". *Public Opinion Quarterly*, 57, p. 133-164.

PUTNAM, R.D. (2000). *Bowling Alone:* The Collapse and Revival of American Community. Nova York: Simon & Schuster.

QUENEAU, R. (2009). *Exercises in Style* (1947). Richmond: London House [Trad. de Barbara Wright].

RAMELLA, M. & DE LA CRUZ, R.B. (2000). "Taking Part in Adolescent Sexual Health Promotion in Peru: Community Participation from a Social Psychological Perspective". *Journal of Community and Applied Social Psychology*, 10, p. 271-284.

RAMPTON, S. & STAUBER, J. (2003). *Weapons of Mass Deception:* The Uses of Propaganda in Bush's War on Iraq. Londres: Robinson.

RAPPAPORT, J. (1995). "Empowerment Meets Narrative: Listening to Stories and Creating Settings". *American Journal of Community Psychology*, 23, p. 795-807.

RAPPAPORT, R.A. (1999). *Ritual and Religion in the Making of Humanity*. Cambridge: Cambridge University Press.

RICHMOND, V.P. & McCROSKEY, J.C. (1998). *Communication:* Apprehension, Avoidance and Effectiveness. 5. ed. Scottsdale, AZ: Gorsuch Scarisbrick.

RICHMOND, V.P.; McCROSKEY, J.C. & HICKSON, M.L. (2008). *Nonverbal Behaviour in Interpersonal Relations*. Boston: Allyn and Bacon.

RICOEUR, P. (2004). *Memory, History, Forgetting*. Chicago, IL: University of Chicago Press.

_____ (1978). *The Rule of Metaphor*. Londres: Routledge.

ROBERTS, A. (2005). *The History of Science Fiction*. Londres: Palgrave Macmillan.

_____ (1996). "Rethinking Conscientisation". *Journal of Philosophy of Education*, 30, p. 179-196.

ROBINSON, R.; KELTNER, D.; WARD, A. & ROSS, L. (1995). "Actual versus Assumed Differences in Construal: "Naïve realism" in Intergroup Perception and Conflict". *Journal of Personality and Social Psychology*, 68, p. 404-417.

RODRIGUEZ, C. (2003). "The Bishop and His Star: Citizens' Communication in Southern Chile". In: COULDRY, N. & CURRAN, J. (eds.). *Contesting Media Power:* Alternative Media in a Networked World. Londres: Rowman and Littlefield.

ROSNOW, R.L. (1991). "Inside Rumor: A Personal Journey". *American Psychologist*, 46, p. 484-496.

_____ (1980). "Psychology of Rumors Reconsidered". *Psychological Bulletin*, 87, p. 578-591.

ROSNOW, R.L.; YOST, J.H. & ESPOSITO, J.L. (1986). "Belief in Rumor and Likelihood of Rumor Transmission". *Language and Communication*, 6, p. 189-194.

ROSS, L. (1990). "Recognizing the Role of Construal Processes". In: ROCK, I. (ed.). *The Legacy of Solomon Asch:* Essays in Cognition and Social Psychology. Nova Jersey: Lawrence Erlbaum.

ROYAL SOCIETY (1985). *The Public Understanding of Science.* Londres: Royal Society.

RUSSELL, J.A. (1991). "Culture and the Categorization of Emotions". *Psychological Bulletin*, 110, p. 426-450.

SAGARIN, B.J. & WOOD, S.E. (2007). "Resistance to Influence". In: PRATKANIS, A.R. (ed.). *The Science of Social Influence*. Nova York: Psychology Press, p. 321-340.

SANDBOTHE, M. (2001). *Pragmatische Medienphilosophie: Grundlegung einer neuen Disziplin im Zeitalter des Internet.* Weilerswist: Velbrück Wissenschaft.

SCHACHTER, S. & BURDICK, H. (1955). "A Field Experiment on Rumor Transmission". *Journal of Abnormal and Social Psychology*, 50, p. 363-371.

SCHEUFELE, D.A. (2000). "Talk or Conversation? Dimensions of Interpersonal Discussion and their Implications for Participatory Democracy". *Journalism & Mass Communication Quarterly*, 77, p. 727-743.

_____ (1999). "Framing as a Theory of Media Effects". *Journal of Communication*, 29, p. 103-123.

SCHEUFELE, D.A.; NISBET, M.C. & BROSSARD, D. (2003). "Pathways to Participation? – Religion, Communication Contexts, and

Mass Media". *International Journal of Public Opinion Research*, 15 (3), p. 300-324.

SCHEUFELE, D.A. & TEWKSBURY, D. (2007). "Framing, Agenda Setting, and Priming: The Evolution of Three Media Effects Models". *Journal of Communication*, 57 (1), p. 9-20.

SCHIELE, B. (2008). "Science Museums and Science Centres". In: TRENCH, B. & BUCCHI, M. (eds.). *Handbook of Public Communication of Science and Technology*. Nova York: Routledge, p. 27-40.

SCHMIDT KJAERGAARD, R. (2009). "Electric Adventures and Natural Wonders: Exhibitions, Museums and Gardens in Nineteenth-Century Denmark". In: PAPANELOPOULOU, F.; NIETO-GALAN, A. & PERDRIGUERO, E. (eds.). *Popularizing Science and Technology in the European Periphery 1800-2000*. Londres: Ashgate.

SCHMITT, K.M.; GUNTHER, A.C. & LIEBHART, J.L. (2004). "Why Partisans See Mass Media as Biased". *Communication Research*, 31, p. 623-641.

SCHOPENHAUER, A. (2009/1830). *The Art of Always being Right*. Londres: Gibson Square.

SCHUGURENSKY, D. (2002). "Transformative Learning and Transformative Politics: The Pedagogical Dimension of Participatory Democracy and Social Action". In: O'SULLIVAN, E.; MORRELL, A. & O'CONNOR, M. (eds.). *Expanding the Boundaries of Transformative Learning:* Essays on Theory and Praxis. Nova York: Palgrave Macmillan.

SCHURR, P.H. (1986). *Four Script Studies:* What we have Learnt. Advances in Consumer Research. Association for Consumer Research/Sixteenth Annual Conference, p. 498-503.

SCHUTZ, A. (1970). *On Phenomenology and Social Relations*. Chicago: The University of Chicago Press [Ed. de H.R. Wagner].

SEARLE, J.R. (2001). *Rationality in Action*. Cambridge, MA: MIT Press.

_____ (1996). *The Construction of Social Reality*. Londres: Penguin.

_____ (1990). "Collective Intentions and Actions". In: COHEN, P.R.; MORGAN, J. & POLLACK, M.E. (eds.). *Intentions in Communication*. Cambridge, MA: MIT Press.

_____ (1979a). "A Taxonomy of Illocutionary Acts". In: SEARLE, J.R. (ed.). *Expression and Meaning*. Cambridge: Cambridge University Press.

_____ (1979b). *Expression and Meaning:* Studies in the Theory of Speech Acts. Cambridge: Cambridge University Press.

_____ (1969). *Speech Acts:* An Essay on the Philosophy of Language. Nova York: Cambridge University Press.

SEDIKIDES, C. & BREWER, M.B. (eds.) (2003). *Individual Self, Relational Self, Collective Self.* Hove: Psychology Press.

SEMIC, B. (1999). "Vocal Attractiveness: What Sounds Beautiful is Good". In: GUERRERO, L.K.; DeVITO, J.A. & HECHT, M.L. (eds.). *The Nonverbal Communication Reader:* Classic and Contemporary Readings. Prospect Heights, IL: Waveland Press, p. 149-155.

SEWELL, T. (1997). *Black Masculinities and Schooling:* How Black Boys Survive Modern Schooling. Stoke on Trent: Trentham Books.

SHACK, W.A.& SKINNER, E.P. (eds.) (1979). *Strangers in African Societies.* Los Angeles: University of California Press.

SHAH, D.; KWAK, N. & HOLBERT, L.R. (2001). "'Connecting' and 'Disconnecting' With Civic Life: Patterns of Internet Use and the Production of Social Capital". *Political Communication,* 18 (2), p. 41-162.

SHAH, D.V.; McLeod, J.M. & YOON, S. (2001). "Communication, Context, and Community: An Exploration of Print, Broadcast, and Internet Influences". *Communication Research,* 28, p. 464-506.

SHERIF, M. (1935). "A Study of Some Social Factors in Perception". *Archives of Psychology,* 27, p. 1-60.

SHIBUTANI, T. (1966). *Improvised News.* Indianápolis, IN: Bobbs Merrill.

SHINN, T. & WHITLEY, R. (1985). *Expository Science:* Forms and Functions of Popularisation. Dordrecht: Reidel.

SHORE, B. (1996). *Culture in Mind*: Cognition, Culture and the Problem of Meaning. Nova York/Oxford: Oxford University Press.

SHORTLAND, M. & GREGORY, J. (1991). *Communicating Science:* A Handbook. Londres: Longman.

SHOTTER, J. & GERGEN, K. (eds.) (1992). *Texts of Identity.* Londres: Sage Publications.

SHUTER, R. (1976). "Proxemics and Tactility in Latin America". *Journal of Communication,* 26, p. 46-52.

SHWEDER, R.A. (2003). *Why do Men Barbecue?* – Recipes for Cultural Psychology. Cambridge: Harvard University Press.

SHWEDER, R.A. & HAIDT, J. (2003). "Cultural Psychology of Emotions: Ancient and New". In: SHWEDER, R.A. (ed.) *Why do Men Barbecue?* – Recipes for Cultural Psychology. Cambridge: Harvard University Press, p. 134-167.

SIMMEL, G. (1950). "The Stranger". In: WOLFF, K. (Ed. e trad.). *The Sociology of George Simmel*. Nova York: Free Press.

SINGHAL, A. & ROGERS, E. (2002). "A Theoretical Agenda for Education-Edutainment". *Communication Theory*, 12 (2), p. 117-175.

SKEGGS, B. (1997). *Formations of Class and Gender:* Becoming Respectable. Londres: Sage.

SLOANE, T.O. (ed.) (2001). *Encyclopaedia of Rhetoric*. Oxford: Oxford University Press.

SMART, N. (1996). *Dimensions of the Sacred:* An Anatomy of the World's Beliefs. Berkeley, CA: University of California Press.

SMITH, P.B. & BOND, M.H. (1994). *Social Psychology across Cultures:* Analysis and Perspectives. Massachusetts: Allyn and Bacon [2. ed., 1998: Prentice Hall].

SMITH, P.K. (1988). "The Cognitive Demands of Children's Social Interaction with Peers". In: BYRNE, R. & WHITEN, A. (eds.). *Machiavellian Intelligence:* Social Expertise and the Evolution of Intellect in Monkeys, Apes, and Humans. Oxford: Clarendon Press.

SPEARS, R. & LEACH, C.W. (2004). "Intergroup Schadenfreude: Conditions and Consequences". In: TIEDENS, L.Z & LEACH, C.W. (eds.). *The Social Life of Emotions*. Cambridge: Cambridge University Press, p. 336-355.

SPERBER, D. (2000). "Metarepresentations in an Evolutionary Perspective". In: SPERBER, D. (ed.). *Metarepresentations:* A Multidisciplinary Perspective. Nova York: Oxford University Press.

_____ (1996). *Explaining Culture:* A Naturalistic Approach. Oxford: Blackwell.

_____ (1994). "The Modularity of Thought and the Epidemiology of Representations". In: HIRSCHFELD, L.A. & GELMAN, S.A. (eds.). *Mapping the Mind:* Domain Specificity in Cognition and Culture. Nova York: Cambridge University Press, p. 39-67.

_____ (1990). "The Epidemiology of Beliefs". In: FRASER, C. & GASKELL, G. (eds.). *The Social Psychology of Widespread Beliefs*. Oxford: Clarendon Press, p. 25-44.

SPERBER, D. & HIRSCHFELD, L.A. (2004). "The Cognitive Foundations of Cultural Stability and Diversity". *Trends in Cognitive Sciences*, 8, p. 40-46.

SPERBER, D.; PREMACK, D. & PREMACK, A. (eds.) (1995). *Causal Cognition*. Oxford: Oxford University Press.

SPERBER, D. & WILSON, D. (2002). "Pragmatics, Modularity and Mind-Reading". *Mind and Language*, 17, p. 3-23.

_____ (1996). "Fodor's Frame Problem and Relevance Theory". *Behavioral and Brain Sciences*, 19 (3), p. 530-532.

_____ (1995). *Relevance:* Communication and Cognition. 2. ed. Oxford: Blackwell.

SPITZ, R.A. (1945). "Hospitalism: An Inquiry into the Genesis of Psychiatric Conditions in Early Childhood", *Psychoanalytic Study of the Child*, 1, p. 68.

STAMM, K.; EMIG, A. & HESSE, M. (1997). "The Contribution of Local Media to Community Involvement". *Journalism and Mass Communication Quarterly*, 76 (1), p. 97-107.

STANLEY, M. (1972). "Literacy: The Crisis of a Conventional Wisdom". *The School Review*, 80, p. 373-408.

STEPHENS, C. (2008). *Health Promotion:* A Psycho-Social Approach. Milton Keynes: Open University Press.

STERN, D. (1985). *The Interpersonal World of the Infant:* A View from Psychoanalysis and Developmental Psychology. Nova York: Basic Books.

STERN, L.W. (1902). "Zur Psychologie der Aussage: Experimentelle Untersuchungen über Erinnerungstreue". *Zeitschrift für die gesamte Strafechtswissenschaft*. Vol. XXII, 2/3.

STILGOE, J. (2007). *Nanodialogues:* Experiments in Public Engagement with Science. Londres: Demos.

STOCKING, S.H. (1998). "On Drawing Attention to Ignorance". *Science Communication*, 20, p. 165-178.

STRUCK, F. & MUSSWEILER, T. (2001). "Resisting Influence". In: FORGAS, J.P. & WILLIAMS, K.D. (eds.). *Social Influence:* Direct and Indirect Processes. Filadélfia, PA: Psychology Press.

SUNSTEIN, C. (2001). *Republic.com*. Princeton, NJ: Princeton University Press.

SWALES, J.M. (1990). *Genre Analysis:* English in Academic and Research Settings. Cambridge: Cambridge University Press.

TAILLARD, M.-O. (2000). "Persuasive Communication: The Case of Marketing". *UCL Working Papers in Linguistics*, 12, p. 145-172.

TAJFEL, H. (1978). "Social Categorization, Social Identity and Social Comparison". In: TAJFEL, H. (ed.). *Differentiation between Social Groups*. Londres: Academic Press, p. 61-76.

TAM, C. (2006). "Harmony Hurts: Participation and Silent Conflict at an Indonesian Fish Pond". *Environmental Management*, 38, p. 1-15.

TANAKA, K. (1994). *Advertising Language:* A Pragmatic Approach to Advertisements in Britain and Japan. Londres: Routledge.

TARDE, G. (2006). *L'opinion et la foule*. Paris: Du Sandre.

_____ (1962). *The Laws of Imitation*. Gloucester, MA: Peter Smith [Trad. de E.C. Parsons].

TAYLOR, C. (2007). *A Secular Age*. Cambridge, MA: Belknap Press.

TAYLOR, S.A.; CRONN JR., J.J. & HANSEN, R.S. (1991). "Schema and Script Theory in Channels Research: Marketing Theory and Applications". *American Marketing Association Winter's Conference*, 2, p. 15-24.

TEITELBAUM, S. & GEISELMAN, R.E. (1997). "Observer Mood and Cross-Racial Recognition of Faces". *Journal of Cross-Cultural Psychology*, 28, p. 93-106.

THARP, R.G. & GALLIMORE, R. (1988). *Rousing Minds to Life:* Schooling in Social Context. Nova York: Cambridge University Press.

THE GLOBAL DECEPTION TEAM (2006). "A World of Lies". *Journal of Cross-Cultural Psychology*, 37 (1), p. 60-74.

THEISSEN, G. & MERZ, A. (1998). *The Historical Jesus*. Londres: SCM Press.

THORPE, C. & GREGORY, J. (2010). "Producing the Post-Fordist Public: The Political Economy of Public Engagement with Science". *Science as Culture*, vol. 19, n. 3, p. 273-301.

TICHENOR, P.J.; DONOHUE, G.A. & OLIEN, C.N. (1970). "Mass Media Flow and Differential Growth in Knowledge". *Public Opinion Quarterly*, 34, p. 159-170.

TOMASELLO. M. (2008). *Origins of Human Communication*. Cambridge, MA/Londres: MIT Press.

_____ (2003). *Constructing a Language:* A Usage-Based Theory of Language Acquisition. Cambridge, MA: Harvard University Press.

_____ (1999). *The Cultural Origins of Human Cognition*. Cambridge, MA: MIT Press.

TOMASELLO, M.; CALL, J. & HARE, B. (2003). "Chimpanzees Understand Psychological States: The Question is which Ones and to what Extent". *Trends in Cognitive Science*, 7, p. 153-156.

TOMASELLO, M.; CARPENTER, M.; CALL, J.; BEHNE, T. & MOLL, H. (2005). "Understanding and Sharing Intentions: The Origins of Cultural Cognition". *Behavioural and Brain Sciences*, 28 (5), p. 675-735.

TOMASELLO, M.; KRUGER, A.C. & RATNER, H.H. (1993). "Cultural Learning". *Behavioral and Brain Sciences*, 16, p. 495-552.

TOMASELLO, M. & RACOCZY, H. (2003). "What Makes Human Cognition Unique? – From Individual to Shared to Collective Intentionality". *Mind and Language*, 23, p. 157-175.

TOOBY, J. & COSMIDES, L. (1992). "The Psychological Foundations of Culture". In: BARKOW, J.H.; TOOBY, J & COSMIDES, L. (eds.). *The Adapted Mind*: Evolutionary Psychology and the Generation of Culture. Nova York: Oxford University Press.

TOOBY, J.; COSMIDES, L. & BARRETT, H.C. (2005). "Resolving the Debate on Innate Ideas: Learnability Constraints and the Evolved Interpenetration of Motivational and Conceptual Functions". In: CARRUTHERS, P.; LAURENCE, S. & STICH, S. (eds.). *The Innate Mind:* Structure and Content. Nova York: Oxford University Press.

TOULMIN, S. (1958). *The Uses of Argumentation*. Cambridge: Cambridge University Press.

TRACY, K. (2002). *Everyday Talk:* Building and Reflecting Identities. Nova York: The Guildford Press.

TRENCH, B. (2009). "Science Reporting in the Electronic Embrace of the Internet". In: HOLLIMAN, R.; THOMAS, J.; SMIDT, S.; SCANLON, E. & WHITELEGG, E. (eds.). *Investigating Science Communication in the Information Age:* Implications for Public Engagement and Popular Media. Oxford: Oxford University Press.

TREVARTHEN, C. (1979). "Instincts for Human Understanding and for Cultural Cooperation: Their Development in Infancy". In: VON CRANACH, M.; FOPPA, K.; LEPENIES, W. & PLOOG, D. (eds.). *Human Ethology*: Claims and Limits of a New Discipline. Cambridge: Cambridge University Press, p. 530-571.

TRIVERS, R. (2000). "The Elements of a Scientific Theory of Self-Deception". *Annals of the New York Academy of Sciences*, 907, p. 114-141.

TSFATI, Y. & COHEN, J. (2005). "Democratic Consequences of Hostile Media Perceptions: The Case of Gaza Settlers". *Press/Politics*, 11, p. 28-51.

TUCKMAN, B.W. (1965). "Developmental Sequences in Small Groups". *Psychological Bulletin*, 63, p. 384-399.

TUOMELA, R. (2003). "The We-Mode and the I-Mode". In: SCHMITT, F. (ed.). *Socializing Metaphysics*. Nova York: Rowman & Littlefield.

TURNEY, J. (2007). "The Latest Boom in Popular Science Books". In: BAUER, M.W. & BUCCHI. M. (eds.). *Journalism, Science and Society* – Science Communication between News and Public Relations. Londres: Routledge.

TURNER, V. (1969). *The Ritual Process:* Structure and Anti-Structure. Chicago, IL: Aldine Publishing.

TURNER, V. (ed.) (1982). *Celebration:* Studies in Festivity and Ritual. Washington, DC: Smithsonian Books.

TWENGE, J.M. (2009). "Change Over Time in Obedience: The Jury's Still Out, but it Might be Decreasing". *American Psychologist*, 64, p. 28-31.

UNGER, C. (2006). *Genre, Relevance and Global Coherence*. Basingstoke: Palgrave Macmillan.

UPAL, M.A.; GONCE, L.; TWENEY, R. & SLONE, D.J. (2007). "Contextualizing Counterintuitiveness: How Context Affects Comprehension and Memorability of Counterintuitive Concepts". *Cognitive Science*, 31 (3), p. 415-439.

USDIN, S.; SINGHAL, A. & SHONGWE, T. (2002). *No Short-Cuts in Entertainment-Education:* Designing Soul City Step-by-Step [Disponível em www.soulcity.org.za – Acesso em 10/12/2008].

USLANER, E.C. (2000). "Producing and Consuming Trust". *Political Science Quarterly*, 115, p. 569-590.

VALENTE, T.W. & ROGERS, E.M. (1995). "The Origins and Development of the Diffusion of Innovation Paradigm as an Example of Scientific Growth". *Science Communication*, 16 (3), p. 242-273.

VALLONE, R.P.; ROSS, L. & LEPPER, M.R. (1985). "The Hostile Media Phenomenon: Biased Perception and Perceptions of Media Bias in Coverage of the Beirut Massacre". *Journal of Personality and Social Psychology*, 40, p. 577-585.

VIGLIOCCO, G.; VINSON, D.P.; WOOLFE, T.; DYE, M.W. & WOLL, B. (2005). "Words, Signs and Imagery: When the Language Makes the Difference". *Proceedings of the Royal Society*, B, 272, p. 1.859-1.863.

VYGOTSKY, L.S. (1994). "Tool and Symbol in Child Development". In: VAN DER VEER, R. & VALSINER, J. (eds.). *The Vygotsky Reader*. Oxford, UK/Cambridge, US: Blackwell.

_____ (1987). "The Collected Works of L.S. Vygotsky – Vol. 1: Problems of General Psychology". In: RIEBER, R.W. & CARTON, A.S. (eds.). Nova York: Plenum Press [Trad. de N. Minick].

_____ (1986). *Thought and Language*. Cambridge, MA: MIT Press.

_____ (1978). *Mind in Society:* The Development of Higher Psychological Processes. Cambridge, MA: Harvard University Press.

WAGNER, C.S. (2009). *The New Invisible College:* Science for Development. Washington DC: Brookings Institution Press.

WAGNER, W. & KRONBERGER, N. (2001). "Killer Tomatoes! Collective Symbolic Coping with Biotechnology". In: DEAUX, K. & PHILOGENE, G. (eds.). *Social Representations:* Introductions and Explorations. Oxford: Blackwell.

WALLACK, L. (2003). "Role of Mass Media in Creating Social Capital". In: HOFRICHTER, R. (ed.). *Health and Social Justice.* São Francisco: Jossey-Bass.

_____ (1994). "Media Advocacy: A Strategy for Empowering People and Communities". *Journal of Public Health Policy*, 15 (4), p. 420-436.

WALLERSTEIN, N. & SANCHEZ-MERKI, V. (1994). "Freirian Praxis in Health Education: Research Results from an Adolescent Prevention Program". *Health Education Research*, 9, p. 105-118.

WALZER, M. (1990). *Interpretation and Social Criticism.* Cambridge, MA: Harvard University Press.

WANG, C. & BURRIS, M.A. (1997). "Photovoice: Concept, Methodology, and Use for Participatory Needs Assessment". *Health Education and Behavior*, 24, p. 369-387.

WATTS, M.D.; DOMKE, D.; SHAH, D.V. & FAN, D.P. (1999). "Elite Cues and Media Bias in Presidential Campaigns: Explaining Public Perceptions of a Liberal Press". *Communication Research*, 26, p. 144-175.

WEATHERS, M.D.; FRANK, E.M. & SPELL, L.A. (2002). "Differences in the Communication of Affect: Members of the Same Race Versus Members of a Different Race". *Journal of Black Psychology*, 28 (1), p. 66-77.

WEAVER, W. & SHANNON, C.E. (1963). *The Mathematical Theory of Communication.* Illinois: University of Illinois Press.

WEILER, K. (1994). "Freire and a Feminist Pedagogy of Difference". In: McLAREN, P. & LANKSHEAR, C. (eds.). *Politics of Liberation.* Nova York: Routledge.

WELDON, E. & WEINGART, L. (1993). "Group Goals and Group Performance". *British Journal of Social Psychology*, 32, p. 307-334.

WELLMAN, H.M.; CROSS, D. & WATSON, J. (2001). "Meta-Analysis of Theory of Mind Development: The Truth about False Belief". *Child Development*, 72, p. 655-684.

WELLS, G. (1999). *Dialogic Inquiry*: Towards a Socio-Cultural Practice and Theory of Education. Cambridge: Cambridge University Press.

WELLS, G.L. & PETTY, R.E. (1980). "The Effects of Head Movement on Persuasion: Compatibility and Incompatibility of Responses". *Basic and Applied Social Psychology*, 1, p. 219-230.

WERT, S.R. & SALOVEY, P. (2004). "A Social Comparison Account of Gossip". *Review of General Psychology*, 8, p. 122-137.

WERTSCH, J.V. (1998). *Mind as Action*. Nova York: Oxford University Press.

_____ (1991). *Voices of the Mind: A Socio-Cultural Approach to Mediated Action*. Cambridge, MA: Harvard University Press.

WESTHUES, A.; OCHOCKA, J.; JACOBSON, N.; SIMICH, L.; MAITER, S.; JANZEN, R. & FLERAS, A. (2008). "Developing Theory from Complexity: Reflections on a Collaborative Mixed Method Participatory Action Research Study". *Qualitative Health Research*, 18, p. 701-717.

WHEELER, M. & CLARK, A. (2008). "Culture, Embodiment and Genes: Unravelling the Triple Helix". *Philosophical Transactions of the Royal Society B*: Biological Sciences, 363 (1.509), p. 3.563-3.575.

WHITEHOUSE, H. (2002). "Modes of Religiosity: Towards a Cognitive Explanation of the Sociopolitical Dynamics of Religion". *Method and Theory in the Study of Religion*, 14, p. 293-315.

_____ (2000). *Arguments and Icons*. Oxford: Oxford University Press.

WHITNEY, J.C. & JOHN, G. (1983). *An Empirical Investigation of the Serial Nature of Scripts*: Advances in Consumer Research – *Twelfth Annual Conference*. Association for Consumer Research, p. 75-79.

WHO (2008). *Closing the Gap in a Generation:* Health Equity through Action on the Social Determinants of Health. Commission on Social Determinants of Health.

WILSDON, J. & WILLIS, R. (2004). *See-Through Science:* Why Public Engagement Needs to Move Upstream. Londres: Demos.

WILSON, D. & SPERBER, D. (1981). "On Grice's Theory of Conversation". In: WERTH, P. (ed.). *Conversation and Discourse*. Londres: Croom Helm, p. 155-178.

WILSON, M. (2002). "Six Views of Embodied Cognition". *Psychological Bulletin and Review*, 9 (4), p. 625-636.

WINNICOTT, D. (1988). *Human Nature*. Londres: Free Association Books.

_____ (1965). *The Maturational Process and the Facilitating Environment*. Londres: The Hogarth Press.

WINOGRAD, T. & FLORES, F. (1986). *Understanding Computers and Cognition:* A New Foundation for Design. Norwood: Ablex.

WITTGENSTEIN, L. (1969). *On Certainty*. Oxford: Basil Blackwell.

_____ (1953). *Philosophical Investigations*. Oxford: Basil Blackwell.

WOOCK, R. (1972). "Paulo Freire". *American Educational Studies Association Conference*. Chicago.

WOOD, D.; BRUNER, J.S. & ROSS, G. (1976). "The Role of Tutoring in Problem Solving". *Journal of Child Psychology and Psychiatry*, 17, p. 89-100.

WU, S. & KEYSAR, B. (2007). "Cultural Effects on Perspective Taking". *Psychological Science*, 18, p. 600-606.

WYNNE, B. (1996). "Misunderstood Misunderstandings: Social Identities and Public Uptake of Science". In: IRWIN, A. & WYNNE, B. (eds.). *Misunderstanding Science?* – The Public Reconstruction of Science and Technology. Cambridge: Cambridge University Press, p. 19-46.

_____ (1992). "Public Understanding of Science Research: New Horizons or Hall of Mirrors?" *Public Understanding of Science*, 1, p. 37-43.

YANKELOVICH, D. (1991). *Coming to Public Judgment*: Making Democracy Work in a Complex World. Siracusa, NY: Syracuse University Press.

YATES, F. (1966). *The Art of Memory*. Londres: Pimlico Press.

ZAHAVI, A. & ZAHAVI, A. (1997). *The Handicap Principle*. Oxford: Oxford University Press.

ZERUBAVEL, E. (1997). *Social Mindscape:* An Invitation to Cognitive Sociology. Cambridge, MA: Harvard University Press.

ZHONG, C.B. & LEONARDELLI, G. (2008). "Cold and Lonely – does Social Exclusion Literally Feel Cold?" *Psychological Science*, 19, p. 838-842.

ZIMAN, J. (2002). *Real Science:* What it Is, and What it Means. Cambridge: Cambridge University Press.

_____ (1984). *An Introduction to Science Studies:* The Philosophical and Social Aspects of Science and Technology. Cambridge: Cambridge University Press.

ÍNDICE

EDITORA VOZES
Editorial

CULTURAL

Administração
Antropologia
Biografias
Comunicação
Dinâmicas e Jogos
Ecologia e Meio Ambiente
Educação e Pedagogia
Filosofia
História
Letras e Literatura
Obras de referência
Política
Psicologia
Saúde e Nutrição
Serviço Social e Trabalho
Sociologia

CATEQUÉTICO PASTORAL

Catequese
 Geral
 Crisma
 Primeira Eucaristia

 Pastoral
  Geral
  Sacramental
  Familiar
  Social
  Ensino Religioso Escolar

TEOLÓGICO ESPIRITUAL

Biografias
Devocionários
Espiritualidade e Mística
Espiritualidade Mariana
Franciscanismo
Autoconhecimento
Liturgia
Obras de referência
Sagrada Escritura e Livros Apócrifos

 Teologia
  Bíblica
  Histórica
  Prática
  Sistemática

REVISTAS

Concilium
Estudos Bíblicos
Grande Sinal
REB (Revista Eclesiástica Brasileira)
SEDOC (Serviço de Documentação)

VOZES NOBILIS

Uma linha editorial especial, com importantes autores, alto valor agregado e qualidade superior.

VOZES DE BOLSO

Obras clássicas de Ciências Humanas em formato de bolso.

PRODUTOS SAZONAIS

Folhinha do Sagrado Coração de Jesus
Calendário de mesa do Sagrado Coração de Jesus
Agenda do Sagrado Coração de Jesus
Almanaque Santo Antônio
Agendinha
Diário Vozes
Meditações para o dia a dia
Encontro diário com Deus
Guia Litúrgico

CADASTRE-SE
www.vozes.com.br

EDITORA VOZES LTDA.
Rua Frei Luís, 100 – Centro – Cep 25689-900 – Petrópolis, RJ
Tel.: (24) 2233-9000 – Fax: (24) 2231-4676 – E-mail: vendas@vozes.com.br

UNIDADES NO BRASIL: Belo Horizonte, MG – Brasília, DF – Campinas, SP – Cuiabá, MT
Curitiba, PR – Florianópolis, SC – Fortaleza, CE – Goiânia, GO – Juiz de Fora, MG
Manaus, AM – Petrópolis, RJ – Porto Alegre, RS – Recife, PE – Rio de Janeiro, RJ
Salvador, BA – São Paulo, SP